U0566338

各方致孙中山函电汇编

桑兵◎主编

【第二卷】

(1912.3~1916.10)

赵立彬
何文平　编

社会科学文献出版社
SOCIAL SCIENCES ACADEMIC PRESS (CHINA)

目　录

王清淳致孙中山函

（1912 年 3 月 1 日）

总统阁下：

得知您通过电话掌握一切情况，我就没再给您写信、打电话了。一到天津，我就采访了该省的绅士，如省议会议员、市行会成员等，并告诉他们我们南方所做的工作以及我们真心实意要为一个目标而奋斗，即中国的改革和发展。我相信我们先前的结论是正确的。能从这里了解到很多南京的情况，甚感欣慰。

我感到此次北上的主要使命是在该省同胞中传播佳音。因此，对于纯属代表团的事，我很少关注。我告诉代表团团长蔡先生（Mr. Tsai）您为什么最后让我随团北上，以便他能明白这样安排是有重要目的的。但对唐先生（Mr. Tang）没提及此事。

正当一切进展顺利的时候，上月 29 号就发生了兵变。现在您一定知道事情的原委。这场闹剧对我们民族和国家简直是莫大的耻辱。至于丑行的起因，我认为这是由一些下流地方官员和部队军官共同策划的。他们不受上级约束，企图在小范围内搅乱北京宁静，以给我们造成这样一种印象，即袁世凯必须留在北方，这还可省去我们不少费用。但令他们遗憾惊奇的是，这场闹剧太过分了。也许他们本来就有意这样做。当然，我的推论也许不对，但我是有根据的。不过，我们并没有怀疑袁先生的诚意和能力。整个事件，一定是他的属下策划的，而他并不知情。我们认为袁世凯很快就会从当选总统的惊喜中舒缓过来，从而牢牢控制局势。

我们刚刚收到胡先生（Mr. Hu）给我们两天前电报的回电，其中，涉及就职程序及选唐绍仪为总理等问题。选唐绍仪为总理是明智的做法，虽说他不是唯一的选择。唐绍仪到南京组织内阁，我们就可把异己分子清除出新政府，这正是我们希望达到的目的。

由兵乱，我想到我国民众不仅急需改头换面，更需要脱胎换骨。人心正，则一切顺利，要达到这一目标，需从年轻一代即小男孩做起。我想是否可开展童子军活动，这种活动在英美非常普通。如果现在8岁至18岁之间男孩子经过训练，能热爱自己的国家并能尊重各自的权利，则到下一代，成效不可估量。这件事，除我之外，其他人尚未考虑，故不多说。还要说明一点，我愿意尽绵薄之力帮助能人志士推进各项根本改革。

王清淳（Chin Chun Wang） 谨上

（《海外友人致孙中山信札选》（四），《民国档案》2003年第4期）

李尔致孙中山函

（1912年3月1日）

亲爱的先生：

《纽约先驱报》的W·H. 唐纳德先生建议我给您寄几期《远东评论》，因为您曾表示要看本刊。因此我将分期给您寄一些本刊的汇刊本，现已收集了这两年来的版本，望接受我的一番心意。里面有许多关于中国铁路和工业的文章，也许值得认真一读，您会发现是有参考价值的，尤其是有关“中国铁路·1910年”的专辑。

请允许我借此机会谈一谈关于《远东评论》的工作和方针，因为我觉得我的目的会得到您的热忱赞同。《远东评论》八年多前创刊，得到在菲律宾的美国机构的财政和道义上的支持。我们旨在创办一份高级金融及工业刊物，不涉及政治，为世界各国在菲律宾和东方的其它地区提供贸易和投资。从本刊创刊到现在，在马尼拉的美国机构每年都拨出一笔资金，由此，它可以每年得到一定数量的本刊，以分送一些主要的金融机构、制造商及商业公司，还分送到一些俱乐部、学院、编辑、图书馆和美国的知名人士，其目的只在于激发他们对作为美国贸易输出口的东方的物质进步和工业发展的兴趣。

在菲律宾群岛和政府合作兴建铁路和有轨车道、总部设在纽约的威廉·萨罗门公司，由其为主组成的金融辛迪加和其它在菲律宾群岛的类似企业以及他们的朋友订阅近1000份《远东评论》，将它分发到菲律宾的公司股东手上。

为鼓励美国对东方贸易的兴趣，《远东评论》所做的工作和笔者个人所做的努力在很大程度上都是基于美国当前的对华政策。关于《在铁路贷款中对中国的公平交易》的社论，被美国政府和美国银行家作为他们未来对华政策的基础而接受。为了刺激对中国工业和投资的兴趣，由J·P·摩尔根公司领导的美国财团也订了很大数量的《远东评论》，分发到美国银行和商业社团。

这样，每月就有约3000份《远东评论》投寄到美国各地，人们把这份刊物当作铁路投资和工业问题的权威。

《远东评论》对中国的方针可简单归纳如下：保障中国同外国金融家达成公平交易，反过来，保障外国制造商很公平得到公共工程合同及标书。我相信，由政府担保的中国铁路贷款条件应该与给其它任何国家的贷款条件一样，即作为纯金融业务处理，不要把购买佣金计算在内，并除去提供资金的国家独家供应物资的条款。我的方针以湖广债券为开端，会最终使中国节省数以百万计的金钱，并可多兴一倍长的铁路。

中国正要开始一个民族历史新时代，在这个新时代中，国家发展的任务是迫切的，其地位在其他一切事务之上。我相信您会明白一份有影响力的有关金融、工业和商业的高级刊物在与新政府的合作中会有不可估量的价值，何况这个刊物正受到美国政府和财政界知名人士的信任和支持。我们将来可以给您莫大的帮助，而且因为我们的上述方针肯定与您的方针一致，因此，我们能够自觉地配合您的工作，共同促进新中国的繁荣。

我是想让您意识到，当时机成熟，新政府安定下来努力工作时，您会更需要本刊的真诚帮助。因为本刊作为一份金融和工业刊物无所畏惧，保护和促进共和国的最高利益，那时希望您会记得这封信，并允许我就将来的工作，与您商谈。

我想强调一点，我不是在谋求政府的津贴或任何形式的政府拨款。

作为铁路、金融和商业部门的刊物，从这些部门收取合法的广告费就是我们要求的报酬。

李尔（Geo Bronson Rea）

《远东评论》主办者　敬上

1912 年 3 月 1 日　上海

（《海外友人致孙中山信札选》（四），《民国档案》2003 年第 4 期；又见《临时大总统和他的支持者》，第 74～76 页）

纽孟致孙中山函

（1912 年 3 月 1 日）

亲爱的孙博士：

我非常感激您上星期一上午在百忙之中接见我。现冒昧寄上我的名片，愿随时为您效劳。

无论何时，如能为您和您的同僚效劳，将不胜荣幸。在此谨向中华民国的未来表示衷心的祝贺和良好的祝愿。

您真诚的纽孟（建筑师、检查员）（B·Leigh Newman）

1912 年 3 月 1 日于上海

（《海外友人致孙中山信札选》（四），《民国档案》2003 年第 4 期）

蔡元培致孙中山等电

（1912 年 3 月 1 日）

南京孙大总统、参议院、各部总次长、武昌黎副总统、上海《民立报》、天津《民意报》、烟台蓝都督鉴：

昨夜八时，北京城内枪声四起，所在纵火，招待所亦有兵士纵枪，毆门而入，掳掠一空。培与汪君兆铭、范君熙绩、杨君广勷、蒋君岭暍、张君魁，暂避外国人家。今晨至六国饭店，王君正廷、王君景春亦至，余人尚无下落。此事闻因第三镇兵变，杂以步军统领衙门所辖及禁卫军等，专为抢掠起见，与政治无关，亦未滥杀人。余情续详。蔡元培。东。（北京发）

（《民立报》1912 年 3 月 3 日，“北京电报”）

蔡元培致孙中山等电

（1912 年 3 月 1 日）

万急。南京孙大总统、参议院、各部总次长、武昌黎副总统、上海《民立报》、天津《民意报》公鉴：

前电所称未知下落诸君，均已到，请勿念。元培等叩。东。（北京发）

（《民立报》1912 年 3 月 3 日，“北京电报”；又见《临时政府公报》第二十九号，1912 年 3 月 5 日，“附录·电报”）

赵尔巽、陈昭常等致袁世凯、孙中山等电

（1912 年 3 月 1 日）

北京袁大总统，专使伍君、蔡君、唐君，南京孙中山先生，参议院，督抚，都督鉴：

读黎君宋卿电，具佩调停之苦。规定北京，为目前万不可移之局。至新都之议，鄙见未敢赞同。江南固不可建都，而武昌居四达之地，则商务之枢纽，战争之要冲，非国家根本之地也。论其形势，前逼长江，中界蛇山，局度狭促，建设困难。尔巽前者欲觅一

操场、工厂合宜之地而不得，何况缔造新都？以长江论，武昌为险要；以武昌论，外无屏蔽，后鲜环卫，对江大别，足以握武昌之吭而制其命。洪杨之乱，屡得屡失，其前鉴矣。北方居全国之上，汉、满、蒙为北方之屏蔽，自西比利亚铁路绾毂欧亚，外交争竞渐移北方，燕京地处建瓴，左顾右盼，对内对外控驭皆宜。当此轮轨交通，万里庭户，其为利便，何待赘言。较之武昌，利害天壤。至于刷新腐败，正开创时代最易办之事，全视立法、用人之何如，何可以此而自责哉。且北京建都，不但明哲之人知之，即普通之人亦知之。袁大总统之不能赴南受任，则虽妇孺亦无不知之。观于二月二十九日京中某营之哄散，实即因此争点疑惧而生，尚不可悟一般之心理乎？国体初更，人心未固，外侮内讧，危险万状。临时政府一日不成，大局一日不定。舍现时之北京，议新辟之地点，争执不已，日久变生，外人干涉瓜分立见，恐地点未决而我国已无可建之都矣。或谓孙君之让诚也，而有受人愚惑不愿孙君之让者，故设此万无一可之问题，以破统一之建设。呜呼！果如是，尚何共和之可言？吾愿其言之不中也。鄙意亦以为先将北京暂定为首都，赶紧组织临时政府，编布各项重要法规，以救危亡；俟国势稳固，如他日因利乘便，必须迁都，再行相度适宜之地，亦属未晚。何必于过渡危急之际，先争迂远之图，致误大局？如蒙鉴纳，全国幸甚。赵尔巽、陈昭常、宋小濂。初一。印。（奉天发）

（翠亨孙中山故居纪念馆藏档；又见《临时公报》，1912 年 3 月 6 日；《时报》1912 年 3 月 14 日，“要闻”）

龙济光、陆荣廷等致孙中山函

（1912 年 3 月 1 日）

中山大总统钧鉴：

昨岁奉接大示，感佩莫鸣。拜复一函，谅早邀洞鉴。济光自粤省反正以来，勿论如何艰难，总以保全［?］生民涂炭、维持地方公安为主。然思满廷未下，大局难安，是以联军北伐，云、贵、两广联络为一，共组合精军三镇，集齐东省，克期出发。遂奉来电，议和成功，北伐中止，以致半途而废。窃思欲进不可，欲退不能，是以暂居东省，力任维持。奈民军数万，秩序大乱，若非宰治得人，恐将来大局不堪设想。目下粤东全省人心思治，各界智士公举眉公为粤省都督，热度已达于极点。济光等闻眉公出治，亦钦佩莫鸣矣。伏恳俯查舆论，体念民情，委任眉公，以治东省而定大局，济光等亦好相扶而行，则不仅全粤幸甚，南方各省亦幸甚焉。至于粤东情形，第非一书能以尽述，故特请联军团长金镕晋赴崇辕，面将各情缕陈聪听。余不赘及。肃此具禀。敬请

钧安，伏乞

垂鉴

广东统制龙济光、广西都督陆荣廷、广西镇统龙觐光等谨叩

三月一日

（翠亨孙中山故居纪念馆藏档；又见《孙中山藏档选编·辛亥革命前后》，第 504 页）

袁世凯致孙中山电

（1912 年 3 月 1 日）

南京孙大总统鉴：

昨夕三时，第三镇驻城内两营因误听谣言哗变，抢掠城内外街市，继以放火。旋经弹压，秩序业已回复。蔡专使所驻法政学堂，适在闹事左近，亦被抢掠；蔡公及同行诸君均分途避出，幸各无恙，今晨移寓六国饭店。事出仓猝，又在夜间，防范不周，至为歉仄。除派员妥为照料，并严惩乱兵外，特先电闻，希转知各省，勿听谣言，幸甚。袁世凯。东。印。（北京来电八十三）

（《临时政府公报》第二十九号，1912 年 3 月 5 日，“附录·电报”）

庄蕴宽致孙中山电

（1912 年 3 月 1 日）

孙大总统钧鉴：

奉电敬悉。镇江流通米粮，虽据拟章请示，以事关民食，尚未批准。若如沪商所言，似已弛禁，殊属谬误。已电饬当涂民政长据实查复。先此上闻。庄蕴宽叩。东。（苏州来电八十七）

（《临时政府公报》第二十九号，1912 年 3 月 5 日，“附录·电报”）

戴季陶致孙中山、黄兴电

（1912 年 3 月 1 日）

孙大总统、黄总长鉴：

奉天事已与袁、唐二公商妥办法，俟回烟台与蓝都督接洽后，当即详细电陈。戴天仇叩。东。（天津来电八十八）

（《临时政府公报》第二十九号，1912 年 3 月 5 日，“附录·电报”）

墨西哥加兰姐埠商工会致孙中山电

（1912 年 3 月 1 日）

南京大总统鉴：

墨再乱，势甚炽。侨民危险极，请设法保护。墨国加兰姐埠商工会全体叩。东。（墨西哥来电一百十三）

（《临时政府公报》第三十三号，1912 年 3 月 9 日，“附录·电报”）

粤省会致孙中山电

（1912 年 3 月 1 日载）

孙大总统钧鉴：

电悉，经留陈都督，不另选举矣。粤省会敬叩。（广东来电六十六）

（《临时政府公报》第二十六号，1912 年 3 月 1 日，“附录·电报”）

陈其美致孙中山、袁世凯等电

（1912 年 3 月 1 日载）

南京孙大总统、北京袁大总统、参议院、军界统一会、各省都督、各司令均鉴：

南北统一，政府将次成立。惟当此军政时代，陆军部尤关重要，总次长非有醉心共和，声望、道德、学术、经验确为全国军界所信仰者，不能胜任，望公等注意。沪军军界统一会陈其美等叩。鉴［?］。（上海去电）

（《民立报》1912 年 3 月 1 日，“公电”；又见《申报》1912 年 3 月 1 日，“公电”）

上海商学青年军联合会致孙中山等电

（1912 年 3 月 1 日载）

南京孙大总统、各部长、参议院、武昌黎副总统钧鉴：

本会定于阳历三月十号，在上海江苏教育总会开成立会，讨论本会一切进行事宜。乞各派代表到会。商学青年军联合会叩。（上

海去电）

（《民立报》1912年3月1日，“公电”；又见《申报》1912年3月1日，“公电”）

民社本部致袁世凯、孙中山等电

（1912年3月1日载）

北京袁大总统、南京孙大总统、武昌黎副总统、各省都督鉴：

南京财政部现又向道胜银行借新债一百五十万金磅［镑］，合同有以全国所得赋税指偿之条，词旨笼罩，既种祸根，必致酿成外侮。其他条件于偿还多所限制，俄商俨欲以是掩取我国借债之优先权，恐于四国成约将生阻碍。南京政府欺蔽议员，参议院竟以十四议员开议此案，八员赞成作为通过，即日订正式借约，鄂、苏参议员全体辞职，舆论益滋不平。务恳竭力挽回，免滋后祸，大局幸甚。民社本部。（上海去电）

（《民立报》1912年3月1日，“公电”；又见《时报》1912年3月1日，“要闻”；《申报》1912年3月1日，“要闻一”）

陈炯明致孙中山、参议院电

（1912年3月2日）

孙大总统、参议院鉴：

粤省参议员邱沧海，以病不能即行赴宁就职，而参议职务甚重，未便久悬，兹特改委金章接任。谨此奉布。粤代都督炯明。冬。（广东来电一百二十五）

（《临时政府公报》第三十六号，1912年3月12日，“附录·电报”）

魏勖致孙中山函

（1912 年 3 月 2 日）

总统钧鉴：

谨肃者：二月二十一日寄递一械，计邀钧览。比闻北京兵变，势甚岌岌。以愚见揣之，凡北方所辖军队地方，皆将发生此等现象。缘清帝退位，即是清政府覆亡；清政府覆亡之官吏当然取消，袁世凯之内阁总理大臣亦应取消也。袁世凯之全权组织临时政府，乃清帝所授也。清帝有权组织我临时政府乎？袁世凯虽经参议院举为第二次临时总统，然总统尚未受职也。而袁世凯竟以临时总统名义颁命令，于是一国之内，俨然南北有二总统，宜外人之不我承认，目为势将分裂。

元月二十六日勖曾有陈条，请于清帝退位之日，即以我总统名义委任北方清政府时代之行政官充临时都督之议。乃清帝退位，而北方总督、巡抚之名称、职权如故。更闻湖广总督尚未取消，独于尚书则改称首领。晋之阎都督不允我调回省，山东胡都督之代表又被鲁抚拘留。升允之进攻不已，而袁世凯声言升允自去岁以来即不奉朝命。既在去岁即不奉朝命，何故不早声明？既曰南北统一，何以我总统无权调阎都督回晋省？夫去年之举我总统，乃举民国之总统，非举南方之总统也。袁世凯将来所受之职，即受我总统辞退之职也。何权限不同如此？故北方之入于无政府地位，袁世凯之咎也。此不可不宣告万国也。列邦虑我有分裂之势，不敢正式承认袁世凯，意在攘权有以致之也。此又不可不告我国民者也。且闻袁世凯令各部首领于旧历元旦入贺清帝后，似此居心，更不可问。谨陈管见，仰候垂察。肃此，谨请

钧安

魏勖谨肃　三月二日

（翠亨孙中山故居纪念馆藏档；又见《孙中山藏档选编·辛亥革命前后》，第 150～151 页）

魏勖呈孙中山阐述整理山西之二计划

（1912 年 3 月 2 日）

一 实业

（1）赎正太路。正太路借五千万佛郎，五厘行息，十年后，分二十年匀还。何时还清，该路即归中国。十年后，二十年内如可还清，该路亦归中国。如十年后无力偿还，即由华俄银行代付每年应还之数，仍五厘行息。

正太须赎之理由：

a. 生产之阻碍。平定州煤铁出口甚多，但因运费太贵，以致不能畅销，其结果为保晋公司不能发达。

b. 铁路之浪费。因合同以利之大半归中国，故各人员纯以多得薪水为目的，置诸事于不问，消耗太重，铁路之不能发达。

c. 主权之关系。此条最要且明，不细述。

d. 入省税务不易稽核。

（2）炼钢公司。设于平定或泽州，纯以炼钢及造简易钢器为主。

（3）皮毛纺织公司。设于归化，以织毛布、制皮为主，可抵制西洋料。

（4）泽清铁路。由泽州到清化（河南通京汉线），只七十余里，以输运泽州出产。

（5）同蒲铁路。宜归国有，因生利在数十年后，山西之力不足以支持也。

山西出产以平定、潞泽、大同为多，若如上所似，即平定货由正太输出，潞泽货由泽清输出，大同货由京张支路输出，交通利便，运输公平，出产自可兴盛也。

至于经费，合上四项而论，详列如下：

正太路费一千二三百万两；炼钢公司一百万；皮毛公司一百万；泽清铁路一百五十万（因纯系山路，故颇费款）。合共一千五百万上下。

鄙意山西可借款二千万，先偿正太路，所余八百万可设一山西银行，以八百万之现金，以晋商之信用，可出二千至三千万之纸币，即可外面周转二千至三千万之谓也。以此银行担任还债，百无一失。而（2）（3）（4）之设立，亦可以银行为基本，一举数得，不十年山西将为一富区矣。不惟山西，即他处日后借款，亦可以十分之三四设银行，则债无不能偿还者矣。

二 联蒙防俄问题

山西地接蒙古，为自古用兵之地。今蒙人思叛，强俄虎视，中国宜一方面用威，一方面用感情联络（并最要一层，须修张家口到库伦之铁路）。用兵操之中央政府，联络之责晋人应担负之。五族联合会也，五族协进会也，皆空言无补。所拟方法如下：

“联蒙团”或“蒙汉联合团”，以联蒙为名，以防俄为目的。其进行手续，明即如《联蒙团简章》所载，暗即用手段如下：

（1）以传佛教为介绍。蒙人最迷信佛教，故只可以教为入手。

（2）以学堂、医院为接洽。医院以疗之，学堂以教之，则可渐为融洽，而吾人之势力可以巩固矣。

（3）以垦殖为进行。既与蒙人融洽，猜忌自少，故可推广，从事职业，兴兵于农（看下文），以之抵制强俄可矣。至于现时联蒙团，为尤不可少。

兴兵于农，巩固共和之法：

共和已成立，然巩固与否未可知。欲用暗力而巩固之，不受反对之人猜忌，即有敝友某君与鄙人同研究所得之一法，即民警是也。人民所自编之警察，设于各乡村，每乡村不过一二十人，就外而论，人数至微，一旦有事，百万劲旅朝呼而夕至矣。平日以军队编制法训练之，以之保卫治安；有事时，可以以之对国内之破坏共和者，可以以之对外国之侵陵我国者。此事若办，不惟外人不注意，即今之枭雄如某某者，未必即知此用意之深长也。

（翠亨孙中山故居纪念馆藏档；《孙中山藏档选编·辛亥革命前后》，第597~600页）

陈警天上孙大总统书

（1912年3月2日）

为代表入腾运动事成、榆永交涉事毕，调查筹办以尽义务一份子事：窃敝代表自庚戌年入仰光机关部担任实行，旧岁阴历八月沿滇入腾越运动，张贴布告书，张君文光在腾九月初六反正。当时兵饷支绌，危急万分，敞［敝］代表即电仰光提款二万八千元，邀同志敢死队四十余人到腾，大局乃定，鸡犬无惊。进复永昌、顺宁两府，随后兵款陆续接济。十二日接省电，蔡松波［坡］、李印泉诸公举义滇垣，全滇响应，共表同情，入滇之兵款遂止。各华侨社会机关章程：凡各省进行方面有一未表同情者，各机关担任运动接济；若省会全方面共表同情，其办善后之款皆由本方面筹给，各机关之款照他进行方面接济。现黔、蜀尚多乱党，滇省陆续调兵平乱，是滇省虽全方面共表同情，仍在进行之际。如滇省经济可能支持，不须另为筹措；若经济支绌，军政府与各机关仍须设法救助。盖豫、燕多难，固深北属之忧；而黔、蜀未平，难缓西顾之急。语曰：千金之堤，溃于蚁穴。况非蚁穴之可比乎？此经济为国家上之第一问题，妇孺皆知也。

敝代表自入腾担任一切参谋机关事，至十月陈云龙进兵永昌后，与榆军误会宗旨，大相冲突。敝代表即与张文光君调陈回腾，复电大理总机关赵藩、孙玉峰、李师长印泉等，两相退垒，解释群疑，调停事毕。所担当义务，皆自备资斧。于阴历十一月初十日由腾起程，十四日至永昌，二十五日至榆，十二月初三日至楚雄府。各民政长或照方略施行，或依旧章办理，军民相安，贸易如常。唯于刑讯跪鞫，未能改良，此最为缺点。是民政体制，军政府亟宜颁发定章，使吏治有所遵率，不至各自为政。而吏治不齐，亦最为治安之碍。沿途调查四十余天，方抵滇垣。所晤达人知士、学政各界，佥谓财政支拙［绌］，口无异词。领教其所以然之故，则曰迤岭连云，举目千里，绝无潮流、沙田、水利，并无森林、垦牧公司。矿务之兴，本轻术拙，复陷于专制政府，中饱污吏，旋兴旋止。所恃者莺粟一途，岁入可逾千万，今禁烟令下例行，民皆失业。此财政所为支拙［绌］也。不特此也，莺粟之利权如此其巨，禁烟为时未久，蓄积不无余资，而所以然者，其莺粟之土地产权皆为贵族当户滥蓄兼收，是土地产权归乎少数有，而佣工、佃丁、无土地产权之劳动家沾乎多数。有贵族当户之蓄积，多以政界、政府为消息停虚，绝不研究商业。商务一途，比之他省更为退化。此千数百年之滇省所以长此困穷也。况值反正之始，青黄未接，际此军饷措资，贫者辗转莫贷，富者括囊无咎，此经济之筹办更为棘手也。

絜述情形大概如斯。当大局兼顾之秋，大而无当者固不足贵，察察为明者亦不足尚。虽然，大局情形不可不知也。如现在滇省所以筹经济之策者，其中之策士如云，谋臣如雨，谅必布置裕如，无容再赘。而第二问题者，鄙见则以矿务为最急，森林、垦牧随之，各等实业随之。此言似迂，而实非迂也。当莺粟禁下之际，若不开矿务、兴工业，为百姓谋生计，其困苦已达极点。若矿务一开，是不独为百姓谋生计，直为滇省莫大之利权计，亦即为中国莫大之利权计，此为经济上后盾之最大问题也。敝代表沿途鼓吹，莫不赞成，皆以无大资本家、鲜工程师为词，此皆由未定矿政，故有此现象也。倘矿政一定，如何而土地归为国有，如何而则例归商办，宣布章程，特设矿政总部，举素在外洋熟悉情形者招矿师，举素在机关有名誉者集股本，政府予以权限，吾知不旬日间群然如水之就下也。若矿政不定，昂然为之集商招股，无论不能招集股本为资本家笑，即能招集亦公司个人之权利，于大局上之发达，待之何时乎。至于矿务，各省宜开，何独责之于滇？因滇矿实甲乎天下，中外皆知，故集股较他省为易事。况滇省矿务之少见，昔日格于专制政府、省界、税关严防出口，种种消场窒碍，所以前途不能大为发达；今则交通时代，合为一家，多多益善。如现时军务纷纷，凡制造军械、战舰，无一不求之五金，一一皆仰给外人，其尾闾之泄，何可胜道。至若矿务发达，矿产充足，所为塞漏巵、挽利权者，何求如之。语曰：临渊而羡鱼，不如退而结网。正谓此也。或者曰：当此多事之秋，何暇而为之？诘之曰：独力难成，众擎易举，此亦各分其任，各专责成，以达大同之目的也。所以集股归有定章，筹款先归得人也。

所有代表调查筹办各情形，理合具折上陈，伏祈明鉴。

（翠亨孙中山故居纪念馆藏档；又见《孙中山藏档选编·辛亥革命前后》，第256~258页）

陈其美致孙中山、黄兴电

（1912年3月2日）

大总统、陆军总长钧鉴：

今日由大北水线传到北京消息称：本日午后二时，复有暴动情事。当由甫经修竣之本线，电京询问一切，复称无恙，秩序已少定。知廑特闻。其美叩。冬。（上海来电九十五）

（《临时政府公报》第三十号，1912年3月6日，“附录·电报”）

张纶致孙中山、黄兴等电

（1912年3月2日）

孙大总统、黄陆军部长、黎副总统、各都督、各军司令、各报馆鉴：

纶滥叨淮上军司令名义，于事实毫无裨补；又蒙本省都督委任皖北关务，自问均不胜任。即请孙都督取消司令，专意关务，冀苏商困，而裕饷源，未蒙允准。但近数月来，精疲力竭，甚难支持。军事重要，万不敢负虚名。关务现正调查，俟得要领，即详细报告，一面退归田里。皖北荒歉，连年凋敝已极。关事完竣，拟赴沪，切恳华洋义赈会拨款振济，为桑梓请命，再效驰驱。待二麦登场，年丰物阜，即长作共和国民，而享全国志士仁人所赐之幸福。敢布区区，伏祈鉴察。张纶叩。冬。（淮北正阳关来电一百十）

（《临时政府公报》第三十三号，1912 年 3 月 9 日，“附录·电报”；又见《时报》1912 年 3 月 6 日，“公电”；《申报》1912 年 3 月 6 日，“公电”）

黎元洪致袁世凯、孙中山等电

（1912 年 3 月 2 日）

万火急。北京袁大总统、南京孙大总统、各部总次长、参议院、参谋团、各省都督、各报馆鉴：

鄂省自倡义以来，首当兵冲，百政草创。现在大局渐定，正欲急图整顿，以维治安。顷据军界同人佥谓：军务部正长孙武不克称职，正请速行更换前来。查孙武当起义以前，奔走呼号，尚著劳勚，洎箢军务，弥费经营。近以心力交瘁，丛脞时虞，不愿以疲敝之身久膺军务，迭请解职养疴。虽元洪优予慰留，未加允许，而该部长谦挹之怀，终必欲洁身引退，以避贤路。此次佥请更换，既昭各同志之公道，尤遂该部长之初心，元洪亦未便强挽。现已遵照临时政府电谕，改部为司，委任曾君广大为军务司长，并派员请樊君增祥为内务司长，姚君晋□为教育司长。商贾不惊，市廛无恙，从此群策群力，一意更新，郅治之基，或肇于此。至外间传言军民暴动，孙武家属被戕，实无其事。知关廑念，特此电闻。元洪。冬。（武昌发）

（《民立报》1912 年 3 月 4 日，“武昌电报”；又见《申报》1912 年 3 月 4 日，“公电”）

蔡锷致孙中山、黄兴等电

（1912 年 3 月 2 日）

急。南京孙大总统、黄总长、上海陈都督、成都尹都督、重庆彭都督、各省都督鉴：

迭接陕、川来电，升允猛攻乾、凤，虏焰甚张。陕省兵单，切望援助。敝省已电饬援蜀滇军旅长李鸿祥率所步赴援，期与秦、蜀两军联合，早平丑虏。特此奉闻。滇都督蔡锷叩。冬。（云南电）

（《民立报》1912 年 3 月 10 日，“公电”；又见《申报》1912 年 3 月 10 日，“公电”）

尹昌衡、罗纶致孙中山、黎元洪等电

（1912 年 3 月 2 日收）

大总统、副总统、各省都督、伍外交鉴：

陷[1]电悉。现在国体已定民主，无和可议，至于宽待清廷事件，亦只可谓虏廷之请求，不得谓之和议。川省加兵北伐，力主速战，请即赞同，速靖妖氛，而固国本，万勿再堕诡谋，至误大局。川都督尹昌衡、罗纶晦叩。印。

（《共和关键录》第一编，第 130 页）

陈天民等致《民立报》转孙中山等电

（1912 年 3 月 2 日载）

《民立报》转孙大总统、各都督鉴：

---

① “陷”为月之 30 日，而 2 月无 30 日，疑误。可能用的是阴历。——编者

京昨夜三镇二标第六营兵变，九钟在石大人胡同放火，至一句钟大掠商民，饱载而散。陈天民等。（自天津发）

（《民立报》1912 年 3 月 2 日，“天津电报”）

孙毓筠致孙中山、黄兴等电

（1912 年 3 月 2 日载）

南京大总统、陆军黄总长、内务程总长、总代表伍、参议员吴莲伯、副总统黎、湘都督谭、闽都督孙钧鉴：

皖军总司令胡万泰报称：世谊及在同盟会柳大年号曼青者，籍隶湖南，即前在粤举义被拿未逮、逃往东京柳大成之兄，历任东三省差使多年，日俄人甚悦服，俄皇曾因事召见，颁二等宝星，特别优待，关东人所知也。阴历十月中，同吴莲伯于奉省组织急进会，光复关东，与日交涉妥，事泄，为赵尔巽派张作霖于宁远掳去，与张涵初等同禁模范监狱。今清帝退位，民国统一，凡同志党人均应开释，以泯党人之猜疑，而示真正之共和，且以大年襄办俄之外交最善，学识亦优，因恳转电诸公，分别公电赵尔巽，即释党人柳大年等，并公电袁君慰亭电赵立释等情。据此应准，电恳施行，俾消意见而视同仁。皖军都督孙毓筠。印。（安庆电）

（《民立报》1912 年 3 月 2 日，“公电”）

章太炎等致孙中山函

（1912 年 3 月 3 日）

南京孙中山先生鉴：

汉冶萍事，公将借款原约十二条电令取销，甚佩卓见。惟盛宣怀致电股东董事会，尚藉口于公司合办草约十条亦经核准，诿咎我公，以肆狡诈。查该草约十条送宁，在公电令取销原约之后，究竟是否核准，请速电复为盼。炳麟等。江。

（《申报》1912 年 3 月 7 日，“要闻一”；又见《民立报》1912 年 3 月 7 日，“公电”；《时报》1912 年 3 月 7 日，“要闻”）

李兼善、杨文昭等致孙中山、黄兴等电

（1912 年 3 月 3 日）

孙总统、黄总长克强先生、邱参议员沧海先生鉴：

北兵变乱，到处焚劫，惨无人道。外人将起干涉，恐蹈庚子覆辙，贻患无穷。望速进兵，安民救国。广东旅津爱国团李兼善、杨文昭、蔡芳圃、吴远基、袁冠南等同叩。江。（天津来电一百〇一）

（《临时政府公报》第三十二号，1912 年 3 月 8 日，“附录·电报”）

鄂军旅沪同人致孙中山电

（1912 年 3 月 3 日）

孙大总统鉴：

同人等现公举胡培德君来宁面晤总统，接洽鄂事。鄂军旅沪同人公叩。江。（上海来电一百〇三）

（《临时政府公报》第三十二号，1912 年 3 月 8 日，“附录·电报”）

上海国民协会本部致孙中山等电

（1912 年 3 月 3 日）

南京孙总统、各部长、参院均鉴：

京兵构乱，外患日迫，全由争持临时地点，致统一政府不能成立。倘再迁延，必致内乱环生，外人藉口，大局何堪设想。请火速电袁暂缓南下，就近组织统一政府，以维人心而杜外患。存亡之机，间不容发，幸早定大计。再，道胜借款，请设法挽回，顾全舆论，民国幸甚。国民协会本部。江。（上海去电）

（《民立报》1912 年 3 月 4 日，“公电”；又见《申报》1912 年 3 月 4 日，“公电”；《时报》1912 年 3 月 5 日，“公电”）

上海盐业协会致孙中山、张謇等电

（1912 年 3 月 3 日）

南京孙大总统、张盐政总理、庄都督钧鉴：

刻据苏五属盐商报称：松江沿海盐廒十所，被松人马子谨等持械入廒强占，前经电禀在案。今马子谨日夜踞叶榭总廒，逼逐廒友，并登申报，欲将存盐发卖，商情危急等情到会。查盐廒商资商办，应同享保护私权利益，若以松盐松办，会所名义便可擅占擅卖，设各处效尤纷争，亿万商资，立可消灭，不独盐政永难统一，税饷无着，且于共和前途大有窒碍。应请电令严禁查办。赐复。盐业协会叩。江。（上海去电）

（《民立报》1912 年 3 月 5 日，“公电”；又见《申报》1912 年 3 月 5 日，“公电”）

洪秉端、陈天民等致《民立报》转孙中山电

（1912 年 3 月 3 日）

《民立报》转孙大总统暨各都督鉴：

临时政府地点，全国一致主张在北。现京、津、保连日兵变，若再固争，恐宗社党从中勾结，后患不堪设想。速派兵一镇来北镇摄，不胜迫切。洪秉端、陈天民等。江。（自天津发）

（《民立报》1912 年 3 月 5 日，“天津电报”）

胡瑛致袁世凯、孙中山等电

（1912 年 3 月 3 日）

北京袁大总统、南京孙大总统、各部长、参议院、武昌黎副总统、各省都督、各督抚、各报钧鉴：

自武汉起义，各省风从，数月之间，南北一致。现在清廷退位，专制云亡，政体共和，指日可告完善。此皆我同胞同心协力之功，我军人为国忘身之效也。惟是军兴以来，健儿齐奋，南北从戎之士合计约达百万余人。今后统一政府成立之时，所有南北各军，势不能不从新编制，以归划一，而作常备之用。顾就吾国国势而言，此时财政艰难，达于极点。常备之数当以四五十万为宜。既以四五十万为宜，则现有各军必须撤裁一半。此项被裁军队，倘不熟筹安插之方，即有流离失所之患。良以募军则一呼四应，裁之则伏莽恒多。此次北京兵变，虽缘饷事，而兵多之患已见端倪。言念及兹，殊深焦虑。以瑛愚见，似宜于内外两蒙，前后西藏，以及青海、新疆、黑龙江一带划分紧要区域，仿古屯田方法，配置被裁军队，假以资财，督之耘种，一二年后，即可自食其力，无须依赖公家。即西北气候稍寒，不如东南和暖，亦不过冬春稍异，秋夏则无甚悬殊，断不能为我屯军之碍。湘军之屯新疆，川军之驻西藏，亦未见有若何苦况，其明证也。如此则裁军不患无衣食，国基即因而巩固。爰述三利，条列下方：

西北一带土壤膏腴，地藏亦富，从前蛮荒强悍，维持无方，遂令内部人民视为畏途，货弃于地，殊为可惜。若有屯军保护之力，内部人民势必负耒而来，成市成村，翘足可待。内则不至以数十万之众，庶仅取给于十八省之版图，饥饿穷蹙以死；外则荒地尽辟，而后输出农产物于各国，世界经济之权，半自我操。其利一。

吾国边地，除滇、桂及奉、吉半部而外，大率旷无居人，故人多以为瓯脱，狡焉思逞，国防不固，莫甚于斯。或谓驻以重军，及瓜而代，使内部军人周知边势，则于国防之道，亦可极占胜着。不知边线极长，断难逐处屯驻，而地皆蔓草长林，军用粮食势必仰给内地，转运之艰，耗费之大，当亦可想见。何如移所裁之军实边远之地，寓干城之士于耕种之民，一旦有事，在边者可作先驱，在内者即为后盾。筹边之术，似以此为上策。其利二。

吾党所张共和帜志，原欲合汉、满、蒙、回、藏五族于一炉而冶之，稍分畛域，即不足以示大公。合之之法，首在同化。同化之道，固不一端。而迁移汉族繁殖之众，居于满、蒙、回、藏各族之中，导以语言，化其习俗，其最要也。今以裁军移殖于先，而令人民规随其后，地利既辟，来者愈多，久久杂处，种界自泯，吾党目的，庶几可达，否则徒托空言，断不能收其实效也。其利三。

瑛前受经略西北之命，日夕思维，罔有所措，即欲开陈意见，遍质国人。嗣以鲁省同胞屡电促往，辞不获已，勉任仔肩。此次南北一家，当无意外，而安置被裁军队，经营西北边隅，即为革命后第一难题，措置乖方，危机斯起。是用不揣鲁钝，敢布刍荛。此非瑛一人之私言，实为国家百年之大计。诸君子思深虑远，素展鸿猷，尚希鼎力赞同，以备将来实施之地，不胜祷切之至。山东都督胡瑛叩。江。（自烟台发）

（《民立报》1912 年 3 月 6 日，“公电”；又见《申报》1912 年 3 月 6 日，“公电”；《时报》1912 年 3 月 7 日，“公电”）

海属公民致民立报馆转孙中山等电

（1912 年 3 月 3 日载）[①]

民立报馆转孙总统，苏、沪都督：

海属赈务甚急，迅派许鼎霖由青岛速回沪接洽办理。海属公民迫叩。（自板浦发）

（《民立报》1912 年 3 月 3 日，“板浦电报”）

柳大年、张根仁等致《民立报》转孙中山等电

（1912 年 3 月 3 日载）

《民立报》转孙大总统、黎副总统、黄总理大臣、各部总次长暨各都督钧鉴：

年、仁前因国事被逮，在狱七十五日，屡蒙函电挽救，于元年二月二十四日，经赵尔巽派员押解至秦王岛，已于三月初一日抵沪，得荷生全，皆出仁人之赐。旧有衣履被劫一空，俟稍修备，即当踵叩，先此鸣谢。东三省联合会副会长柳大年、张根仁同叩。

（《民立报》1912 年 3 月 3 日，“公电”）

卡赛特致孙中山函

（1912 年 3 月 4 日）

尊敬的孙逸仙先生：

上封信我们提到，希望给您提供效率最高的报刊剪辑服务。剪辑内容覆盖全美国。我们每周浏览 12000 份报纸，我们服务周全，

① 发电者具体信息不详。——编者

质量上乘。如您订阅，每千份剪辑只收35美元的低价。我们将特别安排把剪辑资料装订成精美的纪念册，封面蓝色，式样优美，每页用一张烫金边的卡片制成，共150页。除剪辑的价钱外，另加70美元工本费，可谓物美价廉。我们希望收到您的来信或电报。

您的诚挚的卡赛特（Arther Cassot）

1912年3月4日

（《海外友人致孙中山信札选》（四），《民国档案》2003年第4期）

陈天民等致《民立报》转孙中山等电

（1912年3月4日）

《民立报》转孙总统、黎副总统、各都督、各司令同鉴：

京、津、保乱平，正法叛兵甚多。市面损失，一时难复旧观。陈天民等。支。（天津发）

（《民立报》1912年3月6日，“天津电报”）

袁世凯致孙中山电

（1912年3月4日）

南京孙大总统鉴：

电悉。廿九夜，三镇炮、辎等营因事误会，致生暴动，土匪乘机继起，焚抢多处。南来诸君及各使馆均无恙。前日已电左右。此次事变，该兵、匪等本无政治意见，事后即已溃逃，绝非反对鄙人。连日经严饬军队及巡警弹压地面，一面抚恤被害商民，人心已定，秩序渐次回复。猥蒙盛意，拟派兵队北来，至可感佩；惟此时局势已定，宜功镇静，无庸远劳师旅，祈即停止出发，曷胜铭谢。

袁世凯。支。印。（北京发）

（翠亨孙中山故居纪念馆藏档；又见《孙中山藏档选编·辛亥革命前后》，第159页）

袁世凯致孙中山等电

（1912年3月4日）

南京孙大总统、各部总长、参议院均鉴：

二十九日夜，第三镇炮队营与辎重队先由彼此冲突，嗣复肆行抢劫；次晨溃兵四散，复殃及天津、保定一带。共和初定，突出奇变，对内对外，惶愧莫名。幸迩来乱象已渐平靖，京城以内布置日就周密，可保再无动摇之患，使危大局，而起外人之干涉。惟专使到时，凯已决意南行组织临时政府，以便南北统一，早慰国民之厚望。际此时艰，此志万难即日致行，公等俯念民生国计之不可稍忽，想能曲谅。抑凯尚有不能已于言者，则北京外交团及吾国驻外各代表，无不谓方今欲巩固民国，保全共和，舍速建统一政府外殆无他法。全国心理想均表同情。组织之事既不可缓，南行之举又不能成，焦灼万状。特先布闻。袁世凯。支。（北京发）

（翠亨孙中山故居纪念馆藏档；又见《孙中山藏档选编·辛亥革命前后》，第159～160页）

魏勖致孙中山函

（1912年3月4日）①

总统钧鉴：

① 原函未署月份。此据信封上的邮戳标出。——《孙中山藏档选编·辛亥革命前后》编者注

谨肃者：今日《时报》载唐绍仪致书英使朱尔典，请设法维持北京秩序，唐绍仪复言此实出于袁世凯之意云。袁世凯素以维持秩序、北军拥戴自豪于人，而此次叛兵即起于其住所之旁，乃乞外人为之维持秩序，致启外人干涉之祸，更足酿列强联合进行之势。推原首祸，其能辞乎？外交之危机已伏，顷者闻袁世凯又乞援于我政府。此时北京之责，我政府不得不完全担任，拟请我公令外交部照会各国，声明我政府担任北京之责，以杜隐患。

更闻袁世凯曾以外务部首领之名义通告各国公使，略谓皇上退位，委袁世凯组织临时政府云（见初二日《时事新报》）。清帝无组织临时政府之权，更何能授全权于袁世凯？此等通告竟出诸新选民国总统，辱莫甚焉。馀初二日缄已详。肃此。敬请
钧安

魏勛谨肃　初四晚

（翠亨孙中山故居纪念馆藏档；又见《孙中山藏档选编·辛亥革命前后》，第 160 页）

云南临时省议会致孙中山暨参议院电
（1912 年 3 月 4 日）

南京孙大总统、参议院公鉴：

首都问题，南北争持，均有理由。以现势论，西南各省，妇孺皆知拥护共和，□□满清。至若满、蒙诸藩，虽表青［?］均赞成共和，而倾向满清之意，恐不能全行断绝。今溥仪尚拥帝号，而宗社党犹暗生心。若袁总统南来，则镇摄无人，不啻故纵奸乱，小腆举绪，死灰易然。可虑一。以大总统之威望，而尚有天津之兵变，大局几至破裂，若遗南来，则北兵愆无顾忌，焚杀抢劫，更可任意，生灵涂炭，视将燎原。可虑二。日俄野心，路人皆知。东三省、蒙古一带匪势久张，政府若不统一，彼必以无政府借口，自由

行动。统一政府若不仍在北京，彼若乘虚逞其诡秘手段，利用乱党搅扰治安，或故柰使馆，或故杀外人，借端逞□，进兵干涉。一国发难，群将效尤，弥天之祸，可为寒心。可虑三。若定都北京，合力组织健全政府，可虑诸端或能消解。况形势之□制较优，铁路之交通甚便，经之交朝宗夙称丰裕，实业之发尽日渐增多。一旦都会□南，□必受亏委去。面面观昌，万难轻动。本议会对于国都问题仍主北京，务恳鼎力主持，大局幸甚。云南临时省议会叩。支。印。（昆明发）

（翠亨孙中山故居纪念馆藏档；又见《孙中山藏档选编·辛亥革命前后》，第160～161页）

段祺瑞等致孙中山、袁世凯等通电

（1912年3月4日）

万万火急。南京孙大总统、各部总次长、参议院、卫戍徐总督、军界诸公，武昌黎副总统，各省都督，北京新举袁大总统、各部首领，在京专使及各代表公鉴：

宣布共和已过两旬，专使到京亦已七日，而临时政府设置何处，袁大总统受任何时，统一政府如何组织，迄无定议。北方秩序渐难维持，满、蒙岑岑将再牵动。使馆卫电，昨已调集六国发兵，既见电报。上无政府，下有反侧；内不统一，外多虎视。一言可决之大计，徘徊审慎，杳无消息，诚令人有不解者。说者谓南有临时大总统，北有新举大总统，和衷共济，维持治安，何得目为无政府？不知对内而言，则临时大总统之教令不能越江而行于北，新举大总统之教令不能越江而行于南，历日稍久，恐不免以统治无权□致瓜分之祸；对外而言，则新举大总统未经布告，临时大总统未经承认，历日稍久，恐交涉不能续行，干涉即将踵至。日、俄、英、美调兵，昨到天津，诸君想有所闻，必可为所欲为，我将何以待之。对边而言，则临时大总统偏居南中，于联络控驭之方，均有鞭长莫及之势；新举大总统未受公任，既难取信于人，即难踏实办事。历日稍久，恐边部各谋自立，勾结为患，而我有唇亡齿寒之忧。在浅见者或尚靦然，以两政府自豪；而有心者已不免黯然，以无政府而哭，日日哀号〔於〕。虽谓无政府为国家之至危极险，乃日处此至危极险之地，诗［视］天梦梦，而不知误，岂不隍可哀哉。四千年专制余威，一跃而入共和之局。民国基础已定八九，倘以一事无谓之争执，功亏一篑，更召灭亡，谁尸其咎，能无遗憾。兹就内情、外交、边部各方面观之，临时政府必应设于北京，大总统受任唪［?］暂难离京一步，统一政府必须旦夕组定。敢请主持全局，迅促议决，早日正式布告列强，镇定全国，以免眉睫之祸，庶尚有自立地步，否，恐五族无噍类矣。情急词迫，言短意长，俯维鉴察，鹄立候复。段祺瑞、姜桂题、冯国璋同叩。支。印。（北京发）

（翠亨孙中山故居纪念馆藏档；《申报》1912 年 3 月 10 日，“公电”；《时报》1912 年 3 月 10 日，“要闻”）

军界统一联合会致孙中山等电

（1912 年 3 月 4 日）①

南京孙大总统、参议院、各部总长、武昌黎副总统、各省都督、各司令长均鉴：

共和宣布，民国完全成立，所未竟者临时政府未组织耳。今中外人士延颈伫盼新政府成立，俾各省秩序早日恢复，以收统一之效。乃宣布已逾两旬，蔡使来亦数日，而临时政府尚无建设之明

① 原件无时日。据有关记载，该会曾发出支电，且日期上与电文所说“宣布已逾两旬，蔡使来亦数日”、“袁未离北，乱端已见”等相符，故可判断此件即支电，为 3 月 4 日所发。——《孙中山藏档选编·辛亥革命前后》编者注

文。人心惶恐，军心动摇。已失之秩序，不得恢复；未失之秩序，亦将不保。奸人煽乱，已见动机；外国进兵，已有确耗。若再延不早决，大局溃烂，民国立见瓜分。一发千钧，无有危于此时者矣。诸公费无量苦心，成此伟业，若因新政府不得早成，致坠全功，此实有志之士骇怪惊诧，叹为不解者也。袁总统赴宁受任再行北旋，为便于统一起见，虽不可少此一行，然于缓急先后之间，不能不权衡重轻。今袁未离北，乱端已见，倘一举足，必致不可收拾。此种情形，当早为诸公所鉴。为今日计，惟有请袁大总统在北京受任，即日由南北协商，速成临时政府，以维系人心。俟政府已成，大局粗定，再请大总统周视全国，实行联络，较为两全。事机危迫，万难顷刻再延，叩恳速决为盼。军界统一会公叩。（北京发）

（翠亨孙中山故居纪念馆藏档；又见《孙中山藏档选编·辛亥革命前后》，第163页）

陈其美致孙中山、黄兴电

（1912年3月4日）

火急。南京孙总统、陆军黄总长钧鉴：

沪密。九江兵变，停市闭城。赣都督想已报告。此间更特别戒严，请勿廑念。其美叩。支。印。（上海发）

（翠亨孙中山故居纪念馆藏档；又见《孙中山藏档选编·辛亥革命前后》，第580页）

蒋尊簋致袁世凯、孙中山等电

（1912年3月4日）

北京袁总统、南京孙总统、各部总次长、参议院、武昌黎副总统，各省都督、督抚，各路总司令均鉴：

黎副总统径电转唐君养电，赞建都宛平、新总统不必莅宁履任两事，尊篮已于铣电参同。顷观各都督、各议会、各团体往来电商于北都，殆已多数主张。新总统莅宁受任一节，唐君所云三害，虑周思远，艳日宛平之扰，即其近征，以后处处可虞。而升允跳梁于甘省，正在命将徂征，新总统发机指略，比较南便。苟以袁公暂莅金陵受任，即行北归，亦何必虚劳往返？总之，国体粗定，人情未敉，当略虚文而崇实事。现在大势，亟宜定都北方，新总统即在宛平接任，庶绝死灰复燃之患，而安远近之心，收全国统一之效，而善外交之策。鄙意如此，祈惠教不吝。浙蒋尊簋叩。支。（杭州电）

（《民立报》1912年3月6日，“公电”；又见《时报》1912年3月7日，“要闻”；《申报》1912年3月6日，“公电”）

黎元洪致孙中山等电

（1912年3月4日）

孙大总统、各部总次长、参议院公鉴：

维密。顷接北京密电：北都地博人杂，连日悉力维持秩序，渐复安谧。虽稍远处，不免瑕疵，然最足虑者，英美调兵已到，日兵亦二日即到，虽未明有干涉，而新政府之现状已迫于眉睫，大局不速定，倘更有摇动，转瞬即不堪设想。云云。请速主持，建议临时都城暂定北京，勿蹈危险，民国幸甚。盼复。元洪。支。

（《申报》1912年3月10日，“要闻一”）

程德全、赵熙等致孙中山电

（1912年3月4日载）

孙大总统鉴：

顷闻财政部咨交参议院议借道胜银行外债千万，以武昌四局、四栈、韦刘地皮、四川盐课税厘全部作为偿款。窃此举关系川省财政非轻，本省议会议决，万难承认。况战端既息，似不必藉口军需，如系行政经费，非南北统一政府成立，不能仓卒定议。恳饬财政部取消前案，俯顺舆情，大局幸甚。旅沪川人程德全、赵熙等六十八人叩。

（《申报》1912 年 3 月 4 日，“要闻一”）

芜湖军界致孙中山等电

（1912 年 3 月 4 日载）

南京大总统、陆军部总次长、安庆孙都督、上海各报馆均鉴：

皖芜分府吴公振黄，光复芜湖三阅月，和以接物，严以责己，地方人民与僚属兵士无不感戴。今孙都督为全皖军政、财政、民政统一起见，取销分府名义，吴公欣然赞成，随即通电宣布，正式取销。适奉孙大总统委任陆军部高等军事顾问官公函，即日束装南下，全芜官佐兵士感公恩威，恋不忍舍，连日群情惶急。特于昨日下午七时开会，会议决欲挽留，拟请吴公为皖军师团长，督率全军军人切实训练，以俾万众一心，得所遵守。军界全体演说，至剀切处，同声下泪，此情此景，全芜人士皆能道之。吴公在芜一日，则地方安堵一日；吴公一日不去芜，则军人等无一日不力图报效也。伏乞我大总统、总次长、都督俯念下忱，准予收回成命，允赐委任吴公驻芜师团长之职，俟天下大定，散兵归农时，当随公退归畎亩，共享自由幸福，不胜迫切待命之至。特此电禀，并请示覆。芜湖军界全体公叩。（自芜湖发）

（《民立报》1912 年 3 月 4 日，“芜湖电报”）

丁义华致孙中山函

（1912 年 3 月 5 日）

中华民国总统先生钧鉴：

我们万国改良会在上海的工作开展顺利，目的就是造福于中华民国。唐绍仪先生、伍廷芳博士和上海其他著名人士都是我们的支持者。我们正尽力帮助这个可爱的国度摆脱毒害民众的恶习。阁下对我们的工作深表关心和赞同，必定也是我们的支持者，现送上一份我们组织的成员名单。

很遗憾，阁下秘书舒马（Ma Soo）先生上周到访时未能见上一面。有很多事情我想与他谈谈。想必北方不久就会平静下来。我相信上帝会体恤中国，并把它带向自由、强盛和幸福。

丁义华　谨上

（《海外友人致孙中山信札选》（四），《民国档案》2003 年第 4 期）

陈延训、余鹤松致孙中山、黄兴等电

（1912 年 3 月 5 日）

南京孙大总统、陆军部黄总长、北京袁大总统、武昌黎副总统、南昌马都督、上海《民立报》转各报馆钧鉴：

九江卫戍司令官朱汉涛种种不法，大犯众怒，经各界以文明办法令其退职，离出浔境，原属保全人道之义。讵朱仍怙恶不悛，竟与唐桢、潘志远等盘踞公馆，私结匪党数百人，阴谋反抗，扰害地方，当经派兵前往防守，免酿巨祸。而该朱等竟敢负固放枪，击毙同乡妇女二口，伤兵士三名，军心大为鼓噪，即将朱、唐二人拿获，余党逃散。似此不思悔过，自戕人道，以天理、人情、国法三者并论，朱为祸首，决无生理。除派兵搜查潘志远等，务获惩究，免害地方外，公议处决朱汉涛以就地枪毙之刑，以释众怒，而杜后患。候示遵行，并希各报宣布为幸。司令官陈延训、参谋长余鹤松同叩。歌。（自九江发）

（《民立报》1912 年 3 月 7 日，“九江电报”）

庄蕴宽致孙中山等电

（1912 年 3 月 5 日）

南京孙大总统、各部长、参议院，武昌黎副总统，北京蔡专使，军界统一会，各省都督、各司令长均鉴：

统一会支电悉。袁公尚未南行，北兵已被煽动，若统一政府延不解决，则宗社党以全国为孤注，外人以代平内乱为词，此诚危急存亡之秋，四百兆人生死关头所在也。诸公费无量苦心热血推倒专制，建设共和，本无丝毫权利思想，但亟于民国前途有所补益，何事不可牺牲，决不以袁公未能来宁，遂置最重要之临时政府问题迁延时日。来电所称，请袁大总统在北京受任，俟政府已成，大局粗定，再请大总统周视全国，实行联络，自是两全之策。蕴宽胸中空盲，亦无成见，所可誓诸天日者，惟以民国存亡一线为前提耳。袁公支电，亟已与南京政府电商办法，仗乞孙大总统早日解决，以定人心。声嘶泪竭，不暇择言。蕴宽叩。歌。印。（苏州发）

（翠亨孙中山故居纪念馆藏档；又见《孙中山藏档选编·辛亥革命前后》，第 167～168 页）

江苏临时省议会致孙中山、袁世凯等电

（1912 年 3 月 5 日）

孙总统、各部长、参议院，北京新举袁总统，武昌黎副总统，各省

都督、督抚、省会、谘议局公鉴：

南北统一，瞬逾两旬，只以地点各执，强要袁南，致统一政府迄未成立。奸人乘机煽惑，遂肇京、保之变。志士仁人，杀身毁家，冀得真实幸福，非为依草附木者把持利禄之媒。循是不悟，堕强邻之奸谋，召瓜分之实祸，生何以见全国同胞，死何以对殉义诸烈？言念及此，痛哭失声。今全国大多数皆主临时政府设在北京，所见既同，自应协力以达公共之主张，岂可任令挟私见、争意气者败坏大局？惟有请孙总统速电袁总统，在北京受任组织临时政府，召集临时参议院。至建都问题，自可静待国会议决。庶乎全国人心皆定于一，已坏之秩序立见恢复，未坏之秩序可以维持。值此危亡呼吸之际，既不敢市惠以悦人，亦不顾直言以贻祸。谨吐肺腑，公诸天下，死生成败在此一举。请分别径电，一致进行。江苏临时省议会叩。微。（苏州发）

（翠亨孙中山故居纪念馆藏档；又见《申报》1912年3月7日，“公电”；《时报》1912年3月7日，“要闻”）

谭延闿致袁世凯、孙中山等电
（1912年3月5日）

至急。北京袁大总统、各部院、各大使、各会，南京孙总统、各部院、各大使、各会，武昌黎副总统、各省都督均鉴：

黎副总统微电所言兵亡、民亡、国亡、种亡各节，沉痛迫切，深中现时危象。北京联合会支电尤中肯要。延闿才学浅薄，时切隐忧建设问题与新政府之组织，曾于二月铣日及三月江日通电各处，将意见发表。诚以都城为政治枢纽，非建立燕京，不足以谋五族之统一，巩固共和。庄都督咸电，实为至论。袁公既为北部安危所系，自不能轻去燕朝，致起乱机。诸公关怀大局，务望从速决定，勿再稽延。只得先将建都问题解决，然后将南京政府各机关移之就北，自不致有柄［枘?］凿之虞。望诸公赐予赞成，免生他变。不胜惶悚待命之至。湘都督护延闿。歌。印。

（《申报》1912年3月8日，“公电”；又见翠亨孙中山故居纪念馆藏档；《时报》1912年3月8日，“要闻”）

赵尔巽等致袁世凯、孙中山等电

（1912年3月5日）

至急。北京袁大总统、蔡专使、军界统一会，南京孙仲［中］山，武昌黎宋卿先生，参议院，各省督抚都督鉴：

临时政府设在北京，袁大总统暂不能南行，东三省所主张理由，迭经电陈在案。此次京、津、保定之乱，闻由袁大总统有南行之信，军心疑虑，以致土匪得以乘机勾结暴动。倘使离京，更属不堪设想。现京津秩序尚未尽恢复，善后交涉当益困难。诸公如忍违初心，坐视民国之亡则已；如欲固国基而免瓜分，应立刻决议，即日在北京组织临时政府，统一政权。南方诸彦，无妨连袂北上，以赞新猷，万勿再争虚文，致受实祸。盼切祷切，赵尔巽、陈昭常、宋小濂及军警、绅商、人民同叩。初五。印。（盛京发）

（翠亨孙中山故居纪念馆藏档；又见《申报》1912年3月7日，“公电”；《时报》1912年3月7日，“要闻”）

陈昭常等致袁世凯、孙中山等电

（1912年3月5日）

火急。北京袁大总统、蔡专使诸公、军事统一会，南京孙总统、参议院，武昌黎副总统，各省督抚、都督、谘议局、议会、报馆均鉴：

日内闻京津兵变，市面骝然。顷奉袁大总统通电，谓共和初定，突出奇变，舍速建统一政府外，殊无他法。惟组织之事既不可缓，南行之举又不能成，已与南京政府电商办法等语。窃思共和新布，百端待理，无论内政外交，莫不急需有确定之统一政府，方足以巩固初基。今政府统一之设尚属虚悬，而土地沦胥之惨已见其兆，后患何已，实所痛心。大凡国家必具有完全人格始克成立，总统如元首，又如首之脑，各省如四肢，政府各机关如五官，脑具而五官不备，是谓无人格之人，乌能生存于世界？中国现状毋乃类是。革军初起，省界各分，国体更新，众心未定。倘不速建统一机关以筹确定办法，则各省纷争，势将割裂，军队滋抚［扰］，到处横行。生灵之涂炭堪虞，外人之干涉并至，助我者将无所施其力，而利我内乱者转得□其谋。且君主之党、草泽之雄均未肯舍己徇人，只因大势所趋，未敢显为公敌。统一之组织若再不定，则乘机造乱之隐患随在难防，现众虽强支持，危险实难逆料。至全国财政紊乱已甚，南北军队待饷孔殷，欲解散则为匪堪忧，欲应付则饷需何出。长此迁延不决，京津之变岂堪再见。大抵此时待商者，但因建都地点及袁总统南行两问题未决之故。建都之宜在北京，前电具述。况当此绝续之交，北方军心民心均赖袁总统一人维持，故临时政府尤不可不先在北京成立；应俟全局大定，随后再筹永固办法。南京诸公所主持者，无非以军政府初成于南，总统似宜往南受任。孰知清帝退位，共和宣布，实在北京；全国仰望，外人注目，均集于此。无论日后是否迁都，再由国会决定，此时总统必须于北京受任，始能统一全国，庶北方再无暴动之虞，而南北共和亦由是而根基益固。即令总统受任组织必经参议院之赞同，则总统现为势所迫未能南下，而南京参议院诸公未始不可北来。参议院之移动，比之总统之行止，其关系当较轻也。至在北京组织政府，一切手续较易，尚属余事，毋烦缕陈。是否有当，务求公决。当此时势急迫，一发千钧，实中国今日存亡一大问题。尚乞在事诸公，顾念时艰，俾挽危局，不胜翘企待命之至。陈昭常暨政军警字各界、谘议局同电。歌。印。

（翠亨孙中山故居纪念馆藏档；《申报》1912年3月7日，“公电”；《民立报》1912年3月7日，“吉林电报”）

唐绍仪、魏宸组致孙中山电

（1912年3月5日）[①]

南京孙大总统鉴：

维密。留美学费，此时对付维艰，美国银行情愿垫借数至十五万六千金元为止，已允由民国政府担任照还。绍仪、宸组。歌。（北京发）

（翠亨孙中山故居纪念馆藏档；又见《孙中山藏档选编·辛亥革命前后》，第204页）

陈其美致孙中山等电

（1912年3月5日）

孙大总统、各部总次长、参议院、武昌黎副总统、各省都督、各军司令钧鉴：

今日迭接京津各电，据称北京已平静，秩序渐复。使馆卫兵增至二千。自江日颁布军律，正法甚众。洋兵亦整队出巡，入夜禁备尤严，抢案于是绝迹。南京代表四人，即日回南。京津乱兵已向正定、沧州

① 原件无月份。因此电发自北京，而孙中山解临时大总统职离南京前，唐绍仪、魏宸组二人只有3月同在北京，故酌定为是月。——《孙中山藏档选编·辛亥革命前后》编者注

一带窜掠。英兵调往丰台者，陆续遣回天津。京中电线已通。闻保府此次蹂躏颇甚，府南电线尚未修复，不知消息。昨闻因改政起哄，现已平静。各省均安，请勿尘念。陈其美叩。歌。（上海来电一百〇八）

（《临时政府公报》第三十三号，1912 年 3 月 9 日，“附录·电报”）

尹昌衡、罗纶致孙中山等电

（1912 年 3 月 5 日）

南京孙大总统、各省都督及上海陈都督钧鉴：

照得本都督迭接陕西张都督万急电：潼关已失，升允猛攻，腹背受敌，危在旦夕，请迅速派员救援等语。查川、陕为唇齿之邦，祸福与共。现在川局大定，公力有余，自当统率熊罴，扫清胡虏。况清帝退位，民国统一，凡居覆帱之中，孰不欢欣鼓舞，同□□□。升允何人，乃竟奋其□□，□□鹰扬，此尤罪不容诛，攻不宜缓者也。本都督业经先遣□团，于去腊阴历十二月十一日出发，在马夏镇中简其精锐者，编合为一大军。查陆军部部长周忠勇诚恳，劳怨不辞，堪以特任援陕军总司令官。表列各军及先遣□团，概归统辖节制，并按照后开条件切实遵行，沿经过地方宣示我军援陕宗旨，遇有滞碍事机，迳商陕西都督办理。秦中如已安静，甘省未清，便当西入兰州，以慰父老之望。临时先得援急，由总司令自由进止，天戈所指，匕鬯不惊，敌垒同摧，河山底定，本都督有厚望焉。除呈报陕西都督，申告中央政府及各省都督外，谨此电达。成都都督尹昌衡、罗纶叩。歌。

计开：

一、援陕军关于御敌平匪，应商承陕西都督，和衷办理；

二、援陕军对于升允军认为公敌，战机迫切，承总司令官便宜行事，仍将情形报告本军都督及陕西都督；

三、援陕军经过之府、厅、州、县，未反正者，劝令反正，若一时未及反正，出于真意，尚无反正情形者，不得妄开兵衅；

四、援陕功令反正地方，即行报告，陕西都督用人行政诸端，不得干预；

五、援陕军因仗义保民起见，遇满军不得退缩，遇人民必加保护；

六、以上各条，援陕军应切实遵守，不得违犯。

（按：此电错字甚多，无从改正，姑照录之。）

（《申报》1912 年 3 月 22 日，“公电”）

陈锦涛致孙中山等电

（1912 年 3 月 5 日）

大总统、各部长暨黎副总统钧鉴：

顷查四国银行借款事，北京实未提出现款，此次变乱或确因饷绌，有激而然，亦未可知。现据沪英领事及四国银行意见，尤以袁氏为能定乱之人，倘南京政府与袁一致，以期早为后盾云云。现四国银行已电总统，要求一致进行，若得回电照准，即可设法付款。锦涛。微。

（《申报》1912 年 3 月 11 日，“要闻一”；又见《时报》1912 年 3 月 11 日，“公电”）

湖北改良政治群英会致孙中山等电

（1912 年 3 月 5 日载）

大总统、都督、各报馆鉴：

湖北军务部正长孙武，办事专制，独揽全权，深宫优处，姬妾拥护。至于敛财贿官，树党营私，种种之罪状，不胜枚举。业由改良政治群英会同人禀经都督平和取消，毫无紊乱情，并已将各部名称改换司印，以符共和政体中央统一之权。特此电达，恭祈钧鉴。湖北改良政治群英会公布。（武昌公电）

（《时报》1912 年 3 月 5 日，“公电”）

马毓宝呈孙中山文

（1912 年 3 月 5 日载）

大总统钧鉴：

敬呈者：毓宝于二月某日奉到颁发委任状一纸，当即敬谨祗领，并承容当君等传宣教令，遍蒙奖誉，敬聆之下，愧悚莫名。伏维大总统功高华、拿，光复炎汉，创建民国，媲休欧美，中外古今，敻乎莫尚，引领南望，倍切瞻依。毓宝尾附黎、黄首事，浔、赣仰赖声威，渐就安谧，而内忧外患，时有戒心，此畛彼域，辄多掣肘。今虽南北统一，基础巩固，然权利之毒，久中人心，伤残之余，无复著手，困难万状，莫达钧听。幸蒙洞察，遥施匡救，卒使椟中劣璞，郑贾容收，门下滥竽，晋王动听。毓宝何人，能勿感愤？惟有奋踶长嘶，上答伯乐之顾；振翮一舞，不启羊公之羞。勉尽驽骀，追随騄骥已耳。辱降诸君妥为位置。肃修寸简，敬达崇阶。恭叩

钧安，伏希

慈鉴

赣省都督马毓宝谨上

（《申报》1912 年 3 月 5 日，“要闻二”）

伍廷芳、温宗尧等致孙中山等电

（1912 年 3 月 5 日载）

南京孙大总统暨参议院诸公、武昌黎副总统均鉴：

胡君湘材之子胡承诰为沪光复军统领李君征五所逮，勒索巨款。胡君在前清仕粤，甚持公理，严办贪吏，最饬廉隅，并无赃私公款纠葛。粤中各界舆论早推，解组已久，无罪于世。今执其子而勒巨款，法理何在？人情何在？共和政体，尊视人权，方将合汉、满、蒙、回、藏五族交庆大同，乃汉人曾为满吏者，反不得安，直是移向者仇视满清之心而仇视汉族，假共和之美名而行专制之故技矣。似此举动，不特示人不广，且恐失全国民心，特请主持，速饬李君征五将胡承诰释放，以安人心，免致为丛驱爵，贻中外诟病，国体幸甚。事关公理，延等难安缄默，故为不平之鸣，切盼电复。旅沪粤人伍廷芳、温宗尧、陈可良、谭干臣、许炳榛、郑官应等叩。（旅沪粤籍绅商电）

（《申报》1912 年 3 月 5 日，“公电”；又见《民立报》1912 年 3 月 5 日，“公电”；《时报》1912 年 3 月 5 日，“要闻”）

蔡元培致孙中山电

（1912 年 3 月 6 日）

万急。孙大总统鉴：

培等受命欢迎袁君赴宁就职，前月二十七日已以此意面达袁君，而袁君亦极愿南行，一俟拟定留守之人，即可就道。不期二十九夕北京兵变，扰及津、保。连日袁君内抚各处军民，外应各国驻使，恢复秩序，镇定人心。其不能遽离北京，不特北方人民同声呼吁，即南方闻之，亦当具有同情。故培等据所见闻，迭电陈述。兹承电示，知袁君委托副总统黎君，代赴南京受职。是培等欢迎之目的已经消灭，似应回南面陈一切。谨先电闻，并祈即复。元培等。鱼。（北京发）

（翠亨孙中山故居纪念馆藏档；又见《孙中山藏档选编·辛亥革命前后》，第 172 页；《临时政府公报》第三十三号，1912 年 3 月 9 日，“附录·电报”）

江苏公民会、沪民公会致孙中山、黄兴电

（1912 年 3 月 6 日）

北京孙大总统、陆军黄总长均鉴：

制造局关系重要，李君平书办理有年，成绩似卓著，未便遽易生手，请慰留。江苏公民会、沪民公会。鱼。

（《民立报》1912 年 3 月 7 日，“公电”；《时报》1912 年 3 月 7 日，“公电”）

陈炯明致孙中山、黄兴电①

（1912 年 3 月 6 日）

急。南京孙大总统、黄陆军总长鉴：

南北统一后，奉钧电嘱粤军勿来，此间不欲违命，遂快［?］用新军，力散驻省民军，期节饷项。查粤省独立后，民军如麻，单就驻省者计大小不下六十股，斑［数?］逾十万。不特糜饷，且为闾阎害。而城厢内外，烟户鳣［鳞］比，政府不能不慎重对彤［待］，以妥［绥］破怀［坏］。故民军之势怡［愈］张，政府之权怡［愈］削。粤之难治，即系于此。自决定解散政策后，先以新军填驻要地，并擒素号刁悍之民军首领石锦泉、参谋张汉兴，宣布罪状处死，勒令所部二千余人缴枪解散，以示军政府威严。于是各民军首领、参谋皆大恐慌，始服命令。政府乘机指各遗［遣］散，均莫敢拒。由本月一日起至今，共散去十五股，数约二万人。以后尚当续行。不伽惟大者，深恐挞及□军。日夕□□□，怨恨政府甚于仇敌。所以不撰□□□□□□□新军。忽换［接］北京事

---

① 原档错字甚多，不具改。——编者

变电，粤虽出师，亦不撰宣布，以防民军乘隙泄愤，牵勉填局。则掷令炮标先行，并遣工辎右一营同行。惟必俟钧电到，始敢备船出发，两到覆辙。余步兵两标当续遣，其弟［第］二师拟留静粤。□时计画慕展，粤需解决散兵问题后，始能顾及其他要政也。炯明。鱼。（广州发）

（翠亨孙中山故居纪念馆藏档；又见《孙中山藏档选编·辛亥革命前后》，第505页）

蔡锷致孙中山、袁世凯等电

（1912年3月6日）

南京孙公中山、北京袁公慰亭、武昌黎公宋卿、各省都督鉴：

建都之议，章太炎、庄思缄两君及各报馆所论，已阐发无遗。而鄙意所尤虑者，则建都南京后，北边形势当为之变迁，恐遗孽有乘虚窃踞之虞，而强邻启蹈隙侵凌之渐，黄河以北，沦入毡裘，甚非国民之利。尚望早定大计，建都燕京，可以控御中外，统一南北，大局幸甚。若夫祛除私见，调和感情，袁公当优为之，似可无烦过计。滇都督锷叩。鱼。印。

（《天南电光集》，第131电）

陈其美致孙中山、黄兴电

（1912年3月6日）

南京孙大总统、黄陆军总长鉴：

和密。各省北伐队留沪者尚多，查上海租界秕［毗］连，各队道路不熟，语言不通，徜徉租界，风纪攸关，敝处又不便直接管束。前闻军事会议已决议缓兵北上，此顷军队应如何令回各省，或改驻

内地，请速定夺。留沪闽军最多，并闻。其美叩。鱼。印。（上海发）

（翠亨孙中山故居纪念馆藏档；又见《孙中山藏档选编·辛亥革命前后》，第 113～114 页）

蔡元培等致孙中山、黄兴电

（1912 年 3 月 6 日）

急。南京孙大总统、黄陆军总长鉴：

维密。连日京津各处渐平靖，运兵之事，请俟钮、宋暨项城所派军官到宁后订定办法，目下宜准备，不必亟亟出发。今日驻沪费领事[①]电问英使朱尔典：上海欲租英船运兵，允否？朱答：虽不能禁租船，然外交团不以运兵为然。并闻。元培等。鱼。印。（北京发）

（翠亨孙中山故居纪念馆藏档；又见《孙中山藏档选编·辛亥革命前后》，第 173～174 页）

袁世凯致孙中山电

（1912 年 3 月 6 日）

南京孙大总统鉴：

维密。顷蔡、唐、汪、魏四君来，得闻胡君汉民致汪君支电，具悉诸公洞鉴北方为难情形，委曲求全，设此调和之办法，感甚。顷已电致黎副总统，请即代赴南京受职。至内阁总理一席，凯属意唐君绍仪，前已由蔡君代达。今承同意，祈与参议院诸君言之，以

① 英国领事费理伯（H. Phillips）。——《孙中山藏档选编·辛亥革命前后》编者注

期通过，无任祷盼。另致明电作为正式宣布，希鉴察。袁世凯。鱼。（北京发）

（翠亨孙中山故居纪念馆藏档；又见《孙中山藏档选编·辛亥革命前后》，第174～175页）

袁世凯致孙中山等电

（1912年3月6日）

南京孙大总统、参议院国务各总长、各省都督同鉴：

此次南京特派专使来燕，凯赴南京受职。凯极愿南行，借与诸君相见，共筹国家大计。惟以北方秩序需人维持，正在拟议留守之人。不期变生仓猝，京师骚扰，波及京津。自维抚驭非易，致使闾阎受惊，殊深惶悚。连日布置，差幸秩序渐复，人心渐安。惟自经此变，北方商民愈不欲凯南行，函电吁留，日数千起。而南京政府，亦鉴北事之方殷，谅南行之宜缓。连日筹商办法，以凯既暂难南来，应请黎副总统代赴南京受职。而内阁总理，俟凯与孙大总统、黎副总统商定其人，协行提交参议院，请求同意。庶几大局早定，人心早安，对内而谋统一，对外而谋承认，以完全巩固中华民国之基础，是所深望。特此电闻。袁世凯。鱼。（北京来电一百十六）

（《临时政府公报》第三十三号，1912年3月9日，“附录·电报”；又见《时报》1912年3月9日，“要闻”；《申报》1912年3月9日，“公电”）

孙毓筠致孙中山、袁世凯等电

（1912年3月6日）

万急。南京大总统、各部总次长、参议院，武昌黎副总统，各省都督、督抚，北京新举袁大总统、各专使、段军统、冯军统、姜军门鉴：

顷接袁总统暨段军统支电，借悉北方情形。敝处前于议决临时政府地点问题，电中曾谓袁总统举足南京，恐大局因之牵动。并称此项问题万不可久搁，亦正虑及于此。惟目前乱象虽已平静，人心未尽安宁，更非前日情形可比。所有敝处前请移驻天津之议，应请暂行取消，仍就北京城内组织统一政府。并请袁大总统正式宣布，此系暂设临时政府，将来都城建设何处，再由国会公议。一面将组织统一政府布告各友邦，则大局即日可定。事关存亡大计，情势危迫，伏望迅赐解决，既［?］使功败垂成，无任祈祷之至。皖都督孙毓筠叩。鱼。印。（安庆发）

（翠亨孙中山故居纪念馆藏档；又见《申报》1912 年 3 月 8 日，“公电”；《时报》1912 年 3 月 8 日，“要闻”）

水冰清上孙中山评论袁内阁成员优劣书

（1912 年 3 月 6 日）

中山先生暂摄总统阁下：

顷阅上海《中法新汇报》（L'Echo de Chine）译登《申报》刊载新举袁总统选派民国内阁各部正次各长名单。兹将人所共好、共恶之人另单注明，伏希先生披览之后，详加调查，知照袁总统慎加黜陟。再：现在各国代表参领各员，均须大加淘汰，以重外交。民国幸甚，大局幸甚。顺颂

日祺

国民水冰清上　元年三月六日

计开：

唐绍仪　不愧首领。惟信用梁士诒，殊为盛德之累。

赵秉钧　办理警察甚好。

沈家本　熟知中国刑律，前与伍廷芳会定草律。

张　謇　熟知中国理财法。

梁士诒　与革尚［党?］闽人陈璧串通，邮传部司员叶恭绰（号誉虎）、袁长坤在陈璧家内秘密订借汇理、汇丰两银行五百万磅［镑］，朋分扣用，旋经鹿传霖、那桐查办有案。并有他参案。

杨士琦　庸鄙贪狠。

袁总统幕府——

叶恭绰：号誉虎，系梁士诒私人。宣统元年四月下旬，奉邮传部铁路局长梁士诒派令，会同现充广九铁路总办赵如燧赴津，汇至欧洲一百万佛郎。叶、赵两人赴华比银行托汇该款，该行以三佛郎十五生丁作行平化宝银一两。叶、赵两人与该行说通，以三佛郎十三生丁作行平银一两，缮给小票，即持此票报部。如托该行熟人给阅原簿，即知叶、赵两人每两银私吃两生丁。再，此事系天津银行中人告知。近由梁士诒介绍充袁总统财政幕府。

桂智臣：原名桂芳，系旗人。前充驻海参威总领事，曾经刑责华侨禁止洋烟，后发给吸烟准照，每张索费俄洋两卢布。该埠华侨胪列桂芳前后劣迹并上开两事，统共八款，会禀外务部、农工商部有案。惟桂芳巧于行贿，上年右迁科布多参赞大臣，旋因民军起事，畏不赴任。

唐在礼：号执甫。夤缘亲贵，皆极重用，派赴库伦办理马政。并为胞兄、现充驻俄代办唐在复（号心畬）标榜于亲贵各当道，运动出使，旋因民军事起未果。

（翠亨孙中山故居纪念馆藏档；又见《孙中山藏档选编·辛亥革命前后》，第177～178页）

李燮和致袁世凯、孙中山等电

（1912年3月6日载）

袁大总统、孙大总统、各部总次长、卫戍总督、参议院、黎副总统、各都督、各军司令官、各报馆均鉴：

满清退位，南北联和，民国丕基于以大定，军政统一，实为急务，凡我民国，均应由临时陆军部改编，不得私用名称。燮和所统光复军，除驻防吴、淞、鄂、鲁各师旅，早经交由各都督接管不计外，其在宁步、炮、工程各营，亦已呈准移交第五师师长刘毅接统，并将军司令部取销，以节糜费。伏思此次革命，群仗民军，当武汉首义之时，正燮和奔走栖皇之日，其始仅二三同志，继乃云集数千，振臂一呼，群思效命，克复沪淞，封锁长江门户，转战金陵，奠定东南半壁，虽曰天与人归，实惟群策群力。兹幸南北一统，战事告终，金气销日月之光，英雄无用武之地，归马放牛，欣睹其盛，功成身退，非所敢云。况共和建设，端赖鸿才，铜山洛潼，声气相应，联镳接踵，硕彦云兴。燮和自维罔识，无补于时，辞职归田，还我自由，所得多矣。除另文呈报总统府、陆军部外，合行通报。区区愚忱，尚祈亮察。李燮和叩。

（《申报》1912 年 3 月 6 日，“公电”；又见《时报》1912 年 3 月 6 日，“公电”）

报界俱进会等致孙中山电

（1912 年 3 月 6 日载）

南京孙大总统鉴：

接内务部电，详定暂行报律三章。今统一政府未立，民选国会未开，内务部擅定报律，侵夺立法之权，且云煽惑关于共和国体有破坏弊害者，坐以应得之罪。政府丧权失利，报纸监督，并非破坏共和。今杀人行劫之律尚未定，而先定报律，是欲袭满清专制之故智，钳制舆论，报界全体万难承认。除通电各埠外，请转饬知照。报界俱进会、《申报》、《新闻报》、《时报》、《神州报》、《时事新报》、《民立报》、《天铎报》、《启民爱国报》、《民报》、《大共和报》、《民声报》公叩。

（《民立报》1912 年 3 月 6 日，“上海报界上孙大总统电”）

李燮和呈孙大总统文

（1912 年 3 月 6 日）

光复军总司令李燮和为呈请事：窃司令于上年八月十五日，由武昌赴沪。因念上海属东南要区，吴淞为长江门户，欲规画东南，接济内省民军饷械，断清军运输之路，截萨军舰队后援，非得吴淞上海不可。当即创设机关，密制炸弹，购械筹饷，组织秘密军队号光复军。派员游说淞沪各处兵警，联络一气。遂于九月十三日，一鼓而克复上海。义旗所指，吴淞、崇明、狼山、福山各重镇，次第光复，又数日而苏浙反正。司令乃组织军政分府于吴淞，厚集兵力，以固门户。旋督令部将黎天才，率师会同苏浙联军，进攻金陵，先后占领乌龙山、幕府山、狮子山、天保城、东西梁山诸险要，清军大震，遂于十月十二日攻克金陵全城。惟时武汉敌兵尚在相持。休军数日，即命部将黎天才，率师数千赴鄂助战，一面筹备饷械，预备北征。业经开步兵一团，令旅长李炯、团长周朝霖，率往烟台驻扎。正拟继续出发，忽奉临时陆军部令，以清帝退位，毋庸北伐等因。当即传集将士，谕以南北统一，宜归马放牛，共图建设，以维国本等语。士众皆欢呼，祝民国万岁。

窃念武汉起义之初，东南半壁，除九江为民军占领外，余如南昌、安庆、苏州、江宁、杭州、吴淞、上海等处均未响应，武汉孤立无援，几丧大局。司令招募军队，自筹饷械，以全力经营东南，逮江浙既下，而上游遂有恃无恐矣。既而临时陆军部成立，乃荷补助军需，由是光复军始归临时陆军部统辖。今完全共和既已成立，司令二十年来所怀志愿亦已少酬。自知无建设之力，乏经世之才，不足共裕新猷，赞扬治业。再四思维，惟有自请辞职，以免贻误。业将取消光复军名称，裁撤军司令部各由，呈请临时陆军部核办在案。司令得以劫灰余生，栖息田里，敢云挂冠，聊以藏拙。家住洞庭之滨，衡山之阳，有薄田二十顷，古籍千余卷。鸡黍桑麻，差足自给，枕书抱膝，颇能自娱，非避东海之滨，欲卧北牖之下。伏乞大总统俯念微忱，不予责备，则清泉白石，无非出自鸿施，扫地焚香，定祝共和万岁。除分行外，所有司令自请解职归田情由，理合具文呈请大总统察核施行，实为公便。

（《临时政府公报》第三十四号，1912年3月10日，“令示”；又见《时报》1912年3月13日，“要闻”）

袁世凯致孙中山等电

（1912年3月6日）

孙大总统、各部总长、黎副总统、各省都督督抚、各司令官、各民政长、各都督鉴：

上月廿九，驻京第三镇之炮、辎两营，因误会致变，焚掠商民，延及津、保，当即通电奉告。连日竭力镇抚，分别调遣布置，幸已就绪。刻下京师秩序渐复，津、保亦就敉平。知关廑注，用特电闻。袁世凯。鱼。（北京来电一百二十三）

（《临时政府公报》第三十六号，1912年3月12日，“附录·电报”；又见《申报》1912年3月9日，“公电”；《民立报》1912年3月9日，“北京电报”）

马毓宝致孙中山、黄兴电

（1912年3月6日）

孙大总统、陆军部黄总长均鉴：

赣省军队，已遵编二师，归为一军，由都督兼充军司令官，理合奉闻。赣都督马毓宝叩。鱼。印。（江西来电一）

（《临时政府公报》第三十八号，1912年3月14日，“附录·电报”）

蒋雁行致孙中山等电

(1912 年 3 月 6 日)

大总统、各部总次长暨参议院、各都督、各报馆同鉴：

窃见国都地点，至今尚未定议，南北争论难期解决。愚以为言论多则无所折衷，意见多则纷纭莫是。袁大总统虽经举定，而尚未任事，不能担负全局之仔肩；孙大总统虽已引退，而未经解职，尚有绳正进行之责任。南北号为统一，而未见实行；新旧貌若和衷，而视同水火。南人疑北，北人疑南，坐令人民存□□瞻视之心，将士有上下猜嫌之意。上月二十九号之北京兵变，职是之由。假使两方之成见销除，民国之新都早定，亦何至有此意外之变。方今共和时代，建都大事，必取决于多数人之舆情。雁行以个人之见，何敢妄肆谈议，然雁行亦国民一分子也，意见所及，不敢不贡其一得之愚，冀备刍荛之采，谨为大总统及诸公一一陈之。直隶地形险阻，控御边疆，北跨长城，西肘太行，东濒渤海，据有山海之雄，南接鲁艳，控制中原之地，前此赞成北都者，已皆言之綦详，毋待雁行赘述。窃谓最可虑者，满洲政府虽已推翻，而满人萌孽犹存，蒙古抗强自负。在我中华民国之对于满、蒙、回、藏一视同人［仁］，原无畛域，而其间保无有少数顽悍之徒，妄思起事，以拥戴幼主为名，以窃冀非常之事。且北省人民对于某某等国感情素不甚洽，而某某等国之觊觎西北诸省，又已积虑处心，历有年所。如南都之说竟行，西北空虚，人心悚惧。万一满、蒙肇事，满人必引某国为奥援，而蒙古亦必以某人为后盾。恐西北诸省非复我中国之所有矣。虽然，犹有大于此者，东西列强久欲宰割吾国土地，今满洲政府虽已销灭，而南北统一之临时政府尚未成立，列强既未有承认之文，民国亦未定建都之地，新陈过渡，一发千钧。设或以政府未经成立之故，而事变出于须臾，列强肆其择噬，西北各省必受有形之割裂，长江一带将被无形之剖分。从前满洲政府虽于外交种其恶因，于近事收其恶果，然表面尚未现分裂之形，今日待以各省意见之不齐，惹起外人重大之注意，始为吊民伐罪之行，终贻涉散瓜分之祸，言念及此，可为寒心。此雁行所为鳃鳃过虑，而不容不言者也。况国都既设南京，则各国使馆必当建筑，规模乍创，经济多艰，国民之财力已穷，何忍加以疮痍，重其担负。雁行北人也，不敢以北人言北。总之，无论如何，必求早定国都之地点。国都地点早定一日，即民国大局早安一日，都北京可也，都南京可也，都武昌亦可也。国都既定，斯政府之机关全备，外交之主体大完，然后可以不畏列强，无忝民国。昔满人以大别漠满之界限，遂启亡国之端。业今论议诸君，虽省界不同，而皆为汉有，何忍再执界限之一见，至妨民国之前途。语曰：尤而效之，殆有甚焉。雁行知诸公必不出此。雁行不敏，谨贡愚忱，棘虑焦心，不觉其言之过激。窃愿从大总统诸公之后，与全国有心人共讨论之。江北都督蒋雁行。鱼。

（《申报》1912年3月7日，“公电”；又见《民立报》1912年3月8日，“清江浦电报”；《时报》1912年3月8日，“要闻”）

庄蕴宽致孙中山、陈锦涛等电

（1912年3月6日）

南京孙大总统、财政部长、参议院、武昌黎副总统公鉴：

顷准江苏临时议会函开：报载南京参议院议决以全国赋税抵借外债。此举无异以全国土地人民拱手授人。除最少数之利用此项不正当外债者外，其他中华国民稍有人心者，必不承认。违法蔑众，竟至此极，可为共和二字痛哭。应请贵都督电达孙大总统、黎副总统、财政部长、参议院，迅将此项议案撤销，一面联合各省，在南北统一政府未成立以前各种赋税俱归各省迳收，未便任由现政府随意指抵。再，本省参议员业经全体辞职，即参议院议决案，本省无意思参预其间，嗣后院决各件，如与江苏义务有关涉者，概作无效，应请并电声明。等语。请赐察核为幸。蕴宽。鱼。印。

（《申报》1912年3月8日，“公电”；又见《民立报》1912年3月9日，“公电”；《时报》1912年3月8日，“公电”）

徐宝珍致孙中山等电

（1912年3月6日）[①]

南京孙大总统、各部总次长、卫戍总督、参议院、参谋团、武昌黎副总统、各省都督、各司令官、各分府、各报馆、各公团公鉴：

顷读黎副总统电，痛陈国是，深切明昭，令人悲愤欲绝。窃思吾国同胞，屈伏于异族专制之下将三百年，几无脱离羁络之一日，幸得中山先生提倡革命于外，各志士奔走运动于内，唤醒国民，始知有革命思想。以故武昌起义，各省风从，未及半载，全国遂定，收效之速，实为寰球革命历史所未有。揆厥原因，虽由各同志频年鼓吹之力，亦缘比岁满洲政府倚任亲贵，排斥汉人，政乱于上，民怨于下，有以致之。民国方新，万端更始，正宜庶政公诸舆论，凡百顺乎人情，以示天下之无私，而表共和之真相。乃我临时政府成立以来，对于国利民福，未尝有所设施，但闻今日以某路抵借外债，明日以某局押借洋款，又其甚者，则汉冶萍之与日人合资，全国赋税之抵俄人借项，其失人心、丧主权，与清政府之干路国有、四国借款，殆过之无不及。又如参议院会议定都地点，陆军部以命

① 据《民立报》，发电人为徐宝山。——编者

令勒主南京；鄂议员在院发言偶尔失检，司法部欲行逮捕。虽专制之野蛮，无此权也。同盟会人，在内之把持政柄，在外之声势喧赫，虽满洲之亲贵，无此多也。呜呼！殷鉴不远，方冀引为前车，胡竟步其后尘，而加之厉也。我中山先生抱持革命宗旨，十余年流离颠沛于海外，莫之或易，固不愧为造时势之英雄。即我政府诸公，亦素称一时之彦，于此兴亡之点，宁有不知而事事适蹈败亡之覆辙。当因患难相从之同党，或希利禄，或挽偏私，左右夹持，遂致政令失据耳。今南北将士业已和解，项城总统又经举定，徒以建都地点，彼此争执兼旬，不能解决，致令政府不及组成，百端不获具举，外人不允承认，种种危险，皆由此点而生。实则都城宜在北京，项城暂难南行，南方明达，早已多数认可。而我政府偏逞意见，作此无谓之争，群情惶惑，莫知究竟。比日北京已兵变矣，外人并有进兵津、保之谣，若再任意迁延，不图变计，万一内忧外患纷至迭起，纵不瓜分豆剖，亦必鱼烂肉糜。全国沦胥，在此一举。眷怀大局，无涕可挥，宝珍忝膺分府，亦民国一分子，值此祸在眉睫，千钧一发之际，既有所见，不敢避忌不言。尚祈政府诸公服从多数，早定大计，则民国幸甚，同胞幸甚。军政分府徐宝珍。鱼。叩。（扬州电）

（《时报》1912年3月10日，“公电”；又见《申报》1912年3月9日，“公电”；《民立报》1912年3月9日，“公电”）

胡瑛致孙中山、黄兴等电

（1912年3月6日）

南京孙大总统、黄陆军总长、各省都督、各司令均鉴：

前京、津、保兵变，陆军部及京、津各同人来电，嘱带兵赴津，当即准备五日内出发。嗣得确实消息，京、津、保渐就平静。并得袁电，各国联军在京，倘外兵集合，反滋纷扰。又得陆军部电，京、津已安，毋庸派兵等语。瑛以大局初定，忽生变端，本欲督师平乱，以巩固共和之基，碍现已平安，已遵部命停进。现在光复军到烟，编入鲁军第一旅，闽军不日开来，兵队在一镇以外，一旦有事，自足以镇守而资策应。特此奉闻。胡瑛叩。鱼。

（《申报》1912 年 3 月 9 日，“公电”；又见《民立报》1912 年 3 月 9 日，“公电”；《时报》1912 年 3 月 9 日，“公电”）

上海制造局各厂处委员匠目致孙中山、黄兴等电

（1912 年 3 月 6 日载）

孙大总统、黄陆军总长、北京袁大总统、武昌黎副总统均鉴：

上海光复兼克制造局，均赖李君钟珏督率商团，冒险进取，协助革军，得以全局入手。绅商各界公推李君担任局长事务，李君素抱利国福民宗旨，慨尽义务，军兴后日夜赶造军械，接济南北各军，并亲率本局炮队攻克金陵。四月以来，夙夜焦劳，内筹经费，外保治安，伟绩丰功，中外钦仰。现李君以心力交瘁，决意辞局长之职，呈请另委。同人等揆时度势，制造局务不特李君在局提调十有余年，熟悉情形，未便听其辞退，即光复后保全大局，南省人民同声感戴。当此统一初定，民气嚣张，局中工匠数千，附近居民数万，皆视本局动静以为安危，倘骤易生手，于整顿局务收效尚迟。万一人心不靖，扰乱治安，关系非浅。同人等为大局起见，公恳电饬李君勿准辞职，谕令力疾从公，一面发给正式委任状，责成李君担任局长，照常任事，地方幸甚，大局幸甚。上海制造局各厂处委员匠目全体人等敬谨电呈。（上海来电九十四）

（《临时政府公报》第三十号，1912年3月6日，“附录·电报”）

李子乾、陈子辉等致孙中山电
（1912年3月6日载）

大总统鉴：

西江梗塞，粤督委协军钟自鸣往抚，突被李耀汉横攻，乱甚。乞电粤督饬鸣始终其事。商人李子乾、陈子辉等叩。（武昌来电九十三）

（《临时政府公报》第三十号，1912年3月6日，“附录·电报”）

王隆中致孙中山电
（1912年3月6日载）

孙大总统钧鉴：

兵事凶器，自古苦之，而祸结兵连，尤非得已之举。今我汉族仅以四阅月之时日，牺牲少数人之头颅，而卒于坛坫之间，得使满清退位，南北合同，恢复大汉之山河，拥建共和之日月。隆中虽勇而善战，兵士虽猛于从戎，而念及生灵之涂炭，大局之攸关，遥望金陵，同申庆祝。袁公前此之举动，隆中颇视若仇雠，而此次和议之告成，自不能不推为革命之首功。我大总统竟弃大权若敝屣，授之袁公，揖让高风，曷胜钦佩。所不满意者，和议条件颇欠斟酌，亡清皇室私产难以数计。我民国当此民穷财尽之际，每岁犹必以四百万金任其挥霍淫奢之用。一误也。清帝既经退位，自当避居热河，反任其暂居宫禁，日后退居颐和园，一旦宗社党听其鼓动，势必重用干戈。二误也。至建都地点，暂时极力主张南京，外人之观瞻所系，内政之进步有关。若迁徙北方，亡清之污俗犹存，前此之旧染难化，涤瑕荡垢，行之维艰。三误也。不揣冒昧，敢贡刍荛，务乞我大总统严词以争，力图补救。若争之不已，自必决之兵力，隆中亦当私效驰驱。是否有当，总希电示，实为祷企待命之至。湘军统领官王隆中叩。（长沙来电九十六）

（《临时政府公报》第三十号，1912 年 3 月 6 日，“附录·电报”）

曾广大致孙中山、袁世凯等电

（1912 年 3 月 6 日载）

南京孙大总统、北京袁大总统、各省都督鉴：

敝司前因改良建设，经推举曾广大任军务司正长，各界欢迎。业经视事，市面照常，祈勿念。奉闻。军务司长叩。印。

（《申报》1912 年 3 月 6 日，“公电”）

九江军界致孙中山、黄兴等电

（1912 年 3 月 6 日载）

孙大总统、黄陆军部长、黎副总统、马都督暨各都督、各军司令官、各报馆钧鉴：九江为长江要隘，司令为军事主脑，自应择学识兼优、热心公益之人，方克胜此重任。现任浔军司令官朱汉涛，当马弁出身，目不识丁，居心诡谲，不负众望，久已皆知。然尤有劣迹多端，今缕晰陈之。胆大妄为，在饶州私集党人，自称都督，其罪一；抵抗命令，马都屡饬余君鹤松赴浔接参谋长事，朱竟屡抗不遵，其罪二；赏罚不公，此次援鄂军回浔，私发言焯煌部下一月双饷，以市私恩，其罪三；参谋长余鹤松办事公平，朱以个人私嫌，屡盗各界之名，排挤余君，嗣因各界公请来浔，又复整兵抵拒，其罪四；大权独揽，凡九江一切词讼、丁漕及各行政事宜，独断独行不顾，其罪五；煽惑军心，屡集心腹之人，私开党会，竟欲排斥江西军队，糜烂地方，其罪六；违抗都督命令，擅杀徐司务长，其罪七；诬陷周督队官私立关防，摇惑军心，欲置之于死地，其罪八。其种种不法行为，实难枚举。近更私购步枪一千枝，机关枪四尊，连合言焯煌、段春廷、潘志远、唐祚祯等谋为不轨，拟先杀戈统领、刘统带、余参谋长等，然后据九江自称都督，为争权夺势地步。故不得不宣罪状，除此奸贼，保全地方。爰于三月四号，开军事会议，解去朱汉涛司令官之职，以洽舆情，特此电闻。九江军界全体公叩。

（《申报》1912 年 3 月 6 日，“公电”；又见《时报》1912 年 3 月 6 日，“公电”）

章水天等致孙中山电

（1912 年 3 月 6 日载）

南京孙大总统鉴：制造局为军界命脉，复沪克宁，李平书不辞劳瘁。兹闻辞职，众情惶惑，乞留。大同民党公济总会长章水天暨全体会员公启。

（《申报》1912 年 3 月 6 日，“公电”）

上海日报会致袁世凯、孙中山电

（1912 年 3 月 6 日载）

北京袁大总统、南京孙大总统均鉴：

国都及临时政府地点应在北方，其理由早经各报暨庄都督详细说明，即旅北商民，亦公电赞同。因日久相持，人心不定，致肇京、津、保定之变，商业损失益巨。倘再迁延，易启外人干涉，良用危惧。务恳迅赐协商允妥，亟就北京组织完全政府，建定国都，以期南北统一，列邦早日承认，庶几内政外交均易措手，民国幸甚。上海日报会①公叩。

（《申报》1912 年 3 月 6 日，“公电”；《时报》1912 年 3 月 6 日，“要闻”；《临时政府公报》第三十三号，1912 年 3 月 9 日，“附录·电报”）

乔纳基致孙中山函

（1912 年 3 月 7 日）

中华民国总统孙先生台鉴：

再次冒昧写信，不知阁下对我一月份的申请有何答复。

非常渴望为阁下及家人效劳，为共和国政府效力。

我是高级私人侦探、咨询代理，会说多门语言，还是一位全能的商人。如果阁下能让我担任上述职位，当军官，作为阁下家属的陪伴，或充当阁下代表团的陪同，我会克忠尽职，永世不忘阁下的恩典。

我保证忠于职守，勤奋工作。静候佳音。

乔纳基（Jonnochy） 谨上

由于我母亲是广州人，我的粤语讲得很流利。我还会说日语、英语、西班牙语、葡萄牙语、意大利语和上海话。

（《海外友人致孙中山信札选》（四），《民国档案》2003 年第 4 期）

---

① 据《临时政府公报》第三十三号，发电者为：《申报》、《新闻报》、《时报》、《神州报》、《时事新报》、《民立报》、《天铎报》、《爱国报》、《民报》、《大共和报》、《民声报》。——编者

蔡元培复孙中山电

（1912 年 3 月 7 日）

万急。孙大总统鉴：

虞电敬悉。公统筹大局，设此委曲求全之办法，使中华民国早收统一之效，敬佩莫名。此间情形，昨已托宋君教仁、钮君永建、王君正廷、彭君汉遗来京，报告一切。应否再属汪君兆铭回南？祈酌示。元培。阳。印。

（《临时政府公报》第三十六号，1912 年 3 月 12 日，“附录·电报”）

陈惟训等致袁世凯、孙中山等电

（1912 年 3 月 7 日）

袁大总统、孙大总统、黄参谋总长、黎副总统及都督、驻宁赣省邓司令官暨各省司令官、各报馆均鉴：

赣都督马公毓宝督赣以来，事事徇私，百政不理，且身体孱弱，烟瘾甚重，贻祸不堪。现经敝省各界公同议决，请其退位，以全大局，特此奉闻。陈惟训、戈克宛、余鹤松、刘世均、蔡锐霆暨军绅学商各界公叩。虞。（自九江发）

（《民立报》1912 年 3 月 9 日，“九江电报”）

蔡元培等致孙中山电

（1912 年 3 月 7 日）

万急。南京孙大总统鉴：

维密。歌电已收到，中有云：如黎可能来则濮经由榕间交代于武昌盖断不敢以空言参涉使南方先成牺政府状态。误字太多，不能

了解，请速详示。元培等叩。虞。（北京发）

（翠亨孙中山故居纪念馆藏档；又见《孙中山藏档选编·辛亥革命前后》，第178～179页）

唐绍仪、魏宸组致孙中山、王宠惠电

（1912年3月7日）

南京孙大总统、王外交总长鉴：

北京外务部转来驻荷刘君镜人电文如下：顷外部照称：据爪督电，自昨日起释放泗水被拘华人，现有肇事者百人在监待查，或当驱逐等语。明日再晤商。云云。绍仪、宸组。虞。（北京发）

（翠亨孙中山故居纪念馆藏档；《申报》1912年3月17日，"公电"；《时报》1912年3月17日，"要闻"）

温宗尧致孙中山等电

（1912年3月7日）

孙大总统、外交部、海陆军部、黎副总统均鉴：

顷准德总领事函称，有德国运船铁滩危亚，属于东方舰队，挂水师旗号，于日内由扬子江到汉口，拟即下来，希查照等语。特电闻。温宗尧。虞。（上海来电一百二十）

（《临时政府公报》第三十六号，1912年3月12日，"附录·电报"）

钮永建、宋教仁等致孙中山电

（1912年3月7日）

孙大总统鉴：

昨日偕项城特派员唐在礼、范源廉、张大昕、王赓乘太古奉天虞出发，九日可到沪。乞派员并命沪都督接待，即日备车赴宁。永建、教仁、正廷、汉遗。虞。（上海来电一百二十一）

（《临时政府公报》第三十六号，1912年3月12日，“附录·电报”）

马毓宝致袁世凯、孙中山等电

（1912年3月7日）

北京袁大总统、南京孙大总统、武昌黎副总统钧鉴：

毓宝自光复以来，诸君随总统后，对于赣省军事政治，尽力进行。无奈德薄能鲜，心有余而力不能逮，虽秩序尚称安宁，而整顿究未得手。日夜焦思，无所为计。忧虑愧悚，深惧贻误大局，无以对江西人民。近日以来，忧郁成疾，兼之身体素弱，现患咯血之症，日益加剧，半月前尚可力疾任事，今则坐立为艰，食不能进。据医者云，非静养数月，不能就痊。安能以此羸症之躯，负全省人民之责。屡次辞职，因为各界劝阻，只冀病可早愈。现在有加无减，万难支持。思维至再，惟有恳请总统俯念赣省全局紧要，迅赐准予毓宝辞职，另委贤员来赣接任都督。大局幸甚，毓宝幸甚。不胜迫切待命之至。毓宝叩。阳。（南昌来电一百二十四）

（《临时政府公报》第三十六号，1912年3月12日，“附录·电报”）

黎元洪致孙中山电

（1912年3月7日）

南京孙大总统鉴：

因首都地点之故，以致迁延时日，恐遭危险。复派覃振由宁赴燕，陈商组织中央政府事宜，到时祈接谈一切。元洪。阳。印。（武昌来电一百三十二）

（《临时政府公报》第三十七号，1912 年 3 月 13 日，“附录·电报”）

黎元洪致孙中山等电

（1912 年 3 月 7 日）

孙大总统、各省都督鉴：

准贵阳都督艳日通电，谅已达览。前屡接贵阳电告黔境不静，党派攸分，恐黔军不能自保安宁秩序，故以援鄂滇军就便镇摄。敝处业已电达滇、黔两都督，请其将黔省秩序整顿后，即将滇军撤回矣。元洪。阳。（武昌电）

（《民立报》1912 年 3 月 10 日，“公电”）

黎元洪致孙中山、伍廷芳函

（1912 年 3 月 7 日载）

查刘君此次由本省举为参议院议员，议论过激或所不免，至如该函所云明朝、本朝等字样是否属实，未能臆断，即有该项字样，亦不过历举前史，信口流露，偶失检点，由议长当场纠正足矣。该函径指为违背国宪之人，殊堪诧异。夫文字兴狱，实亡国之大端，前史具在，不胜枚举。满清入关，以此对待汉族，至今思之，犹为发指。鄂中起义，各省响应，正宜一扫从前钳制言论、触犯忌讳之积习。矧参议院为立法机关，议员为全国代表，应如何尊重其权限，确保共和体制。吕君系司法之人，何反欲藉一字之差，罗织成狱，岂将蹈前朝之覆辙，而效满清待汉人之苛罚耶？此则同人等所大惑不解者也。正议答时，适参议院敝省议员张伯烈君到鄂，据云吕君所谓明朝、本朝等字样，不知从何得来，谓吕君亲耳聆及耶？则从前会议均无旁听席。将得之议长、议员耶？何张君在会未闻此事？或有人从中播弄，意图陷害耶？吕君应以职权调查确实，严治进言者以捏造之罪，方为公允。细绎吕君来函，所指刘君罪状仅在本朝一语，已非捕办之罪证，以张君所言实在情形，并此一语失检之事而无之，当此大局甫定，岂容有罗织兴狱之举，敬请尊处就近切实查明。（《吕志伊拟捕惩鄂议员原函·附录黎副总统致孙总统及伍司法总长函》）

（《时报》1912 年 3 月 6 日，“要闻”；又见《申报》1912 年 3 月 7 日，“要闻二”）

上海十三团体致袁世凯、黎元洪等电

（1912 年 3 月 7 日载）

南京孙总统暨各部长鉴：

亡清以外债激愤覆国，民国初成，不宜重寻覆辙。且参议院以少数不法之契约，贻累大局，恐启监理瓜分之惨，国民誓不承认。今参议院议员寥若晨星，已失议事资格，现各团体决议电袁总统执行，以收统一。（团体名[①]同前）

（《申报》1912 年 3 月 8 日，“公电”；又见《时报》1912 年 3 月 7 日，“公电”）

① 该团体为共和建设会、公民急进党、工商勇进党、社会党、工党、华侨联合会、民社、民国公党、民国统一党、民生国计会、大同民党、公济总会、宣导会、共和宪政会。据同日该团体致袁世凯、黎元洪等电补。——编者

黎元洪致孙中山等电

（1912年3月7日载）

孙大总统、各部总次长、参议院、参谋团，各制台、抚台，各省都督、各司令官、各报馆均鉴：

清帝逊位，已近二旬，政府尚未组成，邻邦尚未承认，群龙无首，前途可危，徒以议□未生，偷安旦夕。顷闻京津煽乱，□党操戈，首难虽平，余孽未靖，祸变之来，尚未有艾。外人对此极为激昂，某国并潜谋运兵，入窥京辅，设再稽时日，险状环生，列强耽耽，难保不自由行动，瓜分之祸，即在目前。敢伸前请，为诸公告。

国家构立，首由政府。现虽南北和解，战祸初宁，但新旧机关双方对峙，国钧不颛，邮命无价。尔虞我诈，莫知适从。桀黠之徒，乘机思逞，鸣俦啸党，角力为雄。一隅糜烂，全国随之。是谓兵亡。

天灾侵寻，连年饥馑，江淮以南，饿莩载道。满汉构兵，群省响应，鄂宁鼙鼓，陕晋烽烟。相我蒸民，流离垫隘，村落为墟，田园不浍。夫征海角，妇乞天涯，劫为余灰，罔知所措。不图安抚，何以善后？是谓民亡。

满清虽暴，犹可为国。自举义旗，倏逾半载，乃大局已定，犹事争持，高功怀谗，雄才畏祸，迁延不决，人人自危。满、蒙、回、藏，甫就羁縻，死灰尚燃，卧榻久睡，稍一反侧，岂复我有。分裂不当，必求平均，莽莽神洲［州］，掷此孤注。是谓国亡。

四海困穷，民生凋弊，帑枯于上，产匮于下。急图统一，尚惧失时，设外患一生，兵祸连结，斩木无援，析骸不饱。黑隶红氓，犹求弗获，轩黄遗裔，长绝人群。是谓种亡。

凡此数端，皆由于国基未定，有以召之，而究厥原因，仍本于争都之一念。论者执南北二京，比絜利害，连篇累帙。际此时机，万分危迫，舍南京不至乱，舍北京必至亡。纵金陵形势较胜燕京，犹当度时审势，量为迁就，况利便之势，相判天渊。元洪非丧心病狂，何敢危言耸听，特以祸机已见，更无争意气之时，其兄弯弓，其弟垂涕，亡日近矣，不忍不言。伏乞力祛成见，共济时艰，早定国都，组织政府，庶可收中央统一之效，杜外人干涉之端，其余问题尽可从容解决。如蒙允许，即请速电北京，决定大计，无任翘盼。临颖请命，魂灵交驰。元洪叩。

（《申报》1912 年 3 月 7 日，“公电”；又见《民立报》1912 年 3 月 7 日，“武昌电报”；《时报》1912 年 3 月 7 日，“要闻”）

范光启等致《民立报》等转孙中山等电

（1912 年 3 月 7 日载）

民立、神州、时报、大共和报馆转北京袁总统、南京孙总统、各部总次长、各省都督、南北军司令，京、津、武汉各报馆均鉴：

汉奸王赓前在亡清陷孙公少侯于狱，既得伪军谘使后，即密札上海，皖商夏某，使调查安徽革党。密札误投，逆谋败露，前经本党宣布死刑，久稽天讨。兹再揭其罪状，以示□众共弃。又伊近日竟勾串劣绅，冀充皖督，望同乡人士万勿为其所迷。范光启、刘天民、朱良、郑芳荪、凌毅、陈策、胡绍斌、王善达、孙万乘、龚振鹏、李绪昌、高樾、戴圣德、阚钧、倪纬汉、许世清等公叩。（自南京发）

（《民立报》1912 年 3 月 7 日，“南京电报”）

丁义华致孙中山函

（1912 年 3 月 8 日）

中华民国总统孙先生钧鉴：

阁下 3 月 5 日的来函收悉。今天阁下的禁烟专员嬴赛先生

（Shay Ying）到访。我将尽力来协助开展禁烟工作。下星期一我要和秘书涂先生一道来南京。希望有机会再次见到阁下并商讨禁烟一事。

丁义华 谨上

（《海外友人致孙中山信札选》（四），《民国档案》2003 年第 4 期）

盛宣怀致孙中山函

（1912 年 3 月 8 日）

中山先生阁下：

顷奉二月廿三日惠函，拜悉一一。公以一手变天下如反掌，即以一手让天下如敝屣，皆以为民也。惟中华之民穷困极矣，非洞开门户、大兴实业，恐仍不能副公挽回时局之苦心。侧闻公阅历欧亚，知足民大计必从实业下手，路矿、圜法尤其大者，与下走平生怀抱差幸不谋而合。他日倘得言归故国，或当与公抵掌一痛谈。钢铁不过一实业耳，汉冶萍又不过钢铁一部分耳，操之纵之，下走皆惟命是从，然其中委曲万状已一言难罄矣。

吴中祖业蒙公保护维持，加人一等，森氏来函：已承通饬各处，借以保全，使敝族数百家均沾大德，感泐尤深。相见有期，再容陈谢。复请

台安，叩

黄克强先生均此致意。

敬再启者：近阅东西洋报载，江皖一带灾荒甚重，饥民多食树叶，饿莩载道，惨不忍言。大约去年江淮大水，各处溃破堤岸，用兵之后无力修筑。昨闻横滨东西人士闻风劝捐。外人且如此热心，凡我同胞能无感动。窃惟我公建业江南，顾此流离赤子皆在咫尺云天覆载之中，但军事初定，用度浩繁，尚恐缓不济急下走与朝日商会①面商，拟将

① 朝日商会，即日商旭公司——《辛亥革命前后·盛宣怀档案资料选辑之一》原注

敝族产业暂交日商抵押一款，竭力捐助，俟有就绪，即行分次汇解。呈请尊处转发上海义振会查收，赶紧散放。明知杯水车薪，然一元可活一命，得之则生，不得则死。孟子曰：先王有不忍人之心，斯有不忍人之政。以是度之，公如大禹饥溺为怀，谅必能赞其成也。

再请

大安

又叩。

（《辛亥革命前后·盛宣怀档案资料选辑之一》，第327～328页）

蔡锷致孙中山、黄兴等电

（1912年3月8日）

南京孙大总统、黄总长、武昌黎副总统、北京军界统一会、各省都督鉴：

前接陕电告急，即饬在蜀滇军赴援。旋接四川尹都督来电，以援助秦陇，川军可独任其难。又接军界统一会电，升允猛攻乾、凤，已有赵、倪五千兵往接，似可毋再添兵。此时北方兵心不定，南军北上，恐多误会，等语。已饬敝军退保滇边，暂行缓进秦中。近况如何，仍望西安张都督随时电告。滇都督锷叩。庚。印。

（《天南电光集》，第135电）

蔡元培等致孙中山电

（1912年3月8日）

南京孙大总统鉴：

维密。虞电悉。由培等代表民国接受誓词，已与袁公接洽照办。袁总统就职后，即须用印，应否俟南京送来，或须另铸，祈示。再：据袁公云，东三省现在并无戕杀党人之事，恐尊处所闻系已往事。拟于同行中派定二人，偕同袁所派委员前往细查。元培等。庚。（北京发）

（翠亨孙中山故居纪念馆藏档；又见《孙中山藏档选编·辛亥革命前后》，第181页）

袁世凯致孙中山电

（1912年3月8日）

南京孙大总统鉴：

参议院拟决第四条办法，拟派国务总理姓名，电知参议院求其同意，等因。现国务总长拟派唐君绍仪。国基初定，万国具瞻，必须华洋信服，阅历中外者，始足膺斯艰巨，唐君此其选也。公如同意，请将此电送交参议院，求其同意，并希示复。稍俟即拟派国务员，再行电商。袁世凯，初八日。印。（北京来电一百二十八）

（《临时政府公报》第三十六号，1912年3月12日，“附录·电报”；又见《时报》1912年3月14日，“要闻”）

上海全体商人致孙中山、袁世凯等电

（1912年3月8日）

南北大总统、临时政府、参议院、各省都督、军司令、临时议会钧鉴：

民军起义，海宇光复，以战争之故，农辍于野，工休于肆，商绝于途。所望共和速成，国利民福。讵以南北统一争持地点，纷扰浃旬，人心静而复动，大局安而又危。当此商业凋敝，既竭挽输，又遭焚劫。内容姑不具论，外观紊其秩序，与邦戒严，藩篱不固，国事愈艰，民生愈蹙，凡此伊戚，孰尸其咎？商界生计攸关，剥肤切痛，建设之事，端绪万千，一著之差，关乎全局。切盼早定统一政府，免再风动云扰，致生意外干涉。大局幸甚，商民幸甚。上海总商会、沪南商会、全埠商人公叩。齐。

（《申报》1912 年 3 月 9 日，“公电”；又见《时报》1912 年 3 月 9 日，“公电”）

袁世凯致孙中山等电

（1912 年 3 月 8 日）

南京孙大总统、各部总次长、武昌黎副总统、上海陈都督、各路军队、各总司令官，各省谘议局、省议会鉴：

初七日接南京参议院电称：支电悉。京乱已平，群情欣慰，惟经此次动摇，君势难即时南来，而对内对外，又非君早受职不可。本院连日得蔡专使等来电，正在筹划良策，冀巩国基。复得钧电，知事机更不容缓，遂于今日开会议决，允君在北京受职，决定办法六条如下：一、由参议院电知袁大总统，允其在北京受职；二、袁大总统接电后，即电参议院宣誓；三、参议院接到宣誓之电后，即复电认为受职，并通告全国；四、袁大总统受职后，即将拟派国务总理及各国务员姓名电知参议院，求其同意；五、国务总理及各国务员任定后，即在南京接收临时政府交代事宜；六、孙大总统于交代之日，始行解职。以上各条，经谘达孙大总统，并电知蔡专使，请君接电之日办理，即行照办，以慰国民厚望，不胜盼祷之至。参议院。麻。等语。

当于初八日电复，其文如下：南京参议院公鉴：麻电悉。所议六条，一切认可。凯以薄德，忝承推举，勉任公仆义务。谨照三月初六参议院议决，照第二条办法，电达宣誓，下开宣誓词，请代公布。其文曰：民国建设造端，百凡待治，世凯深愿竭其能力，发扬共和之精神，涤荡专制之瑕秽，守宪法，依国民之愿望，蕲达国家于安全强固之域，俾五大民族同臻乐利。凡兹志愿，履□勿渝。俟召集国会，选定第一期大总统，世凯即行解职。谨掬诚悃，誓告同胞。大中华民国元年三月初八。袁世凯。等语。

希查照，并饬所属知照。临时大总统袁世凯。初八日。（《袁大总统电达受任宣誓词·北京电》）

（《时报》1912 年 3 月 10 日，“要闻”；又见《申报》1912 年 3 月 10 日，“公电”）

陈蘗训等致袁世凯、孙中山等电

（1912 年 3 月 8 日）

袁大总统、孙大总统、黄陆军部长、黎副总统暨都督、各司令官、各报馆均鉴：

今日接马都督电称，近因患咯血之病，请辞职，尤复始终为赣顾全大局，保护治安，敝省同胞无任钦佩。现经廷训等在浔开全体会议，公举李君烈均接任。电商赣省军、绅、商、学各界，均表同情。拟俟全省代表到齐，即赴鄂欢迎李君就任，谨以奉闻。陈蘗训、戈克安、刘丕均、余鹤松、蔡锐霆同叩。庚。

（《申报》1912 年 3 月 10 日，“公电”；又见《民立报》1912 年 3 月 10 日，“九江电报”；《时报》1912 年 3 月 10 日，“要闻”）

山东统一会致孙中山、袁世凯等电

（1912 年 3 月 8 日载）

南京孙大总统、北京袁大总统、各省都督、各路司令、各政党、各社团钧鉴：

自宣布共和后，宗社党四出运动，山东旧官，受感最深。前次取消独立事，张、吴、[1] 诸人，复暗助之，遂听军人横行，商贾罢市。省垣祸机已迫，朝夕不保。各府州县，分兵四出，抢掠不堪，有意反对共和，甘为公敌。公为国家所推戴，幸勿忘我山东三千万无告之民，则山东幸甚，大局幸甚。山东统一会哀恳。（青岛来电九十七）

（《临时政府公报》第三十二号，1912 年 3 月 8 日，“附录·电报”）

山东统一会致孙中山、袁世凯等电

（1912 年 3 月 8 日载）

孙大总统、北京袁大总统、各省都督、各路司令、各报馆、各政党、各社团公鉴：

共和宣布，已达半月，山东之亡清旧官，压制日甚。如公园议场，逮捕党人，目无发辫为匪，拘烟台代表如囚，妄定黄县为中立地，纵兵抢掠居民，钳制舆论，强分南北。犹敢电告各处，系我新大总统命令。直目我南北四万万同胞所公认之新大总统，为法之拿破仑第三，显系反对共和。若公等犹不速筹办法，驱逐旧吏，是弃我山东三千万人民于不顾也。山东虽不肖，又何敢负公等。已具呈乞哀怜之。山东统一会启。（青岛来电九十八）

（《临时政府公报》第三十二号，1912 年 3 月 8 日，“附录·电报”）

姜金和、王善谟等致孙中山、黄兴电

（1912 年 3 月 8 日载）

孙大总统、黄陆军总长钧鉴：

---

① 即张广建、吴炳湘。——《近代史资料》1961 年第 1 号编者注

山东临时都督，闻有委任孙宝琦之说，山东人民不愿承认。且民国既有胡都督在烟，何不就近派遣？一月之后，任众公举，至公至正，何必多费周折，再派他人。务乞与袁总统力为交涉，以俯顺舆情而维大局。山东统一会姜金和、王善谟等叩。（青岛来电一百〇二）

（《临时政府公报》第三十二号，1912年3月8日，“附录·电报”）

B. 席德致孙中山函

（1912年3月9日）

孙总统阁下：

我一直在考虑担当何职对阁下及贵国最为有用。由于我在暹罗国任陆军部长顾问一职达10年之久，阁下若让我在贵国也担任同样的职务，或许对阁下为之奋斗终身的事业大有裨益，而且对将来确立这个饱受外国欺凌的古老大国与世界其他列强之间的同等地位有所帮助。需要的话，还可陪同阁下出游各地，以利国家。中国若搞国有化运动，外国列强不会注意，因为中国对世界政治无足轻重。需要的话，现在或许将来我都可参与这项工作，即使不能让我出任阁下的私人助手或顾问，阁下及贵国亦当无憾。

席德（B. Schade）　谨上

（《海外友人致孙中山信札选》（四），《民国档案》2003年第4期）

张凤翙致孙中山、黄兴等电

（1912年3月9日）

万急。南京孙大总统、黄大元帅、武昌黎副总统，老河口转季招讨使，成都、重庆及各都督、各军政分府鉴：

升贼添兵猛攻，逼近省城，危急万分。请速设法救援。陕督张凤翙叩。个。（西安电）

（《民立报》1912 年 3 月 10 日，“公电”）

蔡元培致孙中山电

（1912 年 3 月 9 日）

南京孙大总统鉴：

昨电告此间拟推二人，偕袁所派人往奉天调查，想荷鉴及。今已推定范熙绩、谭学夔二君，于午后四时启行。谨闻。元培等。青。（北京发）

（翠亨孙中山故居纪念馆藏档；又见《临时政府公报》第三十七号，1912 年 3 月 13 日，“附录·电报”；《时报》1912 年 3 月 15 日，“公电”）

唐绍仪、汪精卫、蔡元培致孙中山电

（1912 年 3 月 9 日）

南京孙大总统鉴：

庚电悉。所称陆军部为武汉事给奖云云，已询项城，据称并无其事。谨复。绍仪、兆铭、元培叩。青。（北京发）

（翠亨孙中山故居纪念馆藏档；又见《临时政府公报》第三十七号，1912 年 3 月 13 日，“附录·电报”；《时报》1912 年 3 月 15 日，“公电”）

亳州全体[1]致《民立报》转孙中山、黎元洪等电

（1912年3月9日）

《民立报》转孙大总统、黎副总统、皖省孙大都督钧鉴：

自共和颁布，南北统一，惟亳州与邻近各州县政界、军界外托顽固，内实专横，依然顶红翎绿，照耀街衢。前清衣冠与野蛮政策犹极力保存于共和时代，未免于统一机关独树异帜，殊不可解。且亳向由寿春发给，自寿春光复后，此饷暂由地方筹派，原非久计。民国成立，军饷自应归政府拨给。亳州弹丸小地，民穷财尽，万难担负，而现时驻扎兵丁因之强劫，民不聊生。拟请将该队遣散，或编入他军，以靖地方，而保治安，实为公便。亳州全体公叩。青。

（《民立报》1912年3月11日，“浦口电报”）

陆荣廷致孙中山等电

（1912年3月9日）

万急。南京孙大总统、参议院、各部院长，北京新举袁大总统，武昌黎副总统，各省都督、制台、抚台，各报馆公鉴：

迭接黎副总统、各都督电，国都问题多主北京，此事体大，将来自应由国会解决。惟查现今时势，北方多故，袁总统急难南来，临时政府之组织又为存亡所关，本不可缓，不如请袁大总统即在北京受职，以支危局，而安人心。是否有当，统希卓裁。桂都督陆荣廷叩。青。（桂林发）

（《民立报》1912年3月17日，“广西电报”）

---

① 发电人具体信息不详。——编者

温宗尧致袁世凯、孙中山等电

（1912 年 3 月 9 日）

北京袁新大总统、南京孙大总统、武昌黎副总统钧鉴：

米价渐高，禁运出口。顷据沪商永安祥、程杏坪、周廉生等报告：目下面粉屯积至二三百万包之多，沪厂尚每日可出三万包左右，去年预定外货且百四五十万包，宜筹通运。请转乞钧处，通饬各处粮台，参用面食，一举两得等语。谨以转陈，统候卓示。温宗尧叩。佳。印。

（《申报》1912 年 3 月 10 日，“公电”；又见《民立报》1912 年 3 月 10 日，“公电”；又见《时报》1912 年 3 月 10 日，“公电”）

朱开甲、徐继曾等致孙中山、黄兴电

（1912 年 3 月 9 日载）

南京孙总统、黄总长鉴：

制造局李平书熟悉厂务，办理有年，该局光复，全赖其力，经营筹划，煞费苦心。若遽易生手，恐于大局无益。乞慰留。工党总部朱开甲、徐继曾暨全体叩。（上海去电）

（《民立报》1912 年 3 月 9 日，“公电”；《申报》1912 年 3 月 9 日，“公电”；《临时政府公报》第三十六号，1912 年 3 月 12 日，“附录·电报”）

黄贵致孙中山电

（1912 年 3 月 9 日载）

南京临时政府总统：

前在奉被拘禁十九人，仅阳历二月东督释放二人，其余十七人仍在狱内，务祈速即电致东督，以全生命云。黄贵电。（奉天来电一百〇七）

（《临时政府公报》第三十三号，1912年3月9日，“附录·电报”）

墨西哥驻架连埠全体华侨致孙中山电

（1912年3月9日载）

南京大总统鉴：

墨再乱，全省告急，华侨险极。现美总统电饬美人返国。请速设法保护。墨国驻架连埠全体华侨叩。（墨西哥来电一百十二）

（《临时政府公报》第三十三号，1912年3月9日，“附录·电报”）

蓝天蔚致袁世凯、孙中山等电

（1912年3月9日载）

新举袁大总统、孙大总统、黄参谋总长、黎副总统暨各部总次长、参议院诸公、各都督、各路司令、各报馆均鉴：

共和宣布，南北一家，为因地点争执，将近两旬，尚未建设政府，几成无政府之国，人心惶惑，大局堪虞。各国□□，危机四伏，若再犹豫，不堪设想。请速暂以北京作临时政府地点，维持大局，俟国会成立，或南或北，至易取决。今可化除目前意见，无容南北相争。天蔚附从戎马，无补时艰，惟念民国无统一机关，不觉征衣泪湿，乞各界诸公早定方针，从速成立政府，以安大局，民国幸甚。蓝天蔚叩。

（《申报》1912年3月9日，“公电”；又见《时报》1912年3月9日，“要闻”）

陈炯明致孙中山、黄兴电

（1912年3月10日）

大总统、陆军总长鉴：

王和顺所部，误信谣言，谓军政府拟缴枪械，解散该军，率先狙击派出巡查军队，经理员弹压，彼并击所派人致毙排长一人，从卒三人，伤数人。现仍踞城外民居，此处惟恐伤扰居民，未敢遽剿。闻彼已致电中央政府，谓炯明苛待民军酿变。希于彼电到日，即复以严电诘责之，令即从粤政府指挥，不许顽抗，如违即以乱匪视之。由中央拨兵会剿，以折其气，庶可免残居民，弭此祸乱。否则战虽必胜，元气恐伤也。急盼电复。炯明。蒸。（广东来电）

（《临时政府公报》第四十号，1912年3月16日，“附录·电报”；又见《时报》1912年3月18日，“要闻”）

陈炯明致孙中山电

（1912年3月10日）

孙总统鉴：

王和顺蓄意破坏广东，屡抵抗命令，宣言事败即杀外人以起瓜分，居心实不可问。顷以遣散各民军，彼所部辄自疑在被散之列，狙击巡查军队，并伤及派往弹压官长。罪无可逭。闻彼辈有电到南京，幸勿为其所惑。即以严电饬其凛遵粤政府命令，可免惊扰居民，波累无辜，否则恐损伤太大也。炯明。蒸二。（广东来电）

（《临时政府公报》第四十一号，1912年3月17日，“附录·电报”；又见《时报》1912年3月19日，“要闻”）

蔡元培等致孙中山电

（1912年3月10日）

南京孙大总统鉴：

今日午后三点钟，袁公行受职礼。袁公于宣读誓词后，以誓词交于元培。元培代总统致祝词，袁公诵答词。到会行礼者，自欢迎团外，有各部首领、各军统、镇统、协统、统领及满洲、蒙古、回族、西藏绅士等。礼毕，茶会乃散。元培等职务既毕，拟即日回宁。敬闻。元培等叩。蒸。（北京发）

（翠亨孙中山故居纪念馆藏档；又见《孙中山藏档选编·辛亥革命前后》，第182页）

桂林绅商学界致孙中山等电

（1912年3月10日）①

急。南京大总统、参议院、各部院长、各省议院、军政府、各埠报馆、藤县探呈行营都督、各局分送各府县议参会均鉴：

二月廿八号本省议院议员全体辞退，据其理由，谓系省防统领

① 本篇为蒸电，即十日所发。而原件则填写收电日期为五月五日，疑有误。因电文所述乃二月末情事，且系电“南京大总统”等，可知孙中山当时尚未辞职，故酌改为三月。——《孙中山藏档选编·辛亥革命前后》编者注

秦步衢带兵蹂躏议场，逮捕议员。业经通电各省及各府、县。秦统领旋即通电辨释。现商、学界全体以事关大局，当即开临时大会，公推代表上书慰留，略谓秦统领果出于违法逮拿议员，蹂躏议场，即由军政府加以相当处分，是知议院为人民代表、宪法上机关，不应轻故解散云云。求其答辨，议院仍置不理。嗣由代表面诘议长及议员，其答复但谓已经通电各处，未便收回成命；且议员人数太少，在法律上已无效力。据此答复，则议院辞退问题于人少之故，前此通电，借词而已。特此电闻，统祈详查。此次交涉函件，俟后奉寄。桂绅商学界全体。各军政府代。蒸。印。（桂林发）

（翠亨孙中山故居纪念馆藏档；《申报》1912年3月17日，“公电”；《民立报》1912年3月22日，“广西电报”）

孙毓筠致孙中山等电

（1912年3月10日）

南京孙大总统、财政部、北京新举袁大总统鉴：

皖省堤工急迫，曾经电恳主持借款，以便早日兴工，业荷允行，并承参议院议决赞成借款。惟堤工正在估勘，无款不能举办，而商议借款条件，一时不能定议，深恐缓不济急。拟恳先行筹拨遗款，暂济急用，一俟洋款借成，即行如数归赵。事极紧迫，刻不容缓，万望速赐成全，无任切祷。再，昨接上海华洋义赈会电，已派员赴皖北放赈，惜款数甚少。顷接清江蒋督电，以江北饥民待赈，属令求救等因。徜蒙俯允所求，即以多数兴办堤工，而以少数分放江皖春赈，并求裁酌施行。皖都督毓筠。蒸。（安庆来电七）

（《临时政府公报》第三十九号，1912年3月15日，“附录·电报”）

上海盐业协会致袁世凯、孙中山等电

（1912 年 3 月 10 日）

北京袁大总统，南京孙大总统，张盐政总理，浙江蒋都督，庄、范两盐政局长鉴：

兹据浙西许黄场商叶茂春、胡广源、项大成、濮源长、汪宝源、福兴裕、陆新记等声称：浙盐决议官收商运，废弃无卤场灶，不日实行等语。查浙西盐场虽产卤无多，而产商投资甚巨，沿海数万灶赖以为生，今一旦废弃，商本损失既尽，灶丁生计亦绝。或谓迁灶丁于产卤之区，讵知卤区皆有主之地，晒板刮卤人等祖孙相传，万难插足。共和成立，以国利民福为宗旨，场商、灶丁亦国民一分子，即使盐政改革，亦须全国划一，似不宜浙江独为风气。应请设法维持，予商仍旧煎卖，以保沿海数万灶丁之生命。盐业协公叩。灰。

（《申报》1912 年 3 月 11 日，“公电”；又见《民立报》1912 年 3 月 11 日，“公电”）

袁世凯致孙中山等电

（1912 年 3 月 10 日）

南京孙大总统、各部总长、参议院，武昌黎副总统，各省都督、督抚，各军总司令、司令、师长，各路军队统将，各省临时议会、谘议局，各政团、各报馆均鉴：

世凯依参议院初六日议决第三条于新历三月初十日在北京受职，欢迎团暨五大族官绅、军商学各界均来参礼，礼成。谨闻。临时大总统袁世凯。蒸。

（《申报》1912 年 3 月 13 日，“公电”；又见《民立报》1912 年 3 月 13 日，“紧要电报”；《时报》1912 年 3 月 13 日，“要闻”）

江阴布厂呈孙中山文

（1912 年 3 月 10 日载）

为呈请维持国货以塞漏卮事：窃自起义以来，民国军队各处巡警急于编练，所用军衣悉资洋货，金钱外溢以巨万计。转瞬天热，又将添购夏季操衣，若不设法维持，则数十万军衣尽用洋布，国货无畅销之望，布厂有倒闭之虞。数万工人一旦失业，强者违法纪，弱者填沟壑，民穷财尽，其何以堪？江阴各厂织机五千，日出布匹二千余，若制成军衣，军队虽多，犹为供过于求。物质视洋货为美，价值较洋布为廉，各厂股东又均系华商，咸知爱国，资本虽微，倘遇军需困竭之际，亦可稍为筹垫，利国利民，一会两得。务请大总统俯念民困，令陆军部、内务部通饬军、警两界定购各厂土布，制备夏季军衣，或即由各厂成衣公司代制，以塞漏卮，而苏工商，无任感激待命之至。

（《江阴布厂禀请维持国货》，《申报》1912 年 3 月 10 日，“要闻二”）

清江各团体致孙中山、袁世凯等电

（1912 年 3 月 10 日载）

南京孙大总统、北京袁大总统、上海各报馆钧鉴：

敬告者，江北灾情已于六号电达，想邀慈照。兹复经调查，敢再详晰陈之。江北自丙午以来，无岁不灾，上年水患之大，微特非前六年所可比，且亦数十年所罕见。况大荒之后，继以兵凶，土匪肆劫。上户资财扫地，迁避异方；中户则家无担石，仅谋旦夕，变为下户；下户则告贷无门，变为苦户；苦户撤屋材作薪炭，则变为无立椎之户矣。现在行其野，自朝至暮，所经村镇，不见有炊爨之烟，不闻有鸡犬之声，牛、驴、羊、豕更无论矣。拆屋之户，一家数口蛰伏于破席之下，风栖露宿，一遇阴雨，上漏下湿，任浸于泥淖之中。所遇之人，面目黄肿，略具人色者，居十之二三，而面无人色，且同地狱之饿鬼者，十居七八。在可保旦夕之家，欲求粮秕，亦不可得，所食即南方用为喂牲畜作肥料之豆饼，和野菜杂煮之，人食狗彘之食，然不即就死，尚居上等；其次则取树皮、草根，以忍死须臾；再下则有咽灶下青灰者。四野无□□，草根尽矣；村落皆枯木，树皮尽矣；沟塘皆污浊之水芹藻，螺蛤尽矣。大道之旁，居民遗矢颜色青绿，直猪犬粪秽之不若，其所食可知矣。乡俗死人则焚其所卧草席，村庄之外，新烧灰痕到处皆是，则饿殍人数可知矣。亲知过其家，则举室而号；骨肉遇于途，则相持而哭，无非互吊。人口凋零，生机尽绝，各去冥路不远也。行其城市，所见皆逃出觅食垂毙之人，所闻皆啼饿哀呼之声。昼则蹀躞道路，随行人以乞食，夜则僵卧于檐壁之下，有此人乞得一饼，彼即饿极相攫，两两相持，各各无声，彼此皆伏于地，竟有不赦者。施材处施于饿殍者，就城厢计之，日不下数十具，竟有应接不暇之势。此时尚在阴历正月，距麦熟尚三月有余，来日方长，生计日艰，惨状日剧。若不速求拯救，则淮之清安、桃阜，海之赣沭，徐之宿、邳、睢，业农之民，恐将有人稀地广、荒芜不治之危象。刻下田野尸骸，尚属有人收瘗，默计再延旬日，无大宗振款以济之，则无论至亲骨肉，先死之人被后死者所食，后死之人任先死之暴露。虽情不忍言，而事有必至，此所为痛哭呼吁者也。闻苏都督将商借外款，筹办工振，然有无未可必，迟速不可知。华洋义振，分拨江北者，款仅五万，区分六属，又属杯水车薪，百不济一。清江素有焦乐山先生创办浦惠籴粥厂，所有余款因乱损失，现在另行捐集，数仅万余元。虽循旧勉设，而灾广人众，开甫两日，已集二万人，岌岌不可终日。设风声所播，达于他境，接踵麇集，则力不能支，惟有立时闭歇。似此一线生机，尚不容苟且绵延。天心仁爱，何厄此灾，黎者至于如此之惨且酷耶？现在救急之策，非速筹大振，以求普及，不能拯垂死之民于万一。而振款非咄嗟可办，振款未至以前，非扩充籴粥，分设各厂，则就死之民，不能延待振办矣。厂设矣，又非筹给籽种，则秋收无望，仍不免于一死。从来告灾之书，求救迫切，叙述灾情，每不免言过其实，此书沥陈状况，欲以一字一泪、一泪一血之词，申其呼吁，而闭目默念，觉其惨迫情形，尚多不能举于纸墨。我总统恫瘝在抱，当亦所不忍闻。伏求设法提倡，筹集巨款，从速拨济，拯此危亡。况值四郊多垒，人心不靖，倘强桀者铤而走险，万一生事，影响所及，动关大局，食为民天，民为邦本，此虽为江北灾民计，实不仅为江北计。临颖不胜迫切待命之至。江北参事会、联合分会、县议事会、商会、教育会、清江民政长、保安公所同人公叩。

（《申报》1912 年 3 月 10 日，“公电”；又见《民立报》1912 年 3 月 10 日，“清江浦电报”；《时报》1912 年 3 月 12 日，“公电”）

尹昌衡、罗纶致孙中山、黎元洪等电

（1912 年 3 月 11 日）

南京孙大总统、武昌黎副总统、各省都督，上海《民立》、天津《民意报》鉴：

本日接陕西都督阳历二月十号万急电云云，无任迫切，立即先遣队迅进，并简军实继发。惟滇军交涉尚未解决，不能以全力赴救，焦急万状。请速电滇都督，急饬援川军会师北伐，万切感叩。衡、纶。真。叩。（自成都发）

（《民立报》1912 年 3 月 21 日，“成都电报”）

陈炯明致孙中山、黄兴电

（1912 年 3 月 11 日）

南京孙大总统、黄陆军总长鉴：

和顺抗不遵命令，早经开炮关城，经派兵围剿。王已潜逃，所部除吴镜如一协遵命不动外，皆已分溃，刻正搜捕解散。省城安稳。先此奉闻，后书详报。炯明。真。印。（广东来电）

（《临时政府公报》第四十一号，1912 年 3 月 17 日，“附录·电报”；又见《时报》1912 年 3 月 19 日，“要闻”）

唐绍仪致孙中山电

（1912 年 3 月 11 日）

火急。南京孙大总统鉴：

维密。蒸电悉。段电必非袁授意，盖北方军人因阅报章言论，致有误会，故迫而出此，请不必复段。昨夜得袁电，二十五可望发表。特闻。仪。真。印。（北京发）

（翠亨孙中山故居纪念馆藏档；又见《孙中山藏档选编·辛亥革命前后》，第 184 页）

黄三德致孙中山函

（1912 年 3 月 11 日）

（前缺）

各埠捐来军费及来往大小数目，一概编辑《征信录》，以昭信实而彰热诚。现已清算完全，即于阳历三月初八晚大集本局同人当众议定，除支外，尚存军饷银四千三百余元，由朱三进、罗敦怡、李公侠三人经手，付交意大利银行存贮。是□集议，□拟将此存款，除预支印寄《征信录》士担、电灯、煤、蜡火、话筒各款费用外，电汇先生收理。讵料朱三进不肯又不签押，据他云拟留此款私作纪念云云。惟弟讨思三进，实行公款私有，大干犯法，不得不将始末情由实诉台前，仰祈明察。现弟将筹饷局大小文件、数目捐册等件一齐带回，以便呈交政府查照核实。专此。敬颂钧安。伏维垂鉴。不宣。

弟黄三德顿首　中华民国元年三月十一日发

再启：旧历十月获接先生来示，训谕将筹饷各办事人员录功记过，以便将来奖励，鼓吹后人云云。兹弟如命即将本局各办事人员开列呈公电鉴。

第一热心力办，始终如一：唐君琼昌、李君务明、李君公侠、关君缉卿、黎君利生、林君朝汉、刘君达朝、朱君逸庭。

第二次之：伍君寅、陆君天培、梁君日东、邝君文迎、曾君进德、刘君日初、梁君泽霖、黄君达仁、郑君超群、余君森郎、廖君达生、伍君平一。

至于黄杰亭、刘鞠可二人，本属热心党事，但中途辄止，不顾大局，殊为可惜。其余诸人，每存私见，擅造谣言，不顾团体，破坏前途，料先生早洞悉于胸中，无容赘陈矣。此及。

弟黄三德再顿首

（加盖“美洲金山致公总堂国民救济局”、“中华革命军筹饷局印”）

（翠亨孙中山故居纪念馆藏档；又见《孙中山藏档选编·辛亥革命前后》，第 438 ~439 页）

袁世凯致孙中山电

（1912 年 3 月 11 日）

孙大总统鉴：

昨行受职礼，承遣蔡专使致贺，感意无已。凯以不才，承公推荐，忝兹重任，尚望随时指使。将来解职后，甚盼来京，面聆雅教，庶免陨越，幸甚。袁世凯。真。（北京来电六）

（《临时政府公报》第三十九号，1912 年 3 月 15 日，“附录·电报”）

张广建等致孙中山、黎元洪等电

（1912 年 3 月 11 日）

南京孙大总统、武昌黎副总统、临时议会、各省都督督抚、各报馆均鉴：

武昌临时议会、宋马二君电均悉。统筹全局，倡建临时议会云云如下：倡建临时议会，翼赞共和，谋国邦本，殊为钦佩。惟政体初定，待理万端。尊意拟在汉口发起议会，早定宪法。查宪法乃一国政治之根源，治乱安危，关系极重。现奠都地点，已定在北京，临时国民议会发起于汉口，相距窎远，声息悬隔，揆之各国公例，未有国会所在之地与政府分离者。宋电所言首都地点定后，即行接往，曷若直赴北京更为简当。

各民国宪法，大统领固无召集国会之权，此就经常通例言之。我国今日赤手开创，与各民国相较，一则组织于完全之后，一则萌芽于破坏之初，似宜筹权宜办法，以济其变。各省议会及谘议局，虽系一隅之代议机关，然或已解散，或未成立，况蒙古、回、藏各处，向无此种议会。所论由各省议会、谘议局选举一层，诸多窒碍，不易推行。且宪法关系兴废，须待正式国会成立，方能编订，临时议会，未便从事。

鄙意第一次临时政府斟酌全国现状，草订简略选举方法，通行召集，庶无隔阂。此会成立，即行编制正式国会选举章程。现时内政、财政各种问题，并可暂由该会解决。则进可为监督政府之机关，退可为国会发生之胎胚。待正式国会成立，再行纂订宪法，以定国是，而昭大信。谨陈管见，伏望裁夺。山东巡抚张广建暨共和进行筹备处士绅公复。真。印。（济南来电十六）

（《临时政府公报》第四十二号，1912 年 3 月 19 日，"附录·电报"；又见《时报》1912 年 3 月 14 日，"公电"；《申报》1912 年 3 月 14 日，"公电"）

陈廷训、戈克安等致孙中山、黄兴等电

（1912 年 3 月 11 日）

南京孙大总统、陆军部总长、北京袁大总统、武昌黎副总统、南昌马都督、各省都督、各司令官、上海各报馆均鉴：

九江卫戍司令官朱汉涛种种不法情形，前于歌电通告，并请示遵行在案。旋于庚日奉陆军部虞电内开：九江司令官陈廷训、参谋长余鹤歌电悉。该处卫戍司令朱汉涛擅权违法，众怒腾沸，经各界宣布罪状，令其退职，犹敢私结唐祚祯、潘志远等潜图不轨，负固拒捕，致伤守兵士五名、步兵一名，枪毙同乡妇女二名，实属罪无可逭。着将已获朱汉涛一名就地枪毙，以正国法，余党务严行缉获，与唐祚祯一并讯明情节轻重，呈候核办。此复。陆军部。虞。印。等因。奉此。遵于本月十一号将该犯官朱汉涛一名验明正身，绑赴法场，用枪击毙，以正国法。除从犯唐祚祯、言焯煌二人公决，准其自由行动外，所有在逃之潘志远，罪名较重，仍派探严缉，俟获案后，再行请示办法。并将已经正法之朱汉涛尸身从丰棺殓。谨此电闻。陈廷训、戈克安、余鹤松、刘世钧、蔡锐霆。真。

（《申报》1912 年 3 月 14 日，"公电"；又见《时报》1912 年 3 月 14 日，"要闻"）

林万里致《民立报》转孙中山、黎元洪等电

(1912年3月11日)

《民立报》转南京孙大总统、武昌黎副总统、参议院暨各报馆、各政党鉴：

统一政府将次成立，用人最关紧要。前清京僚武昌起义后，以民军势盛，纷纷弃职南下，争向中央、各省力谋位置。自项城当选、建都议定以还，彼辈又纷纷北上，求复旧职。此等亡国大夫，在民国本为不祥之物，势利无耻，狡猾奸贪，丞参以下，不肖尤甚。若新政府仍用其人，更何以儆官邪而清吏治？似宜电告项城，饬各部长官严慎甄择，勿使民国统一政府再为宵人窟穴。殷鉴非遥，国人留意，幸甚。闽法制局长林万里。真。(自福州发)

(《民立报》1912年3月12日，"福建电报")

江苏临时省议会致袁世凯、孙中山等电

(1912年3月11日)

北京袁大总统，武昌黎副总统，南京孙中山先生、各部长，各省都督、督抚均鉴：

本省都督程德全就职内务总长，未能回任。代理都督庄蕴竞［宽］权任以来，地方乂安，军民感服。本会议决销去代理名义，改为实任，除知会庄都督外，谨此电陈，即祈察照。江苏临时省议会叩。真。

(《申报》1912年3月15日，"要闻一")

尹昌衡、张培爵致孙中山、黎元洪等电

(1912年3月11日)

南京孙大总统、武昌黎副总统、各省都督鉴：

成、渝两军政府合并，议定条约十一款，曾经电告，谅邀鉴及。兹培爵到省，于三月十一日就副都督之任，昌衡以张都督谦退后，文武各职员公推，辞不获已，勉就正都督之任，亦于同日受事。罗、夏两副都督均经退职。罗督前于合同成立时，曾经成都督职员公推为军事参议院院长，已于今日就任。两地职员又公推夏都督为重庆镇抚总长，业已联名电渝。至政府名称及印文，合并条约内言明，称为蜀军。而成都于三月三日举行民国统一庆典，时已将大汉四川军政府名称改为中华民国四川都督府，并改铸金印，文曰“中华民国军政府四川大都督之印”，当日启用。现经两地职员协议，恐政府屡易名称，淆乱民间观听，决定即照成都改定之名，不再更易。从兹合并实行，全川统一，一切内安外攘、除旧布新之事，均可有所措手，而责任之重，亦因以愈增。昌衡、培爵以绵才而膺巨任，深惧弗胜。亦惟协力同心，共维大局，以免陨越而已。四川都督尹昌衡、张培爵同叩。真。

（《申报》1912年3月17日，“公电”；又见《时报》1912年3月17日，“公电”）

程德全、章炳麟等致袁世凯、孙中山等电

（1912年3月11日载）

北京袁总统，南京孙总统，各部次长，各省都督，南北军司令，京、津、武汉各报馆均鉴：

报载范光启君等电□汉奸王赓一则，当与事实矛盾。此次共和成立，王君以充旧内阁军事参议，转移北方将士心理，赞助项城民国计画，功效极大。其在九、十月间，未入北京以前，首在吉林主倡共和，各方反对，几遭暗杀，北方人士多能言之，岂有首主共和之人，密谋调查同党之理？至于孙君少侯被逮，据当时报纸所载，咸谓系安徽桐城凌某所为，更于王君无涉，事实彰彰，海内本有公

论。惟念民国新造，弓影之来，最是使正士寒心，尤恐范君等南北睽隔，传闻异词，致生误会。某等夙与王君并无友谊，此次战证以至友所□，或同谋共和事业，深知王君为热心共和、尊重道德之人。用特申明事实，俾海内同志不厚诬正人，或亦于主持公道有关焉。程德全、章炳麟、张绍曾、刘莹泽、陈宧、吕均、钱芥尘同启。

（《民立报》1912 年 3 月 11 日，“公电”）

俞应麓等致孙中山转袁世凯等电

（1912 年 3 月 11 日载）

南京孙大总统转北京袁大总统、武昌黎副总统、各省都督、各军统、各报馆公鉴：

据赣省各界公电称：马都督烟癖甚深，百政荒废，糜烂之祸，即存目前，赣省生灵难资托命。前以南北和议未成，本省人心未定，故于其个人劣迹隐而未言，近因彼信任匪人，措置乖方，盗贼蜂起，祸患日亟，各界为大局起见，不得不请其解职，公举援鄂军统李君烈钧继之，以镇人心，而支危局。至马督光复功勋虽有可称，然都督实系一省安危，非酬庸之物，当分别处之云云。同人等详细调查上述各节，确系实情，是用电陈，以为吾全赣同胞请命，惟公鉴之。俞应麓、蒋群、廖国仁、徐大纯、张鸿藻暨旅沪同人公叩。（上海去电）

（《时报》1912 年 3 月 11 日，“公电”）

黎宗岳致孙中山等电

（1912 年 3 月 11 日载）

孙大总统、各部长、参议院、袁大总统、各部首领、黎副总统、都督、各军司令、各报馆钧鉴：

建都地点，比较利害，舍南取北，已居多数。徒以协商未定，临时政府未能组织。奸人借端煽乱，强邻伺隙进兵，大局动摇，危如累卵。倘再争持不决，内讧外患，相逼而来，功败垂成，亡无日矣。顷读黎副总统、蓝都督两电，惊心动魄，焦灼万分。伏乞诸公共体时艰，化除成见，速在北京组织临时政府，以谋统一事权，整理秩序。国基一定，其余各项问题，不难迎刃而解。万勿再延，致生他变。临颖迫切，不尽欲言。黎宗岳叩。

（《申报》1912年3月11日，“公电”；又见《民立报》1912年3月11日，“安徽电报”；《时报》1912年3月11日，“公电”）

上海商学青年联合会致袁世凯、孙中山等电

（1912年3月11日载）

北京袁总统、南京孙总统、各部长、参议院鉴：

本会于一日开成立会，推定伍廷芳、程德全二君为名誉会长，温宗尧、李平书二君为会长。此电。商学青年联合会叩。

（《申报》1912年3月11日，“公电”；又见《民立报》1912年3月12日，“公电”；《时报》1912年3月17日，“公电”）

吴荣实等致孙中山、黄兴等电

（1912年3月11日载）

南京孙总统、黄总长鉴：

制造局李总理办理有年，成绩昭著，光复时尤费经营，乞留办

以资熟手。制造局巡警总分处警务长吴荣实、警员邹景雯、朱镇南、巡员程麟、李云黼暨全体同叩。

（《申报》1912年3月11日，“公电”；又见《民立报》1912年3月9日，“公电”）

蔡锷致袁世凯、孙中山等电

（1912年3月12日）

北京新举袁总统、南北军界统一会，南京孙总统、陆军部、内务部总长，武昌黎副总统，各省都督鉴：

集会结社自由，为文明国家通例，惟军人入会，各国多有限制。鄙意同一集会，亦宜稍有区别，如现在南北军界统一会之类，系为维持大局起见，自为全国所赞同。至于政治集会，似不宜以统兵大员为之。诚恐因政见不同，遂至以武力盾其后，反足以劫持公论，而破坏和平。虽险象尚未昭著，而流弊似应预防。特贡管见，用备甄采。如以为然，应请中央将集会结社律订颁行，庶海内有所循率。锷叩。文。印。

（《天南电光集》，第143电）

谭人凤致孙中山等电

（1912年3月12日）

万急。南京孙总统暨参议院诸君鉴：

昨日报载，北京政府现议每月向外国银行借七百万两，俟财政机关完全成立始止等语。民国初立，百废待举，项城借款之举，当非得已。惟四国债团，根据旧约，日俄加入，实具野心。若但计便利，略无限止，饮鸩止渴，立见其亡。埃及前车，至堪借鉴。究竟

此次借款条件若何，报纸语焉不详。已电项城，切询办法。事关全局利害，幸审慎图之。谭人凤叩。文。（上海来电八）

（《临时政府公报》第三十九号，1912 年 3 月 15 日，“附录 · 电报”；又见《时报》1912 年 3 月 17 日，“公电”）

民国仁济会致孙中山电

（1912 年 3 月 12 日）①

孙大总统鉴：

民国虽成，人心未固。陆军主席，非十余年血汗奔走，数十镇肫诚欢戴之黄君克强，殊难镇慑。黄君素为五族所属望，人心向背，安然系焉。除电致北京外，幸我公竭力主持，勿遂黄君高蹈之志。大局幸甚。民国仁济会叩。文。（上海来电）

（《临时政府公报》第四十号，1912 年 3 月 16 日，“附录 · 电报”；又见《民立报》1912 年 3 月 15 日，“公电”）

孙道仁致袁世凯、孙中山电

（1912 年 3 月 12 日）

袁大总统、宁孙大总统钧鉴：

江北佳电悉。连年水灾，现春荒谷尽，遍地饿殍，满目流亡，情状极为危迫，曷胜悲悯。相应照恳我大总统，迅赐设法筹赈，以恤灾黎而昭惠政。切祷。闽都督孙道仁叩。侵。印。（福州来电十九）

（《临时政府公报》第四十二号，1912 年 3 月 19 日，“附录 · 电报”）

---

① 据《民立报》，发文机构为“民国协济会”。——编者

赵尔巽致袁世凯、孙中山等电

（1912年3月12日）

北京袁大总统，南京参议院、孙中山先生、黄克强先生，武昌黎宋卿先生，各省督抚、都督、谘议局，报馆鉴：

京、津兵变，事已平靖，奉天国旗遍悬，一切静谧，谣言早息。袁大总统昨已受职，是国基已定，南北统一，更无疑虑之余地。顷接蓝天蔚来电如下：孙大总统、黄总长、各省都督鉴：北京兵变，津、保一带响应，乱兵四起，东省亦受宗社党运动，闻已撤共和国旗，以备与京、津联络。蔚即日亲率兵队，相机进行，务望接济饷械，不胜盼切。蓝天蔚叩。印。等语。并无发电时日。查地方匪人蠢动，在平时尚不能免，何况国是初定。今虽事已过去，蓝君所言直同梦呓，但一有乱耗，即视为可乘之机，便欲诬指东省挑动兵争，破坏全局。南中英彦，至诚谋国，谅必知其用心。惟当此民国初定，岂容有此想？我大总统及各先生、各都督，必有公平之处置。巽秉性戆直，无论何时，只知为国民维持治安秩序，不知其他。此后蓝君倘有妄为，致召意外之变，蓝君应负其责，合并声明。赵尔巽。文。

（《申报》1912年3月15日，“公电”；又见《民立报》1912年3月15日，“盛京电报”；《时报》1912年3月14日，“要闻”）

下关海军协会致袁世凯、孙中山等电

（1912年3月12日）

北京袁大总统、南京孙大总统、武昌黎副总统、南京参议院、各部总次长、各省都督、各报馆均鉴：

萨公镇冰服务海军，历有年所，名望之隆，久为中外所钦仰。去岁武汉苦衷及所处之境况，尚未表白于天下，同人等谨略陈之。武汉起义，萨公即告人曰：吾辈当抱定宗旨，不击民军。未几，满吏连甲逃避，萨公坐舰。萨公告之曰：武昌能为德之汉堡，吾人亦甚赞成。阴历八月二十八，铁忠来舰，迫萨公连夜开赴汉口，攻击武昌，萨公坚执不从，几至决裂。自后荫昌派两参谋驻舰监战，种种掣肘，萨公实无能为力矣。满人喜昌、荣续管带海容、海琛两舰，于九月初七开赴汉口，炮击民军。萨公暗嘱军官测准时不可命中。旋为喜、荣二人所觉，亲自测准，击败民军。萨公闻之，欷歔太息，并告各舰军官曰：君等各自反正可也。吾不能节制满人，致伤民军，实无颜对我同胞。遂于九月二十二日离舰。历观萨公之行为，始则守中立，继则为满人所挟制，终则嘱各军官反正，洁身以去，是萨公之心非不赞成民军，特时势使然也。今民国成立，欲谋海军之发达，非得学问、研历、威望、德信如萨公者，不为功。同人等为民国海军前途计，不得不举所知以贡，幸垂察焉。海军协会仝人公叩。文。

（《申报》1912年3月15日，“公电”；又见《民立报》1912年3月15日，“南京电报”；《时报》1912年3月15日，“要闻”）

汪精卫致孙中山、黎元洪、陈其美电

（1912年3月12日）

民国未统一以前，同志诸君皆思于北京谋最后之解决，顾目的虽同，方法或异，且有限于闻见，不与相关者。现在民国统一，破坏手段可不复施。凡我同志，夙以牺牲为精神，无所于蕲，何所为报？但对于死者之殡葬，伤者之医药，及经济困难者之略为资助，亦情所不容已者。兆铭前在京津，曾约少数同志筹革命之进行，此次重来，已与诸同志筹收束之法。惟京津团体甚多，兆铭仅能就夙所共事者谋之，至于未尝共事者，非兆铭闻见所能及，深虑顾此失彼，缺憾弥多。迩来陈都督派姚、陆两君来京津料理团体诸事，思深虑密，至可钦佩。惟顷接姚君来函，知抱病回申。且此间团体，亦有为姚君所未及知者，而兆铭日内亦须南行。应如何由尊处派员来此间料理一切，乞酌裁为幸。汪兆铭。文。（北京发）

（《民立报》1912 年 3 月 14 日，“北京电报”）

尹昌衡、罗纶致孙中山、黎元洪等电

（1912 年 3 月 12 日）

南京大总统、武昌黎副总统、各省都督、各报馆鉴：

敝省前与滇军协议，会师北伐，滇军取道襄阳，川军进援秦陇。嗣接中央政府电告，清帝退位，民国统一，北伐已作罢论。秦陇援师，川省力能专顾，滇军应回滇境。惟远道还师，已由本军政府备送银十万两。除电告滇省政府外，特此奉闻。昌衡、纶叩。文。

（《申报》1912 年 3 月 16 日，“公电”；又见《民立报》1912 年 3 月 16 日，“成都电报”；《时报》1912 年 3 月 16 日，“公电”）

蔡元培致孙中山等电

（1912 年 3 月 13 日）

孙大总统、各部总次长鉴：

元培、兆铭、宸组及随行四员，于今日午前九时半乘专车赴汉，特闻。元培等叩。元。（北京来电十七）

（《临时政府公报》第四十二号，1912年3月19日，“附录·电报”）

孙毓筠致孙中山等电

（1912年3月13日）

大总统、参议院、各部总长、各省都督均鉴：

敝省暂行官制，酌设五司、三局，参照苏赣办法，同署办公。经敝都督提交临时省议会公开议决，克日实行。一俟新官制由中央订定颁布时，即遵章办理，以期全国统一。除正式备文呈报外，特先电闻。皖都督孙毓筠。文。（安庆来电十八）

（《临时政府公报》第四十二号，1912年3月19日，“附录·电报”；又见《时报》1912年3月15日，“公电”；《申报》1912年3月15日，“公电”）

庄蕴宽致袁世凯、孙中山等电

（1912年3月13日）

袁大总统、孙大总统、各部长、各报馆鉴：

接本省议会咨文，推蕴宽以都督实任，无任悚惧。前以南北未经统一，地方宜维秩序，谬权重任，罪戾已深。两月以来，竭蹶支离，以至剧病。目前百端胥待建设，更何堪不知而作，效驽马之恋栈，贻大局前途虑。凡人要贵自知，若窃位而不能治事，无穷流弊，何堪设想。除复请省议会另行公举外，谨电闻。庄蕴宽叩。元。

（《临时政府公报》第四十二号，1912年3月19日，“附录·电报”；又见《时报》1912年3月15日，“要闻”；《申报》1912年3月15日，“公电”）

尹昌衡、张培爵致孙中山等电

（1912 年 3 月 13 日）

中央政府大总统、陆军部、各都督、民立报馆、民意报馆转各报馆鉴：

顷闻援鄂军及鄂军有经营西藏、率兵入川之说，系由旅鄂少数川人所请，不知确否。敝省现已编练四进，援镇陕甘、经营藏卫，略敷分布，毋庸远道劳师，请即设法阻止。嗣后凡于重要事件，非有敝都督府印电，请勿允准，除通电外，特电奉闻。昌衡、陪爵叩。元。

（《民立报》1912 年 3 月 16 日，“成都电报”）

粤省会致袁世凯、孙中山等电

（1912 年 3 月 13 日）

袁新总统、孙大总统、参议院暨同乡诸公钧鉴：

民军统王和顺，久蓄异志，潜招桂兵，私购枪炮，分据要地。前日突阻新军查街，捣毙数命，斩断电线十一，置炸炮轰城内外。陈都督万不得已，始宣罪状，令军围攻。幸其部下多不从逆，现王逃兵溃，商民多受惊骇扰害。此役并非因裁兵而起，各民军皆安，请纾廑念。粤省会。元。叩。（广东来电五十六）

（《临时政府公报》第四十八号，1912 年 3 月 26 日，“附录·电报”）

上海统一共和党致孙中山等电

（1912 年 3 月 13 日载）

南京孙大总统、各部总次长、参议院鉴：

建都问题纷议无定，燕京握南北之中枢，居天下之形胜，政

治、外交、边务、商业习惯在在适宜。敢乞速都北京，以定国是。上海统一共和党。（上海去电）

（《时报》1912 年 3 月 13 日，“公电”）

上海统一共和党致孙中山、王宠惠电

（1912 年 3 月 13 日载）

南京孙大总统暨王外交长鉴：

泗水华侨被荷人惨待一案，为民国初次外交之关头，稍一退让，即启列强效尤之渐，损新国开幕之威。乞速严与交涉，力争国权，至要。上海统一共和党。（上海去电）

（《时报》1912 年 3 月 13 日，“公电”）

华侨炸弹队致孙中山电

（1912 年 3 月 13 日载）

孙大总统鉴：

泗水同胞，庆祝共和，升旗燃炮，无碍公法。荷人无理干涉，碎国旗、伤侨民、封报社，辱国丧权，请宽期解决。倘致决裂，本队愿为前驱。军次徐州华侨炸弹队叩。（徐州来电一百三十一）

（《临时政府公报》第三十七号，1912 年 3 月 13 日，“附录·电报”）

李烈钧致孙中山电

（1912 年 3 月 14 日）

孙大总统鉴：

烈钧无似，即卸北伐之师，正拟趋侍左右，冀备指挥。乃转奉谕，饬归督赣，以钧薄才，实难胜任，惟为国利民福起见，敢不勉尽其愚，为国驰驱。尚祈时颁教言，俾免陨越，则钧与吾赣三千万人，实拜君之赐。归舟过浔，谨行电告，诸维鉴察。李烈钧叩。寒。（九江来电二十三）

（《临时政府公报》第四十三号，1912 年 3 月 20 日，“附录·电报”）

徐宝山致袁世凯、孙中山等电

（1912 年 3 月 14 日）

袁大总统、陆军部首领、军界统一会、南京孙大总统、黄陆军总长钧鉴：

南北统一，大局粗定。惟兵多饷少，已成通病，遽议裁撤，后患实深。胡经武君主张移兵屯边，与鄙见颇相吻合，惟非仓卒所能办到。曩尝涉历淮上，颇知该处患水之原因。前此张季老导淮之议，实为百年大计，然至今尚未果行。扬郡有兵三万，战事停止，月糜巨金，在地方已罗掘俱穷，在中央亦猝难接济。拟即寓兵于工，行导淮入海之义，窃尝计之，其利有三。饷不虚糜，兵有所事，利一。湖田涸出，兵可为农，利二。兵多淮产，兼娴工作，利三。有此三利，但使江淮水利公司筹有半款，即可会同开办。预计竣工时期，亦必迅速。顷已电商江苏省议会公决。两大总统及诸公，皆关心民瘼，不日政府成立，位置军队，必第一问题。除各处军队应由政府核议，通饬遵行外，所有鄙见以兵代工，借济燃眉之策。是否有当，敬希钧示核夺，俾便遵行。倘蒙核准，即由宝山就近协商江淮水利公司沙君元炳，按照实行，无任盼祷。江北第二军司令长徐宝山叩。寒。印。（扬州来电二十五）

（《临时政府公报》第四十三号，1912 年 3 月 20 日，“附录·电报”；又见《时报》1912 年 3 月 22 日，“公电”）

蓝天蔚致袁世凯等电

(1912 年 3 月 14 日)

袁大总统、参议院、孙大总统、黎副总统、各省都督、各报馆均鉴:

顷接赵尔巽文日通电云云，殊堪诧怪。现在共和告成，国基已定，自当各泯猜嫌，化除党见。赵尔巽于共和后，肆意残杀，惨无人理，名为赞同，实行杀戮，南方人几无噍类，为世公敌，岂待蔚言。其前后行为，司马之心，路人皆见。专制时则指党人为革匪，共和后则指党人为土匪。自谓保全秩序，实行诛杀同胞。张作霖何人，任其骚扰。张榕等何罪，致受诛夷。迹其罪状，神人共愤。蔚不敢冒昧进行者，诚以东省危如累卵，一或不慎，动酿外人干涉，故事事均为隐忍。至于有备无患，诛灭公敌之心，固我同志旦夕不忘者。蔚不才，不屑与人争都督，亦不愿与人争口舌，但求东省同志，死者得以瞑目，生者得以保全，蔚即请辞职，以免遭人疾视。谨此，即乞大总统鉴核电示遵行是幸。蓝天蔚叩。寒。(烟台来电五十二)

(《临时政府公报》第四十六号，1912 年 3 月 23 日，“附录·电报”)

黄汉湘致《民立报》转袁世凯、孙中山等电

(1912 年 3 月 14 日载)

《民立报》转新任袁大总统、南京孙大总统、武昌黎副总统、陆军黄总长、各军总司令、各军政分府均鉴:

汉湘偕李燮和先生，由吴淞起义，光复水陆军队暨各要塞、各州县，后又派吴军攻宁。迨金陵既下，燮和先生统领光复军组

织北伐，又委汉湘充北伐陆军司令长。现在南北统一，燮和先生已辞北伐总司令之职，汉湘自应将北伐陆军司令长之职一同告辞。谨此布闻，伏维鉴察。吴淞军政分府北伐陆军长黄汉湘叩。（自吴淞发）

（《民立报》1912 年 3 月 14 日，“吴淞电报”）

北京三团体致孙中山等电

（1912 年 3 月 14 日载）

南京孙大总统、都督府、粤军司令鉴：

此次之变，系少数游勇鼓动，叛者不过一标。现经兵警击散，秩序已复。至传闻宗社党煽惑等语，未免视彼过高。敝会等密迩北京，确知断无此事，且北方军队仍足资分布，请释廑注，勿劳大军北来，恐秩序甫定之时，人心复生惊疑，反失执事维持大定之初心也。北京总董事会、总议事会、商务会总叩。

（《申报》1912 年 3 月 14 日，“要闻一”）

蔡元培、汪精卫致孙中山、参议院电

（1912 年 3 月 15 日）

南京孙大总统、参议院鉴：

培等昨晚抵汉口，即赴武昌谒黎副总统，报告在北京经过事件。今夕乘金陵轮船赴南京。谨闻。元培、兆铭。咸。

（翠亨孙中山故居纪念馆藏档；又见《孙中山藏档选编·辛亥革命前后》，第 184 页；《临时政府公报》第四十三号，1912 年 3 月 20 日，“附录·电报”）

松军致袁世凯、孙中山等电

(1912 年 3 月 15 日)

北京袁大总统、唐总理，南京孙大总统、各部总次长、参议院，武昌黎副总统、江苏省议会，南京、苏州等处海陆军进行社，各政团，各报馆均鉴：

江苏省议会公举庄蕴宽先生为江苏实任都督，敝军深表同情。顷悉庄都督辞之甚力，实可为江苏前途寒心。当此大局甫定，中外尚多危疑，欲奏共和统一之功，端赖各省有才猷练达、道德高尚之领袖。庄都督莅事于饷竭政棼之际，以公民之政见为政见，力整秩叙，刻苦励精，使全省渐底安宁，军民各界，咸深翕服。非特其才识足以济变，良由操履肫洁，德量宏远，有使人自然钦服之处，故能不令而行。改革方始，建设最繁。苏据江海要冲，中外视听所关，蔚为南夏首部，整理更难。求治尤切，长材利用，舍此更将安求？敝军为苏省一部分，休戚与共，不得不亟事挽留。诸公爱苏心切，万望同事挽留，不可听其辞任，俾苏省有就治之望，江南成首善之区，民国幸甚。松军全体叩。咸。(松江电)

(《时报》1912 年 3 月 19 日，“公电”)

陈炯明致孙中山、黄兴电

(1912 年 3 月 15 日)

万急。南京孙大总统，黄陆军总长鉴：

惠军统领王和顺，弁髦军令，蔑视政府，纵容部下，占踞要塞炮台，强夺警察队驻所，私自派人往安南招兵，致法人来函诘责，更复图窜广西，占领浔、梧各属。种种横悖行为，足以证其立心肇乱者，擢发难数。此次因散关仁甫私招兵士，王及所部陆梅、廖竹斌等，遂与关仁甫、杨万夫密谋，一面以政府解散民军为题，肆［肆］行煽惑，一面计划围攻省城。初八晚，新军巡查队队长巡查至海味街，惠军卫队阻不许过。巡查队忍之，还报炯明，当经饬王和顺代表到府，以理晓谕。

初九日之午，新军复以巡查任务，行至该处，惠军阻之如前，且复开枪轰击。巡查军一面抵御，一面回报。炯明即派罗委员，持令前往弹压。只随带兵宪四名，至永汉门附近，即为暗伏瓦面之惠军枪及，罗委员及宪兵等遂退回。后派弹压一排，续往肇事场所，至永汉桥，复被击毙排长、兵丁四人，伤一人。是晚复派陆军司长往晤王，戒其勿破坏大局，终借词新军欲缴伊军械，不肯收队，而其部下廖竹斌等，竟扬言新军不先收队，王统领即往西关称都督等语。

至初十日，惠军在永汉门外，围攻新军者愈益猛，且盘踞当楼，安炮楼上，以便攻城。一面发信李福林、陆兰清、黄明堂等民军统领，煽令助攻，信中有放火烧城之语，幸均不为所惑。炯明初以城厢内外，民居稠密，不忍以武力镇压，致损坏商场，故拟隐忍，调停息事，徐图处置方法。惟彼辈怙恶不悛，关仁甫军踞东堤，杨万夫军在归德门，遥为声援，节节进攻。十一早，长堤惠军，先开大炮五次，向城轰击，且连发两炮，轰击江固兵舰。炯明遂不得已，准令新军用炮，将乱军恃为掩护、碍难进攻处所击破。并令新军四面兜剿，遂将乱军击散，关仁甫、王和顺暨其部下陆梅、廖竹斌等均逃。十三日，省城秩序完全恢复。计仁军及王和顺卫队陆梅所部惠军一协，除死伤及弃枪逃走，或缴械降服之外，只余三数百人，刻已酌量缴枪，给资遣散，或编归别军。其杨万夫所部协字营兵，因助战至远，故死伤逃亡略少。然亦拟解除扬之兵权，愿遣散之兵，必致遣散，以符决定之政策。

是役新军死者约二十人，伤者约四十人。永汉门、归德门外及东堤娼寮地方，略有损伤。刻已出示，令该处居民将所受损害情形具报，以便抚恤。此次事变，为粤省独立以来刻刻所预期者，及今

爆发，尚易收拾，若姑息容忍，将来之祸恐尚不止此也。炯明。删。印。（广东来电三十六）

（《临时政府公报》第四十五号，1912 年 3 月 22 日，“附录·电报”；又见《时报》1912 年 3 月 25 日，“要闻”）

蔡锷致孙中山、袁世凯等电

（1912 年 3 月 15 日）

南京孙大总统、参议院、各部总长，北京袁大总统、各部首领，武昌黎副总统，各都督鉴：

共和成立，南北一致。惟建都之议未定，内则人心摇动，外则强邻窥伺，大局岌岌可危。前陈建都北京之请，未审达否，伏望统筹全局，早定大计。至北京积弊，亦诚如议者所云，应请袁公用人行政之际，破除畛域，以协群情，痛剔弊风，以新耳目，俾猛政余毒不致复生，民国基础得以巩固，大局幸甚。滇都督锷叩。咸。印。（昆明发）

（翠亨孙中山故居纪念馆藏档；又见《孙中山藏档选编·辛亥革命前后》，第 186 页；《天南电光集》，第 152 电）

蒙塔古·哈里斯致孙中山函

（1912 年 3 月 15 日）

先生：

我冒昧指出昨天针对您的一则极无礼的诽谤出现在《中国公报》（The China Gazette），不知您是否需要我立即采取行动：难以令人置信这种卑鄙的谎言会始自一个官方渠道。无论如何，查查电报是有意义的。

蒙塔古·哈里斯

（《临时大总统和他的支持者》，第 180 页）

蒋雁行致袁世凯、孙中山等电

（1912 年 3 月 15 日）

袁大总统、孙大总统、实业部长张钧鉴：

前奉总统来电，以江北灾情甚重，已筹款发交张总长，分别办理。惟现在清淮一带，饥民麇集，饿尸载道，秽气散于城郊，且恐霉为瘟疫。当此野无青草之时，实有朝不保夕之势。睹死亡之枕藉，诚疾首而痛心。现虽设有粥厂，略济燃眉，无如来者愈多，无从阻止，粥厂款项不继，势将停止。半月内无大宗赈款来浦接济，则饥民死者将过半。即糜数百余万之巨款，亦不能重起饿莩于九原，令其受赈。为此情急，沥血电陈。可否仰求总统、总长俯念灾民垂毙，急救目前，无论何处，迅拨数万金，由总长派员经理其事，俾饥民得暂缓须臾之死，待夏秋之成。雁行不胜迫切待命之至。江北蒋雁行叩。咸。（清江浦来电二十四）

（《临时政府公报》第四十三号，1912 年 3 月 20 日，“附录·电报”；又见《时报》1912 年 3 月 20 日，“公电”；《民立报》1912 年 3 月 20 日，“清江浦电报”）

广东军团协会致孙中山电

（1912 年 3 月 15 日）

孙大总统鉴：

陆军惠军剧战，现已调息。惟陈督决辞，请催汪精卫君返粤，以维大局。军团协会。翰。（广东来电四十九）

（《临时政府公报》第四十六号，1912 年 3 月 23 日，“附录·电报”）

陆荣廷致孙中山、袁世凯电

（1912 年 3 月 15 日）

孙大总统、北京新举袁大总统钧鉴：

清江浦蒋都督佳电敬悉。江北连年水灾，现在春荒谷尽，遍地饿殍，闻之殊为悯恻。桂省匪患频仍，流亡载道，困苦情形，大略相同。然眷念江北，俱属同胞，何忍漠视。由荣廷先助千元，聊尽棉薄。再当设法筹募，以为后继。惟江北灾区广大，蒋都督请合力代求大总统拨款拯救，为民请命，情迫词切。仰恳大总统俯如所请，以广胞与之仁，不胜渴望之至。桂都督陆荣廷叩。咸。（桂林来电六十九）

（《临时政府公报》第四十九号，1912 年 3 月 27 日，“附录·电报”）

伍廷芳致孙中山电

（1912 年 3 月 15 日）

南京孙大总统鉴：

胡承诰被上海光复军统领李征五逮索巨款一案，节经旅沪粤人电争请释。兹奉参议院函示，光复军此举侵蔑司法，应由廷芳查确声核。查胡承诰系胡湘林之子，向未在满清时代出仕，自无经手公款。其父胡湘林曾任粤藩多年，清中饱，节冗费，清操自持，绝无赃款，解组多年，公款亦无未了，无罪可科。个人保有私产之权，完全无缺。拘子索捐，诚属非法，又查万国文明通例，必须经人告发，而得合格司法官厅发票，方可拿人。拿获后于二十四点钟内，应解赴司法官厅审讯。而胡承诰被拿时，未经司法官厅出票，且挽留将近一月，尚未伸理，殊非文明。应请迅饬李征五速将胡承诰释放，以存公理为祷，并请电复。司法部总长伍廷芳。咸。（司法部总长伍廷芳电）

（《申报》1912 年 3 月 17 日，“公电”；又见《民立报》1912 年 3 月 17 日，“公电”；《时报》1912 年 3 月 17 日，“要闻”）

松江军政分府致袁世凯、孙中山等电

（1912 年 3 月 15 日）

北京袁总统、南京孙总统、实业部、江苏都督钧鉴：

据松属沿海绅民等公呈称：松盐向受浙商抑勒，屏息于专制政体垂数百年，大汉光复，方冀重见天日。乃报载松盐局长覆都督文，处处为浙商游说，似明知法制之不良而重蹈之，松城新设之松盐公所，又不知设廒收盐。本非引商分内之事，将产地、引地并为一谈，贻反对者以口实，文电交驰，相持不决。自沈总长惟贤辞职后，一般无意识之徒，漫无节制，至有封占盐廒之举，长此纷扰，不特盐政永无改良之望，而地方糜烂，即在目前。治标之计，惟有迫求松军政府迅派场长，并酌拨师船到地保护，一面将新旧公所一并取销，另由地方公正绅士开会公议，重行组织。等语。经松军府调查属实。且转瞬松盐产旺，土客相争，变端岌岌，为保护治安计，不得不俯顺舆情。已分别委派各场长并遣师船分驻沿海地方，以资镇慑，一面饬将松盐公所取销，俟就地士绅组织正当机关，再行核办。谨闻。松江军政分府叩。咸。印。

（《申报》1912年3月17日，“公电”；又见《时报》1912年3月17日，“公电”）

蒋雁行致孙中山、袁世凯电
（1912年3月15日）

南京孙大总统、北京袁大总统鉴：

自去岁光复，数月以来多病，叠次辞职，未蒙允准。维时因宿迁战事，不敢再求，勇力维持。现大局已定，病又复发。恳总统发再生之德，准假调养，病愈再图报效。江北蒋雁行删叩。

（《申报》1912年3月20日，“公电”；又见《时报》1912年3月20日，“公电”）

汕头光汉社、同盟会等致《民立报》转孙中山电
（1912年3月15日载）

《民立报》转南京总统钧鉴：

林君欧真全军到潮，潮汕人心定。光汉社、同盟会、公安维持会。歌。叩。（自汕头发）

（《民立报》1912年3月15日，“汕头电报”）

许畏三、罗传等致《民立报》转孙中山电
（1912年3月15日载）

《民立报》转孙中山先生鉴：

请践前约，即任自由党大总裁事。自由党浙江支部许畏三、罗

传等二千余人公叩。（自杭州发）

（《民立报》1912年3月15日，“杭州电报”）

蔡锷致孙中山、黎元洪等电

（1912年3月16日）

南京孙大总统、武昌黎副总统、各省都督鉴：

黎副总统阳电敬悉。赵都督艳电此间迄未收到。黔省遍开公口，匪党横行，掳掠奸淫，全省糜烂，屡经绅耆函电请援。虽以唇齿之亲，未忍坐视，然援蜀方遭疑忌，亦不愿再以恤邻之义而反生内讧之疑，故皆婉词谢之。及北伐队唐司令过黔，绅民又复拦路要求镇抚，至有欲自刎于马前，以为黔民请命者。迭接唐司令来电，皆催令以北伐为急。至黔军以黄泽霖扣饷哗变，省城震动，又复急电请援，乃饬唐司令赴筑镇慑，纪律严明，父老欢庆。时赵都督已逸去，遂公推唐为临时都督。据黔省全体绅民通电，则以黔省之扰乱，人民之困苦，此次滇军之秩序，可以概见。因黎副总统垂注谲谲，以严肃军纪，免召不韪为言，故略陈之。锷叩。铣。印。

（《天南电光集》，第155电；又见翠亨孙中山故居纪念馆藏档《孙中山藏档选编·辛亥革命前后》，第565～566页）

熊希龄谨辞财政总长致孙中山、袁世凯电

（1912年3月16日）

孙总统、袁总统、唐总理鉴：

顷见报载，国务员内有选龄充财政部长之说，殊深悚惧。龄前办事仅属一隅，于全国财政毫无研究，才力不及，万难胜任。报载

如实，谨辞，请改选。其理由另详函。熊希龄叩。铣。（上海去电）

（《时报》1912 年 3 月 17 日，“公电”；又见《申报》1912 年 3 月 17 日，“要闻一”；《民立报》1912 年 3 月 17 日，“公电”）

杨荩诚致孙中山函

（1912 年 3 月 16 日）

大总统鉴：

贵州反正时，华之鸿捐款助给军饷，甚为有功。前谒总统，曾详呈此事，蒙许与褒奖状，以为热心捐资者劝。荩诚回省在即，不知此褒奖状由荩诚携回乎？抑交邮局寄往乎？恳祈示知为祷。谨此。敬请

钧安

杨荩诚谨上　三月十六号

（翠亨孙中山故居纪念馆藏档；又见《孙中山藏档选编·辛亥革命前后》，第 566 页）

倪嗣冲致孙中山电

（1912 年 3 月 16 日）

孙大总统钧鉴：

删电敬悉。此次民国成立，凡我同胞，悉脱专制之羁绊，享自由之幸福，实惟我先知先觉，数十年提倡经营之力。兹更功成不居，奉身引退，仰见廓然大公，超越千古，景佩高风，五体投地。惟现当过渡时代，南北各军，骄纵恣肆，时有所闻，安危呼吸，千钧一发。尚乞顾念大局，电商袁大总统，设法镇慑。并与同时起义

诸君子，合力维持，实为万幸。倪嗣冲叩。铣。（颍州来电二十六）

（《临时政府公报》第四十三号，1912年3月20日，“附录·电报”）

袁世凯致孙中山、陈锦涛电

（1912年3月16日）

孙大总统、陈财政总长鉴：

皖孙都督删电，请迅拨堤工款等情。此时外款尚未借定，京库支绌万分。当俟筹定，再行电闻。如遵处暂能设法，尚希卓裁办理。袁世凯。谏。（北京来电二十七）

（《临时政府公报》第四十三号，1912年3月20日，“附录·电报”）

上海总分商会致孙中山电

（1912年3月16日）

孙大总统钧鉴：

前为镇江食米弛禁，轮船纷纷往运，恐出口太广，沪米亦受影响，是以电请禁止轮运。兹据宁波绅商派代表到会声称，粮仅数日，民情恐慌，镇江禁口，来源尽绝，请转电恳准予帆运等语。轮运帆运，本有区别。轮运恐转输外洋，帆运乃接济内地。勿禁帆运，实即此意。据称前情，应恳转饬准予帆运，以济民食。一面仍由该绅商禀请地方官给照起运，免兹流弊。上海总分商会公叩。铣。（上海来电三十一）

（《临时政府公报》第四十三号，1912年3月20日，“附录·电报”）

袁世凯致孙中山电

(1912年3月16日)

孙大总统鉴:

接王芝祥诸君电:芝祥等前奉江电,以陆军黄总长兴如仍有归田之意,必当坚执前议,极力挽留,具见大总统维持大局之至意。现南方各军队,因闻黄总长仍有告去之志,感惴惴不安。南方各省队伍,多系民党临时招募,以黄总长为民党最信仰崇拜之人,整理一切尚有为难之处,若易生手,危机即发,彼时即竭力维持,大局已不堪设想。总之,民国安危,全视军队之能维系与否以为担任。芝祥等研究内外情势,参酌各军性质,不敢知而不言。万乞大总统竭力挽留,勿令黄总长洁身而去,以定大局而固军心。仍求先行电谕。等语。同时奉电,克强必欲遂其初志等因。克强兄才识品学,凯前数年已佩之,非自今日始也。今必决然远行,国家艰巨,谁与任之。且目前维持军队,关系尤重。望再将元电婉商为感。余由少川面达。袁世凯。谏。(北京来电五十一)

(《临时政府公报》第四十六号,1912年3月23日,"附录·电报")

顾忠琛致袁世凯、孙中山等电

(1912年3月16日)

北京袁大总统、南京孙大总统、参议院、武昌黎副总统,各省都督、督抚,各军司令官、各报馆均鉴:

共和伊始,陆军总长非中外著闻,富有才学、威望者,决难维系南北军心,而谋全国幸福。黄总长兴缔造民国,苦心经营,早为全球所钦仰。军兴以来,东南各省军队如云,饷绌兵增,号令不一。黄君赤手从事，卒能统一抚循，秩序整然不紊。现在国基未固，全国军队正在易动难静之时，再四思维，足以从容镇抚，措置裕如者，黄君而外，实难其选。国家存亡绝续系所，不容缄默。陆军第十六师顾忠琛叩。铣。

（《申报》1912年3月18日，“公电”；又见《民立报》1912年3月18日，“镇江电报”）

陈锦涛致袁世凯、孙中山等电

（1912年3月16日）

北京袁总统、唐总理、南京孙总统、参议院、武昌黎副总统鉴：

各国组织政府之先，必妥商财政政策，求同意者而任之，况民国统一，建设首在财政，与际此共和瓜分未定之时乎？锦涛谬充临时政府财政部，数月以来，全无建白，陨越时虞，且焦思过度，已成心怖头痛之症。月前曾上书辞职，只以和议未成，人心未定，未邀允许。今幸南北统一，政府再成，锦涛甚愿指日息肩，享共和国民之福。顷阅报载新政府财政总长或陈锦涛一语，不胜骇异，因涛未闻统一政府财政，第加以衰病才□，断难胜任。倘如报载，请另简贤能，无任盼祷。锦涛。铣。

（《申报》1912年3月18日，“公电”；又见《民立报》1912年3月18日，“公电”）

车庆云、杨春普等致孙中山、袁世凯电

（1912年3月16日）

万急。南京孙大总统、北京袁大总统钧鉴：

十五号蒋都督电请辞职，军学绅商各界闻之，惶急万状。缘江

北自光复后，危局悉赖维持，现大局虽定，善后百务尤赖经营，如易新任，深恐于大局有碍。万恳大总结慰留，以安军心，而维大局。旅长车庆云、杨春普，参谋长刘文翰、杨立言暨军界全体同叩。谏。

（《申报》1912 年 3 月 20 日，“公电”；又见《时报》1912 年 3 月 20 日，“公电”）

顾忠琛致袁世凯、孙中山等电

（1912 年 3 月 16 日）

北京袁大总统，南京孙大总统、陆军部，武昌黎副总统，上海都督，各报馆，各省都督、督抚，各军司令钧鉴：

忠琛于三月十四日奉陆军部颁到关防一颗，文曰“陆军第十六师关防”，遵即启用，特闻。顾忠琛叩。铣。

（《民立报》1912 年 3 月 18 日，“镇江电报”）

海军要港司令处及各舰致袁世凯、孙中山等电

（1912 年 3 月 16 日）[①]

北京袁大总统、南京孙大总统、武昌黎副总统、南京参议院暨各报馆钧鉴：

本日报载有以蓝天蔚君任海军总长之说，殊深诧异。海军总长一席，非威望素著，富有海军阅历者，不足以孚众望而服军心，况海军宿将实多，如萨镇冰君中外咸钦，始克膺兹巨任。查蓝天蔚君非海军中人，万难承认，伏乞察夺坚持，共维大局，海军幸甚。海军要港司令处、驻沪楚同、保民、飞霆、江利、楚有、登瀛洲、策

① 日期代码“锐”疑为“铣（16 日）”之误，姑定为 3 月 16 日。——编者

电、甘泉、湖隼、张字各舰艇全体将校谨叩。锐。

（《申报》1912年3月17日，“要闻一”；又见《民立报》1912年3月17日，“公电”；《时报》1912年3月20日，“公电”）

陈炯明致孙中山电

（1912年3月16日载）

王和顺抗拒民军，已痛剿。王已逃，余党溃散，粤境平安。

（《民立报》1912年3月16日，“南京电报”）

辛汉致孙中山等辞呈

（1912年3月16日载）

日本帝国大学法学士辛汉谨呈为辞职事：窃辛汉久客他方，不知乡里事，大兵之逡，归视庐墓，方与父老言欢未竟，适内务部以图书局长见委。汉学识謭陋，未足探古，第以文学之英，蔚于典籍，兵燹之祸，厄及诗书，不有守者，非遭焚毁，即归散轶，是以勉强受任，编理兼旬，方成甲乙。方计前之在斯者，类多硕彦，兵局既定，当可稳棹归来，拟即具书辞职，以便弓招。乃又蒙内务部令知南京府事，奉檄之余，益增惶恐。以为亲民之官，当能与民亲，然后洞民隐，以夙不稔之人，强与之合，恐欲亲者反见其疏。汉虽宁人，频年游学，于地方农、商、教育各会及自治等团体，向未占一分子，故土之肥瘠、岁之丰歉、人之乐苦、风俗之厚薄、世道之夷险，漫无一知。乃者地方各团体颇重视知事一职，因亦重有责望于承职之人。汉居局外，而亦不敢谓非，岂有漫不自知而懵然就任，微特责己甚薄，抑亦以自负者负我乡人，汉虽不才，何忍出此。当滋国际鼎新，□□□改，生机未复，元气犹衰，小民求治之念，切于云霓，望贤之心，笃于父母。知府事者，宜如何疴痒相关，痌瘝在抱，夙夜奋勉，以求效于万一。汉也自思有何才德，以旧学见，则老成人尚在，以新知论，则政治家方多。汉纵不自量，而毅然为之，纵为之徼幸免于戾，清夜扪心，亦未免壅蔽贤路。自知之明，汉所爱也；知人之明，亦汉所爱也。汉辞职，汉可博自知之明，因汉辞职，而别得一优于汉者，虽不即为汉之知人之明，而他人知人之明，亦因汉而成，是即汉以所爱者报知己，其庶几近于恕矣。汉魂然冥顽之躯，不能就任而为乡人造福，然汉去而乡人实福，正汉之造福乡人也。辛汉谨辞南京府知事职，伏乞大总统、大部钧鉴。

（《辛汉辞南京府知事呈》，《时报》1912 年 3 月 16 日，“要闻”）

范先启等致袁世凯、孙中山等电

（1912 年 3 月 16 日载）

北京袁大总统、各军统、南京孙大总统、各部总次长、卫戍总督、参议院、武昌黎副总统、各省都督、各军政分府、南方各军司令，上海《申报》、《民立报》、《时报》、《神州报》、《民报》，武汉各报馆，京津各报，南京各报转各团体统鉴：

十一日报载程德全等七人、十二日报载朱瑞等五人通电二则（按：本报未载此二电，未知何报所载），其中所言均系为汉奸王赓作辩护，盖因同人等于数日前宣布王赓劣迹之通电也。今细按程、朱二电中，一则强辞夺理，抹煞事实，一则模糊含混，硬为鲜释。诸公衮衮，明达兼人，而宵小运动多方，竟令贤者为其所迷，作此无聊之辩护，殊堪浩叹。今用再为宣示，加以驳语，海内同胞，得免误会。

查王赓籍隶合肥，素以谄媚亡清亲贵为宗旨，铁良、良弼、载振均系赓之恩师。孙公之狱，确系赓所告发，此事久经安徽同盟公会宣告罪状，神州同志莫不同知，汉奸美号，非自今始。方今民国初立，南北一统，固不可再以汉奸二字加人，然大名鼎鼎之汉奸，使非革面洗心，立功民国，以赎前愆，则不可一例相待也。今后汉奸称谓无自发生，往昔汉奸谥号依然存在，公理然也，事实然也。札查革党一事，系经同人目击赓寄密札与夏某，误投李某，旋用五百金购回原札，安徽商人俱能言之凿凿。朱、程诸君何所据而谓并无其事，更何所见而谓同人之言为弓影之谈。赓在吉林，反对独立，江淮同盟会员有往吉林谋光复者，几遭毒手，旅吉人士众口一辞。去年十月，赓有上载振一书，载在吉林报章，画策虏廷，冀平义师，何得云首主共和，更何得谬称正士。

使赓能脱胎换骨，闭户悔过，则同人等自当宽其既往，予以自新。无如妖心不退，故态依然，有计夤缘，混入袁君幕府，多方运动，冀充安徽都督，同人等为世道人心计，为安徽名誉计，自不得不宣布其劣迹。至赓此次南来，系与唐君等代表袁君，投鼠忌器，打狗看主，大局所关，自当别论。宣布死刑一节，系本党从前秘密作用，于理于法，非可宣诸大众。惟虏廷已覆，革命已成，凡属漏网汉奸，业经民恩大赦。然昔日之罪案，即今日之秽德也。

前电偶及，盖为显托。同人等与赓均系切近同乡，私交最厚，相知最悉，非若程君德全等所云，并未相识，仅据友人所言，即出为辩护也。张君绍曾系赓之同寮，程君德全系赓之旧主，章君炳麟谅系受程之嘱托，其余诸人大率皆与赓交好，如其爱之，则宜劝赓束身悔过，勉作忠厚乡人，渐消从前罪恶，何必为赓掩饰，更何必为赓表扬，使赓醉心利禄，恋栈官场，叫嚣于东西，奔走乎南北，所谓欲盖弥彰，愈弄愈坏，非徒无益，而反之害者也。朱、程二电中有厚诬正人及王赓主张共和等语，违背事实，颠倒黑白，未免过甚，尤恐该二电出自王赓捏名，是以再曰。前江苏忝事会长、铁血军司令范先启、皖路局长朱艮涵、教育次长倪纬汉，参议院议员胡绍斌、凌毅、常恒芳，皖军第一师长孙万乘、营长郭梓青、三十五旅长龚振鹏、参谋王正蕃、副官郑赓臣，第一军中队长陈章奇，团长赵云龙、赵丹，营长阚钧、朱子明、陈芝宣、毛保乾，卫戍属官吴文龙、淮上军帅长郑芳荪、南京府知事方潜，留日学生刘天民、高荫藻，庐州外交长王善达、皖实业司长凌济安、交通部长许世清、庐州中学监督李绪昌、前皖军都督王天培等公叩。

（《申报》1912年3月16日，“公电”）

盛宣怀致孙中山、黄兴等电

（1912年3月17日）

上海商会陈润甫、陶兰泉分交程内部、庄都督，批发处王阁臣转南京孙总统、黄军部并交唐总理鉴：

商会、振会等函商，江皖沉灾，亟需筹捐办振。苏属久大各典公款，外股居多，内有盛股，已奉孙总统函允保护。现拟将该产筹押洋三十万元捐振，请即核准，借伸报效，并乞速电苏、扬各都督，将久大、肇大等典及地产仍归原业主执管，以便赶办，至纫大德。宣怀。

（《辛亥革命前后·盛宣怀档案资料选辑之一》，第329页）

胡汉民、黄兴等呈孙中山文

（1912年3月17日载）

胡汉民、黄兴、王宠惠、宋教仁、马君武、王鸿猷、于右任、钮永建、蒋作宾、居正、黄钟瑛、汤芗铭、吕志伊、徐绍桢、秦毓鎏、任鸿隽、萧友梅、冯自由、吴永珊、谭熙鸿、耿觐文、陈晋、张通典、郑宪武、但焘、刘元榫、程明超、金溥崇、胡肇安、汪廷襄、伍崇珏、王夏、唐支厦、彭素民、易廷熹、廖炎、林启

一、卢仲博、余森、李晓生、邵逸周、刘式庵、林朝汉、梅乔林、刘鞠可、胡秉柯、张炽章、贺子才、朱和中、覃师范、仇亮、杜纯、黄中恺、金华祝、汤化龙、张铭彝、巴泽惠、林大任、傅仰虞、梁能坚、侯毅、翁继芬、蔡人奇、田桐、林长民、张大义、萧翼鲲、孙润宇、于德坤、史青、高鲁、王庆华、程光鑫、马伯瑗、林文庆、方潜、熊传第、刘健、瞿方书、刘馥、仇鳌、杨勉之、姜廷荣、曹昌麟、刘伯昌、张周、周泽苞、黄复生、彭丕昕、饶如焚、史久光、王孝缜、何浚、唐豸、陈宽沅、喻毓西、黄大伟等呈：

溯自有文字，遂有记载。古称史官，肇于沮苍，历代相沿，是职咸备。盖以纪一时之事，昭万禩之鉴，甚盛典也。顾概观中国前史，春秋史记而外，多一人一家之传记，无一足称社会史，可以传当时而垂后世者。抑典午东渡而还，中原涂炭，自时厥后，国统淆杂，殊方入主，尤间代相闻。以云正史，不足十六。而所称正史者，亦复狃于君主政体，其典章制度，人物文词，见于纪传表志者，多未能发挥民族之精神。方诸麟经迁史，去之夐远。若藉为民国之借鉴，犹南辕北辙，凿枘不能相容。诚以立国之政体不良，而记载遂不衷于至当耳。

今我中华，聿新民国。前自甲午而后，明识远见之士，怵于国之不可以见辱，而政体之不可以不改变也，于是奔走号呼，潜移默运垂二十年。兹者民国确立以前之艰巨挫折，起蹶兴踬，循环倚伏，不可纪极。若非详加调查，笔之于书，著为信史，何以彰前烈而诏方来，正史裁而坚国本。为此连同众意，合词呈请大总统速设国史院，遴员董理，刻日将我民国成立始末，调查详彻，撰辑中华民国建国史，颁示海内，以垂法戒而巩邦基。如蒙俯允，即请作为议案，提交参议院议决，并祈从速特委专员筹办一切。民国幸甚。

（《临时政府公报》第四十一号，1912年3月17日，“令示”）

扬州保存盐务会呈孙中山文

（1912 年 3 月 17 日）

大总统台鉴：

润田因张总理改变两淮盐法，不顺商情，徒误军饷，所议变法无非纸上空言，迁变扬州地点，冀兴本籍。通州、扬州商民，当此离乱之后，再失固有生机，惨象何堪设想。譬如人欲居华屋，欲服艳衣，必俟有力经营，方可去旧从新。张总理之变法，是先毁其旧屋，破裘露处，赤身而待新置，其理之不可者明矣。是以发起保存盐务会，公举西山代表迭次上书，恭求实行共和政策，拒绝张总理个人私意，使扬州商民市面无败坏之怨，无失业之叹。

去岁西山代表上书，奉到钧谕，云不能以个人私意轻于纷更，仰见一秉大公，合城商民无不钦佩。又以张总理彼时正在沪上，与各商会议，或可挽回全局。讵阴历腊月有取消扬州盐政科之命，并委出场员十数人。窃思张总理所委之员，是公选乎？是私见乎？合民国之共和体制乎？况任事数月，盐务之利益未收，两淮、两浙商论舆情，物议四起。报纸宣传，不符物望。是以敝会全体仰遵钧令，个人私见未便上陈，又因全城二十五区商民公同会议，签名公求俯念扬城市面兴衰依赖盐务，迅委专员来扬经理，俾两淮盐务机关早定，人心得以早安。况现时升虏乱于陕甘，北方出发之师屡次败北，南军又何可一日懈弛。倘升虏、董孽一出潼关，汴省即危，由汴而徐，难免牵动大局。两淮盐务岁得千余万课厘，得早完全，军需有着，全局攸关，非同恒乏。加之扬州乃南北要冲，任盐务者尤非稍知军事之人，不克务任。管窥所见，大总统雄才大略，谅能俯鉴愚忱，千祈将前两次所上公呈一并批答，以免众望。临颖不胜待命之至。谨肃。敬请

佥安。伏维垂鉴

扬州保存盐务会发起代表焦润田、左西山谨脱帽上呈

三月十七日

（翠亨孙中山故居纪念馆藏档；又见《孙中山藏档选编·辛亥革命前后》，第294～295页）

魏勖致孙中山函

（1912年3月17日）

总统钧鉴：

谨肃者：此番推倒专制政府，建立共和民国，流血少而成功多，世界称之。推厥由来，则报纸鼓吹之力也。

乃自清帝退位，报纸对于北京之事绝对赞成，唯恐或后，于南京则反之，不独赞成都北一事已也。袁世凯组织临时政府草案，一再声明奉皇帝委任，代掌一切政权。又云皇帝毋庸迁移地处，以维京畿及北方秩序。闻其照会各国公使，亦有奉大皇帝命全权组织临时政府之语。凡此之属，不胜枚举。报纸不敢议其非。北京兵变，不攻袁世凯府邸，不毁清帝宫室、宗庙，不侵外人住所、商店；曹汝霖、瑞澂住宅均悬外国旗，得受保护。惟天津土匪与乱兵结合，致使外人损伤生命财产。西人谓为袁世凯主使，谁曰不宜。刻闻将议赔偿矣。民军起义以来，从无赔偿外人之事，诚民国之荣；乃南京统一之后有之，辱国甚矣。又如袁世凯以国体变更，大赦天下（赦令载十六《中华报》），本应以民国元年初一日以前犯罪者为限，即或不然，亦应以新内阁成立之日以前犯罪者为限。袁世凯独以受职之日大赦天下，俨然比拟帝王登极，其帝制自为之心，夫谁不知之，报纸未之敢非也。不特此也，而各报之表张袁世凯者仍不遗余力，从不敢有一字指摘，其缚束舆论手段有如此者。报纸所以造成舆论，关系至巨也。今若此，民国前途危矣。

勖志切匡时，亟思创立报社，挽救舆论，极省办法，如交印刷所代印，备数百元资本，二三日内即可出版。倘能假我数百元，勖得稍伸己意，必有以报公。昨承示粤东之行，尤感盛意。勖恭候大

命可也。肃此。敬请
钧安

魏勖谨肃　三月十七早

（翠亨孙中山故居纪念馆藏档；又见《孙中山藏档选编·辛亥革命前后》，第351～352页）

袁世凯致孙中山、黄兴等电
（1912年3月17日）

孙大总统、黄参谋总长、武昌黎副总统鉴：

前接甘肃藩司赵惟熙代表全省官吏，谘议局张林焱代表全省绅民啸电：近得吉电，知各省一律认允改建政体，甘肃民绅会议，亦愿承认共和，特此电闻。再，长庚已请开缺。又藩司率司道等电称：此间自奉廿六日钧电，即与陕军开议尽筹办法，陆续裁遣军队，庶不致别生枝节。又陕甘官绅来电云：已撤兵，大局可望敉平。又赵护军使倜文电：甘军升、马二处，倜到西安，即修函与陈大义，刻接回函，似可就我范围。倜明日即赴咸阳，相机办理等语。特闻。袁世凯。洽。印。（北京来电三十六）

（《临时政府公报》第四十四号，1912年3月21日，“附录·电报”；又见《时报》1912年3月23日，“要闻”）

香港绸缎匹头行致孙中山电
（1912年3月17日）

孙总统鉴：

王和顺揹兵肇乱，陈督执法解散，原为大局起见，乃多有猜嫌诋毁。陈督告辞，粤省震动，乱机隐伏。迫乞速电慰留，以救全

粤。香港绸缎匹头行全体叩。霰。（香港来电四十四）

（《临时政府公报》第四十五号，1912年3月22日，“附录·电报”）

黎元洪致孙中山电

（1912年3月17日）

南京孙大总统钧鉴：

虞电洵属公论。孙武君现充本府高等顾问官，食上等一级俸。特电奉闻，以释廑念。元洪。筱。（武昌来电五十）

（《临时政府公报》第四十六号，1912年3月23日，“附录·电报”）

张镇芳致孙中山电

（1912年3月17日）

南京大总统钧鉴：

顷接烟台电录如下：南京参议院、各省都督府暨临时议会均鉴：本会完全成立以后，昨日第一次开会，全体补行正式公举，以胡瑛为山东都督。济南各团体已为清官勒令消灭。此后除烟台临时议会外，如有济南发电，关于全体名义者，皆张抚假冒，本会决不承认。特此并闻。山东全省临时议会叩。铣。印。等因。观此电，则不受政府命令，各省将自为风气矣。镇芳转。筱。（天津来电六十八）

（《临时政府公报》第四十九号，1912年3月27日，“附录·电报”）

朱福铣等致袁世凯、孙中山等电

（1912 年 3 月 17 日）

北京袁大总统、武昌黎副总统、南京孙中山先生鉴：

前因争都会地点，酿成京、津、保绝大风潮。今报载以组织国务员，又起南北争执，各省变乱相寻，列强窥伺莫测，当机不断，势必群小竞进，哲人高蹈，官方之坏，甚于满清，豆剖瓜分，祸在眉睫。乞速慎选才德兼优、物望所在者组集之，以副舆论而奠邦基，民国幸甚。浙江旅沪学会朱福铣等公叩。筱。（上海去电）

（《时报》1912 年 3 月 18 日，“公电”；又见《申报》1912 年 3 月 18 日，“公电”；《民立报》1912 年 3 月 19 日，“公电”）

虞和德等致袁世凯、孙中山等电

（1912 年 3 月 17 日）

北京袁大总统、南京孙中山先生、参议院诸公、湖北黎副总统鉴：

国务重任，自应化除新旧，举贤任能。连日报载南北纷争，迄无定议。教育如蔡元培，内务如程德全，全国人民无不欢迎，而忽有中变，于此一端可见参议诸公之胸无把握，徒滋纷扰。争执国都，大费时日。京津之变，创巨痛深，今复组织国务卿，久延不决，致陷人民于无政府之地，人心惶惶，异常危险。若再因之生变，参议诸公任其咎乎？恳请破除成见，遴选才德兼备者充任，以慰人民望治之殷，而杜外人干涉之惭［渐］。迫切待命。虞和德等公叩。霰。（《上海虞和德等上南北政府公电》）

（《申报》1912 年 3 月 18 日，“要闻一”；又见《民立报》1912 年 3 月 18 日，“公电”；《时报》1912 年 3 月 18 日，“公电”）

马云卿、刘风致孙中山、黎元洪等电

（1912 年 3 月 17 日载）

万急。南京孙大总统、武昌黎副总统、黄参谋总长、上海民立报馆于右任先生鉴：

云卿奉黎副总统命令，为河南奋勇军代表。季雨霖光复新野、唐县、邓川以后，云卿驻扎新城。谢镇于二月十八号纵兵抢掠，弃而远飏，南阳父老赴新，哀求云卿保护，因于二月十九号抵宛，并无战事，惟安抚一切善后事宜，屡将情形电告黎副总统及汴抚。但因电报屡梗，至二月二十三号始接南北共和之电。近闻汴抚坐罪云卿进攻宛、邓，妄杀郭姓代表，顷派陆军及［?］攻宛城。不知云卿到宛，接共和宣布后，并未敢出宛一步。郭姓奎文原系刺客，如果是汴抚所派代表，何以不缴正式公文，竟于谈判之时，陡取手枪，希图轰击，人所共见共闻，并有手枪存查。云卿即归汴抚节制调遣乎？屡电汴抚，绝未照覆，特恐汴抚误听谢镇旧部董怀振等一面之言，重开战祸，大局可危。祈各□速将云卿到宛情急电知汴抚。云卿既接援陕之命，又有董兵汴军之令，焦灼万分。除派员外，先行电告。马云卿、刘风同叩。（自南阳发）

（《民立报》1912 年 3 月 17 日，“南阳电报”）

豫晋秦陇协会致袁世凯、孙中山等电

（1912 年 3 月 17 日载）

北京袁大总统、唐国务总理、南京孙大总统、参议院鉴：

北省地势辽阔，五族逼处，习俗互殊，感情难洽，新内阁国务员宜兼用北方贤俊，以资统一，而系人心。同人非私其乡，为大局计，敢竭忠告。豫晋秦陇协会公叩。

（《民立报》1912 年 3 月 17 日，“公电”）

尹昌衡、张培爵致袁世凯、孙中山等电
（1912 年 3 月 18 日）

万急。北京袁大总统、南京孙大总统、陆军部、参议院、四川参议员、黎副总统、各都督、上海《民立报》、天津《民意报》转各报馆鉴：

三月十八日据泸州地方长官电称：滇军假川南四川盐务联合会并附重庆总商会名义，电告南京、成都，文曰：南京总统、成都军政府钧鉴：四川自、贡、犍、乐四厂产盐最多。自、贡两厂运盐入楚，必经川南，旧无盐厘。去年腊月廿七日，川南骆司令出示，每载新加厘金二百廿五两，扣留至百余载之多。此风一倡，川江至夔府沿途州县，无不出格新加，较旧时盐厘，骤加千数百两之多。阳历三月十六夜，川南总司令、总务部人员率领兵队下河，每载劫提去数十包，约值银三百余两，以作盐厘。商等理论不得，同祈滇军行营，彼以四川内政，不能越俎。又犍、乐两厂，运盐必道经叙府，叙府因川南加厘，亦将盐船扣留，每载勒加厘金八百余两。如此横征，民病商病，伊于胡底？且四厂盐不流通，商号停买，内［停］运，停煎，停推，四厂平日赖以生活之数百万人民，衣食无出，必将暴动，全川财产生命必至与俱糜烂，大势岌岌。滇军又须克日回滇，商民呼吁无门，如何应付，乞作主，速覆。川南四川盐务联合会并附重庆总商会叩。印。等语。遍查泸州，并无川南四川盐务联合会及重庆总商会名目，显系捏造等情。查滇军自入川以来，居心叵测，遇事诬蔑。自北伐取消，敝省兵力有余，陕、藏均已派兵。滇军藉名援陕及经营藏卫，冀图经过成都，乘机索取，如占领贵阳情事，均经敝省窥破隐微，力为推谢。计无复之，辄开赴重庆，逼索银三十万两，谬称作为北伐平难之费。敝省为顾全大局起见，隐忍付款。又议军队拔完，款始交毕，现已交银二十万，兵队并未开行。今复假借名目，危言耸听，其意仍欲留军叙、泸，干预内政地步，不问可知。似此行为，意在侵略，若不明白宣布，不只淆乱观听，于共和民国前途大受影响。应请大申公论，严敕滇军迅即撤回，大局幸甚。四川都督昌衡、培爵叩。巧。（自成都发）

（《民立报》1912 年 3 月 25 日，“四川电报”）

江宁电局等致袁世凯、孙中山等电

（1912 年 3 月 18 日）

北京袁大总统、南京孙大总统、交通部长、电政司、武昌黎副总统，上海电政局参议、总检察钧鉴：

敬禀者：窃宁垣自光复以来，鉴临时政府暨各部林立，军报纷忙，向所未有，幸得黄君志澄来宁办理，从容布置，遇有设线、设机、通电等事，皆不辞劳瘁，昼夜辛勤，实不愧为全局表率，同人等深得感情。维持数月，于兹始各事就绪，颇著劳绩。昨因宁局报务实较浔局尤繁，拟援例代同人加薪，赴沪面禀。讵料电政局不察群情，忽加以擅离职守之罪名，议罚调撤，全体等实深惶悚。现既无力挽留，又未便强为所难，只好听其解职。但总局局长调委王君忠英来宁接办一节，全体等因王君烟癖素深，声名狼藉，尚有一切遇事专制细情，笔难尽述，实在不堪为全局表率，誓不承认。既经电禀总局宣告于前，何得因强迫即甘心隐忍于后。全体等实在为公务起见，决不敢无理要挟，妄事干涉，现已公同议决，首以保全公事、维持秩序为宗旨，决不使报务稍有延误，致贻口实。昨经开会议定，公举王稽查锡麟为南京局员，王君因事繁未便兼差，不肯受职。黄君既交卸赴沪，王君忠英尚未经众承认，虽硬行接办，仅到局发一通电，忽又不辞他去，与王稽查结伴同行。伏思电报为民国交通要政，关系最重，而宁局报务纷聚，尤不可一日无人主政，谨拟公举本局领班于延庚君将临时代为照料局务一切。务祈钧处迅饬总局选委贤员来宁办理，以重公务，而顺舆情。为此合词冒渎公

恳，伏候钧裁。江宁电局暨报楼、报房领生、司事全体共六拾五人签名公叩。拾八号。（南京电）

（《时报》1912 年 3 月 23 日，“公电”）

丁义华致孙中山函

（1912 年 3 月 18 日）

致中华民国总统

孙先生阁下：

在昨晚的一个有许多绅士参加的聚会上，我谈到了自己设想的关于由共和国总统向英国发出一封道义上的强烈的呼吁书的计划。他们也认为这对中国至关重要，并对英国人民有强烈影响，能集合他们来支持中国在今年摆脱不合理的害人的鸦片贸易的愿望。我们应该引起全世界的注意，并开始我们在中国、美国、英国今年内停止鸦片流毒的伟大战役，这是能办到的，您能帮助我们吗？正如我说的，英国人民发来了上千份呼吁书要求使中国从不平等条约中解脱。他们失败了，因为中国没有正式提出来，许多人说，中国宁愿要高的年收入而非自由，我寄给您去年的呼吁书中的一份。如果您能勇敢地代表中国的道德正义，他们和其他社团会支持您的。这是由上帝赐予的机会。

丁义华谨上

（《临时大总统和他的支持者》，第 113 页）

蓝天蔚致孙中山、黄兴等电

（1912 年 3 月 18 日）

孙大总统、黄陆军总长、黎副总统钧鉴：

蔚自共和告成，屡经辞职，早已分电在案。十七日，奉袁大总统电云：烟台蓝都督：十四、十五两电悉。执事关心大局，化除意见，深堪嘉尚。取消都督一节，已电商孙大总统，酌量办理。一面将所部军队，妥为收束。其关于关外民党恤死救生之举，亦应迅速办理。已由唐总理拨交奉天联合急进会代表朱锡麟、张英华银一万元，并派员赴奉料理。希即由该都督派员商明东三省赵都督办理。总期力劝党人，消释前嫌，共谋共和幸福，免滋扰乱，是为至要。执事深谙兵事，倚任方殷。前日已电商参议院，求其同意，希即迅速部署一切，事竣后来京襄助。大总统袁。铣。印。等因，蔚除电请袁大总统遴员莅烟，并恳预示启行日期，以便接待，是所至祷。蓝天蔚叩。啸。（烟台来电四十）

（《临时政府公报》第四十五号，1912年3月22日，“附录·电报”）

蓝天蔚致袁世凯、孙中山等电

（1912年3月18日）

袁大总统、孙大总统、黎副总统、参议院暨各报馆均鉴：

顷阅南京海军协会通电云，有某报载天蔚将为海军总长，阅诵之余，殊深骇异。窃惟国家之强弱，端视用人之当否。满清所以不能长存者，原因虽甚复杂，而用人不当，首为要害。民国初立，当不至再蹈前辙。海军责任重大，非学有专长，断难胜任。天蔚素乏经练，何敢滥厕其间，致滋贻误。报章所载，系谣传则已；如政府果有此意，即请立予取消，勿任宣布，不胜感祷之至。蓝天蔚叩。啸。（烟台来电四十二）

（《临时政府公报》第四十五号，1912年3月22日，“附录·电报”；又见《时报》1912年3月24日，“公电”）

张锡銮致袁世凯、孙中山等电

（1912 年 3 月 18 日）

北京袁大总统、南京孙大总统、黄陆军总长、参议院武昌黎副总统、各部首领、各省都督公鉴：

锡銮奉令署理直隶，已于三月十八号任事，特此奉闻。锡銮，巧。（济南来电四十八）

（《临时政府公报》第四十六号，1912 年 3 月 23 日，“附录·电报”；又见《临时政府公报》第四十八号，1912 年 3 月 26 日，“附录·电报”）

周庆恩、张应东等致孙中山电

（1912 年 3 月 18 日）

孙大总统钧鉴：

胡都督瑛奉命来烟，军民爱戴，全省临时议会，又正式公举为山东都督。张广建残虐暴戾，煽兵扰民，已成乱象，屡电袁总统恳其斥退，以仁易暴，未邀允准。前总统委任都督，后总统当然有继续效力。乞电袁大总统，速罢张抚，令胡都督赴济履新，以顺舆情而救民困，不胜盼祷。山东临时议会周庆恩、张应东、刘牺暨全体议员公叩。巧。（烟台来电六十）

（《临时政府公报》第四十八号，1912 年 3 月 26 日，“附录·电报”）

夏之时致孙中山、黎元洪等电

（1912 年 3 月 18 日）

南京孙大总统、武昌黎副总统、各省都督、各报馆鉴：

敝处旧历十月所派赴上海临时会议代表兼购械委员周代本放弃责任，函电俱绝，又于责任以外之事，不请本军政府命令，擅敢自专。近又查得该员行为悖谬，众议沸腾各情，殊属不称代表之职。该员代表各义，理应撤销。嗣后该员如再用代表名义与公私交涉，即作为无效。特此电闻。蜀军政府夏之时。印。巧。（自重庆发）

（《民立报》1912 年 4 月 1 日，“四川电报”；又见《申报》1912 年 4 月 1 日，“公电”）

尹昌衡、张培爵致孙中山、袁世凯等电

（1912 年 3 月 18 日）

南京、北京大总统，武昌副总统，各省都督鉴：

川省成、渝合并后，重庆镇抚总长一席，公推前任蜀军政府副都督夏之时就近接充，曾经电达在案。兹据夏君迭次电请辞职，出洋游学，以图深造，似此究心学业，未便再事强留，从优议助游学经费三万金，以酬前劳。所遗总长一席，已改派军团长胡景伊前往接任。特此奉闻。川都督尹昌衡、张培爵叩。巧。

（《申报》1912 年 4 月 2 日，“公电”）

唐继尧致袁世凯、孙中山等电

（1912 年 3 月 18 日）

袁大总统、孙大总统、黎副总统、各部总次长、参议院、参谋团、各都督、各军司令、各报馆均鉴：

窃维阳托共和之名而阴奋独夫之智，外假立宪之号而内存专制之私，世有兹人。虽雄才大略不世出如拿破仑，犹不免于唾讥之口。然则柄文明之帜志，济盗贼之行为，几不知世间有廉耻事者，其为罪又当何如耶？贵州反正以来，赵德全、张百麟、黄泽霖、蓝鑫、

叶占棕等一班小人，把持政权，狼狈相倚，豺虎不如，安宁秩序为之大扰，其罪盖不可胜数，请声其大端，与全国人共讨之。（中叙十二大罪，约有二千字，因其过长，从略。[①]）总此十二大罪，仅举重者而言，其他扰害情形，实为更仆难数，各省旅黔人士共见共闻。以上所陈，绝无虚妄，虽尽戳赵德全等，不足以谢我中国，谢我黔人。然赵等皆拥重兵，黔人莫如之何也。二三父老乃密遣代表，戴披到滇，会同旅滇黔人代表周沆，效秦庭之哭，乞问罪之师。继尧适将率师北伐，奉滇督命假道贵阳，用平黔乱。阳历二月二十八日，军抵省会，即日投书赵德全，劝其辞职。逾期不报，阴与该党多人同谋反抗，并拟乘势焚劫省垣，父老呼吁乞援，继尧不获已，遂偕黔新军第四标统带刘显世、团防营统带胡锦棠会师攻督新军巡防诸营之为匪者，杀百余人而事定。前都督赵德全，前执法部长兼民政部长、军官营提调、宪兵营总办蓝鑫，新军第一标统带叶占标等乘夜运［遁］去。营兵持械投诚者数百人，既欲自新，概予宽贷。继尧重违黔人之感，暂任都督，从前一切组织并予改良。除分遣兵队驰往各属追击逃兵及巡缉土匪，并悬赏严捕诸匪党外，用列赵罪状，上达钧聪，俾知赵德全、张百麟、蓝鑫、叶占标、张泽均等罪大恶极，充其流弊，不至屠毒黔人，必将败坏大局，凡我国人，谅同愤激。敢祈转令贵省、贵部官吏军民：赵等逃匿所至，务须代为缉获，立予正法，以除巨患，而顺舆情。岂惟黔人之幸，实于大局有益。临楮神驰，无任翘企，特宣布海内，俾众咸和。黔军都督唐继尧叩。巧。

（《申报》1912年4月6日，“公电”）

马毓宝致孙中山等电

（1912年3月18日载）

急。南京孙大总统、参议院、国务长、北京袁大总统、武昌黎副总

① 报纸原文如此。——编者

统、各省都督、各司令官、各报馆均鉴：

窃毓宝自闻武昌起义，响应日多，弹压地面，镇定人心。当以南昌尚未光复，勉徇军绅商学各界之请，于九江设立军政分府，以备南昌光复后，而受成于统一赣省者，为毓宝目的之所在。嗣彭程万威望不孚，大权旁落，饶州、袁州、赣州均设军政分府，彭君命令不行，赣省几有分裂之势。遂由军绅商学各界公举毓宝为赣省都督，并派代表赴浔欢迎，辞不获已，遂偕代表晋省。莅任后，首以取消各分府为入手办法，全省始归画一；以规定军制、勤习操演为整顿军政之基础；以裁汰冗员、扫除浮费为整理政事、财政之枢纽；而尤以实事求是、开诚布公为经营一切庶政之要旨。数月以来，劳苦过甚，致成呕血。毓宝常以赣省自光复后积习甚深，且待理之事甚多，非痛予更新，不足以臻治理。今年复蒙孙大总统加给委任，并蒙慰劝备至，毓宝深恐才力竭蹶，职任重要，无以副我父老期望，而负大总统之委任。正在将种种困难情形呈请孙大总统，准予辞职。乃九江军界竟不呈明毓宝，即将驻浔卫队司令官朱汉涛逼令退职，擅自管押，复自举陈廷训为司令官，其一切升黜官长、改编军队，均系未经请示，自行办理。夫九江既隶属于赣省，无论朱汉涛如何罪状，及九江军政如何处置，自应先行呈请赣督核办。况朱汉涛为光复九江有功人员，毓宝在任一日，自有一日之权，正在派员赴浔查办。忽接九江司令部陈廷训等电，请毓宝解职，并由浔电各属，已举李烈钧接任都督。在毓宝早已呈请辞职，今既举李君接任，毓宝得卸仔肩，窃为深喜。爰即电布各属，并劝导各界，以赣省已举李君为都督，其李君未到任以前，仍由毓宝竭力维持，望各界均安秩序，勿稍惊疑，并望欢迎李君等语。惟赣省各界以屡次更换都督，颇有违言，加以九江军界自推翻朱司令官后，已无毓宝在目，兼之屡次电称带多数军队来省，人心恐惶，风声传播，土匪蠢动，叠经毓宝抚慰，驻省军队竭力弹压。惟李君一日不到任，则毓宝一日不能卸责，而现状危险，日甚一日，倘有糜烂，毓宝不能担此重咎。窃毓宝在浔起义之前，心只求推倒满廷，建立民国，名位之念，早已淡然。前值安庆光复之初，屡派代表来浔，坚约毓宝担任皖省都督，黎副总统亦电催数次，毓宝均已婉辞。嗣赣省代表来浔欢迎，亦已辞之至再，乃因不忍睹赣省分裂之势，始勉允赴省莅任。今幸南北统一，大局将定，毓宝之初念已偿，诚恐才力薄弱，不欲尸位，致有遗误，故具呈辞职，以待贤能。是毓宝始终以大局为计，不以个人为念，当各省所共谅。惟赣省现状危险万分，在毓宝之去留固不足惜，然当民国成立之初，此种影响似非民国前途之福。解任在即，敢布□末，伏维公鉴。赣省都督马毓宝。（自南昌发）

（《民立报》1912年3月18日，“江西电报”）

上海报界致孙中山电

（1912年3月18日载）

南京同盟会会长孙中山先生鉴：

本月六号天津《民意报》专电栏内载有：天津《民意报》鉴：袁使唐绍仪贿赂上海报馆，各以四千元塞其口，惟《天铎报》不受。（三月初五午前八时南京电。）阅之令人骇异。报界同人正在交涉，诘问证据，乃昨见广东《七十二行商报》本月九号所载南京同盟会本部歌电亦有上海各报多被买收等语。各报收受贿赂有何确证？公为会长，负有责任，请明白宣布，各报愿受重罚，否则贵会任意诬捏，报馆损失名誉，作何办法？敬祈电复。日报公会、《申报》、《新闻报》、《时报》、《神州日报》、《时事新报》、《民立报》、《天铎报》、《启民爱国报》、《民报》、《大共和日报》、《民声日报》公叩。（《上海各报馆被诬之交涉·报界全体致同盟会会长电》）

（《申报》1912年3月18日，“要件二”；又见《民立报》1912年3月18日，“公电”；《时报》1912年3月18日，“要闻”）

蒙塔古·哈里斯致孙中山函

（1912年3月19日）

先生：

就来信所言事，有两种途径可取：据我知《上海导报》（Shanghai Mercury）的Sahara先生是“Asahi Shimbun”的记者。谤文首先从那儿出现。如果此消息是官方的话，我想他一定收到过来自日本领事馆的消息。如果你在这儿，我们或许应通过地方当局下令检查北方电报公司（Great Northern Telegraph Co）的记录以查明电报是何时何人送到“Asahi”的。

第二条途径是起诉日本，采取行动反对《日本邮报》和“Asahi Shimbun”。这条途径要花更多钱，但更直接。

听候你进一步的指示。

蒙塔古·哈里斯

（《临时大总统和他的支持者》，第180～181页）

上海各政党致孙中山电

（1912年3月19日）

南京同盟会孙逸仙君鉴：

贵会电粤督，称沪上各政党人物多被袁世凯买收等词，何所证而云然？请二日内明白答覆。自由党、共和促进会、国民协会、民生国计会、统一党、进步党、大同公党、公济总会、浙江旅沪学会、国民公会、共和建设会、公民急进党等公叩。皓。（《各政党对付同盟会污蔑大会议纪事》）

（《申报》1912年3月20日，“要闻一”；又见《时报》1912年3月20日，“本埠新闻”）

胡惟德致谭延闿、黎元洪等电

（1912 年 3 月 19 日）

长沙谭都督、武昌黎副总统、南京孙大总统、上海温钦甫君：

尊处呈大总统删电诵悉。查自上年各省起义后，所有各项借款，及各国赔欠，届期应付者，均无款可付。各国要求将全国关税归总税司统辖，以备拨用。信用所关，若不照允，则以后中国不惟不能再筹商借款，且恐于财政上难免强硬之交涉。嗣经协商办法，订定各关所收税项，每星期汇交上海，分存汇丰、德华、道胜三行，为归还洋债赔款之用，至中国政府复能偿还洋债赔款之时为止。此系利害取轻，不得已而暂行之办法。税司虽洋员，犹是中国所用。存款则中国各银行信用既全失，不能不交付洋行。现已将阳历正月分前到期各借款本利付清。惟赔款则自上年华历九月以后，概未照付，所收税项不敷尚巨，各国仍屡以抵押赔款之盐务进项亦须交出为言。此时遽议收回办法，势难办到。惟有俟新政府成立后，即筹画财政，俾暂欠之款一概清还，以后应行偿还各款，亦有把握，则各关收税事宜，自可规复旧制。除分电南京、武昌、上海、电复谭都督外，谨复达。惟德。皓。（北京来电五十三）

（《临时政府公报》第四十六号，1912 年 3 月 23 日，“附录·电报”；又见《时报》1912 年 3 月 25 日，“要闻”）

徐镜心等致袁世凯、孙中山等电

（1912 年 3 月 19 日）

北京袁大总统，南京孙大总统，参议院，各省都督，各军司令，北京、天津、上海各报馆均鉴：

文登土匪，惨杀民党，已经月余。近由烟台军政府派重兵解散，始克复数城，将近城各地，搜获无辫发之尸身无数，皆断首断足，甚或支解数十段。野蛮残杀，大背人道。威海□□闻之，亦为不平。今于匪首王嘉禾家，搜出莱州府知府杨某于本月初间致该匪首函件，始知此次匪乱，实由某前清官吏所主使。全鲁人士，同声愤恨。

吾鲁自取消独立以来，全省官吏，日以捕杀民党为事。诸城、即墨各地之残杀，动逾千万。乃莱州府知府于南北统一，宣布共和一月之后，犹敢煽动匪乱，演出此次文登残杀之惨剧。以致鲁省人民，畏官吏如虎狼，平日稍有维新之名者，均漂流四方，不敢复归故里。在专制时代，尚无此残暴，今乃见之于共和期内，实堪悲痛。倘犹执维持现象之说，仍用一般恶劣官吏，则山东人民，岂复尚有噍类。各省皆享共和幸福，鲁省独终此黑暗，哀哀鲁人，何以至此。倘鲁省问题一日不解决，恐大局亦终无解决之一日。诸公若为大局计，当速设法援救，以共维民国基础。鲁人幸甚。大局幸甚。山东同盟会徐镜心、谢鸿焘、丁惟汾、蒋洗凡等及全体会员哀叩。效。（五十九）

（《临时政府公报》第四十八号，1912 年 3 月 26 日，“附录 · 电报”；又见《民立报》1912 年 3 月 20 日，“山东电报”）

华侨联合会致孙中山等电

（1912 年 3 月 19 日）

南京孙大总统、教育部总次长鉴：

军兴以来，学校多有停办，现大局已定，自宜各就故业。暨南学堂至今尚未闻开校之期，不仅莘莘学子在沪徒费时日，且外洋亦多来信探问。查该堂经费向由江、闽、粤三海关担任，今应如何，

望公维持，以免华侨子弟中道失学。华侨联合会叩。效。（上海去电）

（《民立报》1912 年 3 月 20 日，“公电”）

吴鹏翮、刘永和等致孙中山、黄兴等电

（1912 年 3 月 19 日）

孙大总统、黄陆军总长、参议院、黎副总统、各报馆钧鉴：

鹏翮迭奉黎副总统谕报东三省同志，又奉孙大总统面谕，听候关外蓝都督调遣。承蓝都督委任鹏翮为关外义勇军总司令，永和为统制。任事以来，联络同志，几遍东三省。正拟约期大举，一旦光复。适共和宣布，迭奉黄总长通饬南北一家，不得再有争战，鹏翮等凛遵命令，潜伏不动。乃赵尔巽、张作霖犹在铁岭、开原等处，仍以兵力驱逐民军，残杀同志。哈尔滨道李家鳌、陆军统领□品三，杀我同志梁汉等十七人，断肢挖心，惨无人道。阳奉共和，阴逞残杀。而我军进则有碍共和，退则为兵所阻，惟有散布各处，以山林为穴，草根为粮，困苦情形，不堪言状，其家产尽绝，逃来烟台避难者，不下数千人。

永和在庚子年，统兵数万，横行东三省，旧政府官吏，饵我爵禄，始终却之。此次出山，实感蓝都督之知遇，冀为民国尽心力，招集旧部，已至万人。张作霖等后进小辈，摧之甚易。待以五色旗悬，有碍进行，不啻明季燕王炮击济南城，铁铉悬明太祖神主以退敌，致使我军公愤私仇，均无所泄，对旗痛哭，可谓伤心。

永和年逾七旬，又有何求。惟军士等，皆同蓝都督以求复仇。今闻蓝都督辞职归田，军士闻之，如乳儿之失慈母，均以沉冤未报，当自图之为言。倘使蓝都督解组而去，实无人可以驾驭。万一潜伏各军，自出复仇，实非鹏翮等所能劝阻。特此联名电恳，切勿

任蓝都督竟浩然而去。倘实无可挽留，亦乞商会蓝都督，将死者如何抚恤，生者如何保全，已集军士如何交替，潜伏各军如何汇集，统为安置妥协，以固人心。否则死者无以瞑目，生者无以为生，饥寒所迫，铤而走险，鹏翮实不能任其咎，尚乞袁大总统有以善处之。不胜幸甚。关外义勇军总司令官吴鹏翮、统制官刘永和、第一混成协统凌翘、第二协统张恺，及同志肖恭寅、孙其翼等暨军士一万人同叩。蓝代。皓。（烟台来电六十四）

（《临时政府公报》第四十九号，1912 年 3 月 27 日，“附录·电报”；又见《申报》1912 年 3 月 21 日，“公电”；《民立报》1912 年 3 月 22 日，“山东电报”）

方咸五致孙中山等电

（1912 年 3 月 19 日）

孙大总统、参议院、黎副总统、《民立报》、《时报》、《神州报》转各报馆鉴：

民国初立，军队庞杂，善后綦难。徐宝山主张导淮，寓兵于工，实为救国伟略。祈维持鼓吹，以弭隐患，大局幸甚。中国求报社方咸五叩。效。（自北京发）

（《民立报》1912 年 3 月 23 日，“北京电报”）

上海广肇公所、潮州会馆致孙中山、黄兴等电

（1912 年 3 月 19 日）

南京孙大总统、黄陆军总长、北京袁大总统钧鉴：

顷得香港潮商筱、巧两电，连称惠州司令林激真违抗都督命令，以机关炮击潮州安抚使，占略汕头，乘势抢掠，杀毙多命，毁

报馆，拘主笔，扼电局，洋兵已纷纷登岸等语。似此违抗命令，扰乱地方，牵动外交，应如何究办？乞钧裁即示，切祷切盼。上海广肇公所、潮州会馆同叩。皓。

（《申报》1912 年 3 月 20 日，“公电”；又见《时报》1912 年 3 月 20 日，“要闻”）

张凤翙致孙中山、袁世凯等电

（1912 年 3 月 19 日）

南京孙大总统、北京袁大总统、武昌黎副总统及中央各部长、参议院、参谋部并各省都督、各军政分府、各司令长公鉴：

现在幸托威福，甘军先后退去，升允逃入甘境。知关廑注，先此奉闻。凤翙叩。效。印。

（《申报》1912 年 3 月 24 日，“公电”；又见《民立报》1912 年 3 月 24 日，“陕西电报”；《时报》1912 年 3 月 24 日，“要闻”）

林仕纶、伍正名等致孙中山等电

（1912 年 3 月 19 日）

孙大总统、参议院、海军部、实业部钧鉴：

近见内阁官制，对于水产部或取或消，似无定意。窃以森林既设专部，水产上海利两权，较森林尤重为要；且中国此后振兴海军，非与渔业联络办理，不克速成。望将袁大总统议设渔业一部请仍其旧，水产前途幸甚。水产团林仕纶、伍正名等叩。效。（上海去电）

（《时报》1912 年 3 月 22 日，“公电”）

柏文蔚致《民立报》转孙中山、黄兴等电

（1912 年 3 月 19 日载）

《民立报》转孙大总统、黄陆军总长及各省都督、各军司令钧鉴：

现陆军第四师司令部业在临淮镇组织成立，师长系第一军军长暂行兼理。嗣后各处与本师函电文件，迳寄本师司令部为盼。柏文蔚叩。（自下关发）

（《民立报》1912 年 3 月 19 日，“南京电报”）

民社、民国公会等致孙中山电

（1912 年 3 月 19 日载）

南京同盟会会长孙中山先生鉴：

阅报载南京同盟会本部广东分会歌电，有袁之运动力最巨，沪上各政党人物多被买收等语，任意诬捏，有何确证？公为会长，责无旁贷，盼速明白电复。民社、民国公会、统一党、国民协会。（上海去电）

（《民立报》1912 年 3 月 19 日，“公电”）

民生国计会呈孙中山文

（1912 年 3 月 19 日载）

为请愿事：窃以国家之盛衰，系乎人民；人民之众多，系乎生计。旷观时局，人民之幸福未成，淮海之告灾迭至。今为急则治标之计，非速筹大振不可，欲速筹大振，非联络各社、各党以统一之不为功。盖沪上社会林立，热心公益者本居多数，营私结党者亦有

其人。筹赈之事，一社提倡于前，百社继续于后，热心者涓滴归公，徇私者饱充私橐，募饷时代，覆辙尚存。本会有鉴于此，故特发起社会联合义振会，以期统一。然兹事体大，范围甚广，非有赫赫雄名声振于环球者以赞成之，恐难普及于全国。为敢略具理由，先行呈案，请书尊名于左，以作赞成之首，并希委派代表员届期莅会，协赞机宜，实为德便。临颖迫切待命之至，务乞大总统恩准施行。

（《民生国计会之筹赈策·陈请书》，《申报》1912年3月19日，“本埠新闻”）

华侨联合会、统一党等致孙中山等电

（1912年3月19日载）

南京孙大总统、外交部鉴：

各团体因泗水案，发起对荷外交后援团，议决请速与荷使严重交涉。并专电刘代表，要求立刻放人，否则宣布荷侨人断绝关系，视为无约之国。除派代表往北京外，特电候示。华侨联合会、统一党、民社、民国公会、统一共和党、国民协会、豫晋秦陇协会、工党、工商勇进党、总商会、华商联合会、社会党、寰球中国学生会、光复总会、共和宪政会、全国商团联合会、盐业协会、商学青年联合会、广西共和协进会、惜阴公会、民生国计会、西北实业协会、大同公济会、工业建设会、报界同党国货维持会、泉漳会馆、潮州公所、国民总会、万国改良会苏州支部、大同民党等同叩。（上海来电二十）

（《临时政府公报》第四十二号，1912年3月19日，“附录·电报”）

狄楼海致孙中山电

（1912 年 3 月 19 日载）

南京孙大总统鉴：

蒙派宣慰山西，事关桑梓，曷敢言辞。惟自顾材力绵薄，恐负委任，应请另简贤明，无任翘盼。狄楼海叩。（上海来电二十二）

（《临时政府公报》第四十二号，1912 年 3 月 19 日，“附录·电报”；又见《时报》1912 年 3 月 16 日，“公电”）

徐策致各报馆转孙中山、袁世凯等电

（1912 年 3 月 19 日载）

各大报馆转孙大总统、袁大总统、黎副总统、陆军黄总长、交通于次长、参谋部、卫戍总督、第三师长、交通团长公鉴：

各国铁路队直辖军事最高权之下，民国新建，正宜取法以收实效。前奉令组织铁道大队，应选子弟皆富有经验，屡求一试，未能实行，即有建议，亦苦于层层阻格。所由成军两月，依然困守，才不胜任，于此可见。因愧生愤，因愤致疾，若再尸位，贻误非轻，谨请准予辞职，大局幸甚。陆军第三师交通团铁道营长徐策。

（《申报》1912 年 3 月 19 日，“公电”；又见《时报》1912 年 3 月 19 日，“公电”）

张培爵致孙中山、程德全等电

（1912 年 3 月 19 日载）

孙大总统、程内务总长、参议院，四川议员熊成章、李肇甫、吴玉章，武昌黎副总统，各省都督，各报馆鉴：

成、渝合并，前经全权代表张治祥、朱之洪双方通电，其条约第三条认两都督为正副都督，由两处各部院职员票举，以定正副。今我渝实行合并，培爵已首途赴成。自分德薄才鲜，倘有陨越，外无以报诸君子艰难缔造之苦心，内无以慰七千万同胞之希望，思维再四，甚欲召集人民，举贤自代，以戎马仓皇，势有不可。今关陇危殆，甘新未平，青海西番，顽梗不代［怠］，而四川经屡次乱离之后，火热水深，伤夷未复，外交内政，职宜整理，以舒民困。正都督一职，非雄才大略者不能胜任，培爵已推尹君昌衡为蜀军正都督，培爵□□尹君之德，为副都督，勉尽国民之责，一俟大局平定，仍赋遂初，为民国自由之民，以观郅治之盛。除电告尹君外，谨此奉闻。蜀军都督张培爵。

（《申报》1912 年 3 月 19 日，“公电”；又见《民立报》1912 年 3 月 19 日，“四川电报”）

徐光炜等上孙中山禀

（1912 年 3 月 17、18、19 日载）

敬禀者：光炜等为汉冶萍华日合办，丧权失利，隐贻后患事，谨呈大总统阁下。窃自武昌起义，雷响云从，四百余州，万矢一的，卒致清室逊位，建国共和。凡此喁喁者氓，莫不谓出水火而登衽席，奠磬石而系苞桑，恢满清已丧之国权，享世界平和之幸福，得与欧美列邦，共立同等地位。此所以起义诸君，唱之于前，而吾侪小民，不惜捐顶糜踵，破产亡家，和之于后者也。乃不意满清初亡之际，民国未立之时，而即有汉冶萍华日合办之议起。

夫当此军事初张之际，财政困难，军费无所出，征税则缓不济急，募捐则食不充饥，其不能不借外债，势也；国家信用未立，其借外债不能无抵当，情也。吾民虽愚，当能准情度势，以谅当事者之苦心，岂敢谣啄自兴，以坏时局哉。虽然，借款可也，抵当借债亦可也，而袭满清时代所谓中外合办不可也。夫抵当借款，其物权犹在我也，苟我履行负债之责任，他人尚无容啄之地；合办则一土地上而有两主权矣，将来必消去其一，以日本之野心勃勃，岂肯甘心让步哉？势必致起争端，思有以反客为主而后已。匪特此也，夫得陇望蜀，人之恒情。况日本以方新之国势，以好战之国民，其思寝处我者久矣，得汉冶萍而不已，又必觊觎他处，以逞其贪婪无厌之野心，东三省之前车可鉴也。

《易》曰：履霜坚冰。此其渐也，我国民能无惧哉？且自此次军兴以来，日人之对我，盖无日不幸我之灾、乐我之祸，其情见夫辞，殆全国一致。夫当革命之际，土匪之骚扰，逃兵之掠夺，内部之争论，无论何国，皆不能免者也。日人则张大其词，谓有害于彼之生命财产，怂恿其政府出兵干涉，藉以扩张其国权。吾人联合南北，谋统一之政府，而彼则多方蛊惑，谓南降于北，北实胜南，种种诞词，务破我南北完局而后已。我国争首都地点之故，至统一政府延迟建设，酿成北兵叛扰之灾，而彼即思簧鼓列邦，共起干涉，务分割我、蹂躏我而快心焉。此殆非某等之私言，亦吾国民所共知者也。

今汉冶萍之合办，无论其利权丧失，为文明各国矿山法所未有，即国权亦与之俱丧，而启他日不可收拾之忧。或者谓汉冶萍系与三井洋行缔结契约，纯系私人企业，毫无政治上关系，论者乃牵连于国权，未免杞虑；而不知南满铁路，何尝非私人企业也，今我于东三省主权，果保其完全独立乎？

况汉冶萍之产业地，关连于湘、鄂、赣三省，其地难保无一时土匪之蠢动，稍有险象，彼即藉口保护生命财产，要求驻兵，如南满之故事；我虽不许，彼可自由行动，安、奉前辙，想吾国民犹未忘者。纵我保护不遗余力，使之无所藉口，彼当无如何也。而不知彼既挟野心以来，则无所不用其极，或使其下等社会，故意与我警兵冲突，则谓我警兵之不善，彼须设专护警兵，浸淫扩充其范围；或凌侮我乡民，使我乡民反抗，彼则藉口土匪，须设兵自卫。行见东三省之惨剧，将见于东南数省也，则我国民之隐患，岂有穷期哉。

况今之世界，几为铁所左右，西人谓为铁世界，良非虚语。以造船、建屋、修路、水管、电柱及人生所必用之物，无一非铁也。我国产业尚未发达，需铁尚少，不数年各种事业勃兴，其需用不知若何蓓蓰。闻大冶磁铁矿，其中含有铁质百分之七二四。前此日本得包买之约，几为全国所仰给，而国内之产业借以发展。今又与我合办，则彼必多方抑价，销售于彼，而我之需要，转乞供给，将来虽欲发展事业，亦将陷于沉滞之境，而无可如何。若待别采他矿以应急需，实无把握，此又不可不虑者也。

盖此合办之议，日人□用盛氏保护其私产之故，又逢我政府财政困乏之时，遂思出此新法，以肆其要求。呜呼！日人盐我东三省，今又思盐我东南半壁，日人智矣，而我四万万人何辜也？满清政府卖路矿权，失民心矣，而我假政府何又蹈其故辙也？

今特译三月七日大阪《每日新闻》所登草约如左（下），以供参考。（草约已登前报，兹从略。——原注）

据此假契约第四条云云，则欲以二百万弗，贾收湘、鄂、赣之资本家，或此次主张合办之人。第九条云云，则知我假政府必行批准，又盛氏系大股东（据《日报》所载，汉冶萍盛氏财产占千万弗以上），则得股东过半数之赞成亦非难事。以此觇之，无怪日人之满足，而我参议员诸君之相率辞职也。

呜呼！当此之时，民国尚未巩固，其他利民之事尚一无所表见，□首先演此丧国权、失民心之悲剧，其何以自解于满清政府乎？又何以对我改观耸听之友邦乎？我愿我湘、鄂、赣之资本家，及此次主张合办诸君无贪小利、无狃近功，而供四万万人蒙无穷之害也；又愿我假政府无受日人之愚，而供吊民伐罪之初心，终不白于天下也；又愿盛氏废约来归，我民当能相待以诚，任保护其私产之责，无□罪过甚，甘为日伥，而使我民永衔之次骨也；又愿我各省都督及在事诸君、报馆诸君，并为中国国民之一分子者，群起力争，务求废约而后已，无遗噬脐之悔也。

某等学识谫陋，谨贡其千虑之愚，除寄函各报馆，乞我全国人民研究其利病得失外，特谨缮呈大统领阁下鉴核，俯赐挽回，则国民幸甚，中国幸甚，不胜惶切待命之至。谨禀。

（《留东学生徐光炜等为汉冶萍事上大总统禀》，《时报》1912 年 3 月 17、18、19 日，“要件”）

蒙塔古·哈里斯致孙中山函

（1912 年 3 月 20 日）

孙先生：

今天上午佳利（Kalee）旅店的经理在我要求下通过电话询问《上海信使》的佐原（Sahara）先生，问他是否是《朝日新闻》驻上海的唯一代表，答复是肯定的。他愿意作证，我已有他的书面陈述。经理打电话时我在场，所有的问题都是按我的意思问的。现就等审查电报局的副本。

就有关手续，我将会见丹麦领事。我想您应来上海，无论我们到上海或日本的法庭，您都要在法庭证人席上作证。请告诉我您的意见。

蒙塔古·哈里斯（Montagu Harris） 谨上

1912 年 3 月 20 日于上海

（《海外友人致孙中山信札选》（四），《民国档案》2003 年第 4 期）

大通绅商学界代表致袁世凯、孙中山等电

（1912 年 3 月 20 日）

北京袁大总统、南京孙大总统、各部长、参议院、上海各报馆

均鉴：

南北统一，共和确定，吾皖都督未能得人，事变迭起，大通自去年九月至今，赖黎君宗岳驻兵防守，近抚远绥，皖南大局得免糜烂。顷闻黎萌退志，绅商身命财产无所托庇，惶迫万分。乞留黎维持皖南现状，保卫治安，暂缓调，至为盼祷。大通绅商学界代表铜陵帮德迥、潘镇江、汉保仁、童畹香，太平帮崔允恭、崔文斗、崔祥铸、汪滋桂、汪毓，淮南帮金凤起、李国楷、李国桢、李经武、谢宝生、谢宝树、刘积和、吴常龄、张荫亭、胡文光、周运文，青阳帮曹宝源、植芬、左服政、左一莲，两湖帮陈厚臣、曾文卿、陆元记，泾县帮吴少屏、刘永福，徽州帮宋恭祥、宋恭裕，本地帮章殿荣、佘贻龙、佘晓珥、佘蕙芬、王鼎勋、佘秉璋、陈耀奎、佘□龙，池州帮包植棠等同叩。智。

（《民立报》1912 年 3 月 24 日，“安徽电报”）

查尔斯·里曼致孙中山函

（1912 年 3 月 20 日）

阁下：

本月 13 日星期三在外国友人于本市举行的招待会上，我只与阁下握过手，来不及交谈。但与令郎和其他一些人寒暄了几句。

我是外国人中在本市居住时间最长的一位，在此传教达 38 年之久，今年 67 岁。

我谨祝阁下及同仁所取得的辉煌成就，你们不但很快就推翻了满清王朝，而且建立了真正有效的共和国，成立一个民有、民享、民治的政府。希望这一政府原则永不改变，只要中国还是中国的话。共和制在美国获得了成功，美国的经济越来越繁荣，局势也日趋稳定太平。如果像美国那样遵循稳定繁荣的共和政策，中国就会取得卓越成效。在中国，人民自我管理虽然是件新鲜事，但只要认真实行，无需试验就能成功。民治是当今唯一真正合理的管理形式。

让贵国人民和领导者信仰上帝，相信并跟随上帝之子——我主耶稣，那么你们的一切愿望都会得以实现，你们的一切努力都会获得成功。让我们为之祈祷并共同努力吧。

另外，恕我再提一事。数年来，我一直希望贵国国旗能重新设计。恭贺你们终于有了漂亮的新国旗。至于新国旗的五色条纹，我看它们的比例似乎不当。我是说一条红色条纹并不能充分代表18个省份，将来省份数目增多就更无法反映了。

目前，阁下似乎采纳了两种旗帜，甚至在总统府和首都并行使用。

我建议用下述方法将两旗合二为一，如图所示（图略）。

另外，红色条纹也可以宽点，其它条纹缩窄点，如图所示（图略）。

以上草图突出了18个汉族省份。它们由红色条纹中的18颗星代表。黄色条纹中的两颗星代表关东两省，因为据我所知，关东被看作是中国22个新旧省份中的两个省。蓝色条纹中的一颗星代表蒙古，白色条纹中的一颗星代表新疆。而无星的黑色条纹则代表西藏。因为据我所知，尚要把西藏划为一个省份。

这样设计的国旗同样美，而且涵义丰富。

另有一种设计是，天蓝的底色上缀有22颗星，如图所示（图略）。

这也是将两旗合二为一的好办法，或许还是用星代表22个行政省，用条纹代表五大自然区划是最佳办法。最后这幅草图中的五色条纹代表五大自然区划和民族划分，可作为贵国国旗的永恒特色。天蓝底色（条纹的蓝色是浅蓝）上的星星可随行政区划的增加而增加。18个省份中，有的面积太大。许多省份，其外形无论从地理或从行政角度看都不是最理想的。因此，应尽早重新划定这些省份的边界以适应新形势的需要。

内蒙古和外蒙古将来无疑可划分为若干个省份。

我们美国有所谓的管辖地。也许西藏、蒙古的大部分地方，青海以及其它一些地方可以按照美国治理管辖地的办法管理一段时间，甚至可以仿照美国治理菲律宾的方式。这些地方在国会中没有议席，在国旗中也无星星代表，直至它们以合法的省份形式参与新政府。在此之前，它们在国旗中仅以条纹表示。

这样设计的国旗有点像美国的花旗。不过即使从很远的地方也容易把它与后者以及其它国旗区别开来。我是美国人，相信我们总统和同胞也会像我一样，希望贵国在诸多方面比如国旗、政府、经济、权利、公正等等与我们美国尽量相似，人人遵守法纪，从善如流。

很抱歉，在阁下公务繁忙之时，以此长信相扰。无论阁下最后采用哪种旗，请相信我和我的传教士朋友以及所有善意的文明国家都希望贵国日益兴旺，天下日趋太平。希望贵国与世界各国，包括各姐妹共和国尤其是第一个伟大共和国——美国友好相处。

祝中华民国永存，祝中华民国的国旗在自由勇敢者的国土上永远飘扬。

美国北方长老会传教团　查尔斯·里曼（Charles Leaman）　谨上

（《海外友人致孙中山信札选》（四），《民国档案》2003 年第 4 期）

李烈钧致孙中山电

（1912 年 3 月 20 日）

南京孙大总统鉴：

皓电敬悉。马公督赣，功成不居，德昭克让，护送行旌，自应遵办。已饬湖口杨统领金标妥为照料矣。谨复。烈钧叩。哿（南

昌来电五十四）

（《临时政府公报》第四十六号，1912年3月23日，“附录·电报”）

袁世凯致孙中山电

（1912年3月20日）

孙大总统鉴：

铣电悉。已饬北京度支部迳电通商沪行，将所存新币二十九万余元，拨交张季直君，作江皖两省工赈款。袁世凯。哿。（北京来电六十三）

（《临时政府公报》第四十八号，1912年3月26日，“附录·电报”；又见《时报》1912年3月29日，“公电”；《临时公报》，1912年3月25日）

上海总商会致袁世凯、孙中山电

（1912年3月20日）

北京袁大总统、南京孙大总统钧鉴：

茶市登场，须运现银进山采办。各省前因银根缺乏，禁止现银出口。乞速电湘、鄂、赣、皖、浙各省都督，饬属随时放行。茶为出口土货大宗，多系洋商托办，银货转运所关甚巨。并乞分饬产茶各属地方官，妥为保护，以利商运为感。上海总商会叩。号。

（《申报》1912年3月22日，“公电”；又见《时报》1912年3月22日，“公电”）

山东统一会致袁世凯、孙中山等电

（1912 年 3 月 20 日）

袁大总统、孙大总统、参议院、黄参谋总长、各部总次长、各省都督、南北军事统一会、各报馆均鉴：

阅鲁抚张广建致黄总长文电，谓无逮捕代表之事，而语语弥缝，处处矛盾，阅者苟细为参考，当无不知其为遁词。然事非身经，容有不知其详情者，故将原电逐一解释，以袪阅者之惑。原电谓电准胡君将遣派人员，旋即取消，乃张承治、丁惟汾、侯延爽三人不奉胡君命令，潜行来济。抑知张承治等之赴济南，系由张广建电请胡都督所派，及到青岛，彼又派代表虞维铎等七人来阻，商在青岛开议。张承治等以奉胡都督命，到济协商，有委任状，有咨文可凭，故于二月廿四号赴济。嗣后张抚乃电胡取消，彼时未接胡公取消之电，何得云不受命令？又谓张承治运动军人，密谋起事，有寄本地绅士函电可证。抑知张等甫到济，次日即被逮捕，何暇运动军人？所云密谋，究在何时、何处，与何人密谋？何不将同谋者逮捕作证？所寄绅士函电，系何人函电，又在何处，何不宣示？又谓张在五镇日久，物腐虫生，久任盘桓，恐酿巨变。抑知五镇绅士感情果能融洽，断非他人所能煽惑，张仅个人，何从酿变，且即以虫喻张，而物腐又谁为之？又谓将张送北京，托大总统左右代谋位置。抑知张承治现充鲁军参谋长，何劳张广建代谋位置？左右二字，究指何人？当赴京时，彼派人押送，且既恐张勾通山东军队，独不畏其勾通北京军队乎？犹云代谋位置，何其支离？又谓丁、侯二君亦谋保护，前往青岛。查丁、侯二君，下火车时，即有警兵跟随。次午丁在石骏青处，忽有合肥人王某谓丁欠债二千金，强拽之至三区黑屋中。嗣送警署狱中，则见侯已先在。少迟入见吴炳湘，彼谓此等债务我不便管，不如仍还青岛。丁谓未奉烟台命令，不能私归，且所欠何债。吴大肆咆哮，仍送狱中，次辰派兵四十名，押送青岛，起□便溺，□来监视。又张等逮捕之日，青岛本部有人在电局中，见张树元、吴炳湘电告虞经铎，云张承治勾结军队，现已押解北京，丁、侯二人获送青岛，以全代表颜面云，与代谋位置一语，自相矛盾。又谓张承治等到济时，并无代表资格。查到济在二月廿五号，代表尚未取消，又携都督咨文待投，何得云无资格？彼不以代表相待，强行逮捕。抑知即非代表，而以共和国民在共和国民土地，但无犯罪实据，即可享自由行动及居住之权。又谓电达胡经武君，旋接覆电，亦深谅之。查本都督亦发电稿，并无此事。又谓少数绅士，共和以前，宗旨各殊。抑知东省初倡独立时，到会三千余人，俱表同意，何云少数？又谓现当大同之世，不肯和衷？抑知诸城、黄县一带，凡无发辫俱被惨杀，文登之乱，杀新党千数百人，又在匪首王锟禾家中搜出莱州知府扬芾手函，耸令诛锄新党，禀省请奖。近济南逮捕一事，系由敝处通电各处，何得云系传闻？原电谓京津兵变颇受影响，是济南泰安、冀州一带兵匪滋事，彼已自认。总之，张承治等之充代表，其宗旨在谋山东统一，到济以后，凡我济南同胞，以此宗旨为是也；即拒之亦将自来，以此宗旨为非也，即招之亦不肯至，张等三人岂有召集煽惑之手段乎？张抚究以蛇蝎视之，罪囚待之，必以押送出境而后快，似此侮辱我东代表，即系侮辱我东全体，彼乃敢作而不敢认，巧言自解，化日光天之下，不料犹有此鬼蜮，故详辨之，以质天下。山东统一会全体叩。锴。

（《申报》1912年3月23日，“公电”；又见《民立报》1912年3月23日，“山东电报”）

吴振黄致孙中山、黄兴电

（1912年3月20日载）

孙大总统暨陆军部黄总长鉴：

自总统受任，南北统一。振黄幸逢斯盛，可以释负，自应将皖芜军政分府名义取消，统归皖省孙都督节制。今总长不以驽材见弃，委任军事顾问，兹孙都督又加委任皖省军政司。材浅能鲜，何堪当此重任。无如慰谕懃恳，责以桑梓大义，只得勉为其难。专此电闻。新委军政司正长吴振黄叩。（芜湖来电三十）

（《临时政府公报》第四十三号，1912年3月20日，“附录·电报”）

蔡济民等致袁世凯、孙中山等电

（1912年3月20日载）

北京袁大总统、南京孙大总统、参议院、陆军部总次长、各省都督、各报馆均鉴：

鄂军毕血会业经成立，其章程系仿照美国波斯顿毕血会变通办理，以安慰就义忠魂，招纳倡义伟士及抚恤阵亡将士家属，并铸铜像、设专祠为宗旨。曾请大都督颁发关防一颗，文曰“中华民国鄂军毕血会之关防”，启用在案。理合电闻，通告周知。鄂军毕血会正会长蔡济民、副会长王文锦、徐达明谨叩。

（《申报》1912年3月20日，“公电”；又见《民立报》1912年3月20日，“武昌电报”；《时报》1912年3月20日，“公电”）

侯建武致孙中山函

（1912年3月21日）

中山先生钧鉴：

前日敬谒，适因公无暇，未得敬聆教言，歉甚。武奉关外都督蓝天蔚命来南，本为面陈关外情形及财政困难现象起见。今闻关外都督已自请取消，东省善后事宜，先生当筹之已熟。惟武所不能已于言者，因关外事体重大，于民国前途大有关系，用敢为先生敬陈之：

赵尔巽赞成共和，实阳奉而阴违。张作霖助纣为虐，日以残杀为事，先后民党之遭惨毒者已达数千。东省同胞誓与赵、张决生死。异日东省之大流血，恐即赵尔巽之皮相共和有以致之。残忍如赵、张，非铲除不可。

宗社党在奉运动，潜谋不轨，人人皆知。异日赵、张蠢动，东省糜烂，未知伊于胡底。亡清将以东省作小朝廷，亦意中事耳。

日人居心叵测，于民党则暗助之，赵、张现仍借外力以反抗民党，将使日人坐收渔人之利。吾人当思患预防，免启干涉之渐。

有此三因，其结果将使民国肇瓜分豆剖之祸。前日曾盼东省代表来烟面陈一切，闻之令人痛心疾首。先生既为民生造福，何弗为东省同胞造福？为东省同胞造福，即为吾民国造福，亦即为世界造平和之福。当此二十世纪，凡抱人道主义者，皆思设法以挽救之。武为东省办事之一分子，敢不为先生敬陈之。至于善后办法，就现势论：

一、唐内阁来南京时，新政府成立后，务乞设法笼络张作霖及其军队，然后将赵贼调遣，另派人至东省以代赵，再徐图张贼。而黑、吉之宋小濂、陈昭常亦务须除去，因宋、陈之政策与赵无异。

二、善为安置死事同胞之妻室，及现时关外都督所部军队。此项军队万不能遣散，恐生他变。惟有择一隙地，优为待礼，稍施教育，异日如与日、俄有战事，此项军队将为绝好之先锋队。

三、东省须暗防宗社党。近数年欧洲革命，前王之谋复位者屡屡，如土耳其、如波斯、如葡萄牙，法语谓之反对革命（Contre revolution）。东省为满洲人巢穴，反对革命举动将肇端于东省，须预为之防，勿使后悔莫及。

四、东省办理日、俄交涉必须得人，大约强硬与和平两手段相辅而行。

五、关外都督蓝天蔚本血性男子，彼亦非为个人计者。袁公当有以位置之。总之，善后办法以上四端为最要位置，现时关外都督特余事耳，况彼已自请取消。

武办东省事，为彼处同胞计，为中国前途计，用敢切诚规画，直言无隐，以渎清听。是否有当，伏乞尊裁。敬颂钧安。

前关外都督参谋侯建武谨上　三月廿一日

（翠亨孙中山故居纪念馆藏档；又见《孙中山藏档选编·辛亥革命前后》，第611～613页）

马龙标、马良等致孙中山、袁世凯等电

（1912年3月21日）

北京临时大总统、各部首领、南京孙中山先生、黄参谋总长、武昌黎副总统、各省都督、各报馆均鉴：

共和宣布，南北一家。我大总统已在北京受职，全国军人政治已归统一，断无独树一帜，独占一隅，而与中央离绝关系之理。今者本省烟台都督，始而王传炯，继而杜潜，终而胡瑛，数月间纷纷更易。兼以士绅之内间有好事者流，从而怂恿，欲遂其私，以致地方秩序不宁，人民转徙沟壑。犹复于共和以后，勒捐黄县商民，攫取招远县印。我军退让一步，该军即进一步，势力澎涨，肆意枭张，海口税务多被霸占，登属钱粮多被收讫，军事既已纷歧，政治又多扰攘。在共和未成以前，犹可原谅，当兹全国底定，既非大总统命令，又非全省多数绅民推举，不过二三喜事者互相勾结，遂自称为都督，蚕食不已，得陇望蜀，地面恐慌，农商失业，德国将进兵以保路矿，英国将增兵以固威海，东省大局危险已极。惟有仰恳大总统饬令胡瑛取销都督，退出占地，以保治安，否则我军人天职

所在，不得不视为公敌。张都督广建莅东数月，屡于地力摇动，苦心维持，军界极表欢迎。外交悉中肯綮，绅商士庶感戴尤多，山东全体实资保障。龙标等为巩固鲁邦起见，用敢据实直陈，伏乞主持一切，大局幸甚。五镇统制马龙标、九协统领马良、十协统领施从涟、马五标统带张培荣、炮五标统带郑士琦、十七标统带徐鸿宾、十九标统带潘鸿钧、二十标统带方玉普、工程营管带张培勋、辎重营管带刘景霑、四十七协统领登莱道张树元、九十三标统带李森、九十四标统领王学彦、中路巡防统领前云南普洱镇孔庆塘、帮统吴桐仁、前路巡防统领兖州镇田中、分统陶镕、左路巡防统领登州镇万长盛、右路巡防统领口州镇张善义、帮统□□、后路巡防统领口州威宁镇方致祥、分统刘长英、沂防营统领杨德滋、先锋营统领苏绪模、新防营统领戴以庸、炮卫队统领吴攀佳暨各管带等同叩。个。

（《山东新旧党冲突之危机·济南电》），《时报》1912年3月25日，“要闻”）

爱德华·斯·利特尔致孙中山函

（1912年3月21日）

亲爱的孙博士：

接到您的电报后，3月5日我就把您寄给我的信用挂号寄回给您。多谢您寄那封信给我。我想国民会议已经看到此信。如果您能将此信再寄回给我，将不胜感激。

谢谢您，谨致问候。

您忠诚的爱德华·斯·利特尔（Edward S. Little）

1912年3月21日于上海

（《海外友人致孙中山信札选》（四），《民国档案》2003年第4期）

山东临时省议会致袁世凯、孙中山等电

（1912 年 3 月 21 日）

北京袁大总统、武昌黎副总统、上海唐总理、南京孙总统及各部长、参议院、各省都督、各报馆公鉴：

闻三月十八号北京《亚细亚日报》登鲁绅汪懋琨复丁世峄书，声明汪、毛、王诸绅为张广建辩诬一电，系张窃名私发，证据确凿，是张于十四大罪外又犯捏名之罪，鲁人誓不与之两立。我总统受职，誓词言犹耳，所谓建设共和、改让专制，岂身欺欺人者。大总统为万民托命之身，决不容此不肖官吏而弃我鲁民，贻天下以口实也。疾首蹙额，待命悚惶。山东临时议会全体公叩。马。印。（济南发）

（翠亨孙中山故居纪念馆藏档；又见《孙中山藏档选编·辛亥革命前后》，第 603 页；《申报》1912 年 3 月 23 日，“公电”）

华侨联合会致孙中山等电

（1912 年 3 月 21 日）

孙大总统、实业部总次长鉴：

接新嘉坡电称：该埠华侨，重新组织华侨总商会，已禀准英政府，求转请我政府给钤记等因。盖商会为振兴商务，理应代呈。俟章程寄到，再请立案，以资保护而促进行。华侨联合会叩。马。（上海来电五十七）

（《临时政府公报》第四十八号，1912 年 3 月 26 日，“附录·电报”）

连承基等致袁世凯、黎元洪等电

（1912 年 3 月 21 日）

袁大总统、黎副总统、唐内阁总理、孙中山先生、黄参谋总长、各部总次长、参议院、各都督、各司令、各报馆公鉴：

南北战争，鲁事极危，旧官搜捕民党，并纵军队骚扰闾阎，兼之土匪四起，乘机为害，各界人心愤恐交集。经孙总统尊重鲁人公意，委派胡都督来烟，始获镇定。而旧官盘踞，仍肆威虐，阻碍进行，以致土匪未靖，民不聊生，政局长此黑暗，大局仍此糜烂。济属各地相率请兵，又为胡都督辞谢。基等目击现状，非铁血解决，不能纳鲁民于共和，屡请胡都督允基等以一旬死战，为鲁民购共和之代价，胡都督始终坚持谓当静待大命解决，且谓总统决不肯弃鲁民以殉一私人之位置。乃迁延事机，日复一日，天下同享共和幸福，惟我鲁民仍蜷伏于专制官吏淫威之下，种种事状，言之痛心。昨忽奉铣电，巡抚改称都督，胡都督以事权极应统一，决意宣告辞职，一星期内即当去烟。惟胡君德望交孚，实为鲁人及我三军之司命。胡君一去，鲁事如何，同人瞻望前途，五内焚裂。务恳我总统为我鲁人大局，允留胡君。我总统履任伊始，东人望治喁喁，尤愿昭大公以践共和之约，勿以一人而启天下之憾。基等忝为军□，以一死为共和二字殉，皇天后土，具鉴此心，惟我总统鉴之，迫切待命。鲁军总司令连承基暨军界全体一万二千人同叩。马。

（《申报》1912 年 3 月 23 日，“公电”；又见《民立报》1912 年 3 月 23 日，“山东电报”）

徐镜心、谢鸿焘等致袁世凯、孙中山等电

（1912 年 3 月 21 日）

新总统袁、前总统孙、副总统黎及各部长、参议院、各报馆均鉴：

山东不幸，祸乱未已，全境军民汹汹，秩序扰乱，无非张广建等旧官虐吏之所致。共和宣布以来，全国熙熙，咸臻乐土，惟我齐鲁三千万同胞尚昏昏在地狱中。公等坐视沉沦，不为援救，致水深火热，益无涯际。某等不得已，只有联合全省父老兄弟，进兵济南，誓剪除此辈民贼，庶可恢复秩序，保全治安。我公等为国为民，当必有以教之也。特此谨布。山东同盟会全体徐镜心、谢鸿焘、蒋洗凡、李凤五、乐星壑、左汝霖、邱特亭、李五丹公叩。马。

（《申报》1912 年 3 月 23 日，“公电”；又见《民立报》1912 年 3 月 23 日，“山东电报”）

虞廷等致孙中山等电

（1912 年 3 月 21 日载）

南京孙中山先生、各省参议员、各军司令钧鉴：

阅报载组织阁员，南北争持，并翻前议，不认北都等语，不胜惊骇。前以国都问题，激起燕变，余波所及，致有粤、黔惨剧。我同胞正宜猛醒，速图民国统一，讵可再事挟私争执，变本加厉。鄂议会首见及此，震电以任用国务员一节，暂由袁大总统独力主持，一俟临时中央议会成立后，再行追交通过等语，为保全目前大局，速谋政府统一起见，洵属妥洽允当之权宜办法。盖袁大总统即有用非其才，亦不难婉转电商，何庸争执，乃竟有少数军人挟持破坏，是不惟政治上权限责任诸多未明，直欲使北方变祸再见，南中且似粤、黔之祸，犹为未［未为］惨者，鹬蚌相持，渔人乘隙，瓜分惨祸，近在目前。我军人前方以血肉性命搏取共和，为功之首，今曷忍以私意争执，致获惨祸，为罪之魁乎？言念及此，泪尽血枯。敬希诸公速行开导维持，咸以国事为前提，勿计个人禄位与一部分权利，俾吾民国不至为印度、朝鲜之续，四百兆同胞实受其赐。浙军将校维持会全体会员虞廷等六百八十四人公叩。

（《申报》1912年3月21日，“公电”；又见《民立报》1912年3月21日，“公电”；《时报》1912年3月21日，“公电”）

江苏临时省议会致袁世凯、孙中山电

（1912年3月21日载）

北京袁大总统、南京孙中山先生鉴：

临时政府地点已定北方，南京为本省完全辖地。参议院忽议决南京府制，淆乱观听，侵夺本省主权，本会万不承认。应请钧处迅将该制取消。除陈本省都督外，谨闻。江苏临时省议会。

（《申报》1912年3月21日，“公电”）

麦克格里格致孙中山函

（1912年3月22日）

亲爱的孙逸仙博士：

上周访问南京时，乔克曼（Chockman）先生对我提及阁下可能会对工业工程感兴趣，我可以肯定这方面的任何计划将获得巨大成功，如同中国人民成功摆脱暴力政府建立一个奉行政治、商业自由的新政府一样。我早就有这样的想法，中国应该有一家公司负责进口机械、铁路材料等等，同时也从事一些生产。我们没有理由说它不会成功，因为对某些产品来说肯定会有市场。我在东方两家主要公司从事工业工程工作数年，并仍受聘于上述公司。我长期身居东方，一直关注贵国工业的发展，若能有用武之地，我将非常高兴。

如果您希望知道我的想法，随时为您效劳。

您忠诚的 A. 麦克格里格

(A. Mcgregor)

1912 年 3 月 22 日于上海

（《海外友人致孙中山信札选》（四），《民国档案》2003 年第 4 期）

丁义华致孙中山函

(1912 年 3 月 22 日)

中华民国总统孙先生钧鉴：

我一直在考虑是否能由阁下中华民国首任总统向英国发出强烈呼吁，这必将引起世界瞩目并促成中国和英国人民在这场变革中携手合作。其他任何做法都不能达到这种效果。这张照片是上次从美国寄来的，我看到照片感到难过。多少人都是这样错误地看待中国，只因他们不明真相。中国从未正式要求摆脱鸦片祸害，为了中国的生存与自由，阁下若以中华民国首任总统身份义正辞严地发出呼吁，世人就会明白真相，英国就再也不能说“中国自己没有要求摆脱鸦片”。苏格兰自由教会的罗伯特·豪依（Robdrt Howie）博士这个星期途经上海，他说如果阁下现在发出公开呼吁，他敢保证他所属教会的所有人士都会支持阁下。阁下在解职前作出这样的呼吁，会给全国民众带来鼓舞和力量，并引发一场声势浩大的运动。这场运动必将在今年就可肃清鸦片流毒，给中国带来自由。

千千万万的中国同胞正遭受鸦片的摧残。为着他们的缘故，我谨以他们的名义，恳求阁下发出这个正义的呼吁。这样世人就会清楚地知道中国有着终止鸦片贸易的愿望。值此关键时刻，我祈求万国之主、全能的上帝在这项重大事情上给阁下以正确引导。

丁义华　谨上

（《海外友人致孙中山信札选》（四），《民国档案》2003 年第 4 期）

袁世凯致孙中山、唐绍仪电

（1912 年 3 月 22 日）

孙大总统、唐总理均鉴：

教育总长，前电拟以范源廉［濂］充任。兹据其回京面称：自维才力万难胜任。蔡鹤卿先生学望优隆，众所仰佩。今民国初建，必得为学界殷望之人，方足负主持学务之责。务乞设法慰留云云。词意坚挚。并云已面达孙大总统。刻下统一政府，云待成立。蔡君在京时，曾商请其续任，未荷允诺。今范既坚辞，鄙意以蔡君接续此任，最为允洽。如承同意，望即就近恳商留任，交院速定，是所切盼。世凯。祃。（北京来电六十五）

（《临时政府公报》第四十九号，1912 年 3 月 27 日，“附录·电报”）

袁世凯致孙中山等电

（1912 年 3 月 22 日）

孙大总统、交通部：

电悉。邮票事，饬据邮政总局复称，帛黎全为省费起见等语。已由邮部饬知邮局，将此项邮票即日停发矣。袁世凯。祃。（北京来电六十六）

（《临时政府公报》第四十九号，1912 年 3 月 27 日，“附录·电报”）

熊希龄、赵凤昌致孙中山等电

(1912 年 3 月 22 日)

孙大总统、实业部鉴:

汉冶萍公司,今日开会,股东到者四百四十一人,投票议决,全体反对中日合办,已由股东会电达盛宣怀,迅速取消矣。特陈。熊希龄、赵凤昌叩。养。(上海来电七十)

(《临时政府公报》第四十九号,1912 年 3 月 27 日,“附录·电报”)

方云藻致孙中山、胡汉民等电

(1912 年 3 月 22 日)

孙中山、胡汉民、汪精卫同志诸先生钧鉴:

林激真违抗粤督命令,擅率兵糜烂汕头,焚毁掳抢,全埠搬徙将空,仍思以兵犯群,民心惊恐。而驻郡北伐第四军队显为内应,密购多数煤油蒿草手斧,豫为焚抢。现内应虽行解散,林兵在汕未撤,潮境岌岌可危。倘一旦决裂,牵动全局,惨祸何极。布恳遥援,切切。方云藻叩。祃。(潮州来电七十五)

(《临时政府公报》第五十号,1912 年 3 月 28 日,“附录·电报”;又见《时报》1912 年 3 月 30 日,“公电”)

周庆恩等致孙中山等电

(1912 年 3 月 22 日)

孙大总统、参议院、黄克强部长暨各都督、临时议会、谘议局,京、津、上海各报馆均鉴:

民国成立，各省同胞皆得享共和幸福，独东抚张广建横行专制，纵兵全省，士民不堪其虐，相率来烟组织临时议会，正式电达袁总统，恳速斥退张抚。近接总统来电（见前日本报总统命令）等语。以山东现状而论，兵匪抢掠焚杀，横行无忌，市面扃闭，道途梗阻。兖、沂、曹一带，土匪猖獗，老弱逃避，流离遍野，所谓维持者何在？袁电又谓公举都督无法令明文可据。夫法令从民意而发生，民意依机关而发现，议会为民意机关，议会所举即民之所举。新建国家，一切政体组织，自当以人民之公举为从违。况张为清代巡抚，胡为民国都督，张抚之资格与清偕亡，胡为孙总统所正式委任之长官。同一共和政府，孙前袁后，不得以前总统所委任者为无效。且一省而有两都督，东西分裂，国体安在？昨已据理力争，如不获命，鲁人当誓死要求胡都督代三千万同胞讨伐暴官污吏，率兵西上，伐罪吊民。鲁人自谋保卫起见，绝不牵及大局，亦无一毫仇视袁总统之心，特此通告，务祈曲谅。再，专制余烬未熄，此后暴虐官吏宜亟筹对待之策。舆论为前矛，铁血为后盾。议会战败，则合民党以援之；一省力弱，共合数省以趋之。此种联合机关万不可缺，诸公如表同情，希即电示，以便协商组织为叩。山东临时议会周庆恩等全体议员暨全省士民公叩。养。（自烟台发）

（《民立报》1912年3月25日，“烟台电报”；又见《时报》1912年3月25日，“要闻”）

全国军界统一会致孙中山等电

（1912年3月22日）

南京孙大总统、参议院、参谋部、陆军部、各军司令、武昌黎副总统、各省都督、司令公鉴：

闻南方军商界呈孙大总统，将抵抗民军之易乃谦、王遇甲、丁士源、徐孝刚等请予宣布死刑，停止委用等语。查南北未经统一以前，双方将士偶因意见之歧，有阋墙之衅，止在当时各有误解，初无功罪可言；现既南北一家，理宜破除成见，力消前嫌，不应再以往事更生嫌隙。本会为全国军界统一联合机关，初非有爱于王遇甲等，惟念国家新造，人心未定，凡吾军界正宜首先提借［倡］以国家为先，提弭意见于无形，用安人心，而保危局。本口开茶话会，经各省军代表全体议决，谨此布告，希见复。全国军界统一会叩。养。印。（北京军界统一会电）

（《时报》1912 年 3 月 29 日，“公电”）

张广建致袁世凯等电

（1912 年 3 月 22 日）

北京大总统、各部首领、南京孙中山先生、黄参谋总长、各都督、各报馆均鉴：

本月廿一日傍晚，警道吴炳湘由共和进行筹备处会议散后回署，行至东大街首府署前，忽有人迎面掷放炸弹，性极猛烈，仆从有三人带伤，吴警道无恙。当场拿获凶手王化庭一名，供称受人委派，来东暗杀各官长等语。并据吴警道呈请，遴委司道大员提讯前来。除俟讯明确情，再行详达外，谨先电陈，以杜讹传，而纾廑系。山东都督张广建叩。祃。

（《申报》1912 年 3 月 24 日，“公电”；又见《民立报》1912 年 3 月 24 日，“济南电报”；《时报》1912 年 3 月 24 日，“要闻”）

胡瑛致袁世凯、孙中山等电

（1912 年 3 月 22 日）

袁大总统，孙大总统，黎副总统，各都督，京、津、沪各报馆均鉴：

本省补选史泽咸、陈命官、于洪起为中央参议院议员，特闻。山东都督胡瑛叩。养。

（《申报》1912年3月24日，“公电”；又见《民立报》1912年3月24日，“烟台电报”）

军界统一会大通代表致孙中山等电

（1912年3月22日）

孙大总统，各部长，各军司令，黎副总统，各都督、司令，各报馆公鉴：

共和宣布一月，而统一政府未能成立，袁大总统受任十日，而内阁国务员未能发表，此□陷入无政府之危险，外侮内讧，相逼而来，存亡之机，间不容发。代表等奉派来京，目击北部军心方虞，奸人煽惑，虽肇乱未成，然示警于吾国人者，至为痛切，南方近日亦复屡闻军队滋哄。当事诸公能支拄于民国未成以前者，以解决政体，人无他志。今则时愈艰危，势愈散漫，恐先以武力造成民国者，后将以兵乱破坏民国矣，言念及此，深为寒心。北京政局以国务员多日未经宣布，人怀观望，总统两大并立，事权歧异。此次组织政府，迁延不决，统一命令，不能早日施行，使军队日形危险，筹画安置，计无所施。诸公身当重任，惟望化除意见，解决统一国务，早定责任之人，南北可免崩解之虑。且代表熟侦近状，知外患内忧消息至恶，不忍默息，爰具电闻，惟希诸公专注大局，共筹协济。并恳将南方近日组织内阁情形电示众知，以释群疑，尤所叩祷。军界统一会大通代表曹赤霞、马林，阳河代表徐廷荣、张炳尔，浙江代表张栩、屈映光，江北代表甫汝霖，山西代表王人杰，湖北代表赵均腾、张昉、彭方传，扬州代表华彦云，直隶代表孙国英、戈宝琛，彰德代表王子甄，通州代表张殿如，江南代表刘承恩、张锡元同叩。养。

（《申报》1912年3月25日，“公电”；又见《民立报》1912年3月25日，“北京电报”）

黎元洪致袁世凯、孙中山等电
（1912年3月22日）

北京袁大总统、各部首领、南京孙大总统、参议院、参谋团、各部总次长，各省都督、督抚，各谘议局、各议会、各军政分府、各司令、各报馆、蒙古王公联合会公鉴：

前以国都未定，曾于江电披沥详陈，幸蒙嘉纳。乃总统莅职已越浃旬，国务各员犹未决定。夫有政府然后有国家，有部员然后有政府，若总统拥虚号而各部无颛司，是犹五月胚胎，半龄龆龀，形骸不具，其状与无政府同。方今一发千钧，存亡呼吸，直追急起，尚惧失时，十日之间，已非昔比，一之为甚，岂堪再误。敢就目前危象，重为诸公涕泣陈之。

自东南各省首倡义兵，外人商业损失巨万，徒以无隙可乘，含忍未当。乃者京畿搆变，波及津、保，长衢夹巷，鞠为邱墟，甲国增兵，乙国接踵，选地屯营，分曹巡市，自由行动，莫敢谁何，阳为卫商，阴为灭国，联军之象，复见目前，北望燕云，已成戎索。此对于外交，可为痛哭者一也。

南北交战，自秋徂冬，仓卒募军，率无纪律，以败为功，以乱为正，以嚣张为平等，以迫挟为自由，名器为植党之资，主将为护符之具，上行下效，此仆彼伤，赏罚不明，号令不饬，省自为域，军自为家，凶噩所传，如响斯应，始于导线，终于燎原，豆剖瓜分，不知顾恤。且长江伏莽，尚梗新朝，胜国羽林，犹沿旧帜，稍失迁就，变起萧墙。此对于军政，可为痛哭者二也。

满清叔世，新政繁兴，财力困难，已臻极点，借债修路，遂为□王。尔者东南军队，名目繁赜，江汉一隅，几盈一万，调查各省，亦逾曩额，饷械俱穷，公私交困，欲裁则有哗溃之虑，欲留则无应付之方，大局之危，已如累卵。且各司建设经纬纷繁，匪有巨赀，尤难擘画。剜肉医疮，必仍借债，抵矿抵路，各不相谋。列强耽耽，蹈瑕思逞，垄断借款，监查用途，稍一失宜，已制死命，殷鉴不远，即在波兰。此对于财政，可为痛哭者三也。

江淮流域，久困水灾，家无饔飧，道有饥馑，中更兵燹，荡析离居。乃节届仲春，犹未安宅。滔滔江水，已涨丈余，荡田不除，溃堤未复，及今不救，浩劫已深。弱者化为游魂，强者趋为流寇，僵尸累积，疠疫流行，骨肉相残，将无噍类。此对于民政，可为痛哭者四也。

四民杂处，惟士难驯，尝平养客，唐宋策科，皆以羁糜［縻］，隐为消纳。乃军事初兴，学堂中辍，师徒数万，麇集城垣，糊口无资，鸣俦横议，各区党派，互相牴排，裂冕毁冠，溃坊圮表，洪潮澎湃，山谷为倾，虽有贤良，亦甘蹈引。夫国无教育，则纲纪颓；士无防闲，则礼义废。回纥虽灭，犹戴袄祠；身毒虽墟，犹传佛教。哀我神州，曾彼弗若，谁驱秀民，流为游士，其行可怵，其境可怜。龟毁椟中，咎归主藏。此对于教育，可为痛哭者五也。

凡此荦荦诸端，关系存亡，彰明较著，其他险状，尚有难觇缕数者。而扼要问题，首由于都会之纷争，继由于部员之各执，感情所蔽，意见所蒙，遂致将亿兆生灵，掷诸孤注，言念及此，不寒而栗。夫以我同志诸公出生入死，万祸不辞，但为同胞谋幸福，非为个人营权位，光明磊落之心，早为天人所共瞩。中山先生号召海外，垂三十年，功成身退，皭然不污，立懦廉顽，尤堪矜式，是吾党之功，已不待元洪表曝。至义帜初张，万流仰镜，民权主义昭然揭日月而行，倡宪党者，既反翊新猷，伐义军者，亦暗输同意。现在共和成立，南北一家，起义与加功，实行与暗助，两面相权，孰轻孰重，此中亦骤难轩轾。窃谓破坏建设，才虽相异，用实相资。当此四面楚歌，事机危迫，国务各员但须择学识、经验确有专长，无论新旧、南北皆当协力赞成，以蕲成立。纵万一少数部员全才难得，亦当统权利害，稍示通融，断不能以一发之微，牵动全体。一部不职，不过失司；各部未成，立召亡国。此中关系，无待解人，况弹劾之权，犹操国会，与□□于今日，宁补救于将来。明达如公，谅必能共体时艰，早决大计。设再迁延不决，祸变日深，十日以外，将有复求如今而不可得者。鹬蚌相争，渔人得利。彼时受臧获之惨痛，悔昆弟之争持，灭种已成，噬脐何及？元洪残喘尚存，初心未泯，沈机观变，战战兢兢，诚不忍大好河山及身剖裂，心所谓险，不敢不言。昔楚庄之训国人也曰“祸至无日”，蔺廉之诫屈氏也曰“师克在和”。况在斯时，尤为危急。近闻满、蒙诸族，犹且力持大体，缓派议员，卓识公忠，同深钦佩。矧我同族，反事稽延，生何以谢遗黎，死何以对烈士？伏乞互相敦促，广为开导，俾民国政府早日观成，振领提纲，犹可为治。功魁祸首，争此须臾。倘得邦本奠安，主权恢复，馨香尸祝，定仰元勋。元洪虽受妄言之罪，亦可以瞑目矣。临颖雪涕，不知所云。元洪叩。祃亥。

（《申报》1912年3月25日，“公电”；又见《民立报》1912年3月25日，“武昌电报”；《时报》1912年3月26日，“公电”）

黎元洪致袁世凯、孙中山等电

（1912年3月22日）

万急。北京袁大总统、南京孙大总统、各都督、各报馆鉴：

顷阅上海各报载，有覃振电称：组织阁制一节，唐总理久不来宁，袁公所提出阁员概属之清旧吏，无一纯粹新人物，差强人意者。此间军、政、学、商各界咸怀不平，暗潮流涌，寻见南北组织之统一政府，势将破裂，不可收拾。贵报主持舆论，最有价值，务希鼎力维持，大张公道，使袁公翻然醒悟，以融和南北感情，为今日救急之要。又万不可徇私行诈，功亏一篑，致五大民族之新共和国陷于分裂之惨，不胜祷盼。黎副总统代表覃振。云云。等因。查覃振本派往北京，乃竟稽延南京，迟迟不发，甚且以代表名义，发表个人私见，殊违背元洪宗旨，业已饬令销差，该电自应作废，合亟声明，免滋误会。元洪。祃。

（《申报》1912年3月27日，“公电”；又见《民立报》1912年3月27日，“湖北电报”）

蔡锷致孙中山、黎元洪等电

（1912年3月23日）

南京孙大总统、武昌黎副总统，各省都督鉴：

成都尹、罗都督庚电，计均登览。滇军与蜀军协议东下，业经启行。适闻和局已成，无庸北伐，当即饬滇军分道撤还，其赴渝者取道遵义，在泸者取道大定，在叙者取道大关，陆续还滇。兹接来电，均已遵行。特闻。滇都督锷叩。漾。印。

（《天南电光集》，第167电；又见翠亨孙中山故居纪念馆藏档；《孙中山藏档选编·辛亥革命前后》，第113页）

《民约报》致《民立报》转孙中山等电

（1912年3月23日）

《民立报》转大总统、各都督、各司令、各报馆鉴：

宗社党到处煽惑，已查有私制龙旗等据。南方军队，无论如何，一时切勿解散。闻袁总统请蓝君遣散烟台各军，望即电阻。《民约报》。梗。（自天津发）

（《民立报》1912年3月24日，“天津电报”）

云南共和会等致孙中山等电

（1912 年 3 月 23 日）

孙大总统、驻宁滇同乡会、黎副总统、临时议会鉴：

鄂议会发起民国议会，电各省选员赴鄂，荩筹颇善。惟滇议会种种腐败，议员皆属委派，不足代表全省。此次举员，十九号议会决选举及被选举权均私意把持，违背共和。经各团体诘责，商由各属在省同乡会各举代表一人参同议员公选，当众表决。念三号忽生变端，把持益力，私图滥举，全体哗然。滇民誓不公认。请主持由民公选。速复。滇共和、国民、同盟、保安、报界等会，统一党、政学社叩。漾。（昆明发）

（翠亨孙中山故居纪念馆藏档；又见《孙中山藏档选编·辛亥革命前后》，第 561 页）

杨谱笙、沈翔云致孙中山电

（1912 年 3 月 23 日）①

十万火急。南京大总统鉴：

共密。英移苏督事，一因临时政府并合南北组织而成，中央地点非有重人重兵监督，前途可累。同人不主英长交通，而主苏督，未责任主义，非权利主义，此意当蒙鉴谅。若不由省议会公与，不无效果。无论程、庄，皆非由省会所与。中央未有委任之权，而苏省议会尤有绝大流弊。此会本满清谘议局之变相，其中以富田主有左右全议会之势，厥故庄任督，竟至筈臂况租，迎合富议会之议，

① 原电无月份。电文中所说由“英长交通”即陈其美出任北京国务院交通部总长，是袁世凯于三月中旬提出，而月底则改任陈为工商部总长，可知本电应为三月下旬所发。——《孙中山藏档选编·辛亥革命前后》编者注

台［与］吕［吾］党最要之民生主义大为背驰。苏省议会对于抱持主义之人必加反对，现已见端。现在之苏省议会非另组织，乃吾党绝对不能承认之。莫若畀以举都督之权，奸患何堪设想。论苏省现壮［状］，大有取之贪官污吏、付之势恶土豪之象，许［忤］吕［吾］党革命初心。改革之事，万绪千端。庄自代理［李?］以挑［桃?］，除迎合议会外，别无表见，岂能胜任？近竟迎合袁氏，布之公电，挑吝满皇族与北方军队，居心叵测，尤不可不防。袁氏不旭协来，吕［吾］党况应如何布置？英事应如何解决？克强先生归，望即与计议发表，至盼至叩。私电尽言，谅蒙采择。杨谱簪［笙］、沈翔云同叩。漾。印。（上海发）

（翠亨孙中山故居纪念馆藏档；又见《孙中山藏档选编·辛亥革命前后》，第587～588页）

谭学夔致孙中山、唐绍仪等电

（1912年3月23日）

南京孙大总统、唐总理、黄陆军总长、蔡教育总长、黎副总统钧鉴：

学夔于祃日到奉，寓屯垦局。承军、警、官、绅、商、学各界欢迎，并晤赵都督及张统领作霖接洽，经将钧意妥达。赵、张两公诚心承认共和，极力维持东省大局，始终坚守对外主意。法言不足信。目前地面安静，一律悬挂国旗。探闻某强意在破坏，维力煽惑，冀收渔人之利。当局深窥其隐，绝不为动，彼亦无间可乘。鄙见总以保全东省为目的，南北协力同心，维持大局。请将此意宣布，以免国民误会。夔拟小住两三日，细情容后续呈。如有训令，请电示遵办。学夔叩。漾。印。（奉天发）

（翠亨孙中山故居纪念馆藏档；又见《孙中山藏档选编·辛亥革命前后》，第613页）

袁世凯致孙中山、黄兴等电

（1912 年 3 月 23 日）

孙大总统、黄总长、胡都督：

顷接烟台同盟会徐镜心等电称：山东不幸，祸乱未已，军民汹汹，秩序扰乱，无非张广建等所致。只有联合父老兄弟进兵济南，剪除民贼。等语。山东情形，节经派员访查，两造报告多不相符。兹据该会电称进兵，似此举动，实与大局治安有碍。望执事就近约束，勿令暴动。究竟济南如何扰乱及张广建等有无残虐情事，刻再派员前往，秉公查办。一俟查明，必有正当办法。此时务须静候命令，万勿自由行动，以免骚扰全局。袁世凯。漾。（北京来电七十一）

（《临时政府公报》第五十号，1912 年 3 月 28 日，“附录·电报”；又见《时报》1912 年 3 月 28 日，“要闻”）

蔡锷致孙中山电

（1912 年 3 月 23 日载）

孙大总统钧鉴：

查各省通用银元银币，均以满清旧样。现神州光复，建设共和，总统已立，民国基础确定，亟应铸造，以重国法而崇国体。拟请饬部议定速造中华民国银铜元新模，颁行通用，以便陆续收回旧币，免致淆乱耳目。滇都督锷叩。健。（益阳来电四十七）

（《临时政府公报》第四十六号，1912 年 3 月 23 日，“附录·电报”；又见《天南电光集》，第 48 电）

卓尧峰、陈赓虞等致孙中山电

（1912年3月23日载）

南京孙中山先生鉴：

王和顺之变，陈都督用兵平定，镇抚危局，反遭疑谤，因而辞职，若果离任，大局恐难保全。连日各地商民，纷电本省挽留，舆情可见。本会商人原不敢忘干政事，但桑梓生命财产，商务所寄，未便袖手不论，故即日集众公决。事关大局安危，谨将实情奉达，希设法以维粤局。驻港香邑侨商会所卓尧峰、陈赓虞、唐溢川等叩吁。（香港电五十五）

（《临时政府公报》第四十六号，1912年3月23日，“附录·电报”）

广东报界致报界俱进会转孙中山电

（1912年3月23日载）

报界俱进会转孙大总统、各报鉴：

报转东南关商民诉受军战惨情，陈督忿拘主笔并及司理两日，封总商会等三报，未赴法庭质诉，破坏共和。乞电揭封维持。广东报界公叩。

（《申报》1912年3月23日，“公电”；又见《民立报》1912年3月23日，“公电”；《时报》1912年3月24日，“公电”）

李亚东致各报馆电

（1912年3月23日载）

各报馆转南京孙大总统、北京袁大总统、武昌黎副总统、各省都督、各军司令官公鉴：

南阳僻处，消息隔阂。昨北来民国诸代表与亚东接洽，稔知民国大局实已底定，忻慰无任。十余年志愿已偿，即开正式会议，当众宣布辞职归农，特此敬闻。豫军总司李亚东叩。

（《申报》1912 年 3 月 23 日，“公电”；又见《民立报》1912 年 3 月 23 日，“南阳电报”）

车茂轩、何藻云等致孙中山、袁世凯等电

（1912 年 3 月 23 日载）

南京孙大总统、北京袁大总统、武昌黎副总统鉴：

粤新军、惠军连日巷战，互用开花炮，房屋焚扫甚巨，流弹四散，商民毙命者多至目不忍睹。乞即电粤都督先自停战，以保居民财产性命，迟则全粤岌岌可危，不堪设想。火急维持，切盼。旅港番禺、南海、顺德、东莞、香山、梅州、高要等商会车茂轩、何藻云等叩。

（《广东之痛定思痛·港团为民呼吁》，《申报》1912 年 3 月 23 日，“要闻二”）

唐群英、张义英等呈孙中山文

（1912 年 3 月 23 日载）

中华民国女子参政会唐群英、张义英、张昭汉、王昌国、徐清、陈鸿璧、林宗素、蔡慧、胡坚、张嘉蓉、童文旭、裘贵仙、周文洁、程颖、岳垚、施瑞山、周其永、葛文媛、沈佩贞、李俊英、张佳宾、沈明范、陈瑛、王道宏、李思贤、吴木兰等谨呈大总统阁下：窃维民国新造，凡在民国人民，一律平等，固无所用其疑虑。

顾理论之优美，究不如事实之光明，侈言高大无当也。乃者平等之声愈高，而平等之实不著，无乃一二欺心冥漠、不得真理者，为之戾欤？男女不平等为人类进级之障碍，久为世人所诟病，今者民国为人类造幸福，破除障碍，开宗明义，即在乎此。此而不行，则私相刺谬甚矣。

读《临时政府公报》载大总统公布参议院议决《中华民国约法》，此法者虽属临时，为期甚暂，然与宪法有同等之效力，为中将来成文宪法之张本，国家组织，人民与政府之权利义务系焉，胡可轻易出之，苟有疵戾，非国家之福也。乃读至第二章《人民》第五条云："中华民国人民一律平等"，而其下复曰："无种族、阶级、宗教之区别"。就其条文寻绎之，既曰"中华民国人民一律平等"，则凡为中华民国人民均须平等，则种族也、阶级也、宗教也，或其他之种种也，而皆为中华民国人民也，均须平等，固已了无疑义，何必复为解释之语曰"无种族、阶级、宗教之区别"，以狭小条文之意耶？在立法者之意，岂不曰吾国固尚有种族、阶级、宗教之区别也？明言之，或足以释不平等之疑，而昭大公无我之见，斯言诚是也。独不计及种族、阶级、宗教之外，固尚有不平等之嫌者在耶？列举既有未赅，则不如仅以概括的规定，尤能以解释而尽善也。况立法者之意，并不如是，既已一律平等之言欺人耳目，复怀鄙吝之见，而为限制之辞，司马昭之心，已路人皆知之矣。

吾女子之要求参政权也，既已一再上书参议院，求其将女子与男子权利一律平等，明白规定于《临时约法》之中。今观此项条文，不独不为积极的规定，反为积极的取消，是参议院显与吾侪女子为意气之争，而不暇求义理之正，吾党宁能默然。吾党之意，仅以闻于吾女子者，对于《约法》第五条，或请删去"无种族、阶级、宗教之区别"一语，以为将来解释上捐除障碍，或即请于"种族、阶级、宗教"之间，添入《约法》增修之事，有临时大总统之提议云云等因。理合呈请大总统据情提议，以重法律，以申女权，勿任迫切待命之至。

（《要求女子参政权之武力·附录女子参政会上孙中山书》，《时报》1912 年 3 月 23 日，“要闻”）

袁世凯致孙中山、黄兴等电

（1912 年 3 月 24 日）

孙大总统、黄总长、参议院均鉴：

据颍州驻省联合会丁绪余等电称，倪军驻颍暨议割关、亳、太、涡四邑改隶豫省等情，并无是事。再倪驻颍军队已撤去一混成协标矣。希查照。袁。敬。印。（北京来电七十二）

（《临时政府公报》第五十号，1912 年 3 月 28 日，“附录·电报”）

姜致中等致袁世凯、孙中山等电

（1912 年 3 月 24 日）

袁大总统、孙大总统、唐总理、各部总长、参议院、黎副总统、各省都督、各军司令、奉直鲁协会、各报馆、各政党同鉴：

前清鲁抚张广建煽惑军队，残杀平民，种种罪状，屡经东人宣布，并屡电袁大总统，请其迅予罢斥，以出东人于水火。袁大总统始终以维持现状为词，未将张广建撤退。日前有令，以马龙标任五镇统制，鲁人闻之，方以为吴鼎元既去，则张广建少一党羽，山东大局或可早日统一。乃马龙标接事数日，忽有联合山东军人通电各省，反对胡都督之举，电中并谓胡都督自称都督，强占一方，又谓仰恳大总统饬令胡公取消都督，退出占地，否则我军人天职所在，不得不视为公敌云云。夫胡公之为山东都督，先经山东人民公举，又经孙大总统委任，袁大总统来往电文亦均以都督相称，是胡公之为山东都督，早为全国人民、两大总统、各省都督所公认，何得谓之自称都督？烟台、登、黄一带，经民党掷无数头颅，始得与各省光复各地一律，何得谓之强占一方？既为人民公举之都督，则岂一二军人所可主张取消？既为山东之都督，自当驻于山东之地面。饬令取消，退出占地，此又何说？马龙标等既以胡公为强占一方，是即谓凡各省民军公举之都督，皆系强占一方；既以胡公为自称都督，是即谓凡各省民军公举之都督，皆系自称都督；既谓胡公当饬令取消，退出占地，是即谓凡各省民军公举之都督，皆当饬令取消，退出占地，否则当视凡民军公举之都督皆为公敌也。共和宣布之后，袁大总统对于民军公举之都督，并未有丝毫歧视之心，乃马龙标等竟甘受张广建之运动，公然发电不承认各省民军公举之都督，是其目中实无袁大总统之命令，更无孙大总统，已甘居于民国之公敌矣。同人等一面公恳胡都督即日进兵，一面公电淮军司令陈干率领淮军、鲁军由徐州迅赴济南。庶民国公敌早日扫除，民国基础于以巩固，则不独山东同胞可出水火而登衽席，其有益于民国前途非浅鲜矣。谨此电闻。山东统一会姜致中等叩。敬。

（《申报》1912年3月26日，“公电”；又见《民立报》1912年3月26日，“山东电报”）

中国银行临时理监事会致袁世凯、孙中山电

（1912年3月24日）

北京袁大总统、南京孙大总统钧鉴：

沪行经理宋鲁，今因华侨梁建臣招往小万柳堂宴饮，忽来军队多人持械将宋鲁捉上救生小轮，立即开驶。后经本行吴监督面谒沪军陈都督，始悉为人告发，饬令拘捕。查宋鲁素称谨慎，兼有妥保，决无徇私罔利情事，纵有控告，亦应咨照监督查办，正式传

讯。遽尔诱拿，群情哗然，且本行现正代理军钞、收付债款，事极重要，均待该经理签押。除函恳陈都督立即释放外，并乞俯予急电，饬令照准，以重财政而维行务，不胜迫切待命之至。中国银行临时理监事会叩。敬。(《宋汉章被拘·临时理监事会电》)

(《申报》1912 年 3 月 26 日，“本埠新闻”；又见《时报》1912 年 3 月 26 日，“要闻”)

吴鼎昌致孙中山、唐绍仪等电

(1912 年 3 月 24 日)

南京孙大总统、唐总理、王次长同鉴：

沪行经理宋鲁，今午被沪都督派兵拿捕，经昌往询，面称有人控告，未便释放。查银行办事人员均有殷实妥保，纵有控案，亦应咨照监督查办，或正式传讯。遽尔派兵捕拿，如获大盗，同为共和政府办事，岂不寒心。即请速电都督即刻释放，交银行由昌查办，以清权限而专责成。中国银行监督吴鼎昌叩。敬。(《宋汉章被拘·吴监督电》)

(《申报》1912 年 3 月 26 日，“本埠新闻”；又见《时报》1912 年 3 月 26 日，“要闻”)

范静安、夏坚仲等致《民立报》、孙中山等电

(1912 年 3 月 24 日载)

民立报馆、孙总统及同盟会诸公鉴：

《时报》载留法中华共和会函电，云张翼枢招谣各事。函电系私发，所谓不实。张已归。函详。巴黎同盟会员范静安、夏坚仲、汪世寄、卢琴斋。(自巴黎发)

(《民立报》1912 年 3 月 24 日，“欧洲电报”)

李亚东致《民立报》转孙中山等电

（1912 年 3 月 24 日载）

民立报馆转南京孙大总统、交通部长、本埠电政总局长均鉴：

南阳自民国起义，德南北线断，电局既无报赀挹注，又无邻局援助，苦守四阅月。旧历元旦早，镇府县弃城逃走，散勇焚掠，惨无人道，电局屡濒于危。谢镇旧部又复两次袭攻宛城，战祸迭起，危险万分，该局员王庆善以军书旁午，关系非浅，仍照常督率领班张昶初接收军报，刻不停机。亚东既属同胞，见闻较确，未便没其所长。该员、该领应如何酌予优调，以示鼓励，尊处必行核施。前电蒙代转，感甚。总司令部李亚东叩。（自南阳发）

（《民立报》1912 年 3 月 24 日，“南阳电报”）

丁绪余等致孙中山等电

（1912 年 3 月 24 日载）

孙大总统，参议院，袁大总统，《民立》、《天铎》转各报公鉴：

倪嗣冲以颍人荼毒颍地，南北统一，自恐不容于全皖，创议割阜、亳、太、涡四邑改属豫省。袁大总统系豫人，嗣冲妄以不肖之心，阳为攀附，阴实自便私图。电恳主持，四邑仍隶颍属皖，公理服从多数，断不容以嗣冲一人，违反我三千万人意见。盼速电示，以定民依。颍郡七属驻省联合会丁绪余、澹台树人、王德奎、张杰英、高亚东、何从义、孙照斗等五百七十三人公叩。（南京发）

（《民立报》1912 年 3 月 24 日，“南京电报”）

旅厦潮商致《民立报》转孙中山、袁世凯等电

（1912 年 3 月 24 日载）

《民立报》转南京孙大总统、北京袁大总统暨各报馆均鉴：

林激真违抗粤督命令，拥兵私自来潮，轰击陈安抚使，占拒汕头，纵兵抢掠，任意妄杀，甚至剖人心肝，弃尸海面，惨无天日。商民糜烂，阖汕罢市，含冤莫伸。恐贻外人干涉，大局岌岌。务乞垂怜，迅速拯救，大局幸甚，潮州幸甚。万急。旅厦潮商全体泣叩。（自厦门发）

（《民立报》1912 年 3 月 24 日，“汕头电报”）

汉冶萍股东会致孙中山电

（1912 年 3 月 24 日载）

孙大总统鉴：

今日汉冶萍开股东会，全场一致反对合办。兹将致盛电录呈钧鉴。电文曰：今日开股东会，到会股东四百四十人，共二十万八千八百三十八股。投票开会［简］①，公同验视，全场一致反对合办。已逾公司全股十分之八，照章有议决之权。草约同自无效，请速取消。云云。汉冶萍股东会公电。（上海来电六十七）

（《临时政府公报》第四十九号，1912 年 3 月 27 日，“附录·电报”；又见《时报》1912 年 3 月 24 日，“本埠新闻”；《申报》1912 年 3 月 24 日，“本埠新闻”）

① 据《辛亥革命前后·盛宣怀档案资料选辑之一》第 262 页校。——编者

钟观光上孙中山书

（1912 年 3 月 24 日载）

中山先生大总统阁下：窃闻有善不彰，非所以劝后；有功不纪，非所以砺民也。今者清帝逊位，政体大定，光复盛举，震耀寰区。当世论者念缔造之艰难，保持之不易，亦思有所表识，以资激劝。若纪功之塔、自由之钟，皆深识之士所欲有事者也。然是等计画，工作不易，需款亦巨，既难猝成，亦无厚效。以光论之，则在军言军，有一至良之方术焉，即所谓纪念林者是也。盖此次民军之战绩，以克复南京为最优。南京之地，附郭近郊皆有名山高阜，绵亘其间，自钟山、蒋阜，以至清凉、狮山，袤延数十百里，而弥望不毛，如入沙漠无人之境，民俗窳惰，令人戚然。宜亟由钧处颁布命令，利用此土，以纪战功。凡现在本城诸军，及前敌之撤回者，皆由统带军官，采求苗木，分配军士，每人若干本，率令种植。其地则以孝陵卫前山为最宜，以其本属官荒也。（如清凉山、下关等处，查有官荒亦甚合宜。）其木则不拘种类，如松柏、桐榆、枫□之属，但取易得，皆可适用。（如用松木则每秧苗百本只值钱数十文。）先测定地段，分区制图，匀配各军，依次栽植。每一军团栽毕，皆于林地之前，以木制牌坊作为标识，如曰“粤军纪念林”、“镇军纪念林”之类，亦许附载战迹，刊列姓名，以纪一时之盛。再于总林地外，缭以石垣或土墙，毋使牛马侵入，害其萌蘖。如此，则费少而易为，工分而易举。以军人纪军事，则名正而易使；以荒地作林地，则事顺而易行。其直接之效用，可以纪劳绩、彰事功，使国民心理望而感奋，以诱其爱国护公之观念；其间接之效用，则又能助审美、调气候，增自然风物之壮丽，消农田水旱之偏灾，盖一举而数善备焉。其管理之法，或隶内务省保护，作为政府官有林；或归公众团体监督，作为地方公有林。厥后枝干长成，郁葱在望，禽鸟麇集，繁卉滋生，并许学校生徒借作学习林之用，俾讲求博物及农林学者得入而研究焉。是举若成，于精神及物质上皆有莫大之利益，以视鼓钟铸鼎、刊碑勒铭，徒以一单体为纪念者，其效用之广狭不可以道里计也。机不可误，时不可失，惟在大总统卓见英识，下令陆军部妥议办法，从速举发。春寒渐退，战事适终，草木将苏，正宜栽种。为此率臆陈请，伏希鉴察施行。不宣。

（《钟观光上孙大总统请栽种纪念林书》，《申报》1912年3月24日，“来稿”）

马云卿等致袁世凯、孙中山等电

（1912年3月25日收）

北京袁大总统、南京孙大总统、黄参谋总长、武昌黎副总统、开封齐都督钧鉴：

云卿驻扎南阳地方，恪遵命令，保守秩序。刻第六镇李统制纾饬令该镇统带吴金彪进进宛城，利土匪、逃兵烧杀抢掠，残害生灵。宛民何辜，独受公兀后之惨祸。云卿应如何对待？恳速电示。马云卿、刘驮同叩。印。（南阳发）

（翠亨孙中山故居纪念馆藏档；又见《孙中山藏档选编·辛亥革命前后》，第594页）

潮州会馆致孙中山、唐绍仪等电

（1912年3月25日）

南京孙大总统、唐总理、黄陆军总长均鉴：

潮汕事更危急，乞速救援，万幸万急。潮州会馆叩。有。（上海来电七十三）

（《临时政府公报》第五十号，1912年3月28日，“附录·电报”）

军界统一会致孙中山、黎元洪等电

（1912 年 3 月 25 日）

南京孙大总统、武昌黎副总统、南京参议院、各省都督、各军司令公鉴：

本会已于三月廿五日开成立大会，议决会纲，并派员赴宁促成统一政府。宁、苏、浙、豫、皖、奉、吉、黔、粤、鄂、燕、鲁、晋十三省，又蒙古、临淮、江北、热河、察哈尔、上海等处代表共五十九人均与会。军界统一会。有。印。（北京来电八十）

（《临时政府公报》第五十二号，1912 年 3 月 30 日，“附录·电报”；又见《时报》1912 年 3 月 28 日，“公电”；《申报》1912 年 3 月 28 日，“公电”）

孙道仁致袁世凯、黎元洪等电

（1912 年 3 月 25 日）

北京袁大总统、武昌黎副总统、参议院、孙中山先生均鉴：

召集国会，应依临时约法第五十三条规定。维持国基，端在守法，私人行动，非以法定组织者，政府断不承认。闽省派员之事，本都督并未与闻，谨告。闽都督孙道仁。径。（福州来电八十二）

（《临时政府公报》第五十二号，1912 年 3 月 30 日，“附录·电报”；又见《临时公报》，1912 年 4 月 1 日）

胡瑛致孙中山、黄兴等电

（1912 年 3 月 25 日）

孙大总统、陆军总长黄、外交总长王鉴：

敝处所辖军队，纪律素彰，而对于各国人士，尤极尽保护之力。故青、莱等州所驻北军，尚不免时有骚动，而敝处军队，绝不稍碍治安。乃日前唐总理过烟，英德领事晤见时，似形不满意于我军。其中或别有用意，亦未可知。至于领事团会议，请兵来烟，伊等援京津成例，自图保卫，我等固无阻止之心。但其中系少数人意见，并未得领衔领事之赞成。现敝处已编定宪兵队，于领事团界、商界，时为巡防，加意保护，以裨外人乂安。请尊处通告宁沪各领事，转致驻烟领事，各自安处。并请唐总理电达袁总统，知会外交团，无为惶惑为盼。鲁都督胡瑛叩。有。印。（烟台来电八十七）

（《临时政府公报》第五十四号，1912 年 4 月 1 日，“附录·电报”）

中国同盟会山东支部致袁世凯、孙中山等电

（1912 年 3 月 25 日）

袁大总统、《亚细亚日报》、《国风报》、南京孙大总统、唐总理、各部总长、参议院本部、各政党、奉直鲁协会、黎副总统、各省都督、各军司令，《民立》、《神州》、《大共和报》及各报馆鉴：

顷阅马龙标等个电，称山东都督胡公为自称都督，强占一方，又称我等军人当视为公敌等语。胡公之为山东都督，先经山东人民共举，又经孙大总统加状委任，全国皆知，何得指为自称都督、强占一方？马龙标等甘受张广建之运动，不认孙大总统委任之人，是即不认孙大总统，不认孙大总统，是即不认袁大总统，不认两大总统，是即反对中华民国，甘为中华民国之公敌。现同人已联合各界，吁恳胡都督迅速进兵，扫除民国公敌，巩固民国基础，恐有误会，特此电闻。中国同盟会鲁支部叩。有。

（《民立报》1912 年 3 月 27 日，“山东电报”）

连承基等致袁世凯、孙中山等电

（1912年3月25日）

万急。袁大总统、孙大总统、黄陆军总长、各部长、参议院、唐少川先生、黎副总统、各报馆、各都督、各军司令钧鉴：

阅个日山东第五镇马龙标纠合前清军官通电，不胜发指。胡都督受东人之公共委托，并孙总统正式委任来烟，人谁不知，马龙标竟指为公敌；各军奉黄陆军长命令来鲁驱除土匪，保全秩序，人谁不知，马龙标竟指为占据蚕食。马龙标不知有孙大总统与黄陆军长之命令，即系不承认民国；不承认共和，非独鲁省罪人，实属天下公敌。我等此次流血几许，以求共和，若听此等民贼横行，生何以对共和民国，死何以对共和民国之为共和死者？袁大总统受国民公托，为人民谋共和幸福，想于此种民贼必不容留，使为共和之障碍。某等军人愿以一死请命，诛此枭獍，以巩共和国家之基础。至胡都督昨经辞职，我等曾一再挽留，并电请尊处代为劝阻。今事变若此，胡都督若萌退志，即为我共和民国之罪人，我等军人万难服从命令。谨此公布，即希查照，速斩马龙标以谢天下，否则某等军人决不能与马龙标两立，望速解决，至盼至祷。鲁军总司令暨军界全体一万二千人同叩。有。

（《申报》1912年3月26日，“公电”）

张广建等致袁世凯、孙中山等电

（1912年3月25日）

袁大总统、各部首领、孙大总统、参议院、黄参谋总长、黎副总统、各都督、各报馆均鉴：

昨奉袁大总统漾电内开：烟台同盟会徐镜心等马电称：山东不

幸，全境秩序扰乱，共和宣布以来，全国咸臻乐土，惟齐、鲁尚沉沦地狱，不得已联合全省父老兄弟，进兵济南，剪除民贼，等语。同日有孟焕尧持胡经武君委任状、驻烟山东全省临时议事会委札来见长盛，据称已由该会电明大总统，公请胡经武带兵晋省，接任都督，连合防阳各军，分布各州，以资弹压，请即宣告各营，指日大军过境，等因。又接烟台连成基、周庆恩等均用个人名义通电，藉口山东地方糜烂，欲以铁血解决，并吊民伐罪等情。

统阅各电语意及孟焕尧所述情节，殊堪诧异。查山东为南北枢纽，自革潮激荡以来，屡濒危险，赖我军人内清伏莽，外巩边防，以完全达到共和目的。迨国体解决，党人犹多方煽惑，意在攘夺政柄，恣所欲为。□以防范严密，无隙可乘，乃耸动胡经武君，扬言进兵济南，为迫胁之计。同盟会为孙大总统从前所创，早已宣布改为政党，载在各报。徐镜心竟敢冒用会名，电袁大总统，实属谬妄。至称山东秩序扰乱，不知何据。试与各省相比，南方糜烂，姑不具论，即津、保素称完善，犹因兵变焚掠，琐尾流离，独山东尚补苴于罅漏之中，环顾邻疆，较为安谧。徐镜心谓沉沦地狱，三尺童子亦知其诬。胡君经武最重公理，前已约定各守疆界，毋许侵越，必不至有冒昧之举动。徐镜心等合谋拥戴，声言带兵晋省，不过欲推翻政局，营个人位置，扰乱治安，有所不计。现在五族一家，海内方企踵喁喁，以盼幸福，若辈乃首逞狂悖之词，思启干戈之衅，破坏大局，关系匪轻，应请胡经武君严加约束，禁止妄为。我军人各负维持公安之责，倘徐镜心等不遵命令，竟犯我军应守地点，彼时无所逃命，惟有励兵秣马，谨备非常。万一主客相遇，致生冲突，而启兵端，推原发难之由，则烟军实尸其咎，海内同胞自有公论。谨布区区，伏惟鉴察。山东都督张广建、五镇统制马龙标暨四十七协统领张树元、中路巡防统领孔庆塑、前路巡防统领兖州镇田中玉、左路巡防统领登州镇叶长盛、右路巡防统领曹州镇张善义，后路巡防统领方致祥代表陆防各军将士等同叩。有。

（《申报》1912 年 3 月 27 日，“公电”；又见《民立报》1912年3月27日，“山东电报”；《时报》1912年3月28日，“公电”）

自由党本部暨七十二支部职员致孙中山电

（1912年3月25日载）

南京孙中山大总统鉴：

自由党发起之初，承公慨允为正主裁。现公已解政柄，因于本日在沪召集七十二支部职员，公同举定。恳即实践前言，早日莅沪视事，宣布党纲，以谋进行。自由党本部暨七十二支部职员叩。

（《申报》1912年3月25日，“公电”；又见《民立报》1912年3月26日，“公电”）

沈佩贞致孙中山、唐绍仪等电

（1912年3月25日载）

孙中山先生、唐阁、总参议院诸君钧鉴：

女子参政为共和民国所必要，恳即照准。沈佩贞叩。（上海来电七十四）

（《临时政府公报》第五十号，1912年3月28日，“附录·电报”；又见《申报》1912年3月25日，“公电”）

陈其美致袁世凯、黎元洪等电

（1912年3月26日）

袁大总统、武昌黎副总统、南京孙大总统、各部总次长、参议院、各省都督公鉴：

前据王兴汉、陈聚呈称：查前大清银行，总行虽在北京，枢纽全在上海。历年推广分行四十余处，司其事者，藉官权以夺商利，挟部势以搜公款，营业遂占优胜。年来海内商业凋敝，不予维持，汇号钱庄，大受倾轧，以致相率倒闭，市面一空，贻害大局，实由于此。其资本银一千万两，名曰官商各半，其实商股甚微。股票为京官权要垄断得之，故满清度支部倚为外府，官中公款，与官中私款，又较商家存储为独巨。约计该行收放约银六七千万两，除真系商款往来外，何一非官款。

该行经理宋汉章、胡六芗等，狼狈为奸，乘机而发。时值上年九月，上海光复，预防民军政府干涉，遂觅寓沪三五股东开会于该行，冒称全体股东，以谋抵抗，并将现银契据寄贮洋行，一面移甲作乙，暗将公款改为私款，使民军无从究诘。遍登日报，只认官款五百万，其余往来各户存欠，彼此结算等语。逆料民军北伐，满清政府不能图存，道旁苦李，无人过问，而股东多属亲贵官宦中人，可以肆其挟制，即殷富私家存款，亦概置之不付。沪上三五附股者，受其利诱，挺然代拄门面，其实内容茫无知觉。因平时每年股东开会，皆在北京总行，到会者皆有权力巨款之人。各行监督，向属实官，均部员充之，微末商人，附有小股，无从插足其间也。今忽俨然充当会员议长，姑念实不及此，而宋汉章等，实以傀儡畜之。

上年六月，满清度支部通饬各省财政监理官，行文各府州县，有现在大清银行改为国家银行等因在案。可见该行商家附股，已在消灭之中。就令以前官商各半，然其中官款所存，应归民国政府公用，亦属毫无疑义，岂容借口商家股东，出而抗阻之理。乃宋汉章等，罔利营私，弗顾大局，在银行为巨蠹，在民国为公敌，论其大逆不道，已属罪不容诛。

尤可异者，南京政府成立，财政设有专部。又乘间以股东会名义，请将该行改为中国银行。握持中央财政出入，要求种种利益，竟敢倡言保存商股五百万两。所有此次民军起义，地方损失，即在官股五百万两内取偿。与上年广告，前后两歧，实属贪诈已极等情，叩请查办。

前来据此。查民国成立伊始，百端待理。而财政之竭蹶，异乎寻常。宋汉章等，身为国家银行经理，应顾全大局，竭力整顿。乃计不出此，竟敢捏造吞匿，以图中饱。按之法律，实难宽容。迭经敝处函传质讯，奈该经理恃租界为护符，抗不到案，不得已侦其出界，派员捕获。此事关系财政，本可迳送财政部核办。因控案牵涉财政部，故该部理应回避。由敝处照会沪上南北商会，会同敝处委员，秉公核算。总期一切公款，涓滴归公，不使一二奸商任性乾没也。谨此电闻。陈其美叩。宥。（上海来电八十三）

（《临时政府公报》第五十四号，1912 年 4 月 1 日，"附录·电报"；《时报》1912 年 3 月 27 日，"本埠新闻"；《申报》1912 年 3 月 27 日，"公电"）

烟台商会致袁世凯、孙中山等电

（1912 年 3 月 26 日载）

北京袁大总统、南京孙大总统、参议院钧鉴：

闻胡都督有恳求辞职之信，全埠商界，无不惊骇。伏念东省秩序，全仗胡都督极力维持，烟埠感戴尤深。况登州各属驻军甚多，尤赖胡公镇慑。胡公一去，大局极危。务求我公俯念商民生命财产，慰留胡公，予以山东政权，不胜感戴之至。烟台商会全体公叩。（烟台来电六十一）

（《临时政府公报》第四十八号，1912 年 3 月 26 日，"附录·电报"）

谭延闿致袁世凯等电

（1912 年 3 月 26 日载）

北京袁大总统、各部院、南京孙大总统、各部院、武昌黎副总统、各省都督、各议会、各埠报馆均鉴：

民国初立，治理万端，稍涉疏虞，便成凿枘。延闿自维学识浅陋，无补时艰，故自大总统就职及提出国务卿以来，未尝以一言发表政见者，深恐以无当之言，有尘清听耳。顷奉黎副总统祃电，词意痛切，精诚曝著，所言与其断送于今日，宁补救于将来，精理名言，深为钦佩，诸公明达，谅予赞成。抑延闿更有陈者，各省先后起义，怀抱之目的虽同，而进行之手续或异。以言军事，则骄惰成习，不识服从为何物。以言民事，则司法行政，时有冲突。财政困难，尤其小焉者。至于法令条件，虽不能规定于戎马仓皇之日，亦当举纲领于政府初建之时。愚以为国务员固应即时确定，其以后之积极进行，当悉听命于中央政府，而以国会为监督机关，以符民国政体。不然，南北虽一家，仍不统一，此中危险，更何以治内而对外乎？观前清政治，各省自为风气，议者讥为十八国。此次革命收功，允宜统筹至计，幸毋因陋就简，再种恶因。若夫用人行政，虽在大总统权限之中，特从前名誉已坏、为民国所不认可者，自不宜再留于政界。倘或因统一而实行专制，因共和而未能协同，凡皆足以致前途之危，酿第二次革命之惨。诸公高明，当亦深慨于此而急图补救者。延闿不才，谨贡区区，伏维鉴谅。湘都督谭延闿叩。印。（长沙来电七十九）

（《临时政府公报》第五十二号，1912 年 3 月 30 日，“附录·电报”；又见《申报》1912 年 3 月 26 日，“公电”；《民立报》1912 年 3 月 26 日，“湖南电报”）

熊梦飞致孙中山、袁世凯等电

（1912 年 3 月 27 日收）

南京孙大总统、北京袁新大总统、武昌黎副总统、各省都督、各军司令钧鉴：

共和成立，南北已成一家，何汴抚零［齐］耀琳擅行进兵，逼攻南阳，涂炭生灵，破坏大局。请速行通电解决，祷切。左军司令部军事参谋熊梦飞叩。印。（南阳发）

（翠亨孙中山故居纪念馆藏档；又见《孙中山藏档选编·辛亥革命前后》，第594～595页）

江北都督府机关报处致《申报》等转袁世凯、孙中山电

（1912年3月27日）

申报暨各报馆、南京中央公报、北京国风日报馆均鉴：

蒋都督乞赈电文如左（下）：

北京大总统袁、南京大总统孙、张季直先生均鉴：前次电恳大总统先拨数万金，以救江北灾民之急，此电计登钧览。窃查江北近数年中，无岁不有水灾，无年不有饥馑，人民困苦已达万分。去年夏秋之际，水患更甚于前；秋冬之间，继以变乱，灾情之重，为十数年来所无，亦为东南各省所希有。今筹赈者方留意于皖，以为皖北之灾，甚于江北。其实江北受灾，与皖不相上下，且间有数处受灾较重于皖，此不可不辨者也。

自城内粥厂设立以来，各处饥民争赴恐后，浦城内外饥民麇集数万。虽一瓢糊口，苟延残喘于须臾，而冻馁交攻，必丧沟渠于异日。前日王家营分设粥厂，饥民大至，有行至中途颠踣气绝者，有略被拥挤一蹶不起者，每日饿毙，必有百数十人。死者枕藉于途，生者号呼于野，种种惨痛之状，口不忍言，目不忍睹。其设有粥厂之地而耳目所及者，情形如是，未设粥厂之各属，耳目所不及者，情形更可想而知。

雁行德薄能鲜，忝视此方，而坐视灾民之日有死亡，力不能拯，中心如捣，日夜彷徨，敢作九阍之呼，急效秦廷之哭。伏乞大总统念江北之遘灾，悯饥民之垂死，迅拨十万或七八万金以充急赈

而救灾黎，不胜迫切待命之至。江北蒋雁行九叩。宥。印。江北都督府机关报处。沁。印。（清江浦来电一）

（《临时政府公报》第五十二号，1912年3月30日，“附录·电报”；又见《民立报》1912年3月31日，“清江浦电报”）

张锡銮致孙中山电

（1912年3月27日）

孙大总统鉴：

漾电悉。恫瘝在抱，无任佩仰。津保被乱兵所扰，保定较重，繁市为墟，商民失业。锡銮莅任，甫经及旬。连日官绅会议，筹办善后。现已开办平粜急赈，并由绅民集合京、津、保善后协会，实力进行，俟定完全办法，随时奉告。惟款项奇窘，官民并困，无米之炊，难为巧妇。各处兵队，渐复秩序。亟盼望政府成立，方针早定，救灾恤民，莫急于此。特此奉复。直隶都督张锡銮叩。沁。（天津来电八十四）

（《临时政府公报》第五十四号，1912年4月1日，“附录·电报”）

黎元洪致袁世凯、孙中山等电

（1912年3月27日）

袁大总统、孙大总统、参谋部黄总长、各省都督、各司令公鉴：

顷接敝省刘公由襄通电：敝军已于昨午安抵襄阳，沿途安静。左军总司令兼河南安抚使刘公叩等情。复准参谋部黄总长电陈前情。查敝省前以南北交战，荆襄要冲，曾委刘公为北伐左军总司令兼河南安抚使，前往相机抚援，以厚兵力。自共和宣布后，即电饬将原职取消，改为驻襄司令官。乃该军因雨雪连绵，道途梗阻，迟迟始达，犹复用从前职衔，通电报告，致滋疑惑，元洪实深惭愧。除由敝处再电饬遵外，合亟声明。元洪叩。感。（武昌来电八十六）

（《临时政府公报》第五十四号，1912 年 4 月 1 日，“附录·电报”）

蒙古联合会致袁世凯、孙中山等电

（1912 年 3 月 27 日）

北京袁大总统、南京孙中山先生、唐少川先生、参议院诸君、武昌黎宋卿先生、各省都督、议会、谘议局、各军政分府、各司令、各报馆公鉴：

共和宣布已逾四旬，总统就职已逾半月，而政府尚未成立，名为民国垂成，实乃陷入无政府之危境。迩来危机日烈，险象环生，外交则任人取携，内治则全国糜烂，离析分崩，危亡将至。推其原因，皆由于党派纷错，意见歧出，因之国务员骤难任定，于是政府难成。窃谓当此时局艰难，组织政府，凡我同胞，当视为救亡之不暇，勿引为酬庸之盛典，但得政府成立，国幸能存，所有国务员等尽可随时监督弹劾。若于今兹危急存亡之日，而斤斤于毫毛得失之争，窃恐争议无已，国务员终难得人人满意之时，而国已不知何往矣。危亡之机，思之心怵。本会联合各王公同赞共和，原期五族无猜，共谋幸福，故组织临时政府，选任国务各员，虽无一蒙人厕足其间，本会未尝藉口发言，至挠大局。诚知国家之存亡为重，个人之得失为轻，若以旬日以来之现象观之，则似国务之责任，皆为个人权利之私图，扰攘分争，竟无已时。然则本会诸王公与其随同附合，陷于瓜分豆剖之余，何如早自为谋，犹不失头痛医头，脚痛医脚之故事也。要之，无政府之国，一日不可以自存，愿我明达同胞勿狃于四旬以来之往事以为。往者未底危亡，来日犹可幸保。时事亟矣，岌岌不可终日矣。凡被任为国务员者，应以国家为前提，勿怀顾忌，勿自鸣高，应即翩然就职，即议院、议会诸君意见，偶有异同，亦宜敦劝就职组成政府，徐观后效。嗟乎！汉族同胞文化先进，共和之初而乃有此，蒙人复何望焉。环顾涕泣，言尽于斯。蒙古联合会。沁。

（《申报》1912 年 3 月 29 日，"公电"；又见《民立报》1912 年 3 月 29 日，"公电"；《时报》1912 年 3 月 29 日，"要闻二"）

黎元洪致袁世凯、孙中山等电

（1912 年 3 月 27 日）

万急。袁大总统、各部首领、孙大总统、各部总长、参议院、统一会、各都督、各司令、各报馆鉴：

叠［迭］接烟台、济南急电，深为隐愕。现在共和成立，胡越一家，况同隶省域，尤当共策进行，力图补救，乃竟以各戴都督之故，藉武力为后援。虽诸公热忱义愤，或眷怀桑梓，或保护闾阎，未尝不光明正大，然杀机一开，龙蛇起陆，牵一发而动全身，合九州而铸大错，各省效尤，列强乘衅，虽有圣智，亦无所施设，大陆神州，竟从此酿瓜分之祸。我山东最亲爱之同胞，将何以谢天下乎？胡都督贤劳国事，奔走拘囚，海内同志久深景仰。自武汉起义，赞助外交，东南半壁，倚为长城，元洪饮水思源，尤深私感。乃因蕲政体统一，竟请取销重任，归隐故园，视富贵若浮云，爱共和如性命，此等人格，真当铸金事之。设诸公坚执成见，必欲强仙鹤于樊笼，役神龙于轮辇，明德为累，令闻不彰，揆诸君子爱人之心，岂忍出此。至张都督内清伏莽，外固边防，其功原不可没，然甘露窘于偏施，明月穷于普照，牧民者或有从怨于上之虑，防匪者或有变本加厉之虞。当此十手交乘，高明神恶，虽是非要可共襮，而人地究似不宜，再四思维，惟有哀恳袁大总统，将胡督准予辞职，张都督调离东省，迳命一资望最优之人，迅速赴任，无庸由单方推举，至启争端。将来宪法规定，再行遵照办理，似于划一政权之道，仍示服从舆论之心。度张都督视民如伤，当必不以此介介。一面仍开导两军，使之悉蠲意见，共纳范围。阋墙虽凶，终为昆弟，与长沦于异族，宁暂屈于同胞。倘再有一矢先加，恃强不服，义旗所指，咎有攸归。洪虽驽钝，愿随南北诸都督之后，以征不庭。我两军诸将士素持大体，值民国肇造之初，岂忍以伟烈丰功，甘为戎首。事关危急，星火燎原，敢进忠言，伏希亮察。元洪叩。感。

（《申报》1912年3月30日，“公电”；又见《民立报》1912年3月30日，“武昌电报”；《临时公报》，1912年3月30日）

蓝天蔚致袁世凯、孙中山等电
（1912年3月27日载）

袁大总统、黎副总统、唐总理，孙中山、黄克强两先生及各都督、各路军团长、各团体、各报馆鉴：

大局初定，国基未固，凡我同胞，各宜化除意见，共济时艰，内息兄弟之争，外结邻邦之好，免乘我隙，坐收渔利。天蔚添［忝?］膺重寄，无补国家，午夜扪心，徒深汗背。关外虽地处危难，政府自有善后之策，无俟蔚虑。兹已将战务告退，现有军队，待袁公派人接收，当检点交卸，俾得早日归田，读书养气，准备山宅。蓝天蔚谨叩。（自烟台发）

（《民立报》1912年3月27日，“山东电报”）

河东统一党支部致袁世凯、孙中山等电
(1912 年 3 月 27 日载)

北京袁大总统、南京孙大总统、各省都督、统一党、各部长、各代表、各同志团、各议会、各报馆、各统一党分部均鉴:

晋南同志诸人已在运城组成统一党支部,于三月二十一号开第一次大会,推定临时部长张君士秀,副部长王君平摄,又推定干事员八人。嗣后凡统一党政见及一切进行方法,与本支部有关者,统希电达陕州都督支部。特此布闻。河东统一党支部叩。(自陕州发)

(《民立报》1912 年 3 月 27 日,“河南电报”)

河东地方联合会致孙中山等电
(1912 年 3 月 28 日)①

南京孙大总统、黎副总统、伍代表、黄陆军总长、各省都督代表鉴,并请电转天津《国民日报》及各报:

前山西南镇谢崔加残酷性成,去年戮杀无辜士绅,不堪计数,且放纵士卒,涂炭生灵,居民痛恨骨髓,咸有龟山之叹。今伊又奉李盛铎命令复镇平阳,且携带快枪数百枝,子弹五十五万,其居心叵测,已漏端倪。现在平阳一带,居民闻风惊慌,恐重遭浩劫,扶老携幼,送至河东,哀求保护者,道路络绎不绝,城市为之拥挤,惨伤不堪言状。且伊南下时,依用清吏衣冠,道经祁县等处,地方

① 本篇原电无月份。因电文中俱同时提及“孙大总统”和“袁大总统”,当在孙中山于南京解职之前、袁世凯于北京就职之后,故定为三月。——《孙中山藏档选编·辛亥革命前后》编者注

官出迎，谢有功责令用宣统年号，是其负固不服，更为彰明较著。夫共和宣布，尽属一家，各除意见，袁大总统已经电告。而伊胆敢抗拒，显与大势为难。河东毗连平阳，势必挑z起变端。李盛铎用此败类，且假以枪弹，两人之包藏祸心，亦可概见。倘李、谢仍祸起萧墙，常伏乱种，晋民将无噍类。请电达袁大总统，速将李、谢撤去，以清祸源。全晋感甚。大局幸甚。河东地方联合会叩。印。(陕州发)

(翠亨孙中山故居纪念馆藏档；又见《孙中山藏档选编·辛亥革命前后》，第600页)

张广建致袁世凯、孙中山等电

(1912年3月28日)

火急。北京袁大总统、各部首领、南京孙大总统、参议院、黄参谋总长、武昌黎副总统、各省都督、各报馆均鉴：

窃广建一介庸愚，荷蒙破格栽培，拓之风尘之中，跻于崇高之秩。到东以来，始绾藩槁，继权抚篆，日夜思竭其驽钝之力，以图报称。东省居南北要冲，潮流激荡，在未共和以前，外巩边防，内清伏莽，补苴□漏，幸获安全。及至国是解决，南北一家，本省三数党人，挟取消独立私憾，捏造蜚语，百计中伤，日以推翻官府、攘夺政权为事。赖钧座主持于上，谤书盈箧而冰鉴涵空，广建益觉感激涕零，驰驱黾勉。前值京津之变，五镇兵心不靖，又有人乘机播弄，祸在眉睫，岌岌可危。当经会同军警寅僚，多方捍御，惊涛骇浪，得就安流。计目前全省之内，惟青州、莱州少数营兵滋闹，微有劫惊；南境边界韩、台、金、鱼四处，受徐州丰砀土匪影响，不免告惊；曹州土寇窃发，派兵剿办，迭获胜仗，渐次肃清；其余各府州县，民生未遭涂炭，现状不至恐慌。竭蹶支持，差告无罪。现正组织舆论机关，召集临时省议会，冀可广集群言，共谋幸福。

无如反对者意见不化，融洽为难。虽公正之绅，道合志同，而无以解民于铄金之口；虽高厚之慈，宥瑕匿过，而不能见谅于异己之徒。浅望既不足以服人，免咎宜莫如藏拙，早已知难思退。只以受大总统国士之知，涓埃未答，苟利大局，虽捐糜顶踵，牺牲名誉，有所不恤；更何敢轻言高蹈，自外生成。奈攻击觝排，日甚一日，至因用广建一人而有累盛德，寸心耿耿，实抱不安。与其逆流而进，终堕漩涡，何如相机而行，遂我初服。反复思维，惟有吁恳恩施，俯准辞职，所遗山东都督一缺，请另选能武兼资、声望卓著之员来东接替。俾广建得弛负担，借避潮流，感戴成全，实无涯量。至东省风云紧迫，新旧代谢，变故易生，广建未离山东以前，对于军警各界自应妥善维持，保全终始，断不敢稍在愬置，贻大总统南顾之忧。所有恳辞山东都督缘由，谨电陈请，伏候命令施行，不胜切盼。张广建叩。俭。印。（济南发）

（翠亨孙中山故居纪念馆藏档；又见《申报》1912 年 3 月 31 日，“公电”；《民立报》1912 年 3 月 31 日，“济南电报”）

绍兴旅沪同乡会致袁世凯、孙中山等电

（1912 年 3 月 28 日）

北京袁大总统、南京孙大总统，陆军部、财政部总次长钧鉴：

沪中国银行经理宋鲁被沪都督派兵诱捕，殊属违法，旅沪商界咸有戒心。新政府虽未组织完备，然临时约法具在，无论宋鲁所犯何罪，总应正式传讯。应请速电饬释，以安人心，不胜切祷。并祈电示。绍兴旅沪同乡会叩。勘。

（《申报》1912 年 3 月 29 日，“公电”；又见《民立报》1912 年 3 月 29 日，“公电”；《时报》1912 年 3 月 29 日，“本埠新闻”）

盛宣怀致孙中山函

（1912 年 3 月 29 日）

中山先生阁下：

两上芜缄，度邀青鉴。汉冶萍股东反对，已正函致日代表取消前议，并面告前途。一人愿负责任，不得另生枝节，似已默许，堪慰。下走交涉数十年，向以信义为操纵，用敢上纾尊廑。钢铁关系自强，需本甚巨，华商心有余而力不足，恐非政府与商民合办，不能从速恢张，以与欧美抗衡也。闻公卸责后即离南京，而上海为社会人才荟萃之薮，八方消息灵通。可否襜帷暂驻，以慰天下喁喁之望。敬请钧安

附抄函一扣。

敬再启者：敝族祖产前蒙俯诺保护，心感靡涯。适值江皖急振，已商三井，拟将各典当抵保一款尽数捐助，惟闻苏州都督仍以未奉公令，无所率从，而动产日日销磨，将归乌有，殊负仁人爱护之初心。况久大苏典已有陈姓禀催拍卖，肇大扬典亦有奸商觊觎。于小民大损，于公家何益。谨附公呈两扣，伏祈裁夺，即日发交江苏、江北两都督，准如所请办理。本不敢以私产小事干渎尊严，公将去矣，无可呼吁，不胜感激悚惶之至。

盛宣〈怀〉又启

三月二十九日

（《辛亥革命前后·盛宣怀档案资料选辑之一》，第 333～334 页）

云南国民等六公会致孙中山等电

（1912 年 3 月 29 日）

孙总统、滇同乡会、黎总统、临时议会鉴：

漾电谅达。滇议会结党怙恶，攘夺公权，选举民国会议员十六人，舆论大哗。沁日各团体开三遁国民大会，议决由民另行公选。闻该议会根据伪清捏电诬陷，尚希详察。滇国民等六公会叩。艳。（昆明发）

（翠亨孙中山故居纪念馆藏档；又见《孙中山藏档选编·辛亥革命前后》，第561页）

张广建致袁世凯、孙中山等电

（1912年3月29日）

北京袁大总统、南京孙大总统、参议院、武昌黎副总统、各省都督、临时议会，上海、北京、天津、武昌各报馆均鉴：

阳历三月二十一日午后五钟，巡警道吴炳湘由院回署，路经济南府署前大街，突来数人向轿前掷放炸弹，伤卫兵、轿夫等三名，吴道无恙，当场拿获凶犯王化庭一名，据吴道呈报在案。广建以情节重大，非讯明其暗杀宗旨系反对政治抑系因个人私愤，不能决定其应归何项衙门受诉，只得先行特别委派执法营务处司道会同地方审判厅厅长张瑛齐、地方检察厅检察官孙多宸提犯讯问。据王化廷供称：系山东胶州人，去年八月进京宰猪糊口，本年正月有东四牌楼居住京官侯延爽雇至其家帮忙。侯延爽常与同乡范之杰、高伯香、王玉三、于洪起、骆明典及不知名的周姓、何姓、石姓等多人商量谋杀山东抚台与巡警道，问伊能办此事否，并云如能办到，他们作三大官，给伊好处，伊遂允从。侯延爽等并向伊作了两个揖，牵手叫伊兄弟，给其路费十七元，炸弹两个，令其到东交一个与张见亭，又信一封交给谭季平的。正月二十二日由北京动身，侯延爽亲送到前门车站。二十四日由天津坐火车到济南，住西关谭宅。谭与侯是儿女至亲，遂与谭季平及历城人张见亭见面，同谋掷放炸弹等情不讳。由司道等开具供折前来，当即据情电达袁大总统，请求办法。顷奉复电内开：案情重大，应交高等检察厅解送北京总检察厅起诉，归大理院受理。现正在分行解送，特先电闻。张广建。艳。

（《申报》1912 年 3 月 31 日，“公电”；又见《时报》1912 年 3 月 31 日，“公电”）

公民急进党致孙中山等电

（1912 年 3 月 29 日）

南京前总统孙、总理唐、参议院、陆军部暨各军界鉴：

国卿是责任事，非酬庸具，去留之权，民为政，更不必视为希贵。任之不能却，不任不能营。今黄君既卸陆军，复辞参谋，国人能谅其洁尚之高风，独不能无压迟国卿之误会，尤乌可挟一孔之私，忤黄君本意，而为之争陆军部哉？且国卿不定，国体不成，险象日迫。事急矣，莫再误。公民急进党。艳。（上海去电）

（《时报》1912 年 3 月 30 日，“公电”）

袁世凯致孙中山等电

（1912 年 3 月 29 日）

孙大总统、各部总长、参议院、黎副总统、各都督、各司令、各报馆鉴：

黎副总统感电情词迫切，令人倾倒。自鄂军起义，南北分离，即凯生长兵间，晚而归隐，值神州鼎沸，渔利相乘，嗟我同胞，水深火热，不忍视五族人民万劫不复，入手办法，即以尊崇人道为宗旨，惊风骇浪，一意孤行，排难解纷，智尽能索，实赖明达鉴此愚忱，同赞共和，亟谋统一。正欲合四方英杰，修好释嫌。同室有难，则披发缨冠，其兄关弓，则垂涕而道。若复各分畛域，无术补苴，豆剖瓜分，同归于尽。牺牲一身，诚不足惜，其如我四百兆神明之胄何？大局岌岌，险象环生，财政则高筑债台，仰人鼻息，一有逾约，仰屋难筹。言军政则传染恶风，如抚骄子，一有哗变，全局俱摇。加以饥馑荐臻，疮痍满目，函电纷驰，中心如捣，九京之下，尚有重泉，若陨深渊，靡知所届。山东为南北枢纽，胡都督洁身思退，足为世道箴砭，惟因时事艰难，不愿贤者作山林之想。借重之地方多，仍思同舟共济。张都督人地不宜，业经调离东省，诸君洞明大局，必不使世凯一身独旁皇于旋涡之中也。阋墙急难，人同此心，来电所云与长沦于异域，宁暂屈于同胞，金玉之言，懔为龟鉴，所望共扶大局，毋残同类。临风雪涕，敢以告哀。世凯。艳。

（《申报》1912 年 3 月 31 日，“公电”；《民立报》1912 年 3 月 31 日，“北京电报”；《临时公报》，1912 年 3 月 30 日）

章驾时等致《民立报》转袁世凯、孙中山等电

（1912 年 3 月 29 日载）

民立报馆转袁大总统、孙大总统、海陆军总长鉴：

顷闻委任李燮和君为长江上下游总司令，军界无任欢迎。兹闻李君志在引退，军人深恐失望，敢祈大总统力予慰留，勉以大义，以匡民国，大局幸甚。江防统制章驾时，统领朱廷燎、赵鸿喜、黄汉湘、许宏恩、龚先耀、张玉山、邵茂春暨全镇军官同叩。（上海去电）

（《民立报》1912 年 3 月 29 日，“公电”）

温寿泉致孙中山、黎元洪等电

（1912 年 3 月 29 日收）

南京孙大总统、黎副总统、黄陆军总长、各部总长、各省都督代

表、转京津《国风日报》暨各报均鉴：

自旧历去岁敝军退守河东后，北军南下。迭据平、霍一带商民报告：第三镇及太原镇谢有功所部巡防，奸淫抢掠，日数十起；未足两月，干［平］、霍一空。前因派员调查，迟未宣布。兹得报告大概情形：临汾一隅，阔积四五十里，几无完家，损失财产已在百数十万。其受祸最烈者，如侯元耀、段光基、王太昌、张之良，家私均在数十万上，为之一空。如此者比比皆是。其余赵城、霍州城厢商民悉被掳掠，十室九空，愁苦惨淡，睹目倾心，遍野哀鸿，嗷嗷待哺。前曾电请袁大总统顾全民命，速派履勘，酌赉抚恤，以安民生等情在案。现在三镇既撤，袁大总统自有正当办法。惟谢有功滥杀多士，并纵令所部奸淫抢掠，平、霍一带居民恨不能食肉寝皮，以泻其忿。前曾回省，该处民人以为虽遭浩劫，正春尚可安枕；乃该镇近又诡通李盛铎，由省领带钢炮十二门、枪弹多数复回平阳，日肆招练，其心叵测，一经挑衅，大局何堪设想。现在平、霍一带，居民扶老携幼，纷纷远逃。万望公怜，垂念大局，为晋援手，合力除此共和蠹贼。三晋幸甚。大局幸甚。副督温寿泉叩。印。（陕州发）

（翠亨孙中山故居纪念馆藏档；又见《孙中山藏档选编·辛亥革命前后》，第 601 页）

江西社会党等致孙中山等电

（1912 年 3 月 30 日收）[①]

南京孙中山先生及各报馆转各界鉴：

---

① 原电无月份。因电文中提及的“民国约法”颁印于三月十一日，称中山为“先生”则表明他已卸或将卸临时大总统职之时，故酌定为三月。——《孙中山藏档选编·辛亥革命前后》编者注

国会照民国约法，人民有选举权、被选举权。赣省公民正提议组织，讵驻省有一部份选举之临时议会，竟秘密私派国会议员多人，不使国民与闻，专横已极，群情愤激。民国约法关系国本，信用一失，前途危险。乞即电饬赣督，速将临时议会私派国会议员取消，妥定普通选举简易法，由国民公选赴会。事关大局安危，急切待命。赣社会党、国民会、自由党、教育总会、南昌府议会暨各公团公叩。（南昌发）

（翠亨孙中山故居纪念馆藏档；又见《孙中山藏档选编·辛亥革命前后》，第 580 页）

苏州实业协会致《时报》转孙中山、黎元洪等电

（1912 年 3 月 30 日）

上海《时报》转大总统、副总统、陆军部、各报馆均鉴：

兵祸虽平，损失甚巨。现正筹议办法，呈请都督核办。苏州实业协会。陷。

（《时报》1912 年 3 月 31 日，“公电”）

胡瑛致孙中山、黄兴等电

（1912 年 3 月 30 日）

孙大总统、黄陆军总长、各部长、参议院、黎副总统、各都督、各报馆公鉴：

日前济南巡抚张广建压制民党，第五镇统制马龙标等又复联名通电，违背统一宗旨，诸多荒谬，业经致动各界公愤。现接袁总统电称，济南各电诸多荒谬，业经先后严电申斥训诫。旋又委任周自齐为山东都督，属瑛暂留烟台办理民军善后及外交一切事宜，瑛已电表同意。

山东大局已定，堪慰廑念，屡承各处电询，用特奉闻。胡瑛叩。卅。

（《申报》1912年4月1日，“公电”；又见《民立报》1912年4月1日，“烟台电报”）

烟台议会致袁世凯、孙中山等电
（1912年3月30日）

袁大总统、孙大总统、黄陆军总长、各部长、参议院、黎副总统，各都督、司令及京、津、沪各报馆公鉴：

接副总统感电，不胜诧异。全国共和、自由、平等，鲁省人民仍受摧抑，徒增愤慨，犹烦责言，重以威迫手段，胡敢以共和□政，更生抵抗，以冒威严。惟鲁人虽懦，亦系国民一部分，所有享受权利与各省人民同立于平等地位，执政者似不能以一人专断，私意取消我鲁人选与之公权。胡都督经我鲁临时议会正式选举，呈请孙总统委任前来，我鲁人以各省都督均由公举，因援公例，以求根本之改革，自与拥主窃据、便谋私利者相悬。正大光明，其谁能毁？而暴吏盘踞，反增黑暗，满政余焰，早应划除。胡都督关怀大局，日事含忍，惟静待中央解决，不肯轻发一兵。我鲁人尚冀政府怜悯，拥护鲁人权利，俾跻共和之域，亦既呼号奔走，力竭声嘶。乃政府忽以巡抚改称都督，胡都督遂决计辞职，弃我鲁人。而南来电更益蛮横，视民军为公敌，以武力相迫骇，我鲁人计无复之，惟谋以铁血解决。昨经通电布告天下，而大总统、副总统饬责之电已数起。所最不解者，公共选举竟作无效，单方委任事在必行，较各省为独殊，反共和之初基，新政仍蹈专制。鲁非化外，焉忍摧残。胡都督避个人之微嫌，遂高蹈之初志，缄默推浪，事非得已。鲁人公权所在，焉能与□牺牲。我鲁人动则强指为不庭，不动则鲁民选举公权竟消灭于共和民国成立之始。事之不平，宁有过斯。共和罪恶，良堪叹痛。语云：不自由，毋宁死。我鲁人与其生为共和国之奴隶，何如死为自由国之鬼雄。副总统不惜附和袁公意旨，辅佐专断命令，以剥夺我鲁人之公权，我鲁人决不能牺牲公权，以附和副总统之意旨，服从专断之命令。天职所在，以此为誓。更以将死之呼吁，作最后之请求。哀恳我大总统、副总统格外施仁，允我鲁在烟议会赴济南招集各属议员，共同组织议会，选举我鲁都督。我鲁议会前所举之胡都督既亟欲去鲁，又为总统所不承认，不妨为共和国选举为特开一例，即作无效，以免烦言，无党无偏，必公必正，先以鲁人公共之选举，续以大总统、副总统正式之委任，如此则我鲁都督得我鲁人民之同意，为地得人，庶不相睽。我共和民国之大总统、副总统能委曲为我鲁人民允许，幸甚感甚。否则我鲁人民甚盼副总统实行征讨不庭之言，但使天下皆知，谓共和民国成立，鲁人援各省成例，争有选举都督权，政府不允，鲁人反抗，政府以兵讨之云云。我鲁人虽螳臂之敢当，秣马以相见，谨抚诚悃，尚冀私怜。山东临时议会□一会全体一万二千人仝叩。卅。

（《申报》1912 年 4 月 1 日，“公电”）

段祺瑞致袁世凯、孙中山等电

（1912 年 3 月 30 日）

袁大总统、孙中山先生、参议院、唐总理、各部长、黎副总统、各省都督、各军司令、各协会、各团体公鉴：

接唐总理艳电，闻在宁会同参议院组织国务员，不以祺瑞为不敏，谬荷赞举，俾长陆军。奉命之下，愧悚交集，军事任重，决非菲材薄识如祺瑞者所能举，况缔新改旧，抉择万端，尤非无学问、无阅历，加以体气尤病如祺瑞者所得胜任而愉快。惟民志所寄，何敢持个人之事，胶执已见，重损天下之明敬，当勉效驽驱，聊以承乏，绳愆督过，时盼教言。祺瑞叩。卅。印。

（《申报》1912 年 4 月 2 日，“公电”；又见《民立报》1912 年 4 月 2 日，“公电”）

杨缵绪、贺宏栋等致袁世凯、孙中山等电

（1912 年 3 月 30 日载）

袁大总统，孙中山、唐少川两先生，黎副总统、各都督、各司令、各团体、各报馆暨全国同胞公鉴：

伊犁民军虽系去冬十九起义，其实组织已久，事前发布中外之文告、章制，非同无建设之破坏可比。故二十即秩序全复，闾阎不惊，各族向化，俄邻承认，亦许文明。当事定时，佥欲举余为督，绪因徇各界之意，谦让举广，后复迭电新抚袁大化反正，可以都督相让，以免渔人觊觎。彼不但不听，反一则曰叛兵宜剿，再则曰贼兵头目杨、贺、冯，并恫吓要挟，谓内地各省大半取销独立，承认君主，以兵力吓，广仍称将军，贼匪分别惩办。迨清帝退位，共和宣布，南北统一，袁大总统、黎副总统先后来电，云已转劝袁抚，我为大局，暂停进兵。不料袁抚来电，仍称广为将军，措词尤荒谬怪诞，彼谓现接袁大总统电，共和宣布，南北统一，各省督抚皆称都督，新疆以巡抚兼之，一事权。旧日领土自应保全，请公消去独立，都督名号，追还新疆，地方军装，缴回公家，中外商民，保护无扰，乱军听其自散，概不深究，如不从即系不愿罢兵息民等语。袁大总统给电该抚则有之，饬以巡抚兼都督必决无是事，约系该抚厚诬我大总统也。何则？夫既称巡抚，自应属清，何以能兼都督？清巡抚而兼民国都督，属清乎？属民国乎？其无意识如此。至两总统已认为民军，而袁抚偏指为乱军，同人义愤，诚难遏抑。盖袁抚之对于民军，如伤亡者斩首，生擒者腰斩，白旗诈设，违背人道，反以自道者诬人，且夜郎自大，纯然专制。试问现在各都督有一人系反对共和者耶？有一人系自命而非公举者耶？伊犁起义时，仅战死三十余人，此外未尝妄戮一命，乱军能如是乎？志锐家属，保护安居，现由同人措资送回原籍，乱军能如是乎？民军如法编制，融合汉、满、蒙、回，纪律严明，商民财产生命保护，丝毫无扰，民

军到处，无不欢迎，乱军能如是乎？庚子之役，俄尚进兵至伊犁，此次起义，我保护外人较中民有加无已，故严守中立，乱军能如是乎？总之，袁抚以专制之魔，而因风转篷，妄思充共和之都督，惜不知共和为何事，遂使脑筋昏乱，语无伦次。同人本拟一笑置之，但恐彼以为如此即系共和，妄行宣布，淆人听闻，腾笑邻国犹小，而难保不贻误边局，实所寒心。且同人前者计画新伊行政机关以迪化为总枢，以伊犁、塔尔巴哈台、何尔泰、科布多、喀什五处各设分府，但苟非声望素著、各族悦服之人，不能胜任。广本有意告退，绪亦早拟南旋，所争在西陲利害，并非自谋。然接任者必待公举，断断无自命为都督而能相安者也。现在全体公愤，已提议四路进攻，除民□贼，听候中央政府核定办法，组织机关。诸公关怀大局，内地边圉，必统筹大计，如以为荒陬难治，迁就因人，恐庞杂种族，万一人心浮动，外人一举手，嘉峪关外非我有矣。万里睽隔，关系实密，欧俄转电不易，尚赐以公评，甚勿膜视，劳我企望，是所百拜。伊犁司令总长杨缵绪、参谋总长贺宏栋、外交总长冯特民率政军商学旗蒙回疆全体公叩。

（《民立报》1912年3月30日，“公电”；又见《申报》1912年4月5日，“要闻二”；《时报》1912年3月31日，“公电”）

基督教五公会致孙中山电

（1912年3月30日载）

南京孙大总统鉴：

鸦片流毒，其害甚于专制。鸦片一日不除，民国一日不得真自由。恳请大总统速请英国复我自由禁烟之主权。基督教五公会联电。（上海来电八十一）

（《临时政府公报》第五十二号，1912年3月30日，“附录·电报”）

任传榜、张汉杰致孙中山等电

（1912年3月30日载）

大总统暨各报馆鉴：

共和既成，五族一家，袁公之力大矣。但五族平等之说，若言与行违，则祸患相循，残杀靡已，且虑谋我者，益得以售其奸。近如宗社党人善耆，于前清时颇负盛望，今忽出此，不识是否本心。我于此际，似宜取长截短，施一消纳之法，即国务员中，亦不妨兼用满蒙，塞彼奸宄之口，庶几众生普渡，大公无我矣。如何？谨俟采□。上海民社社员任传榜、武昌日知会会员张汉杰同叩。关外军政府代。印。

（《民立报》1912年3月30日，“烟台电报”）

刘廷柱等致《民立报》转孙中山等电

（1912年3月30日载）

《民立报》转大总统、陆军部、苏都督、沪都督、各报馆鉴：

江阴军政分府奉文取消，已于阳历三月廿八号实行取消，合行通告。总、副司令刘廷柱、刘□□特电。（自江阴发）

（《民立报》1912年3月30日，“江阴电报”）

张人杰致孙中山等电

（1912年3月30日载）

各报馆，南京大总统、总理，实业、财政总次长，参议院，浙都督鉴：

国内通过税为各国所废弃，浙省统捐，具何性质。人杰来甬，闻一般舆论，谓较前清厘卡尤毒。前次宁民逐去局员，几酿巨祸，财政司坚执成见，不允停止。一若职司理财，舍殃民之举，别无善策。不知局员多由运动而来，此包彼揽，视同营业，敲骨吸髓，十八中饱，公家获益无几，平民受累靡穷，非特大背民生主义，抑且有碍共和前途。请立电停办，万民感激。张人杰叩。

（《申报》1912 年 3 月 30 日，“公电”；又见《民立报》1912 年 3 月 30 日，“宁波电报”；《时报》1912 年 3 月 30 日，“公电”）

蒋雁行、杨桂堂等致袁世凯、孙中山等电

（1912 年 3 月 31 日）

袁大总统、孙中山先生、参议院、各部首领、各省都督、各军司令钧鉴：

顷接陆军总长电称：现经参议院同意，决定段公祺瑞为陆军总长，即同日解职归田，得遂初志等语。查黄先生民国首功，宗旨纯粹，尤为南北军界所宗仰。若听其归隐，在个人无丝毫之恋系，于全局有莫大之关系。仍请畀以重任，维持现状，民国安危，争此一着，请大力主持，无任祷切。江北蒋雁行，参谋杨桂堂、刘文翰，十九师师长孙岳，旅长车庆云、杨春普暨各团团长、独立营营长、扬军旅长米占元同叩。卅一号。

（《申报》1912 年 4 月 2 日，“公电”；又见《民立报》1912 年 4 月 2 日、4 日，“公电”）

吴淞水师军官致袁世凯、孙中山等电

（1912 年 3 月 31 日载）

各报馆、袁总统、孙中山先生、唐内阁、海军总长鉴：

李燮和先生任长江上下游总司令，凡我水军，靡不欢迎。但闻先生叠辞我军，深恐失所依戴。查现在长江水师散漫，未能统一，匪徒潜伏，在在堪虞，维持秩序，刻不容缓。现由各军派出代表恭迎李先生来沪，先行莅任，组织机关，次第部署。敢求钧处切实劝驾，以慰群望，大局幸甚。长江江防水师全镇暨里河、太湖飞划各水师全体军官恭叩。

（《申报》1912年3月31日，“公电”）

温宗尧、伍廷芳等致孙中山、唐绍仪等电

（1912年3月31日载）

南京孙总统、唐总理、胡秘书长暨各部总次长、徐总督、参议院各位议员公鉴：

宗尧等为五大民族谋教育之普及、生计之发展、边圉之巩固，发起蒙藏交通公司，承诸公鼎允主倡，无任感佩。原拟三十一号在沪通商交涉使署开发起大会，兹因一切章程赶办不及，改订四月一号仍于原处开会，恭请诸位先生届时贲临赐教，藉匡不逮，以号五族而普大同。温宗尧、伍廷芳、岑春煊、王人文、程德全、张謇、陈其美、于伯循、陈锦涛、李钟珏、沈懋昭、杨天骥、刘昌言。

（《申报》1912年3月31日，“公电”；又见《民立报》1912年4月1日，“公电”）

民生国计会禀孙中山文

（1912年3月31日载）

敬禀者：敝会为筹振事宜，曾具请愿呈词，乞公赞成，谅□报案，惟未见钧示下颁，亦无代表莅沪，忆吾公或以为敝会同人魄力

过小，未易举办此事耳。然恻隐之心，人皆有之，睹此淮、徐一带，哀鸿遍野，值此青黄不接，束手待毙，殊深悯恻。目下虽有张季直先生倡办工振，然灾区甚广，灾民众多，若无社会共肩此任，速筹急振，则饥民将为流寇，遍及于各地矣。敝会有鉴于此，心甚惕惕，故特于三月二十七日特开联合会议，讨论办法。当时莅会者计有十八团体，改定团体联合义赈会之名称，公举吾公为筹赈总长，继定办法十条，并订定四月初一日为开办筹赈之日。敢将议案十条，并举名誉议董团名单并陈核示。乞迅速施行，不胜迫切待命之至。

（《民生国计会上孙大总统书》，《申报》1912 年 3 月 31 日，“本埠新闻”）

香港大学致孙中山函

（1912 年 3 月）

香港大学校长和理事会敬请孙逸仙博士出席香港大学开学典礼。典礼仪式将于 1912 年 3 月 11 日在校内大楼内举行。

孙中山批：请给登记处答复。

（《海外友人致孙中山信札选》（四），《民国档案》2003 年第 4 期）

阿穆尔灵圭致孙中山等电

（1912 年 3 月）

分致南京，武昌电稿：

南京孙中山先生、武昌黎宋卿先生、南京参议院诸君公鉴：临时大总统就职已逾半月，而国务员尚未任定，统一政府尚未成立，名为民国共和，而实陷于无政府之地位。观听混淆，变乱滋起，外人藉口自保，增兵分驻，主权日削，岌岌危亡。统计共和宣布已逾四旬，此四旬之中，江河日下，按其状况，今日所处即已深羡昨日之安。日日如斯，丧乱何极。今兹急务，惟国务员早日宣布，政府速成，庶可补救。诸君爱国热诚，洞明大局，伏望鉴此危机，共促建设。总统任之国务员，如有意见未同，尽可随时监督。若或高蹈远行，亦宜敦劝勿辞。要之政府不成，将至亡国，迁延祸至，后悔何追。鄙人自去冬联合蒙族，同赞共和，本意冀免分崩，共谋幸福。今乃争议日滋，危机日烈，既无以自解于本族，岂易为继续之维持。瓦解之虞，尤所心怵。敢祈力维大局，勿使竟中狂言。临颖涕泣。阿穆尔灵圭。

（《中华民国史档案资料汇编》第二辑，第121页）

朱卓文呈孙中山保存明代故物文

（1912年3月）

总统府庶务处处长朱卓文为保存故物，阐发崇风，以彰潜德而表隆勋事：窃自宋室不纲，元胡窃柄，入据神器，载祀百年。明祖奋然首义于濠州，枕戈尝胆，奔走于国事者垂十余年，而汉族山河于以乃定。硕德崇功之惠，及于吾民者，可谓尽矣。于是建都金陵，与民更始。方谓永奠邦基，长留鸿业，乃二百余岁。而长白野人又复乘间抵隙，逞彼凶残，倾覆我上邦，蹂躏我宫阙，遂使昔日之庄严规模，尽为狐貉营丘。至今一过陵庙故宫，有不念当日缔造之艰难，而思所以保存而整理之者乎。顾崇德报功，实有待于后起之贤者也。方今汉业重光，大功告藏，前人手泽尚思宝存，况一代光复之伟人，而肯任其故物残缺凋零而徒兴禾黍之感已乎？职员系出沛国，对于明祖有一姓之谊，际此民国告成，不自量力为朱氏倡，窃欲举其废而鼎新之。谨以愚见所及者，一陈钧座焉。

查孝陵故址，占地甚广。其紫金山附近之荒地，当前清入关之初，曾拔归其朱氏嗣人管理，以岁之所入为春秋两祀之蒸尝。迨年代渐湮，其宗支亦渐衰落，遂废前议，取其地而没之于官。此盖亡清欺人之故技，固已司空见惯，而未足为怪也。惟我中华以信立国，所有亡清种种诈伪无信之举动，应尽举而屏弃之。其个人应得及固有之私产无端而为清吏籍没者，亦应归之原人所有。此在平民，亦法律之所许，况有功于汉族者乎？今拟辟其荒芜归诸有用，设一陈列所于其间，凡陵中及营中故物，悉举而纳之。其紫金山之荒地系向归朱氏管业者，仍请责令所司，继续勿替。并查现在大总统一府，即前清旧日之督署，该署向有官产房屋甚多，俱租之于民人。此项租金，在政府得之固为赘疣，而无足于轻重。故更请将其永远拨归其朱氏子姓，为修理陵寝及陈列所，每年所开销之公费，年中则由其管业人开列一度支清单呈报本府有司，以资稽核。如是则一岁之所入，除陵寝及陈列所开销外，犹足以赡其子孙，而报德崇功、策励勋劳之至念，亦于是乎尽矣。查彼满洲之优待条件，内开崇陵工程一条，给巨款至于二百万两；今兹所请，仅如太仓之一粟，无损国家于秋毫。轻重相衡，似应俯允。先生深明大义，知无待职员之续请而已见执行也。谨呈

大总统钧前俯准执行

中华民国元年三月

另具房屋清单一纸。

（翠亨孙中山故居纪念馆藏档；又见《孙中山藏档选编·辛亥革命前后》，第353～354页）

于右任等呈孙中山恳拨经费复办复旦公学文

（1912年3月）

前复旦公学学生于右任、张大椿、胡敦复、张轶欧、邵闻泰、

王士枢、汪彭年、陈警庸、李谦若、汪东、叶永鋆、钱智修、沈同祉、许丹、郑蕃、胡朝梁、谢冰、郭翔、毛经学、金问洙、曹昌龄、伍特公、张晏孙、赵洪年、毕治安、郑允、李允、张宗翰、徐鼎、陈协恭、陈传德、夏传洙、陆秋心、熊仁、吴葭、吴盖铭、吴兆桓、章锡和、余光粹、张彝、吴士恩、邵闻豫为呈请事：窃照复旦公学创自乙巳，开办七载，毕业四次，一切课程悉仿欧美，成绩昭著，海内景从。始以经费支绌，乃借吴淞提辕暂作校舍，几经艰阻，始底于成。前由南洋教育经费项下，月拨二千元作常年经费。奈兵兴以还，光复军队借作机关部，青年三百，一时星散，官费旋亦中止，遂致停办。今兹国是大定，兴材是亟，完美如复旦，尤付阙如，奚以阐扬学术，启迪后进。右任等不得已呈请教育部立案，已蒙核准，并蒙咨请江苏都督指拨图书公司或李公祠改作黉舍。惟前此校具、书籍、仪器悉以丧乱散失无遗，从始购置，动需巨款。是复旦虽蒙教育部赐予维持，而经费毫无，实难兴复。右任等再四思维，殊无良策，惟有仰恳大总统酌拨经费若干，以资开办，庶复旦得以重兴，而士子不至失学。曷胜盼祷，伏希钧裁批示遵行，须至呈者。右呈
大总统孙

中华民国元年三月呈

（翠亨孙中山故居纪念馆藏档；又见《孙中山藏档选编·辛亥革命前后》，第357～358页）

李素、刘懋赏致孙中山函

（1912年3月）[①]

大总统大人阁下钧鉴：

① 原函未署时日。因函中叙及三月事情，又称孙中山为“大总统”，当在孙四月一日解临时大总统职之前，故定为三月所写。——《孙中山藏档选编·辛亥革命前后》编者注

山西娘子关破后，旧政府所派军队至今尚未撤出，而都督问题至今尚未定妥。两两争持，势必酿为牢不可破之意见。非从速调和安抚，无以弭争持而消隐患。但兹事只取决于来往电报万难奏功，非山西本省人身任其事、亲往主持。纠葛愈深，内部意见日兴，势将成最难解决之势。现旅沪山西同乡会要求速派专员赴晋：一与袁得直接交涉，要求撤兵；二得亲入山西内部调和意见，以定都督所归。俾无相争执，得以平和解决，实为急要。祈先生极力主持，从速派遣，不胜翘企待命之至。顺颂

筹安

山西参议员李素刘樊赏顿首

旅沪晋人咸欲以狄楼海为宣慰使，未知尊以为否可？

（翠亨孙中山故居纪念馆藏档；又见《孙中山藏档选编·辛亥革命前后》，第602页）

京津同盟会致汪精卫转孙中山、黄兴电

（1912年2～3月）[①]

汪转孙、黄鉴：

有某国人，愿个人名义借我巨款，息利照普通例扣算。附加条件：关于军用品，须许以同价卖物先约权。须军政府认可始开议，成约后须军政府委全权人带凭戳押，经支部往返磋商无异。乞兄等筹商，先委支部开议，迅派妥人来津，以便合同办理。盼复。京津支部。商［?］。（天津发）

（翠亨孙中山故居纪念馆藏档；又见《孙中山藏档选编·辛亥革命前后》，第205页）

① 原电无月份，代日韵目有误，估计为1912年2～3月间所发。——《孙中山藏档选编·辛亥革命前后》编者注

吴文辉致孙中山函

（1912 年 2 ~3 月间）[①]

孙大总统钧座：

敬肃者：文辉幼业商务，因素志崇拜革命，热心军务，随在留心。嗣缘九月初四日，探知张怀芝有子弹一千五百箱，计三百万粒，寄存浦东洋关栈房。当时上海尚未光复，不敢遽行出首，只好自己出钱暗地运动，以阻其运出。至九月中旬方能布置妥当，九月十九日报告沪军都督陈，即于是夜邀商团会友三十三人到该栈搬取。因路生夜暗，搬至一百六十箱，业已天明人疲。嗣后张怀芝得知消息，即电嘱张楚宝托德商出面，欲运往天津。文辉闻之，思此时民军待用子弹不敷甚巨，若任其大批出口，必为我民军之大患。故又于九月廿六日夜商请陈都督，借小轮驳船带同会友十八人再至洋关栈房，见有洋人十四人把守，格外加严，执枪相向。幸我会友热肠铁骨，拚命上前，并文辉再四次开导，打破铁门，方能将一千三百四十箱搬运上船。两次共计一千五百箱，由文辉亲自送至制造局，如数点交收存，执有该局收条。当即呈缴陈都督存查备发。是后光复南京，正赖此批子弹接济，方无匮乏之虞。文辉先后共用洋五百数十元，后蒙陈都督格外嘉许，发给奖赏银二万八千两。文辉因思此时战事方殷，需饷甚大，焉能急急受此巨款，故函上陈都督阻止给发。幸目下南北一统，天下大定，赏功罚过正在此时。文辉自愿效力，不敢仰邀奖叙。惟各会友热心为国，日夜辛劳，光复之后各处巡防，不遗余力，且为此歇业者不少，不得不因功论赏，以励其志。现在沪军都督名义取消，陈都督不问此事，为此不揣冒

---

① 原函未署时日。据函中内容，其时孙中山尚未卸任临时大总统，而南北达成统一协议、陈其美要求取消沪军都督名位均在二月以后，故酌定为二三月间所写。——《孙中山藏档选编·辛亥革命前后》编者注

昧，叩请大总统府［俯］赐鉴核，应如何奖给之处，尚求察夺施行，以慰出力会友，不胜感祷。敬此，伏乞

钧鉴

商团会友吴文辉谨上

（翠亨孙中山故居纪念馆藏档；又见《孙中山藏档选编·辛亥革命前后》，第586～587页）

梅紫庭、王俊登等致孙中山电

（1912年4月1日收）

南京孙大总统鉴：

黄明懂祸琼不已，顷以故去琼，复蒙公介绍斧军君于陈督，俾其续治，商民方慰。今忽闻陈督将再使黄莅琼，闻命无措。窃琼存亡在此一举，知公俯念琼黎，乞速电粤阻止，幸甚。旅港琼商梅紫庭、王俊登、钟竹泉、何宜春、戴壮臣笔呼吁。（香港发）

（翠亨孙中山故居纪念馆藏档；《孙中山藏档选编·辛亥革命前后》，第507～508页）

山西司法急进会致袁世凯、孙中山等电

（1912年4月1日）

《民立报》转袁大总统、孙大总统、黎副总统、各部长，各省都督、民政长、司法长，各级审判厅、各政团、各报馆鉴：

民国共和政体，端赖文明法律，保障人权，亟应廓清专制余毒，实行司法独立精神。况各省戎马倥偬，常以临时制裁，滥用威权，影响于司法前途匪浅。同人鉴此，发起司法急进会，业经举定王若子敬为会长，筹议方法，务期学说、制度会为一炉，铸造共和精神。

诸公高明，谅当早见及，速提倡司法团体一致进行，匡我不逮。除简章邮呈外，先此电闻。山西司法急进会叩。东。（自太原发）

（《民立报》1912年4月2日，“山西电报”）

程淯呈孙中山文

（1912年4月1日载）

为呈请事：

窃满清末造，□以假立宪餂聒天下，而阴逞淫威，专断恣肆。蜷伏其下者，吞声饮泣，呼吁无门。是以民军一起，云集景附，岂有他哉，避水火也。不图民国成立，人民竟有如水益深，如火益热之苦。盖光复伊始，官吏考试任用，既无明文规定，不能不通融迁就，于是所谓军政府、军政分府、民政长者，半由声名平常、劣迹昭著、戴革命假面具、口仁义而心蛇蝎之人运动得之。要津既据，作福作威，凌轹乡土。据报纸所载，见闻所及，有非依法律辄侵入人民家宅，搜索银钱、衣物、书籍，而恃强占有之者；有托名筹饷，强迫捐输，甚且为掳人勒赎之行为，而暗中侵蚀乾没之者；有恶直丑正，诬指为汉奸而枪毙之，或籍没之者；有非依法律逮捕人民，拘禁刑责，血肉横飞，奄奄垂毙者。此外，以本省而排斥外省之人，以此府州县而排斥外府州县之人，以此党而排斥彼党之人。甚者，以手枪炸弹为快意泄忿之具，恣睢暴戾，言者咋舌。前南京枪毙缪思敬、崔瑛，宣布罪状，南京近在咫尺，见闻可及。若外省之非缪、崔而亦缪、崔者，所在皆是。纠弹不及，制裁全无。人民何辜，罗此荼毒？前阅报纸有某省自治员为人所衔，被掷诸粪厕者，或啮毙者。今人民之恨，若辈殆又过之，拟请大总统发布命令，用极浅显、极简单之白话刊刻告示，凡人民受前项疾苦者，准一面寄登各报，一面按照《临时约法》陈诉平政院。该院未成立以前，或因远道不便，则向各省都督府控告，一经调查确实，立予尽法严惩，将罪状昭示天下，以资警戒。其诬告者，按律反坐，行知各省都督、各军司令，广为传布，务期家喻户晓，俾免含冤莫伸。恭读两大总统誓词，一则曰图谋民生幸福，一则曰涤荡专制瑕秽，俾五大民族同臻乐利，仁言利溥，率土胪欢，谨特为四百兆同胞请命，无任徬徨迫切之至，谨呈。

再，停止刑讯，前清已三令五申；民国成立，复奉大总统令，休养民生，荡涤烦苛，如有不肖官司，日久故智复萌者，除褫夺官职外，付所司治以应得之罪，凡所以重人权而免荼毒也。乃有常州军政分府赵乐群，即赵不党者，平素声名本极恶劣，自盘踞常州分府，日与执法官李学栋、参议官苏翰坡、卫队队官兼□练官韩国祥狼狈为奸，地方切齿。其为报纸所载者，如因细故棍责局前街先贤祠农会刘某数百，并拟枪毙，经地方各团体力劝始止，然两足已成残废；如捣毁府县城隍、关帝各庙，攫取神像内金心玉胆，分赃互殴，而天宁、清凉两寺，则以行贿获全；又东直街酒店程姓及阳邑前谈姓，因酒醉与流氓刘老七口角，彼乃不问情由，辄责军棍六百，皮开肉绽，死而复苏者数次，今均呻吟床褥，一息奄奄。夫使其人而果有罪，自应由法院审判，依法律处罚，军政府何地，何得违法侵权，武断至此。在大总统方以人权神圣为前提，一夫不获，引为己责，而该军政分府乃似此苛暴酷虐，视人民生命曾草菅之不若。若不从速饬令密查，照章惩治，不特不足以惩残酷，而苏民困，且恐德意未能下，逮将蹈前清禁令虽悬，而奉行不力之故辙。特再列款附陈，乞赐察核施行。谨呈。

（《呈请大总统严惩荼毒人民之官吏文》，《时报》1912 年 4 月 1 日，“要件”）

夏重民致孙中山、黄兴等电

（1912 年 4 月 1 日载）

孙大总统、黄陆军部长、伍外交部长、胡汉民、汪精卫、冯自由诸公鉴：

民国光复，黄花岗诸先烈实式凭之。顷拟修复旧茔，拓地为园。募捐之文，非克强先生莫属。迄迅大笔，并望南京诸同志助成其事。盼复。同盟会广东支部夏重民等叩。（广东来电八十五）

（《临时政府公报》第五十四号，1912 年 4 月 1 日，“附录·电报”）

王国培、易允等致《民立报》转黄兴等代呈孙中山电

（1912 年 4 月 1 日载）

民立报馆转黄陆军部、谭君人凤、张君通典代呈孙大总统鉴：

禹君之谟，叠承函电交询，湘乡同人已改长沙雷勇介祠为禹烈士祠，择期追悼，以表同情。王国培、易允等公叩。（自长沙发）

（《民立报》1912 年 4 月 1 日，“湖南电报”）

唐继尧致袁世凯、孙中山等电

（1912 年 4 月 2 日）

百万急。北京袁大总统、黎副总统，南京孙中山先生，各部总长、参议院、参谋团，各都督均鉴：

总统受事礼成，中外欢忭，翘望新猷，有如饥渴。乃荏苒旬日，绝少端倪，致使外敌生心，联兵竞发，刀俎环陈，鱼肉视我；犹复道谋筑室，胥动浮言，攘臂相仍，若不获已。推其致此之由，岂非南北之见？继尧僻处一方，诚昧中原大势，特内瞻本省，环顾西南，公口流毒，祸乱已成，流寇繁兴，剿抚不易。反正数月以来，公私并极困竭，入春已深，农作犹废，工商百业，莫不皆然。

私心四顾，宁复远引。及今直追急起，已恐后时，再事蹉跎，何堪设想。牛马奴隶、历劫沉沦之惨虑，未见于满清专制之日，而将成于民国共和之时。兴言及兹，能无痛哭。谨竭愚忱，聊贡罪言。

夫政府一日不成立，则国体一日不确定，即外人一日不能承认国家组织。宁是缓图，乃又迁延不决，贻误无穷。或以南京政府组织已定，因革之际，两有所难。继尧则谓临时政府诸公，虽为一时人望；然新大总统对于民国成立既负唯一责任，斯时于政府组织，必当独有言权，举措如何，自应悉听。新政府一经宣布，旧组织当即取消。统治有权，国基乃固。此政府组织之亟应统一者一也。

共和规则，其如美、法，法制非我所宜，已有公论；即十三州合众规模取则不远，然彼各州惯习多事久沿，大一统之谋，美尝有憾。吕［吾］国统一已数千年，省内根蒂虽深，及今铲除犹易，但能组织尽善，犹当去短就长。乃各省反正，或者误解独立，妄思窃拠，辄以一省得一国之名，地方拟中央之制，人未瓜分，自甘豆剖。此在兴事之初，或非得已，时至今日，宁得久存？宜由中央政府速定统一之局，其或制度乖异，立即通令取消，庶几民国前途，不至四分五裂。此民国制度之亟应统一者又一也。

窃谓中央行政，宜握要图，挈领振纲，敷施自易。以上所陈二事，或为有识所同。抑更有请者：袁大总统业已履新，而各省文电往来犹称孙大总统。在孙先生功成不居，岂复争此虚号，即各省欲致尊礼，亦是心理同然。惟名义不一，观听易淆。无识者流已有南北分立之说，疑议潜滋，所关非小。若名正后，总统之名必当归一，事体似轻而实重者，此类是也。

继尧暗昧不学，宁敢妄参大计，惟是当此时局，宁忍知而不言？特罄狂愚，务希明教，私衷迫切，无任主裁。黔军都督唐继尧叩。冬。印。（贵阳发）

（翠亨孙中山故居纪念馆藏档；又见《孙中山藏档选编·辛亥革命前后》，第186~187页）

卢苇航致孙中山函

（1912 年 4 月 2 日）

中山师长垂鉴：

敬禀者：自星洲德邮船握别后，不旬日接南京电，得悉我师长被选为临时大总统，不惟同志额手称庆，而薄海同胞亦无不企趾腾欢，诚以我们誓行盟约之效果，今日已大半成功矣。岂知欢欣未已，而忧从中来。内地之风烟四起，乃新旧交替时代所必经之阶级，固无论焉；其就南洋一方面而言，则英、荷二国政府自内地起义以来，仇视吾华人固甚，仇视吾党人更甚。觇之荷属地因悬挂新国旗道贺，而惨杀华侨，数几逾百。英属地政府则视中国革命成功一若为彼大大不利，出示保护辫尾，扭解新闻编辑，授以西报诋毁南方军队之旨，以期华侨捐款冷落。保皇党人乘彼意旨，寻瑕抵隙，得行其阴险对待吾同志之素志。今谨陈知于后。

窃仆自《中兴报》停版后，慨南洋地面辽阔，吾党言论机关无人继握。时《光华报》尚未出版，会长张永福君鉴于《图南》、《中兴》二报之覆辙，视办报为畏途。仆于是得同志周君之贞（现肇罗兵备处）助力，组织成《星洲晨报》，得以继续鼓吹吾党宗旨。越二年，因经济不敷遂亦停版，时三月二十九之役前四个月事也。至此役失败后，南洋保皇党人趾高气扬，幸灾乐祸之心与其诋毁吾党之言论遍及南天。是时侨叻同志见内地风云复起，纷纷内渡。仆见内地办事有人，以星洲为南洋总汇之区，吾党言论机关不可缺，于是复竭全力，集三二同志开办《南侨日报》，去年八月十五日始行出版。迨至粤省独立后，军政府财政紧急，筹划助饷之言论于是发刊报端。保皇党人遂从中唆耸英政府，谓仆系同盟会人，鼓吹捐款回华煽乱，再以纪载袁世凯被炸新闻为有害清朝邦交，遂以搅乱治安之罪执仆于狱，时民国元年二月八号事也。大约日间押解出境。虽然邹容先生尝受文字狱之苦，仆何人，斯岂敢比美前辈，不过使白英政府与保皇党人当中国民主成立之后，彼尚以往日之心术待吾党人而已。

今羁绊狱中，愁默之余，写《清盗源说》一篇，聊贡一得之愚。谨此，肃请

勋安

星架坡广帮同盟会长、《南侨日报》编辑卢苇航顿

民国元年四月二日由石叻大监房发

（翠亨孙中山故居纪念馆藏档；又见《孙中山藏档选编·辛亥革命前后》，第440～441页）

河南八府绅民代表致孙中山、袁世凯等电

（1912年4月2日）

南京孙大总统、北京袁新大总统、武昌黎副总统、各省都督。各军司令钧鉴：

共和建立，南北已成一家，何北军进行南阳，所经过地方有滋扰蹂躏事，致使生灵涂炭，有失民国宗旨，殊非治安之道。请速通电设法维持，地方幸甚。民等幸甚，河南省八府绅民代表云台、高锡龄、阎赞臣、沈兆庆、鲁紫俨、孙绪昌、阎雨若同叩。冬。（襄阳发）

（翠亨孙中山故居纪念馆藏档；又见《孙中山藏档选编·辛亥革命前后》，第595页）

黄钺致袁世凯、孙中山等电

（1912年4月2日）

北京袁大总统、南京孙大总统、黄参谋长暨各省都督鉴：

阴历正月二十三日，钺等于秦州设立临时军政府，比已请川、陕政府代电，想已呈览。惟钺等之组织本在甘肃未认共和之前，现

在兰州官绅虽认共和，尚无正式公文通告，国号、年号概未改革。长庚、升允尚拥兵未离兰州、平凉，驻防宁夏、凉州将军、都统未离职守，各旗兵未缴军械，恐连合各番，有梗大局。似宜联军前进，勉令归诚，至回、汉各军亦应分别遣散，情形有一不能解决，即与共和办法相背。但遣散军队必须重饷，乞速发济，以杜后患，庶全甘生灵得早享和平之福，钺等才德庸下，亦得早卸仔肩，请贤接代，无任盼祷。乞覆电西安转寄。甘肃临时正都督黄钺叩。冬。印。(《甘肃承认共和之真相》)

(《申报》1912年4月5日，“要闻二”；又见《民立报》1912年4月4日，“公电”)

山东统一会至袁世凯、孙中山等电

(1912年4月2日载)

北京袁大总统、各部首领、七省协会、南京孙前总统、各部长、奉直鲁协会、各省都督及京津沪各报馆鉴：

敝会前已完全成立，现又扩充组织，今午开全体大会，公举王讷如〈为〉正会长、徐镜心为副会长，议决移本部于济南，特此奉闻。山东统一会公叩。(烟台发)

(《民立报》1912年4月2日，“烟台电报”)

夏之时致孙中山等电

(1912年4月2日载)

南京孙大总统、各部院、武昌黎副总统、各省都督鉴：

之时一介儒生，素无学识，以绍年游学东瀛，痛满政专横，久存改革之志。归国后，党锢方急，因蜀吏见疑，不获柄用，时日坐废，屡谋无成。自争路事起，武昌暨各省相继反正。而赵、端二虏箝制蜀人益力，惨杀不辜，日以千百。之时愤懑冤抑，不揣力薄，联合同志二百余人，发难龙泉驿，仓皇奔命，得志渝中，与扶义诸君建设蜀军政府于重庆。川东州县，闻风独立，成都人相继反正，全蜀之地，复为汉疆，然较之东南，固已后矣。曩以时首先发难，谬承公推，摄政军政府副都督之职，久处非分，其思退之心，固未或忘。今幸民国成立，北伐可免，川蜀内乱已平，滇、黔援军已归。成渝合并，其建设已统一完固，是之时十年来之目的，近皆完全达到，国民之天职略尽，今日之职任正可稍宽。至于渝镇建设，事繁责重，尤非之时才能所胜，且年富力强，正当逊志求学，俾东西洋文明智识藉以输入，成为完全之国民，庶于世无惭，于己无愧。近日以来，屡行求退，幸蒙尹、张二君致电允许，俾之时得卸仔肩，释兹重负，特倾情愫，以邀明鉴。近因渝镇建设，暂当代为组织，该镇抚府总长来渝，当即交卸一切，乘舸东下，宏睹中央规模，再旅游各省，亲承各公雅教，以祛鄙陋之怀。临风遐想，不胜景慕。重庆蜀军夏之时。巧。

（《申报》1912 年 4 月 2 日，“公电”；又见《民立报》1912 年 4 月 4 日，“公电”）

贺鑫常致袁世凯、孙中山等电

（1912 年 4 月 2 日载）

袁大总统、孙大总统、陆军部总长、参议院、副总统、各都督、各军司令、各报馆、各团体转入伍生队各陆军中学同学诸君均鉴：

自武汉起义，全国响应，吾辈奔走辛勤，于兹六阅月矣。现民国已成，目的已达。窃思立国之本，全恃武备，武备之本，尤恃完全教育。吾辈由小学而中学而入伍，原为求完全教育计也。迩者各省学堂渐次开学，独我完全军人学堂阒寂无闻，南京所设之军官学堂杂收文武学生，中华民国学生军所改之入伍生队程序高下不等，亦难收效，亟应联络团体，要求政府选择良师，各省照旧开办陆军中学，招集从前学生，分班肄习。今日处共和统一政府之下，非复如满清压力横加，徒骛虚名。鑫常为情殷求学、培养人才起见，谅诸公闳识远虑，无不赞成，俾九仞之功，不致亏于一篑，民国前途幸甚，学生幸甚。保定入伍生现随关外民军贺鑫常叩。黎宗岳转。

（《申报》1912年4月2日，“公电”；又见《民立报》1912年4月2日，“安徽电报”）

乔景濂等致袁世凯、孙中山等电

（1912年4月2日载）

北京袁大总统、南京孙大总统、武昌黎副总统、开封齐抚台、谘议局、上海各报馆均鉴：

河南奋勇军至新野谢镇，于二月十八纵兵抢杀，弃城远飏。绅等始至新野求兵保护，于二月十九号至宛，有以为进攻南阳者，非也。二月十三日始接共和解决之电，即取销北伐名义，因奋勇军皆河南人，不能退向鄂省，改为豫军，并宣布归豫抚节制调遣，以为倡言独立者，误也。奋勇军至宛，一切文武衙门幕友均极力保护，买卖公平交易，散给仓储数千担以济贫民，仅取价三分之一。季雨霖之兵阙龙在唐县搜抄绅士杨治清等家产，勒派财物，拉马搜枪，以至酿成教案，而马云卿之兵并未出宛城一步，张冠李戴，皂白莫分，此传闻之误也。二月二十三以后，包炳耀假意投诚，马云卿开诚布公，包岭居心叵测，约同董怀振、任福元、吕霞邦仇杀剪杀［发］① 之人，勾结土匪，肆行抢掠，于三月三号、九号入宛攻城。马云卿恐违进攻命令，撄城固守，不敢北行。土匪乘间窃发，并起张仲瀛□票，为董、任之后援，凡乡间之剪发者，均被杀死。南北派代表均冒险来宛，绅等均不敢出城。现在北方声气不通，读

① 据《民立报》校。——编者

《民立报》所载均与奋勇军行为相反。绅等思共和成立，人民同享幸福，若不急为禀明，无以表奋勇军之宗旨，即无以息南阳之战祸。如速行解决，则董任不得朦蔽，土匪容易剿办。伏祈总统饬令罢兵，则该军队受豫抚节制，必无战祸，南阳人民没世感德。南阳绅界乔景濂、任学椿、黄家寿、张焕之、李翰之、李豹卿、高琴堂、张叔卿、米奎联、张仲瀛、徐劝峰、李子平、邓厘之、陈福亭、何振乾、任梅卿、张星耀同叩。

（《申报》1912年4月2日、23日，“公电”；又见《民立报》1912年4月2日，“南阳电报”）

河南八府绅民代表致孙中山等电

（1912年4月3日）

南京孙大总统、北京袁新大总统、武昌黎副总统、各省都督、各军司令钧鉴：

北兵赴宛，肆行骚扰，民不聊生。幸我河南奋勇军刘凤同及王天纵等极力维持，人心借他稍安。拟恳留该军队仍驻宛境，以资镇抚。河南省八府绅民代表南陇台、高锡龄、阎赞臣、沈兆凛、杜紫浑、孙绪昌、孙雨若同叩。江。（襄阳发）

（翠亨孙中山故居纪念馆藏档；又见《孙中山藏档选编·辛亥革命前后》，第595～596页）

陈楚楠、林镜秋等致《民立报》转孙中山电

（1912年4月3日载）

《民立报》转中山先生鉴：

闽人想望丰采，乞顺道莅临，以慰瞻仰，同人留省候驾，准备派员赴沪欢迎，请电覆。陈楚楠、林镜秋、李恢、杨允昌、邱继

显、黄耀庭、邵南棠、李国平、林照、黄吉臣、阜崇珏等同叩。（自水部发）

（《民立报》1912年4月3日，“福州电报”）

唐继尧致孙中山等电

（1912年4月4日）①

急。南京大总统、参议院、各都总长、武昌黎副总统、云南蔡都督、各省都督、各军总司令官钧鉴：

黔中赵德全、张百麟、黄泽霖窃据高位，结党专横，身充龙头大页［顶］。提倡公口，流毒无穷，纵内殃民。省垣首善之区，奸淫掳掠，民不聊生。外属更遍地皆匪，糜烂不堪。其虚糜饷款尤巨，滇军府迭接黔中父老公电，哀痛迫切，吁恳援助。又刻经调查，报告相符。都督蔡笃念唇齿，与贵州代表周沆、戴戡订立密约，代平黔乱。命继尧率北伐兵队道出贵阳，相机办理，而为接受。各属绅耆父老禀称惨遭匪害，莫不疾首痛心。时已闻黄泽霖扣饷肥私，为部众枪毙。张伯麟逃往贞丰州一带，勾结桂、鄂清地各匪，图劫省城。继尧率军抵拒，父老欢迎，如获更生。初以赵德全救援无效，厥咎虽重，如能自行引退，尚当保其生命，费送出境。殊赵怙恶，辄敢于阳历三月初三日开炮轰击，震惊百姓。我军鼓勇入城，赵已潜遁。筑垣绅耆父老以危局粗安，不可无人镇慑，力挽继尧暂任贵州临时都督。继尧辞不获，已允为暂代，现正与黔中各界志士共同组织改良政府。省门秩序照常安谧，各属文武官绅照常任事。一俟组织完备，再当续陈。继尧才疏学浅，惧不克胜，尤盼

① 原电无月份。据电文内容判断，当为唐继尧任贵州临时都督不久所发。且南京收到的译电纸上写“送孙中山先生”，可知当时孙已卸任临时大总统职。故酌定为四月。——《孙中山藏档选编·辛亥革命前后》编者注

中央速遴文武干济之才履任黔都督，黔省幸甚。继尧幸甚。谨先电闻。滇军北伐司令官、贵州临时都督唐继尧叩。支。印。（贵阳发）

（翠亨孙中山故居纪念馆藏档；又见《孙中山藏档选编·辛亥革命前后》，第566~567页）

周沆、戴戡等致袁世凯、孙中山等电

（1912年4月4日）

北京袁大总统，武昌黎副总统，南京孙中山先生，各部总长，参议院，参谋团，各省部［都?］督均鉴：

黔省自反正后，张、黄、赵、蓝诸匪盘踞要津，公口林立，生民涂炭。黔父老痛全省之沉溺，爰举代表戴戡赴滇，与旅滇黔人代表周沆效秦廷之哭，为民请命，滇军府念切唇齿，鉴于黔人请求之诚，悯其受祸之惨，始强北伐，请队道出贵阳，代平祸乱。黔局磐定，滇军即拟遄行。黔人以匪党根蒂已深，非滇军留黔，难资镇摄，又以和议已成，无须北伐，再三哀恳滇军司令唐公继尧任黔都督。前后二十日，治乱迥殊，商旅四通，妇孺欢忭，黔人感激，有同再造。乃昨见川督致各省通电，有滇军借名援陕，冀图经过成都，乱机夺取，如占领贵阳情事云云，阅之殊深骇诧。夫滇蚌［?］此项交涉，是非曲直，暂可勿论。惟滇、黔同是中国领土，即同是中国人民，既非列国战争，何得辄云占领？黔省当张、黄、赵、蓝、叶等肆虐之时，糜烂已极，经代表等再四请求，又经滇军府屡次派员侦探确实，始行赴援。使当日少存畛域，椧事必不可收拾，岂惟牵动西南，实将贻误大局。当时黔人赴滇乞救，不得已之苦衷，与滇军府顾念大局之至意，当为直省所共谅。乃观川督通告，似不免误用猜疑。窃以黔人虽至愚暗，宁肯自取覆亡？惟中央已定统一之局，各省必无分立之理。夫救灾恤邻，自是通谊；倘必深闭固拒，鸩毒自甘，则是盗入其室而拒乡邻之赴援，非惟不情，抑亦不智。且滇军现驻黔中，所有饷糈概行由滇支给，滇何利而为此？当可不言自明。又查川省自去岁以来，首遭赵屠，迭经匪乱，今电尹、张两都督出任巨艰，暂定乱事。而据旅黔蜀人传说，又据侦探报告，谓川省公口仍前盛行，匪乱迄未平定，故黔中溃兵、恶匪大半逃往川边。诚如所言，则滇军占领贵阳之说，必出于匪徒捏造煽惑之词，川督不查，遂致误听。顾念川乱果未尽平，正当请求邻省协助，共济艰难，似于滇军之来，不必效讳疾忌医之举。

要之，中国必当统一，一发或动全身，万不能效联邦角立，互争长雄，尤不宜如列国唱争，妄生猜忌。必以对内视同对外，恐非民国之福。沆等以大局所关，难安缄默，为此通电缕陈，伏乞再鉴。大局幸甚。黔人严［周］沆、戴戡、刘顯霖、郭重光、钱登熙、刘显世、陈夔麒、高培焜、于得楷、唐簧冲、何麟书、黄祺贞、叶诗镕、寇宗苕、纪思崧、李端棨、李忠鉴、华之鸿、朱勋、马先陶、张延龄、陈光焘、文明钰、杨恩元、陈廷棻、邓希濂等暨绅商各界同叩。军务部、政务部代。支。印。（贵阳发）

（翠亨孙中山故居纪念馆藏档；又见《孙中山藏档选编·辛亥革命前后》，第567～569页）

黎元洪致袁世凯、孙中山等电

（1912年4月4日）

万急。北京袁大总统、陆军段总长、南京孙中山先生、唐总理、黄留守、安庆孙都督、大通黎分府、皖事筹办处、上海旅沪皖南同乡会、各省都督、各司令、各报馆均鉴：

连接大通、上海电称：安庆调庐芜分府各军并由南京派兵轮三艘、陆军五营夹攻大通，居民逃窜等情，殊堪惊骇。鲁难甫终，皖警叠告，茫茫弱海，渺无津涯，悲从中来，罔知所措，天实为之，谓之何哉？皖省自光复以来，三更节钺，商民荡析，十室九空，锋镝余黎，未遑安宅。孙督逮职，甫庆更生，而南北龃龉，相持不决，两方军民各阿其主，飞章夕播，露檄朝传，黑白混淆，玄黄惨变，祸机猝发，遽尔兴戎。夫以孙、黎二公，义旗飙举，转定芜、通，坐安庐、颍，左提右挈，相得益彰，伟烈丰功，彪炳寰宇，同心救国，有何猜嫌。且派员协商，具有前议，加以绅民之代表，重以总统之委员，更不难樽俎之间立蕲修辑。若风波起于俄顷，震电发于崇朝，武力相陵，恶声必反。当此政府初成，千钧一发，外未信于邻邦，内未孚于宗党，杀机一起，兵祸相寻。设使神州陆沉，遗民羽化，覆邦殒祀，竟在目前，谁为厉阶，而至于此，得毋与二公初心相背谬乎？元洪生长满朝，参观发史，未尝不太息痛哭于杨、韦也。窃谓民国始萌，天步方蹶，端赖豪俊共济艰难。皖省之危已成累卵，虽是非曲直各执一词，然丁兹急难之秋，断无阋墙之暇，纵谓假武装为镇摄，藉兵力为抚绥，诚恐鹤唳风声，蛇形弓影，一隅溃裂，五族随之，玉石俱焚，彼时又何以自解？伏乞孙、黎二公与黄公统筹全局，维持现状，其所调水陆各军实则收回成命，虚则靖息浮言，协力和衷，以待政府之解决。一面仍恳袁大总统迅速筹商，无任决裂，尤为厚幸。外患内讧，神号鬼泣，凡百君子，各淑尔身。元洪髀肉已生，复何多望，但得诸公俯鉴哀忱，共成大业，则受赐多多矣。临颖请命，无任神驰。元洪叩。支。印。

（《申报》1912 年 4 月 8 日，“公电”；又见《民立报》1912 年 4 月 7 日，“武昌电报”）

上海同盟会交通部致孙中山、蒋尊簋等电

（1912 年 4 月 4 日载）

南京同盟会孙中山先生、杭州蒋都督暨同盟会支部鉴：

同盟会员王竹卿君在嘉被刺，未获正凶，同为抱恨。今观杭州光复分会致各报馆电，谓刺陶焕卿之凶手王竹卿于廿七日伏诛，殊

为惊骇。本属前因道路谣传陶案王有嫌疑，曾经调查，陶君被刺于沪之夕，王君确在嘉兴，而乃为刺陶焕卿之凶手王竹卿，其言由何来？怪甚。探光复分会不过借刺陶君之名，而了刺王之案。今以刺王之案，适足以此电证明光复会所主动。请澈底严究，以伸公愤。上海同盟会交通部。

（《民立报》1912年4月4日，"公电"）

杨承溥致袁世凯、孙中山等电

（1912年4月4日载）

袁大总统、孙大总统、唐少川先生、参议院诸君、黎宋卿先生，各都督、省议会、谘议局，各军政分府、各司令、各报馆公鉴：

吴淞军政分府奉文取销，遵即于阳历三月底截止，所有水陆军队、侦探队概行移送江防章统制接管，护卫队内部人员概行遣散，吴淞区巡警已移交宝山民政长接管。自上年九月十三日光复以来，用款颇巨，除按月水陆军饷三万有零及内部薪水火食每月四千元由苏省具领外，其余购置枪械、服装以及一切用费均系商请李燮和先生及同志诸君筹款支持，而吴淞筹饷处筹捐友人亦均有补助。现已将出入款项分别子目登载报销，即日呈送苏都督查检。此外承溥并无经手未完事件。所有护理吴淞军政分府总司令名义，自阳历三月底止一并取销。谨闻。护理吴淞军政分府总司令杨承溥叩。

（《申报》1912年4月4日，"公电"；又见《民立报》1912年4月4日，"公电"）

尹昌衡、张培爵致袁世凯、孙中山等电

（1912年4月4日载）

北京袁大总统、南京孙大总统、武昌黎副总统、各省都督、镇抚府鉴：

成渝庐州、重庆改设镇抚，曾经公推前夏副都督充任总长，嗣接夏总长电请辞职游学，情词恳挚，出于至诚，未便强留，当经电复照准。查重庆为川东水陆通衢，华洋商贾云集，属郡殷繁，财货所聚，况当改革之初，折御抚绥，均关紧要，自非才识俱优、威望卓著之员，不足以资整理。查有胡景伊堪以派代重庆镇抚府总长，仍兼全省军团长，所有军司令部一切事宜，特派参谋部部长年毅代拆代行，遇有重要事件，迳请令决。除分别札委外，特此电闻。成都正都督尹昌衡、副都督张培爵叩。印。

（《申报》1912年4月4日，“公电”；又见《民立报》1912年4月4日，“公电”）

蔡锷致袁世凯、孙中山等电

（1912年4月5日）

北京袁大总统、各部首领、南京孙中山先生、参议院均鉴：

滇军援蜀，致启嫌疑，当即饬滇军撤还，免生冲突，迭经电陈，计达钧览。近接滇军各将领电，已次第分道撤还。惟滇军撤退之后，川境复乱［机勃勃］① 前于二月底滇军甫退至泸州，而嘉定川兵复变，肆行抢掳。重庆所驻成军于巧日枪杀滇兵二人，伤三人。已经和平交涉，川军允议恤议赔，正法首要。马日首要尚未处决，成军突然变乱，抢劫富户，又戕毙我见习员刘镇藩及兵三名。渝政府办公人员全行避匿，渝、成外国人异常恐慌。我军须妥为保护，以免酿成外交，兼防川乱波及滇境。迭据滇军电陈，并据泸州商民电请留驻滇军，以资镇慑，均饬令迅速撤回，勿庸过问，免生轇轕。兹又接电称：川中兵匪相通，乱机勃发，隆昌、合江尚有数千之大股匪党，其馀数十、数百者，指不胜屈。顷德国领事由渝到叙云：巫峡土匪击毙美国教习一、伤一，恐惹外人干涉，等语。查

① 据翠亨孙中山故居藏档校。——编者

滇军对于川省，迭遭疑谤，此后无论如何糜烂，滇军决不与闻。惟兵匪相通，乱机勃勃，不独扰害内治，亦恐牵动外交。心所谓危，不敢不告。尚望妥为设法，俾川事早平，大局幸甚。滇都督锷叩。微。印。

（《天南电光集》，第179电；又见翠亨孙中山故居纪念馆藏档；《孙中山藏档选编·辛亥革命前后》，第573页）

李烈钧致孙中山、黎元洪等电

（1912年4月6日）

南京孙大总统、武昌黎副总统、各省都督均鉴：

敝省景德镇瓷业公司瑞澂股款，早经没收，严切划提在案，本难通融办理。兹据该镇商务总会呈明种种困难情形，瓷器又为今日当急谋发达之业，自应体恤商情，维持实业，准将瑞澂股款全数作为全省公股，仍令依旧营业。其瑞澂所执有之股票，一律作废，不得转售，希即转饬所属一体知悉为祷。赣都督李烈钧叩。鱼。

（《申报》1912年4月9日，“公电”；又见《民立报》1912年4月9日，“公电”）

刘英致孙中山、章太炎等电①

（1912年4月6日收）

南京孙大总统、章太炎先生、黄陆军总长转各省都督，暨上海《民立报》转各报公鉴：

英东渡晋，辱承大教，即与张继、刘丽［揆?］一诸君以革命

① 此电文字错误极多，无法校明，兹暂照录。——编者

为唯一宗旨，回国后，经营组织，七载于兹。自武昌同人于阴历辛亥八月十九举义，英即于念六日建旂京山，襄江一带群起响应。满襄阳道喜源电告袁世凯，飞饬统领刘温玉剿英，大肆焚掠，钊［?］之疼心。英以怵徕缺丹，致受阻挠。迩晚两汉失利，又无路请闩枪弹援助进行，乃斩木揭竿，以重兵驻天门，亲率支队收复监利、潜江。九月下旬电世凯，始饬喜源飞催刘温玉下窜，冀陷天门肩络，盘踞两汉。满被我驻扎天门管带艾储家侦知，袭击于潜江张截港，阻其南下。黄陆军总长时安武昌，谅知大概。英得报告，拔回天门，纪军车驶至仙桃镇，与孟使君联合，转途沙洋，克复安陆，径上襄阳。民国二月中旬，和议尚无头绪，英同孟使君行抵新野□，南阳镇谢宝北派刘蕴玉前来议和。英以备员顾问，列忝末座，彼此接洽，各表同情。嗣后共和成立，南北一家，我军即回驻襄阳，绖可盟诸皦日者也。

昨赉□电，谓英刀砍枪击议和使者郭奎文于座前，违背人道，大乖公理。窃英同孟使君之进行豫境，至新野而止，省距南阳有一百二十里地，议和使者乃由南阳前来之刘蕴玉，非留居南阳之郭奎文。英未杀座前先有嫌隙之刘蕴玉者，能杀相距一百二十里地不知不识之郭奎文于座前，案大感不可解者。查郭奎文驰书票南阳，确系北伐左军马统带人参谋官刘风同所杀，新与袁大总统据部［郭］氏仆人之泣诉，误以刘风同为刘英，以顾问员为参谋官，不察其地、其人、其官之确实与否，远驰急电，声罪戮英，且谓英行同盗贼，立即正法，似不容英置喙一辩者。维大总统明鉴万里，黎副总统就近密查，公论在，不自有水落石出之日？英亦勿庸秭［置?］辩。行将驰卸责任，奔叩台端，泥首哓罪。罪果在英，汤火刀锯不敢逃也。惟祈我大总统电复新举袁大总统，不再以滥罪英者，罪一英同志，灰民国热心志土［士］几心。并恳通电国中，以雪□□，而申公判。湖北京山刘英叩。印。（襄阳发）

（翠亨孙中山故居纪念馆藏档；又见《孙中山藏档选编·辛亥革命前后》，第596~597页）

自由党广东支部致孙中山电

（1912 年 4 月 6 日）

英界江西路四号自由党孙主裁鉴：

闻公来粤，□□忭□，预备欢迎，行期请覆。自由党广东支部同人叩。鱼。

（《民立报》1912 年 4 月 7 日，“公电”）

孙武、张振武等致袁世凯、孙中山等电

（1912 年 4 月 6 日载）

袁大总统、段陆军总长，孙中山、黄克强两先生，孙少侯君、黎堃甫君、各报馆均鉴：

报载皖省孙、黎交恶，有兵五营攻击大通。军队所以御外，非以对内，统一政府成立，各分府之取消应候大总统命令办理。现在各省不靖，万不能再起内讧，酿成巨祸，牵一发而动全身，于大局实有妨碍。如一方面先行开战，吾辈当视为公敌，与国人共逐之。孙武、张振武、张汉、辜天保等。

（《申报》1912 年 4 月 6 日，“公电”；又见《民立报》1912 年 4 月 6 日，“汉口电报”；《时报》1912 年 4 月 6 日，“公电”）

尹昌衡、张培爵致袁世凯、孙中山等电

（1912 年 4 月 6 日载）

北京袁大总统、南京孙大总统、武昌黎副总统、各省都督均鉴：

前清四川将军玉崇、都统奉焕于川人争路及十月反正之事，两

公均能深明大义，苦心维持，并剀切开导旗军一律呈缴枪械，故川人对于两公异常感佩。现因南北统一，道路已通，两公决计携眷回京，定于阳历四月初六日乘舟东下，敝处从优备送川资，以利遄行。除派员护送及饬所过地方官沿途保护外，并请沿江各省都督一体饬属护送，以表示民国出于前清，官吏若能赞成共和，能均得一律优待之意，至为祷盼。川都督昌衡、培爵三十一日叩。

（《民立报》1912年4月6日，“公电”；又见《时报》1912年4月7日，“公电”）

江西临时议会致袁世凯、孙中山等电

（1912年4月6日载）

袁大总统、孙中山先生、黎副总统，各省议会、报馆公鉴：

近由鄂省发起中央临时议会，各省赞成，已属多数。旋接湘省议会转到袁总统祃电内开：据《临时约法》，认定参议院即是中央临时议会性质，其议员选派方法、员数亦按照约法办理，限一月内办竣，等因。查参议院议员前以军事倥偬，权由各都督府选派，以致舆论未孚，立法机关要难稳固，念之惕息。今总统既主张改选与民选性质不相背者，自宜按照办理，一以尊重约法之效力，一以杜绝时论之争持。事机危迫，内外悬望。目前根本法破坏与否，关系民国存亡绝续问题。万乞协力，顾全大局，迅速解决，不胜跂祷。转。参议院定名，于义未安，议员额数，亦嫌太隘，颇有商确［榷］之处，应俟新选各议员到院与议后，再据《中华民国临时约法》第五十五条提议改正，较为惬当。又，此次选举参议员方法，谓宜由各省议会选出，手续较简，事理亦顺。赣省约法业经规定，合并奉闻，惟赐察复，临启屏营。赣临时议会公叩。

（《申报》1912年4月6日，“公电”；又见《民立报》1912年4月8日，“南昌电报”）

黎元洪致袁世凯、孙中山等电

(1912 年 4 月 7 日)

急。北京袁大总统、南京同盟会长孙中山先生、黄留守、安庆孙都督、大通黎司令、各省都督、各报馆公鉴:

支电谅达闻。南京所派水陆各军业已停进，足见黄公顾全大局，俯纳言，元洪敢为皖南生灵额手拜赐。惟迭接大通、九江急电，并据皖南绅民报告：皖军胡万泰昼夜猛攻，已越三日，距通不过十里，并带有机关枪八支、管退炮四尊随行，势甚危急等情。闻之惊骇欲绝。国本未定，祸患方深，此何等存亡绝续之交，乃竟一意独行，操戈同室。如黎公一身原不足惜，且果使罪状昭彰，亦所自取；但各省自有公论，中央自有明文，何不可稍缓须臾，宣布意见，以静待政府之解决，而乃悍然出此，自速其亡。纵不为皖南计，独不为全局计乎？孙公提倡民权，阐明佛学，断不至以权利二字变易方针。然征诸现象，虽最爱孙公如元洪者，又将何以为解？伏乞孙公将出发军队火速撤回，黎公将分府名目自行取消，暂称司令，其民政、财政各事宜概划归皖督管辖，以蕲统一。至皖都督一席，关系全省，非合皖南北同人公议去留，不足以折人心而维大局，仍希召集代表择地开议，速为表决。中山先生执同盟之牛耳，克强兄维南军之虎符，既能维持于前，必能保全于后，并乞剀切劝谕，转危为安，无任祷盼。不然，一隅溃裂，全国沦亡。敝省近在比邻，祸机密切，方当秣马厉兵，力图自保，断不忍作壁上观也。知我罪我，付诸达人。元洪叩。虞。(武昌发)

(翠亨孙中山故居纪念馆藏档；又见《申报》1912 年 4 月 9 日，“公电”；《民立报》1912 年 4 月 9 日，“武昌电报”)

孙毓筠致袁世凯等转孙中山等电

(1912 年 4 月 8 日)

大总统、陆军部段总长、内务部赵总长、军界统一会、黎副总统并转孙中山先生、胡汉民先生、汪精卫先生、内阁唐总理、各部总长、黄留守、各都督、蓝秀豪先生、胡经武先生、同盟会本部、各埠全皖同乡、各报馆均鉴：

大通事昨于阳电详陈一切。昨接大通电称：黎宗岳六号夜潜走，军队需饷甚急，诚恐地方糜烂即在眉睫。乞速派员来通镇摄，兼筹善后，无任盼祷，商会自沙电局公叩。又电称：黎潜逃，各军无主，饷未发，请兵轮飞来。程得［德］全叩。当派宪兵司令官宋植枏乘坐安丰浅水兵轮前往查探，一面电请黄留守催促柏军长即日赴通，筹办善后事宜，并电在通水陆各军官约束兵丁，无许暴动，所有军饷自应发给。旋据驻扎顺安第一旅第一团团长顾琢塘电称：大通人民因黎宗岳潜逃，军饷未发，兵心摇动，深恐地方糜烂，坚请率兵弹压，遂于七号午后四时驰抵大通，各界均派代表欢迎。地方现尚安谧，柏军长即日由芜来通，等语。并据宋司令电同前情。查黎宗岳前有辞职电到宁，黄留守已电某军长暨敝处妥商办理，并由敝处电饬池、青各军队恪守部令，听候柏军长办理，正可和平商决，乃不待柏至，先行潜逃，本月军饷又不肯发，冀幸饥军哗溃，可为归过他人，地步用心，极为险毒。尚幸军官兵士深明大义，顾团长赴机迅速，不至贻害地方。一切详情及善后事宜，应俟柏军长到通查明商办，随时电报。知关廑注，敬以奉陈。皖都督孙毓筠叩。庚。

(《申报》1912 年 4 月 10 日，“公电”)

孙毓筠致袁世凯等转孙中山等电

(1912 年 4 月 8 日)

大总统、陆军部段总长、内务部赵总长、唐内阁总理、黄留守、各部总长、黎副总统并转孙中山先生、各报馆鉴:

大通事昨发详电,计邀鉴察。本日接武昌发来虞电,后列黎副总统钧衔,而电文则系黎宗岳私党口吻。如黎副总统之公心宏量,希望统一,决不如此。电中于黎副总统迭次来电暨敝处迭次去电,全不关会,已属种种可疑。且查武昌发电,向系一等,此电独系三等,电尾又无印字,其为伪托,毫无疑义。独念黎宗岳自民军起义后,似颇冒充善类,此等卑劣手段,公然用之,且敢假冒贵重纯洁之黎副总统衔名而发于武昌之电局,实尤谬妄已极。应请饬令武昌电局澈查初七日四零三号发电之人,讯明严惩,以儆诪张而重机要,是所切祷。皖都督孙毓筠叩。庚。

(《申报》1912 年 4 月 10 日,“公电”;又见《民立报》1912 年 4 月 10 日,“安庆电报”)

刘师复致孙中山、汪精卫电

(1912 年 4 月 9 日)

孙中山、汪精卫两先生鉴:

阅报载,广西□县志士陆□廷于光复后被北流县陈廷杰捕杀,剖心刳腹,各属迭诉,冤久未雪,现陈垂卸任,势将漏网等语,不胜骇绝。案陆君前在桂、梧一带运动革命事业最力,久为官吏仇视,志未大成,竟遭枉杀,其冤惨实与姚荣泽杀周阮案同。□用恳□情代达司法总长,迅电广西陆都督将陈廷杰拘解讯究,援照姚案办理,以彰法纪,而伸奇冤,无任跂祷。刘师复启。佳。

(《民立报》1912 年 4 月 12 日,“公电”)

戴戡、周沆等致袁世凯、孙中山等电

（1912 年 4 月 9 日）

万急。北京袁大总统、武昌黎副总统、南京孙中山先生、国务各总长、参议院、各省都督、各报馆均鉴：

此间迭接旅沪、宁、黔人来电，知前都督杨荩诚与前派临时代表平刚等串同私借外债，以黔省矿产作抵。查黔自反正以来，经张、黄、轩、蓝哥匪蹂躏后，公私困竭，欲谋善后事宜，又复在在需款，拈时借债，本无不合。但杨庸劣不职，当其在黔，留任张、黄哥匪，荼毒黔人而莫不措念。上年十月去黔后，更置黔人涂炭于不问。且出巡援鄂，所部扰民，尤甚于匪。黔人痛疾，业经公决，取消杨都督名义，并经电达。嗣有杨将仍率队回黔消息，即迭接镇、铜各属人民电禀，吁请代电湘、鄂，阻其勿来。是杨于黔省之结关系，自不能私借外债，擅用全省矿产作抵。此其颟顸荒谬，贻祸黔人，加无可忍，谨此电闻。且以一省名义借外债，非一二人可为之事。杨已非都督，亦非能借外债之人，全省矿产尤非抵借之物。杨借债事无论已否有成，黔人决不承认。并此后杨一切行为，皆系私人之事，与黔无涉。平刚充代表数目，于黔事毫无禅益，举凡关系大局之事亦始终无一字报告黔人，已属负黔溺职。乃更私相串合，希图分肥，其罪无可逭。所有代表名义，公议即行取销，合并声明。黔绅学商界代表戴戡、周沆、郭重光、刘显世、朱勋、华之鸿、何麟书、黄禄贞、马汝骧等同叩。佳。印。（贵阳发）

（翠亨孙中山故居纪念馆藏档；《申报》1912 年 4 月 17 日，“公电”；《民立报》1912 年 4 月 17 日，“贵州电报”）

陈锦涛呈孙中山文

（1912年4月9日载）

窃民国初立，政府告成，锦涛等不敏，谬负重任，曾经具呈辞谢，弗蒙允许。其时和战未定，存亡莫卜，事机危迫，不忍漠视，故遂徇众意勉服公务。计受事迄今，瞬届三月，彷徨仰屋，莫展一筹，上无以副公民委托之知，下无以起兆庶疮痍之痛，内之不见谅于部院，外之则重拂平舆情，肺腑无可掬之，诚神明皆负疚之地，抚心五夜，忧来自煎。今幸南北统一，大局底平，内阁得人，群材竞出，拳曲之木，庶免斧斤，泉石之盟，得遂初服。除饬各厅司长将本部经管事项分列表册，另案移交外，兹谨将始终办理困难情形，为大总统缕陈之。

行政机关，首在灵敏，然亦先求统一，则无以收指臂联络之功。省光复伊始，财政长官类由地方推举，省自为政，人自为谋，号令纷歧，无所取则。本部初立，首宣意见，交院提议，非欲攫地方之利而归诸中央，实欲以中央之权，而维持各省，弗蒙贞谅，乃梗众议。此办理之困难者，一也。

国家收入，以赋税为大宗，军兴以来，四民辍业，丁漕失征，厘卡闭歇。关税所入，扣抵赔款。加以地方、中央界限混淆，虽有从前应解部款，现亦藉词诿卸。各省支绌，纵或实情，而中央孤悬，势同疣赘。此办理之困难者，二也。

军用钞票，本以济一时之急，然事前准备，日后收还，设非预图，则受害无极。况滥发伪造，流弊滋多，整齐限制，责在本部，前经通电，各省将发行票式、额定数目，分别详报，以凭考核，迄于今日，奉行廖廖［寥寥］。此办理之困难者，三也。

军兴以后，百务方新，各省度支均虞匮乏，挹注之计，惟债是资。中央债票未发行以前，有以地方名义自行募集者；中央债票发行以后，有以军需不继，纷来请领者，限制既无定率，用途亦难指明，诚足阻碍进行，混淆观听。当已分咨各省，将地方债票一律停止，续领中央债票，派员妥募，一以慎债务之负担，一以免纷歧之致诮。现惟鄂、沪两方照章办理，其余他省有无发行债票及已否取消，未据咨明，无从核办。此办理之困难者，四也。

币制、银行，特权所托，计画整理，宜在中央。乃中国银行方拟改办，而欲沾利益者纷起要求；江南币厂设法更张，而希图破坏者横生冲突。群言淆乱，变象纷呈。此办理之困难者，五也。

度支出入，全凭预算。现在各省解拨之款，未复旧规，则收入一端，无可概算。所恃以流通周转者，非军用钞票，则外债义捐，而各部政费、军队饷需，用度实繁，纷求拨付，违之则取戾，应之则术穷。当预算未经确定之时，值需款迫不能待之势，盈虚酌剂，无所准绳，出入相衡，难期适合。此办理之困难者，六也。

至于借债一事，明知其危，但砒能杀人，亦可起病。乃华俄借约，大启纷争，指担保为抵押，败事机于垂成，饷竭兵嚣，几酿巨变，追原祸始，厥咎谁尸？此办理之困难者，七也。

凡兹数事，略举大端，固由锦涛等策应无方，以致迭生丛脞，然推厥本原，则官制未定，故统系不明，行政动贻掣肘之忧，财务讵有起色之望。英财政家马斯他蒲有曰：无良好政治，无良好财政。旨哉言乎。其能撑持以至今日，而无崩解之患者，盖民国之大幸，而亦锦涛等私愿所不及也。用表过去，以鉴方来，觍缕上陈，伏祈察核。谨呈。

（《财政长陈锦涛呈大总统交代部务并沥陈困难情形文》，《时报》，1912 年 4 月 9 日，“要闻”）

孙钧、吕复相等致孙中山、黄兴等电

（1912 年 4 月 9 日收）

南京孙文、黄兴、居正、宋教仁、田桐、张继、胡汉民诸同志鉴：

北方《国民公报》、《亚细亚报》、《中国报》、《民兴报》、《经纬报》、《中华民报》、《大同报》、《民视报》、《定一报》等联合丑诋同盟会，不遗余力。弟等决意以文字宣战，乞南方同志也一致言论，以促本会同言是幸。孙钧、吕复相、黄六、景定成、冷公剑、漆运钧、宣野、平山啹、白逾垣等叩。候复。（天津发）

（翠亨孙中山故居纪念馆藏档；又见《孙中山藏档选编·辛亥革命前后》，第623页）

暹罗救济赋□会致孙中山、王宠惠等电

（1912年4月10日收）[①]

南京孙大总统、王外交长、参议院鉴：

吴军到汕，林竹复肆抢勒，吴不敢问，反拟筹巨款与林出境。似此办法，为乱不惩，反饱囊橐，地方□于沦亡。不蒙惩偿，徽劝输款，试问何以服天下，以儆将来？况潮近风大水奇灾，难民呼号，尚待挈救，何从筹资填此欲壑？乞竹俯怜潮民无辜，受此惨况，再津饬吴认真分别惩办，以杜后患，而救大局。暹救济赋□会泣叩。严疢。（曼谷发）

（翠亨孙中山故居纪念馆藏档；又见《孙中山藏档选编·辛亥革命前后》，第508页）

暹罗总商会致袁世凯、孙中山等电

（1912年4月10日）

潮州会馆分呈袁、孙、黎大总统、王外交长、陈都督、华侨联合会

① 此电文字错误极多，无法校明，兹暂照录。——编者

鉴：

吴军到汕，林激真竟复事抢勒，吴不敢问，反拟借款八万，与林出境。似此办法，直视潮为鱼肉，大罪不惩，反受上赏，何以服天下而儆效尤？试思潮非金穴，近又遭大水奇灾，困苦不堪，何能填此欲壑。后患无穷，惨难言状。乞饬吴认真分别惩办，以救大局而遏乱源。暹总商会泣叩。蒸。

（《申报》1912 年 4 月 12 日，“公电”；又见《民立报》1912 年 4 月 12 日，“公电”）

黄兴致黎元洪转孙中山电

（1912 年 4 月 11 日）

武昌黎副总统转孙中山先生钧鉴：

蒸电敬悉。大通事，敝处前准柏军长阳电云可望和平解决。又奉袁大总统阳电云，黎宗岳自愿解职，命与孙都督协商，派人往接收其军队。敝处比即电请柏军长妥协接收，并电孙都督劝其早日和平了结。除再将专电转知孙、柏两君外，谨此奉复，以慰廑念。黄兴叩。真。印。（上海发）

（翠亨孙中山故居纪念馆藏档；又见《孙中山藏档选编·辛亥革命前后》，第 585 页）

池州议会致黎元洪、孙中山电

（1912 年 4 月 11 日）

武昌黎宋卿副总统、孙中山先生钧鉴：

池州、大通并无战事。黎因军民不附，挟赀潜逃，现柏军统在通收抚降卒，人心大安。特闻。池州议会公叩。真。（池州发）

（翠亨孙中山故居纪念馆藏档；又见《孙中山藏档选编·辛亥革命前后》，第585页）

广东省议会致袁世凯等转孙中山电

（1912年4月11日）

袁大总统、黎副总统暨参政院、评政院、南京黄镇守府并转孙中山先生鉴：

广东代督陈炯明违背中央约法，滥用军律，擅将报馆记者枪毙。查现为施行约法时期，万无适用军律之理，据陈代督宣布此罪状，尽可按照普通刑律惩罚，就令军政时代，东西各国无此办法，显系违背约法第二条第一项、第四项之规定，剥夺人民生命，箝制言论自由。本会表决该代督此种行为实为违法，用特电达，至如何办理之处，乞即示复，盼切。省会叩。尤。（《粤议会决议弹劾陈都督（续）》）

（《申报》1912年4月21日，“要闻二”；又见《时报》1912年4月21日，“要闻”）

尹昌衡、周炳篁致袁世凯、孙中山等电

（1912年4月12日）

北京袁大总统、武昌黎副总统、南京孙中山先生、各部总长、参议院谋事、各省都督、天津《民意报》转各报馆鉴：

四月六号接黔人周沆联名廿余人通电，以黔人论黔事，言非概属子虚，敝省碍难遥度。惟于黔省之罪状，未尽先期宣布，迨至公推唐继尧为都督后，今行通告。远道滋疑，实无足怪，代明心迹，理固宜然。至以黔人而议川事，仅据谣传，毫无故实，本可置之不

论，第恐辗转流传，因滋谬误，若以大局，更非鲜浅。如敝省前电有滇军借名援陕，入图经过成都乘机夺取之语，既有滇军谢梯长不认昌衡等为都督之通电各省、谓敝省政府为哥会机关、请联师攻讨之铁证，与宣布黔省之罪状大略相同，事迹昭然，有何误会。中央已宣统一，占领尤以为非，宁肯自取覆亡，何足深辨。地方匪乱，反正后各省同然。公等且念大局，昌衡、培爵既被公推，讵甘放弃责任？必谓敝省始有盗入室，急需乡邻往援，责问滇省匪风如何？敝处虽有耶闻，固谓便干预内政。公等何信滇而疑川如此？且匪势莫大于赵贼，匪众莫凶于兵逆，昌衡等尚力能诛擒，并未辱劳援师。现地方秩序已复，兵队驻扎已周。公等过听道途，危言通告，意若谓敝省兵力不能去匪，必借滇军。能果如公言，实滇咎戾。惟敝省屡经变乱，财力支绌已达极点，此次滇军入川，馈饷十万，酬劳三十万，迫胁官吏勒借盐款又二十余万，更无余力可以再劳滇军。嗣后敝省平定匪乱，自当随时通告，暂释廑怀，俾免捉影捕风，淆乱观听。四川都督尹昌衡、周炳篁叩。文。印。（成都发）

（翠亨孙中山故居纪念馆藏档；又见《孙中山藏档选编·辛亥革命前后》，第574～575页）

胡景伊致袁世凯、孙中山等电

（1912年4月12日）

急。北京袁大总统、国务总理、各部院首领，南京孙中山先生、黄留守，武昌黎副总统，成都尹、张都督，各省都督暨各报馆均鉴：

景伊菲材薄植，猥任全川军团长，方自惭能薄望浅，弗克胜任。继由成、渝两处同人公推，复由尹、张都督任用，兼摄镇抚府总长之职。景伊一再坚辞，竟不获命，不得已始行抵渝，文日就职视事。惟身膺艰巨，时虞陨越，一应建设事宜，张、夏都督既艰难缔造于前，伊自当黾勉遵循于后。尤望时锡训示，俾资恪守，勿任

企祷。胡景伊叩。文。印。（重庆发）

（翠亨孙中山故居纪念馆藏档；又见《申报》1912年4月15日，“公电”；《民立报》1912年4月15日，“重庆电报”）

伍廷芳、温宗尧等致孙中山、黎元洪电

（1912年4月12日）

武昌孙前总统、黎副总统鉴：

快利、固陵两船，前承黎公电复，少缓即还。前月又经电催，迄未见复。现□军事运输早竣，长江上游亟待该两船载运商货，失此时机，商局营业更难回复，商情尤为惶迫。务恳曲加体恤，速令军务、交通各司克日将该两船放回，以便及早修理驶用。并恳将船费水脚银两照数给发汉局具领，俾资济急，而免商亏，足纫公谊。招商局董事伍□□［廷芳］、温宗尧等叩。侵。（上海发）

（翠亨孙中山故居纪念馆藏档；又见《孙中山藏档选编·辛亥革命前后》，第590页）

黄兴致袁世凯、孙中山等电

（1912年4月12日）

万急。袁大总统、黎副总统、孙中山先生、唐总理、各部总长、各都督、各军师长、各报馆鉴：

昨晚（十一）十一时半，宁垣居民不戒于火，焚烧房屋数间，当即熄灭。今晨（十二）三四钟时，匪徒数十人乘机抢劫白门桥铺户，幸军队防卫严密，弹压迅速，毙匪多名，并拘获数人，随即敉平，城内外各处现均安靖如常。仍一面督饬军队注意警备，以保

治安，谨此奉闻。黄兴叩。文。（《宁垣警号汇志》）

（《申报》1912 年 4 月 13 日，“要闻一”；又见《民立报》1912 年 4 月 13 日，“南京电报”）

周沆、戴戡等致袁世凯、孙中山等电

（1912 年 4 月 12 日载）

急。北京袁大总统、武昌黎副总统、南京孙中山先生、各省都督、各报馆，并请登报转告贵州人均鉴：

黔省张百麟、赵德全等哥匪之乱，糜烂已极，绅□等密遣代表赴滇乞援。□滇军府笃念唇齿，令北伐军道出贵阳代平，祸乱除，戡威福，大局敉平。而黔祸已深，虽滇军留驻，不能镇摄，又幸和议已成，无须北伐，吁留滇军司令唐公继任临时都督，幸蒙俯允。以上各情，且经电达，前后廿日，治乱迥殊，商业四通，妇孺欢忭，黔人感激，有同再造。方谓此后安宁幸福，当可常保，讵前日得阅前都督杨荩诚自武昌来电，谓已得孙大总统给兵饷械，并加给委任状，促令归黔云云。阖省震悚，如闻迅雷，佥谓杨若回黔，黔必无幸。黔地僻远，一切情形，外省容未尽悉，不惮覙缕，谨撮要具陈。查杨荩诚本无功绩，又鲜才能，反正后忝任都督，毫无表见。张、黄提倡兵卒，滥招匪类，种种为害地方，杨实纵之。惟以见好兵队，嗾令横索赏银。为兴国计，至为黔泽霖面加唾辱。杨既受制张、黄，志不得逞，索饷六七万，藉名出巡，甫出省垣一日，即被抢劫，四方腾笑。张藉此再索饷一万五千金，所部兵队沿途勒索淫掳，又在衣平、镇远、铜仁各处勒索饷银一万余金，行同抢劫。尤可怪者，杨出巡时，本堂都督乃沿途大开山堂，所用旗帜均书某汉公字样，以至民间只知有龙元，不知有都督。杨赴湘后，留兵站队在铜仁，排官杨隋武勒索苗人，又在城强索饷项，几酿大变，复招集镇远、棠屏各处兵队，屯驻铜仁，奸淫掳掠，无所不至。其部下标统萧洪斌在常德纵兵淫掳，业经正法。又所部队官陈勉斋携钺播□，回黔肆扰，龙里、贵定一带被害者数万家。种种不法，笔难毕述。铜仁绅耆陈书培等因闻杨有由湘回黔消息，当禀请电知湘督阻止，黔人惧杨之扰乱，已可概见。且杨出省数月，无一字回黔。赵、张秉权时，即由立法院议决取消杨之名位，以赵任正都督，黔人当时无或异议者，固慑于张、赵之威，抑以杨罪有应得，无足念也。夫当事势危迫，则拥众远行，置地方人民于不顾；及事幸平定，则觍颜归来，坐享高位，人纵不言，杨亦何面目复入黔境乎？现经各界公同议决，杨之行为、才识既如此，必不足以保全黔人身命财产，可知杨如来黔，是明明陷黔民于死地。黔人虽愚，岂不知纳杨则必难幸生，拒杨或可以不死。如杨不知自责，拥众回黔，妄生希冀，吾黔人全体誓以武力相见，纵牺牲生命，犹胜于荼毒而死也。今幸我唐都督出吾民于水深火烈中，登诸衽席，全体拥戴，已公议请将临时二字取销，镇我黔疆，长资保障。为此电恳俯念黔省托命斯人，群情一致，迅令杨不得回黔，以免激生他变。临颖惶遽，不胜迫切待命之至。黔人周泙［沆］、戴戡、刘春霖、郭重光、钱登熙、刘显世、任可澄、陈夔麒、高培焜、于德楷、唐积福、何麟书、黄敲贞、符诗镕、寇宗蘸、年思敬、李端棨、华之鸿、李忠长、朱勋、马先陶、张元龄、陈光涛、陈廷棨、邓希濂、文明钰、杨志元等暨绅商学各界同叩。军务部、政务处代。（自贵阳发）

（《民立报》1912 年 4 月 12 日，“贵州电报”）

福州广东会馆致孙中山电

（1912 年 4 月 13 日）

上海陈都督转孙中山先生鉴：

闻公莅闽，同乡备极欢迎。何日荣程，请先电示。闽垣广东会

馆全体叩。元。（福州发）

（翠亨孙中山故居纪念馆藏档；又见《申报》1912年4月14日，“公电”；《民立报》1912年4月14日，“公电”）

陆荣廷致袁世凯、孙中山等电

（1912年4月13日）[①]

北京袁大总统、武昌黎副总统、南京孙中山先生、黄留守、安庆孙都督、大通黎司令鉴：

读副总统虞电，语语药石。维恳孙、黎两公，早捐猜嫌，勉从公议。当此邦基甫奠，外交未定，莽莽神州，存亡一指，我辈公□，亦惟所对。君、公所务者，国用固鸿，因载清天步，有何纤介，容此嫌疑。荣廷伏处南陲，风马殊途，但谊本同舟，祸福与共，用敢献替，惟冀采择。袁、黎总统与中山、克强两先生，民国首勋，信赖交畅，片语解纷，不胜祷望之至。桂都督陆荣廷叩。元。印。（桂林发）

（翠亨孙中山故居纪念馆藏档；又见《孙中山藏档选编·辛亥革命前后》，第586页）

黄兴致袁世凯、孙中山等电

（1912年4月13日）

袁大总统、陆军部暨各部总长、黎副总统、孙中山先生、唐总理、各都督、各军师长、各报馆鉴：

---

① 此电文字错误极多，无法校明，兹暂照录。——编者

昨日捕获匪徒甚伙，严密讯供，多系江西军队二十七、二十八两团之兵。已经判决，处死刑者二百余名，其余该两团之犯兵，当派各军队协力追剿。旋由洪师长承点竭力开导，令其缴械回营，贷以不死。该犯兵等势穷力绌，午前八九时均即遵令缴械，退回原营，全城秩序幸未扰乱。查此次起乱之原因，匪徒勾结，并由宗社党从中煽惑，已搜获龙旗二面，藉减饷为名，忽尔倡乱。幸经各军师团长爱国心长，洞明大义，均亲率士卒，剿抚乱党，分段防守，保卫平民，赖以即日敉平，未致蔓延。兴昨已发布戒严令，现仍饬各军警极力防范，加以镇抚。定于明日将该两团兵妥协送回赣省遣散。惟是白门桥、太平桥一带商民被劫者不下数十家，哀此无辜突遭惨乱。已分饬南京府知事、巡警局会同切实查报，以便酌量抚恤，免其失所，并一面示谕被害各户，听候查明，以及其他商民各安生业。谨此奉闻。黄兴叩。元。（《南京兵变三记·黄留守通电》）

（《申报》1912 年 4 月 15 日，“要闻一”；又见《民立报》1912 年 4 月 15 日，“南京电报”）

陈炯明致孙中山电

（1912 年 4 月 14 日）

上海陈都督转孙中山先生鉴：

仲恺兄元电悉。粤中要政，亟待取决。台旆一日未旋，则粤事一日不定。仲恺深悉此间情形，故能以诚动公，并承允即日返粤，可感之至。粤中社会闻电，备极欢迎，舍馆早经布置，惟望联袂偕旋，以慰粤人渴望。毋任盼切。粤代督炯明。盐。印。（广州发）

（翠亨孙中山故居纪念馆藏档；又见《孙中山藏档选编·辛亥革命前后》，第 475 ~476 页）

唐牺支、沈乔等致孙中山电

（1912 年 4 月 14 日收）

武昌盐道衙门孙中山先生钧鉴：

驾临鄂汉，不克赴省欢迎，深抱歉仄。肃禀敬请钧安。驻荆第七镇统制唐牺支、军务科长沈乔、参谋长关克威代表全体敬叩。印。（湖北荆州发）

（翠亨孙中山故居纪念馆藏档；又见《孙中山藏档选编·辛亥革命前后》，第 475 页）

川南总司令署等致孙中山等电

（1912 年 4 月 14 日收）

南京大总统暨各部院、上海大共和报馆、天津民意报馆、成都都督府、重庆镇抚府均鉴：

荣县谢烈士奉琦以伪清光绪三十二年受中山先生委任，运动改革，倡义川南，事泄家安，意图再举。殊有伪党人汪霖熏心利禄，效忠满奴，勾结清兵，搜捕烈士，致谢君就义叙南。同人痛心疾首，誓诛汪贼。汪自知不保，远窜滇南。同人复推周启圣、张谷两君赴滇密谋暗杀，事皆不济。今幸革命成功，天夺汪贼之魄，为周、张两君诱解回泸。昨同人大开议会追悼烈士，并公决处汪贼以死刑，用除汉奸而昭炯戒。特此布告。请登报章，是为至祷。川南总司令署暨同盟会同人等公叩。印。（泸州发）

（翠亨孙中山故居纪念馆藏档；又见《孙中山藏档选编·辛亥革命前后》，第 575 ~576 页）

广东欢迎会致《民立报》转孙中山电

（1912 年 4 月 15 日载）

《民立馆》转孙前总统鉴：

闻公荣旋，粤人渴望。究定何日，乞即示覆，俾备欢迎。广东欢迎会叩。（自广东发）

（《民立报》1912 年 4 月 15 日，“广东电报”）

河内同盟会致《民立报》转孙中山电

（1912 年 4 月 15 日载）

《民立报》转孙中山先生鉴：

潮州林激真因吴兵少，依然劫掠索饷，苟再决裂，必祸全粤。恳公急救。河内同盟会叩。（自河内发）

（《民立报》1912 年 4 月 15 日，“河内电报”）

中国同盟会浙江支部致孙中山电

（1912 年 4 月 16 日收）

上海抛球场中国同盟会总机关部送总理孙中山先生鉴：

闻公返申，支部公推张恭等前来欢迎莅浙，望俯允。先此电虞［？］。同盟会浙支部同叩。（杭州发）

（翠亨孙中山故居纪念馆藏档；又见《孙中山藏档选编·辛亥革命前后》，第 476 页）

李烈钧致孙中山电

（1912 年 4 月 16 日）[①]

南京孙中山先生鉴：

辞职后仍以天下为己任，爱国热忱，薄海同钦。此邦人士，闻驾至鄂，亟欲一瞻山斗；建设伊始，请教之件尤多。如蒙旆麾莅赣，驻节数日，赐福何其有极。暂阅庐山、鄱阳、西山、南浦诸名胜风景，欢慰数年为国宣劳政躬，固全赣人士所希望者也。谨代表赣人肃电欢迎。赣都督李晨［烈］钧叩。铣。印。（南昌发）

（翠亨孙中山故居纪念馆藏档；又见《孙中山藏档选编·辛亥革命前后》，第 476 页）

黄钟瑛致袁世凯、孙中山等电

（1912 年 4 月 16 日）

北京大总统、唐总理、各部总次长、武昌黎总统、广东孙中山先生、南京黄留守、各省都督、各军司令钧鉴：

钟瑛昨奉大总统蒸电，感悚万分，材轻任重，深惧弗胜。日昨海军全部由宁迁沪，经刘总长催促，钟瑛接受总司令之职。伏思钟瑛若再稽延，舰队事宜乏人督率，海部不克早日入都，贻误大局，实非浅鲜。再四筹维，不得已面商刘总长，允以暂行代理，爰于本日视事，以纾廑注。一俟政府完全成立，仍乞即简贤能接代，不胜悚惶祷恳之至。再，海军总司令设在上海高昌庙原有海军司令处，业已取销，谨闻。黄钟瑛叩。铣。

---

① 此电在孙中山故居所藏原有两件，《孙中山藏档选编·辛亥革命前后》所录为另一件，文字基本相同，错漏稍多。——编者注

（《申报》1912年4月17日，“公电”；又见《民立报》1912年4月17日，“公电”）

张凤翙致孙中山、黄兴等电

（1912年4月17日）

火急。南京孙中山先生、黄总长、财政部、参议院均鉴：

敝省饷项奇窘，危急万分，曾电南北总统及鄂副总统并派专使高天爵等赴部面恳在案。现在东西战息，凡各军队麇集省垣下，惟欠饷无出，即口食亦无款可发。纷来索饷，无计对付，几欲哗溃。又佳电恳请袁大总统先行设法协济，奉复蒸电：陕省情形，殊深焦虑。惟现在政府尚未北来，借款颇难措手。俟政府北来，外债成立，即行酌济。等因。惟敝省望饷迫切，危在旦夕，泣恳政府、议院念敝省行战五月，困苦万状，无论如何为难，设法接济以救哗溃。陕鸣［凤］翙叩。筱。印。（西安发）

（翠亨孙中山故居纪念馆藏档；又见《孙中山藏档选编·辛亥革命前后》，第206页）

刘学询致孙中山函

（1912年4月17日）

中山先生台鉴：

雷士君昨日来谈合办银行一事。我公赴粤，将来通电应从何处转递？彼此电商，仍以西文为合。送上电报地址，祈照察存。请公示之在粤地址为幸。

光华堂主人嘱呈清醒丸三匣，乞给四字匾额，以示奖励，是所拜祷。此请

筹安。维照不宣

刘学询顿首　四月十七日

（翠亨孙中山故居纪念馆藏档；又见《孙中山藏档选编·辛亥革命前后》，第240～241页）

郭重光等致袁世凯、孙中山等电

（1912年4月17日）

袁大总统、孙中山先生、黎副总统、各省都督请转旅京及各省贵州同乡公鉴：

青电悉。自滇师戡定黔乱，敝会同各界公举唐公作都督，月余以来，易危为安，实同再造，已叠次挽留永永镇黔矣。杨伯舟酿乱，不可收拾，业已借端远避，如再回黔，不啻举七百万大难幸生之民复投之于水火也。万祈诸公坚持此意，详呈大总统保我黔疆，不胜叩祷。如杨果回黔，与其全省糜烂，万众决以性命相拼也。耆老会郭重光等暨全省绅、商、学界公叩。政务、军务处代。铣。

（《申报》1912年4月19日，“公电”）

李烈钧致袁世凯、孙中山等电

（1912年4月18日）

北京袁大总统、唐内阁总理、各部总次长、参议院、军界统一会、黎副总统、杜军统、各师长、孙尧卿君、吴由三君、南京孙中山先生、黄留守、张季直先生、王铁珊军长、各师旅长、长江水师李总司令、黄海军总司令、苏州程、庄两都督、李师长晓垣、上海陈都督、伍秩庸先生、徐仓场总督、黄师长膺白、安庆孙都督、桂君仙峰、胡君幼卿、孙君孟戟、长沙谭都督、程统领、梅统领、王统领、云南蔡都督、各司长、迤西李师长、迤南罗师长、迤东殷师长、贵阳唐都督、韩参谋总长、广州陈都督、谭君天存、桂林陆都督、陈军务司长、杭州蒋都督，汤蛰仙先生、孙都督、太原阎都督、陕西张都督、四川尹都督、胡军长、张参议长、彭、曾各师长、济南胡都督及各省都督、临时议会、上海秦晋豫陇协会、威武军张司令、各路军统及各司令、中国同盟会本部、丈夫成城团、民社、共和促进会、公民急进党、《国风日报》、《民立报》、《时报》并转各报馆公鉴：

近来谈国事者，每有以各省都督专司军政，别设一民政长官专理民政，各遥遥直接于中央政府之说，盖深恐武人政治将不利于共和。唐时节度流为藩镇，历史具在，堪为隐忧，此诚谋国至计，稍有缔［血］气者莫不钦感也。虽然烈钧愚见，颇不谓然。

自武汉起义迄今七阅月，统一政府幸告成立。然外顾列强，则国家之名号尚未承认；内瞻神州，则军士之交讧时耸听闻。国本未固，乱机四伏，而欲使军政、民政划然分立，位置相若，不相统属，一有缓急，倚恐何人，乃或互相接洽、互相推诿，国家大政从堕于冥冥之中，小则有水深火热之忧，大则有瓜分豆剖之祸。此不可者一也。

民国甫定，政府初成，各省军制未尽划一，旧募新招，程度参差，粮统装械胥赖本省自筹，政府未遑兼顾。设使都督于军政之外号令不行，财政计画势难过问，一有遗误，饷无所出，兵何能战？京、津、保定之变，痛犹未已，前辙可鉴，后患堪虞。此不可者二也。

历代开国，常以大将都督诸州。即今日列强，亦每以大将统治新得领土。良以定乱时期，乱种尚多，难免暴动，奴人未戢，不无反侧。非资之以兵权，不能确保秩序，以图改革之进行。短［矧?］今日宗社乱党分窜各地，票匪余孽屡扰吾民，州牧县令羽书交至，酌予军警则措置裕如，征调稍迟，糜烂立见，州县如此，一省可知。此不可者三也。

总之，革命方法原分三期，军政、约法、宪法是也。今日中央政府由军政时期进为约法时期，各省现状则尚在军政最中之时，都督一官，日后固不待久存，惟监［目］前决不能骤废。鄙见以为约法时期之各省都督，似应统揽一省之治权，另设军务、财政、内务、外交、教育、司法、实业、交通各司分理庶政，各司对于都督负主管范围之责任，都督对于中央政府负全省治安责任。都督资格，不分军、绅、商、学各界，但□品兼优，素孚众望，而无大不利于民介［?］举动者，便可充任。以之整理地方，维持秩序，俟大局稍定，军政撤销，然后改正全国军区、政区。就各地方之险要，划分成军区域，定戍军之夹［多］寡；就行政上之便利，划分行政区域，永废省存道，或别分为州。于时由约法时期进为宪法时期，规定全国统一官制，废都督，设民政长，不□军务应归中央，即财政、司法无不当受成于政府，以收中央集权之效，而成单一民国□功。

烈钧自顾学浅识疏，早欲引退，□因共和尚未□定，未便遽尔卸责。地方官制关系各省治安，政府既已议改，彼此即应［详］究。盍一经政府提出，议院议决，成为法律，不能实行，何为讨论于事前，免致窒碍于事后也。诸公宏议伟略，当有卓见，谨贡一得之愚。如蒙赞同，即拟各抒谠论，径电中央，取决多数，以为编订官制之参考，民国甚幸。赣都督李烈钧。巧。印。（南昌发）

（翠亨孙中山故居纪念馆藏档；又见《孙中山藏档选编·辛亥革命前后》，第 580～583 页）

程德全致袁世凯、孙中山等电

（1912 年 4 月 18 日载）

北京袁大总统、湖北黎副总统、孙中山先生、南京黄克强先生、北京参议院、各部总次长，各省都督、临时省议会，江苏各军司令均鉴：

德全因病辞职，将有欧美之游，行李戒途，忽奉任命，不胜悚惕。民国肇建，已历半祺，建设之艰难，因应之困苦，匪惟当局知之，抑亦人所共喻。总统及当事诸君子既谆谆责望，又闻庄都督积忧成疢，求去至迫，德全若复逡巡却顾，或务申己意，而先以逊谢为要求之地，亦非开诚见心之道。无已，则有一言，以当息壤。吾总统暨江苏人民之属望于德全，将以求有济于事也。德全扶疾受命，举一切死生祸福之观念而牺牲之，亦将求有济于事也。既求有济，即不容讳疾而忌医。吾民知专制之痛苦矣，抑知官与民谬托于共和，发言盈庭，多方牵制，酿成一事不能办、一人不能用之状况，其痛苦乃倍烈于专制。夫革命而建共和，将欲致幸福于吾民也。江苏自光复以来，人民未尝享一日之乐利，而先受无穷之疾苦，追溯其源，皆由德全始事之时，谋画不臧，贻此重戾。今日重莅斯邦，获补过之余地，首宜以恢复秩序为惟一之方针，一面求教育普及，养成人民自治资格，以期臻乎共和国民之程度。今日共和程度幼稚，毋庸讳言，若徒慕虚名，或以美国成绩为准绳，或以法国政风相督责，举凡不急之务，一一促以见诸施行，方之财力已若不胜，人民之知识相距更远，况又际此恐慌纷扰之时代，有不偾踣立见者乎？德全衰孱无能，时自竞惧，然用一人行一政，断不敢稍越乎法律之外，所愿江苏父老子弟鉴其求济于事之微忱，宽其责备，俾一切用人行政得有从容藉手之地，其有谬误，则执法以随其后，庶几无负我大总统委任之重，及江苏人士属望之殷。区区愚忱，尚希谅察。德全。（《程都督就职之要电》）

（《申报》1912年4月18日，“要闻一”；又见《时报》1912年4月18日，“要闻”）

刘学询致孙中山函

（1912年4月19日）

中山先生台鉴：

昨寄一函，内附雷士函电，计在途次。顷晤雷士面称：昨请尊

处电伦敦罗士差罗合资开设中华实业银行一节，请暂缓发；因电文内有二字舛误，现已发电往询，俟得回电再行奉闻。此请
勋安

刘学询拜上　四月十九日

（翠亨孙中山故居纪念馆藏档；又见《孙中山藏档选编·辛亥革命前后》，第241页）

汪精卫、黄兴等呈孙中山文

（1912年4月19、20日载）

汪兆铭、黄兴、张继、吕志伊、马君武、景耀月、陈其美、孙毓筠、洪承典、居正、李烈钧、尹昌衡、张凤翙、方声涛、刘基炎、平刚、丁惟汾、冯自由、宋教仁、谭延闿等呈为救国死义，公恳特奖，列入大汉忠烈祠，并宣付国史院立传，以旌义烈而慰忠魂事：窃维民国成立，共和永建，嗣兹以往，胥四百兆人民同食幸福。而人民饮水思源，所不忍一刻忘者，尤在出入专制剧烈时代，以一部分之决心，立于政府反对之地位，败则以生命殉之，前仆后继，矢志不移。虽按之事实，大功或未能及身而成，而溯其原因，国本不啻在当年已定。兆铭等或身与其事，或宗旨从同。开国以来，复见一般国民崇拜景仰之忱，既食先德，不忘遗烈，用举烈士刘道一救国死义各事实，敬为大总统陈之。

刘道一，字炳生，湖南衡山县人。少端慧，五、六岁时读《孟子》，即能成诵。稍长，并通其义。时海内外多故，道一年少气盛，所思辄轶常轨。读《汉书·朱虚侯传》，至"非其种者，锄而去之"，遂自署曰"锄非"。甲辰年游学日本，与其兄刘揆一密谋光复事，遂与会党马福益相知。道一献策曰：此时举事，在利用不交通之地点。我党欲得根据地，不如先据湖南，前瞰洞庭，背负五岭，有险可恃，不至动辄失败。党人然之，遂定计在湖南起义。

议分五路，同时并举：一宝庆，一衡清，一岳州，一辰州，一浏阳。甲辰冬起兵，浏阳因各路未能一致运动，事败，道一乘间走日本，慨然曰：事之不成，虽由专制之威毒，抑亦会党之力涣。于是研究新创之华兴会、同仇会及旧有之三合会、三点会所不同之点，与联络之方，不数月而大通。以道一性慧有口，方言及外国语一学即能，又为游学界同声推许。故能混合新旧，沟通党派，俾各为国效忠也。即如同盟会之宗旨，其初输入日本时，并未皎然揭出。且彼时留学诸君，多却步不敢入，自道一昌言而董劝之，于是有一日千里之势。丙午复与党人萧克昌等谋在萍、浏、醴等处起义，事败被逮，狱吏欲以严刑谳之。道一曰：吾非畏供，无如此中大义，供之决非汝所知，徒费唇舌，何益？因出佩章示之。狱吏细审佩章，镌"锄非"二字，遂以定狱。然终以无供为嫌，乃混而名之曰刘道一即刘揆一。盖其时湘之大吏只知刘揆一名，故借以欺上也。又惧湘人议其无供而刑人也，乃与道一之浏阳，阳言赴浏对质，阴使魁刽于中途杀之。及至中途，魁刽仓惶出不意，举刀乱击，四击乃断其头。故道一之死至惨，识与不识皆哀之。今幸大义昭然，凡为国死义之士，均先后表章各在案。兆铭等对于刘道一，既悉其生平，复迫于公论，未敢再事含默，用胪列事实，公恳大总统鉴核批奖，准予列入大汉忠烈祠同享祀典，并宣付国史院立传，以顺舆情而慰忠魂，民国幸甚。谨呈。

（《民立报》1912年4月19、20日，"恳奖刘道一公呈"）

黄复生、朱芾煌致陈炯明转孙中山电

（1912年4月20日）

广州陈都督转孙中山先生鉴：

十三北京《中国日报》二十《国民公报》载公私攫比款五十

万，以三十万饷同盟会等语。事关本会团体及公个人名誉甚巨，望将前次认募各款出处明白宣布，以释群疑，并电袁总统查办。再：任鸿闿君品学兼优，公所深悉，统一政府初成，需才孔亟，似应荐之袁总统。除苑［芾］[①] 煌已面向袁送任君履历外，望公加电推举。黄复生、朱苑［芾］煌叩。二十。（北京发）

（翠亨孙中山故居纪念馆藏档；又见《孙中山藏档选编·辛亥革命前后》，第623～624页）

广东军事体育会致孙中山电

（1912年4月22日收）

《中国日报》暨报界公社烦转中山先生鉴：

公首倡革命，卒建共和，誉满寰瀛，勋在中夏，岂特乡里之荣哉。兹闻行旌旋梓，敝会特表欢迎。何时抵省，当率全体学生亲到祇谒，藉瞻颜色，略表敬忱。专电先布。省广东军事体育会叩。（广州发）

（翠亨孙中山故居纪念馆藏档；又见《孙中山藏档选编·辛亥革命前后》，第479～480页）

黄明堂致孙中山电

（1912年4月25日）

广州探送孙先生鉴：

违教日久，寤寐时思。推倒满清，光复民国，同胞幸福，非得先生，其谁能之。明堂得归故里，出自君赐。因奉委安抚琼崖事竣，今奉都督电饬，将军队遣散节饷，深合鄙意。闻大驾到，未得

① 《孙中山藏档选编·辛亥革命前后》编者校。——编者

亲迓，因兵未妥，抽身不便，祈原宥。妥即赴省，面叩钧安。汪、胡诸君均致候。明堂叩。径。郑锦昌附叩。印。(琼州发)

（翠亨孙中山故居纪念馆藏档；又见《孙中山藏档选编·辛亥革命前后》，第 483 页）

许日兴、胡树芬呈孙中山文

（1912 年 4 月 26 日收）

具恳禀。许日兴、胡树芬系广西太平府江州人、广西上思直隶厅人，为备历情形，乞恩察核，设法拯救以保生命事情：日兴等于丁未年，偕唐浦珠、王和顺、梁瑞扬、梁绍廷、詹岐山等在三那、大菉两处借抗纳苛捐起义，攻陷防城县，随率各军围攻钦州、灵山。继而先生复委周华、蓝鉴全、关仁甫等先生陆续前来运动，再攻东兴，均被郭人漳调各清军围击，乃退过广西边界。丁槐复督队追击，始入越南。壬申年，复偕黄克强先生督队小峰、那勤、王光等处，与清军决战，经战数日，见事难得成效，乃回越南散队。彼时日兴妻凌氏在家被清军围杀，树芬亦被亡清污吏出赏格查拿，日兴等乃潜往越南十州处躲身。及去岁十月，查知各省均已独立，乃转回屋，讵料一班官吏仍然仇视如故，肆意捕杀，冤愤弥天。忖思为革命事破家亡命，不死于亡清密网之时，而死于光复共和之日，实属死目不瞑。流离失所，有家难归，迫得备历艰危，冒昧渎陈，叩恳俯恤怜悯，设法拯救，感恩正无涯矣。为此禀赴

孙老先生阁前作主施行

中华民国元年四月　日呈

（翠亨孙中山故居纪念馆藏档；又见《孙中山藏档选编·辛亥革命前后》，第 55 页）

新野合邑人民致袁世凯、孙中山等电

（1912 年 4 月 26 日载）

《民立报》转袁大总统、孙大总统、黎副总统鉴：

河南新野县为奉命验土，限期禁卖事：土户贿勾驻宛标统鲁祖昌率队抄衙，案卷、银钱、马匹、枪械、衣物一空，炮伤知事王庚先及卫队多名，俱垂危。幸奋勇军代表马云卿带队弹压，地方尚安，乞电夺。新野合邑人民。印。（自襄阳发）

（《民立报》1912 年 4 月 26 日，“襄阳电报”）

黄鹤鸣烈士遗属呈孙中山文

（1912 年 4 月 27 日收）

具禀。南海县人黄陈氏，现年六十五岁，偕媳何氏、孙女黄瑞铿等，为爱国殉义，全家无养，乞恩俯怜，按月长给口粮事：窃氏仅生一子，名黄鹤鸣，因幼而无父，氏即命其往星架坡佣工度日。及后氏子在该埠娶妇何氏为妻，止育一女名瑞铿，并无子嗣。情因氏子素性精侠，常恨满清之专制，义气填胸，欲报同种之深愁，即由去年回粤，于三月二十九日与同盟中人赴义羊城，攻焚督署，欲使山河还我，汉族复兴。谁料天与人违，功未成而儿命阵亡。至氏今日年老无子，媳少无夫，幼小之孙女又无父，流离失所，咸受饥饿之苦。独寡孤女，皆无靠养之人。言念及此，不禁痛哭流涕之不已也。现幸革命成功，民国统一，往日殉义诸士，其父母妻子皆由给养不绝，此《革命方略》之定例也。氏于去岁阴历十二月经媳手在同盟会领银三十元回家，又本年二月亦由媳手领银六十元回家，当时媳即云，自此以后无银可领矣。氏思一世遥遥，何以度日；媳寡女幼，何人携带？伏念大总统创立莫大之民国，必为民生谋幸福，况氏子又为国亡身，贻氏凄楚，迫得历情哀叩崇辕，伏乞恩准按月长给口粮，俾饔餐有继，不独氏等感恩无涯，即氏子阴魂有知，亦戴德于地下矣。一字一泪，哀哀叩赴

孙大总统伟人台前恩准施行

（住址：双门底横街粤秀书院门牌十五号）

（翠亨孙中山故居纪念馆藏档；又见《孙中山藏档选编·辛亥革命前后》，第55~56页）

谢慎修、刘意琴等致孙中山等电

（1912年4月27日收）

广州孙中山、同盟会、胡展堂、民政、财政司、省会、报界诸先生鉴：

增城县长吕汝琛，玩命盗纵，械斗滥支，干没公款，经县会禀撤另选。吕竟瞒禀陈代督，严电禁止，勒限发司查问，违即拘究，恃势专横。决不认为县长，请维持。增城十二都代表谢慎修、刘意琴、陈藻等叩。

（翠亨孙中山故居纪念馆藏档；又见《孙中山藏档选编·辛亥革命前后》，第508~509页）

陈伯清、赵佩琪等致孙中山等电

（1912年4月27日收）

广州总商会、省会、孙中山先生、公安会、九善堂、报界会暨各团体鉴：

阅报知陈督离粤，商等失措。乞速定大计，仍留陈督镇粤，龙

统制专理军政，或促汪君督粤，陈、龙二君共襄军政。庶粤民有赖，其余非商等敢知。旅港生药行陈伯清、赵佩琪等叩。（香港发）

（翠亨孙中山故居纪念馆藏档；又见《孙中山藏档选编·辛亥革命前后》，第509页）

香港南北行致孙中山等电

（1912年4月27日收）

广州孙中山先生、临时省会、总商会、七十二行商、维持公安会、九善堂、报界公会均鉴：

陈都督任粤以来，办理有方，屡电挽留，维持危局。今阅四月二十六日《中国报》登香港各界会议电省会一节，敝行实未预闻，更不忍陈都督离粤。香港南北行公叩。（香港发）

（翠亨孙中山故居纪念馆藏档；又见《孙中山藏档选编·辛亥革命前后》，第509页）

冯宪章等致孙中山等电

（1912年4月27日）

广州孙中山先生、同盟会、省会、军团协会、各报、各团体鉴：

陈都离任，汪公不返，粤局须人维持。胡公汉民万难卸责，乞合力敦劝，勿再推辞，大局幸甚。旅港商人冯宪章等叩。沁。（香港发）

（翠亨孙中山故居纪念馆藏档；又见《孙中山藏档选编·辛亥革命前后》，第509～510页）

泸州各团体致袁世凯、孙中山等电

(1912年4月27日收)

北京袁大总统、唐总理、各部院长，进化杂志社、南京孙中山先生、黄留守、武昌黎副总统、成都尹、张两都督、重庆胡总长、各省都督、各军司令、天津《民意报》、上海《民立报》、《大共合报》，及各报馆鉴：

顷据《光复报》四月第四号大总统致成都尹、张两都督、重庆镇抚府夏总长艳电云：据黎副总统电称，川省现已经练兵四镇，足敷分布，仅泸州请留滇军，不足代表全川等语。不胜骇异。查泸州士绅既未请留滇军，及至电局查询，只有滇军曾经携带枪械，持电稿到该局，迫以泸州政、学、绅、商名义通电各处，未给电费，且稿尾盖有李梯团长关防，足为滇军自请自留、胁迫发电之铁证。众以事实、名义大相背驰，真伪混淆，不容缄默，谨此电达，以释群疑。泸州州议事会、城镇筹防聚合会、教育会、农工商会、城镇自治会、学务处、中学校、共和党支部、国民社会党支部公叩。印。(泸州发)

(翠亨孙中山故居纪念馆藏档；又见《孙中山藏档选编·辛亥革命前后》，第576页；《申报》1912年4月30日，“公电”)

唐振华呈孙中山请饬归还因参加南关之役被充公田产文

(1912年4月28日)

具禀。广西太平府宁明州人唐振华，为因行革命家业充公，乞恩移饬军、民两政长查还给领，俾得以养家口事：窃思满虏入寇二百余秋，据我土地，削我民膏，以专制之政，枷锁我四万万同胞。属在黄帝之子孙者，孰不痛祖国之沦亡，悲神州之陆沉乎。民读扬州十日之记，不禁痛哭流涕，深叹报愁之无人，愤气填胸，欲自挺身而击虏；无奈人孤势寡，恐难遂志，不得已而寄迹行伍，投入陆一宋荣字中营当兵，练就武事，暗结同胞，欲将来举戈北上，驱鞑虏于塞外，代同种而雪深冤。适于亡清光绪卅三年，闻老先生提倡民族主义，立一同盟会，以驱逐鞑虏，恢复中华，创立民国，平均地权为宗旨，民得何海咏先生介绍入会。当斯时也，不啻喜出望外，欲我义师早举，直扫虏廷而痛饮黄龙也。是卅三年十一月，王明堂先生约民起义南关，民即联合营中同哨兄弟，挟枪随明堂先生之麾下攻打南关。不料天与人违，谋事不成，至家内之田园产业尽被亡清官吏搜索充公，父母兄弟咸遭流离失所之苦。民当时与同志等逃入安南投宿，被法人拿解往星架坡。至其中之艰苦已不堪言，而为国受难，又何怨言？噫！往事已矣，今也革命功竣，民国成立，人人得享自由之幸福，惟民之家业现未得还，致贻父母兄弟有冻馁之嗟，负罪岂浅小矣哉。迫得历由禀明台阶，伏乞恩准移饬军、民政长，将民之田园产业照数归还，俾家中人等得以耕业糊口，免遭枵腹之叹。且自两广反正以后，民未得担任义务，□□收用，委以遗缺，民得尽国民一份子，以副初心，感德无崖矣。为此叩赴同盟会总长先生台前恩准施行。

中华民国元年四月廿八日禀

（魁巷侯氏书院）

（翠亨孙中山故居纪念馆藏档；又见《孙中山藏档选编·辛亥革命前后》，第56～57页）

钟寅兴致孙中山电

（1912年4月28日收）

广州送前总统孙中山先生钧鉴：

闻公旋统，未获欢迎，电代鞠躬，藉伸忭悃。前美兴中会员、

韶厘总办钟寅兴叩。(韶州发)

(翠亨孙中山故居纪念馆藏档;又见《孙中山藏档选编·辛亥革命前后》,第484页)

叶英峰致孙中山函

(1912年4月28日收)

中山先生钧鉴:

敬启者:曩闻先生委派王斧军回琼筹办实业,昨又闻先生任命林格兰回琼筹设同盟支部,闻令之下,不胜惊魂。与其坐观王斧军再荼毒琼,阻误琼州,曷若冒犯钧令,指责其非,令归统一,以期补救。是以不避庸陋,敢为先生陈其种种也。

夫琼州矿产之富,荒地之多,森林之盛,果得人力为经营,不特可富琼州,且可固通国门户。惟资本家之经营此地者已非无人,且运动其爪牙,官于琼州,欲以特别治岛屿之法治琼岛,是膏腴肥美之琼州,不亡列强而亡于资本家矣。然则欲救琼州之亡,非同盟会不可,非同盟会之伟人另行集合琼州人心不可。先生提倡革命,建设共和,为四万万同胞谋幸福,谅已早见及此,不忍视琼民为安南、印度之民,故有委林格兰之举。

至若王斧军,则大惑不解者也。夫王斧军自作聪明,毫无政见,前此任事月余,无一可观。而且与无赖为伍,致使议论沸腾,群相反对。而琼民之大遭损失,大受恐慌,即由彼起。今又闻欲藉行政之权,借外债以兴实业,并邀求先生向中央政府拨款掘开海口港口,是又大谬不然者也。夫海口掘港,动需数百万,而实业不兴,掘港何用?是止见其虚糜巨款耳。至于借外债以兴实业,免被资本家浸没人地,奴隶平民,是固策之最上。但斧军何人,能令人信仰之深而不攻击乎?是所谓胡思乱想,特促琼州于亡耳。至谓林格兰,则有耐劳之性,而无开展之才,且其办事颇涉含糊。当未反正之前，嘱令王肇甲与英峰等在琼运动，款集万余，兵将及千，而彼尚运动在外，迨反正之后，彼方与王斧军奉命回琼，当时无耻之徒群相反对争夺。彼知琼事颇难解结，故不旬日即舍而他适，所遗之兵，令王肇甲呕心沥血，费尽经营，方得散去。就此以观，林格兰纵非攘功争利之徒，但办事首尾不清，若授特权，恐难大信，是徒阻琼州之进步耳。噫！琼州自彼两人播弄之后，人心涣散，直若游沙；且各结小团，非逐鹿名场，即捕蝇利薮，若问大局，绝不关怀。若非同盟会中之最有名望、最有学识者另行组织，则不特琼岛必亡，举凡党人举动亦必大受诋毁矣。

且琼士稍有知识者，其仰同盟、渴望同盟，直如大旱之望云霓。若得党中杰者偕林格兰到其处察看，先立同盟支会于海口，择其热心公益、颇有学识、素孚众望者支持会务，再扩张分会于各县。如此推行，不一月间所得党员必达万数，所收会费必得巨万。于是借此会费于琼会以办船务，此琼州继续存亡之绝大关键也。

夫琼人之出洋营业，为数巨万，所搭之船俱是洋轮，价之高低随人涨缩，有时每人勒取至二三十元者。琼商吴某悯其权利外溢，慨同胞之受人践踏也，力与竞争，自定南宁公司轮船，以济同胞。后因资本短绌，又因某洋行免价抵制，是以终至辍业。而某洋行今又大抬价，所有洋客罔不咨嗟怨恨。若乘此机会，以同盟会之名创设报馆，竭力鼓吹，再立演说社派员演说，晓以大义，陈以利害，则彼倾慕革命之洋商，安得不乐而来归乎？彼洋商既乐而来归，则仅以二万之资本金兴办船务，可夺回每年二十余万之利息，此可谓以言语文字而收实业革命之大效也。

且不止此也，琼民驯厚，见善乐为，其于士子之言甚为崇服。前者运动革命，俱行秘密，而捐输军饷亦至数万之多。今既大开门户，广行演说，则琼州公产固不难一倡而成也。琼州居民有五百万之多，而墟场仅百余处。若将船务所余利息以一半给能言之士，令每墟一人，日则演说公产种种利益，夜则教授贫民，再由总分会另派入村乡演说，如此办法不出三阅月，琼民之染有公产智识者必居多数。然后竭力调查户口，令壮丁者每人各出银一元，以兴实业。除老者及妇孺不计外，核算必得二百万之谱。分两期收足，先设立银行，然后次第开办森林、农务、畜牧、矿务、盐务、马路，再推而至开辟商埠，兴办渔业。如此推行，则凡琼州之学费、兵饷、养老院、贫儿院俱不难筹措矣。

且此两者之举，不特富琼州、富中国，并可免琼人于奴隶。中国沿海一带，所谓出洋营业者实无处不有，然所谓受人卖猪仔者绝少。而琼州则除自行经营者外，每船所载，为人卖猪仔者实居多数。于船上受人禁锢，到彼岸受人鞭挞，死于此者不知凡几。乃前者死、后者继，不以为苦、反以为安者曷？固因内地谋食艰难，且无人管理，致遭此惨。倘得船务归我，则彼此各立医院，凡欲出洋营生而力不能自备船费者，俱由医院考验身体，出费送往彼院，免受船上辛苦，并为代觅工作，是对个人有救其免为牛马之惨也。再以内地实业既兴，则贫穷无告者可免流离；且出于公共产业，则彼资本家必难抵抗。此免全琼永世奴隶也。

以上所举，并非出于妄想，实已对众演说，其乐为赞成者不知凡几。虽至僻壤乡愚，罔不欢喜。所可惜者，琼州自王、林二君造孽之后，意见相歧，各分党派。王、林二君意见亦不相孚，恐其回琼又各树门户，致失此机会。故有求其另委最有名望、最有学识者，令先系此人心耳。至于王斧军若仍令之偕往，俾免各生意见，是亦更妙。

英峰不文，词尽不达。惟求先生见谅，并速定夺。免此呱呱数百万琼民沦于资本家之手，并亡于发官热之徒，则全琼幸甚。专此。并请

筹安，希维

尊鉴不既

琼州齐民叶英峰上言

（翠亨孙中山故居纪念馆藏档；又见《孙中山藏档选编·辛亥革命前后》，第510~513页）

卓大彰等致孙中山等电

（1912 年 4 月 28 日收）

广州孙中山先生、都督、报界公会鉴：

琼人望王斧军，如赤子之望慈母。乞速委任返琼，维持一切，以慰众望。琼崖学界全体卓大彰等叩。（海口发）

（翠亨孙中山故居纪念馆藏档；《孙中山藏档选编·辛亥革命前后》，第 513 页）

赵立夫、霍云生等致胡汉民、孙中山等电

（1912 年 4 月 28 日）

都督、孙中山先生、省会、商会、报界鉴：

广州[①]。今日有炮竹工人男女数千，到院哭诉失业待毙，恳院代禀求弛禁炮壳来澳，以救伤民。谨达。请维持。澳门镜湖院赵立夫、霍云生叩。勘。求［?］。（澳门发）

（翠亨孙中山故居纪念馆藏档；又见《孙中山藏档选编·辛亥革命前后》，第 513 页）

中国同盟会江西支部致孙中山电

（1912 年 4 月 29 日）[②]

武昌黎副总统转孙中山先生钧鉴：

闻先生将遍遐［游?］各省，阎［阖］赣人民溅［无?］任钦

① 应指此电文由澳门发至广州。——编者

② 此电文字错误极多，无法校明，兹暂照录。——编者

慕。此次道经九江，务乞屈驾贲临，俾地方得聆伟论，唤起圉也［地?］精神，促进政治思惜［想?］。同人已预备欢迎。何日起节，祈赐电复。同盟会江西支部叩。艳。（南昌发）

（翠亨孙中山故居纪念馆藏档；又见《孙中山藏档选编·辛亥革命前后》，第484～485页）

林绎致袁世凯、孙中山等电

（1912年4月29日）

急。北京袁大总统、参议院，武昌黎副总统，南京黄留守、孙中山先生，上海各报馆，桂林军政府，广西送各府县长、自治会、商会、梧州报馆鉴：

艳日接桂军政府勘电开：北京国务院省电谓迁省问题固应从本省人民多数之同意，但未经援照法定手续公布施行以前，断无自由移治之理。本会现正提出迁省议案决，议会自当依据法定手续，将议决案咨请本省军政府公布施行。所谓自由移治，不知据何指驳？宥电又谓果有迁移之必要，应由将来正式省议会议决，呈请中央政府公布施行。不知正式二字，是否对于临时之区别？若临时议会不能议决事件，援临时二字类推解释，则参议院一切中央及各省临时机关亦同赘疣，均可解散。至宥电有谓此时临时省议会仍应于桂林集合，若不赴召集，即行解散，毋庸迁就云。惟本会议员系从地方人会主意思集合南宁，万不能背地方人民之意思群［而］赴桂。大总统、四［国］务院可以破坏共和，我广西民选临时省议会议员不能违反代议之名实也。我各地方人民可以不出代议士，我议会可以自由解散，不受政府之解散也。广西临时省议会议长林绎叩。艳。印。（南宁发）

（翠亨孙中山故居纪念馆藏档；又见（《孙中山藏档选编·辛亥革命前后》，第546～547页；《申报》1912年5月3日，“公电”）

黄兴致袁世凯、孙中山等电

（1912 年 4 月 29 日）

万急。袁大总统、唐总理、参议院、各部总长、黎副总统、孙中山先生、各省都督、各政党、各报馆，军、学、工、商、农、学各界男女同胞均鉴：

民国肇兴，政府成立，建设之事，无虑万端，而要以厚民生、强国力为本，则此后所最当研究者，财政问题是也。今之论者，见需款甚巨，而国内经济久已支绌，难于筹措，于是乎一弃其在前清时代所主张之外债拒绝论而利用其投资，以应吾急。是说也，多数明通之士，类能知之，盖诚非得已耳。虽然，兴犹有说焉。天下之患，常伏于所倚，拒债所以杜外患，而政事不无废弛，借债可以应急需，而国权未免亏损。在主张借债论者，夫岂不曰：前清时代公款之用途不明，投资未属于生产，而民国则无之。然不知自起义以来，公家事业多付废阙，官署新设，军队环悍，筹措整理，需款浩繁，将来所借巨款，能否即用于生产之一途，尚未可知，而担负抵押，国家负累已甚，较之空言拒债而不别筹善后方法，坐视衰败者，其弊将无同。故贸贸然徒言拒债者，因噎废食之见也；断断然倡言借债者，贪饵吞钩之为也。两者均未见其可。兴盱衡时局，统筹国计，终夜旁皇，靡知所措。顾深念权借外债，原属万不得已，若恃为唯一方法，而其危险将至，债额日高，债息日多，债权日重，抵押从此益穷，监督财政之举且应时以起。二十年来忠义奋发之士所以奔走呼号于海内外，糜顶捐躯，不稍稍顾惜者，徒以救国故，徒以保种故，徒以脱奴籍而求自由故，乃一旦幸告成功，因借债以陷入危境，致使艰难缔造之民国沦为埃及，此则兴血涌心涛所不忍孤注一掷者也。夫国家者，吾人民之国家，与其将来殉债而致亡，无宁比时毁家而纾难，况家未至毁而可以救国不亡，亦何惮而不为。则惟有劝募国民捐，以减少外债之输入乎。吾国人数约计四万万，其中赤贫如洗者，与夫偏地灾黎，固无余力可以捐助国款，而中人以上之产，即可人以银币一圆为率，最富者更可以累进法行之，所得较多者，亦可仿所得税法征之。逆计收入，裒多益寡，当不下四万万元。于特别劝募之中，仍寓公平征收之意，在贫者不致同受牵累，在富者特著义声而仍不失为富，且捐率有定，可免藉端苛扰之虞，而国家骤得此巨款以资接济，俾得移新借外债尽投入生产事业。后来工作繁兴，利源充裕，以公经济之发达，调和社会私经济，贫者可因以生活，富者经营实业，可由国家提絜之，或补助之，而前此外债更易偿还，岂非两得之道乎？使果全恃外资挹注，则初次所借巨款只可供革命，后之收束既如前所述，而生产资本更待外求，纵有赢余，无论误时已久，即补分次积欠，犹恐不足，徒至债台愈高，上下交困，仓皇束手之际，仍不能不取求于吾民，彼时虽竭泽而渔，国已不可救药，行见沦胥以亡耳。此筹国者所不可不早计也。兴岂不知今日民生半多凋瘵，而故倡此不韪之论，诚以两弊相衡，宜取其轻，大局至危，惟呼将伯。天下往往有至苦之言，听者狃于闻见，不加谅察，遽相诘难，以是智者多塞口，致误事机者屡矣。昔普法战争，法认赔普款二十万万，其人民、土地少于我何止十数倍计，而负此巨款，一呼捐集，卒成强国，诚晓然于计学公例，利公即所以利私。兴又安敢臆测吾国人爱国之心竟不如法。失此不言，后恐噬脐，且兴亦欲使吾国人知此次共和建设，皆出自国民至痛苦之膏血，允宜廓清积弊，慎重用途，以此珠积寸累之金钱，造成最璀璨庄严之民国，为亿万年留一大纪念耳。若夫富者平居谯游之费、车马之需，辙耗弃巨赀，何止十户中人之赋，则更不过略加节啬，已足供此。矧革命为何等事，死者肝脑涂中原，白骨转邱壑，吾辈幸存，保邦之责非异人任，区区之款，复何足云。言念及此，心怀增恸，爱国之士能不凄然，此尤兴所不敢不痛哭流涕以言之者也。惟是事属捐助，原非正供，如何收集之法，尤当博采众见，切实研究。务期劝导人民，共喻此旨，而黠者不得缘以为奸，斯为善耳。所赖政、学、军、商、农、工各界诸君子共矢热诚，持以毅力，早为提倡，其庶几有济乎。兴自愧庸才，救时乏术，临风洒涕，不知所云，惟垂鉴而采择之是幸。黄兴叩。艳。

（《申报》1912 年 5 月 2 日，“公电”；又见《民立报》1912 年 5 月 2 日，“南京电报”）

黄兴致孙中山、胡汉民等电

（1912 年 4 月 30 日）

广州孙中山先生、胡汉民先生及同行诸君钧鉴：

台旌旋梓，倏已逾旬，景仰高风，无任延伫。此间自赣兵乱后，加意防范，秩序已较前安宁。现正着手减兵，以节国用。惟饷项各款，亏欠至千万元之谱，坐困无策，焦灼万状。昨晚通电提倡国民捐，仍欲行前方略，以救国危，谅达台览，乞先生有以赞成之。近闻精卫远隐，竞存遽去，当此危局，似不宜出此，以沽高名。不知先生可致之否？黄兴叩。卅。印。（南京发）

（翠亨孙中山故居纪念馆藏档；又见《孙中山藏档选编·辛亥革命前后》，第 208 页）

文鼎光致孙中山函

（1912 年 4 月 30 日）

一别十八年，昨得欢迎会晤，欣慰奚如。鄙人刻拟报效二十万元为兴女校、办实业、组织民党等用，请面陈一切。此上孙前大总统大鉴。文鼎光鞠躬。元年四月卅号。（寓芳草街五十二号）

（翠亨孙中山故居纪念馆藏档；又见《孙中山藏档选编·辛亥革命前后》，第 486 页）

冯锦江、李树标等致胡汉民、孙中山等电

（1912 年 4 月 30 日收）

胡都督、孙中山先生、报界公会鉴：

王斧军才德兼优，商民爱戴，恳委任回琼维持地方，而慰众望。琼崖教育团、自治团、商会冯锦江、李树标、陈膺荣等叩。（海口发）

（翠亨孙中山故居纪念馆藏档；又见《孙中山藏档选编·辛亥革命前后》，第 514 页）

旅港番禺工商公所致孙中山、胡汉民电

（1912 年 4 月 30 日收）

急。广州孙中山先生、胡都督鉴：

闻世仲明日问枪，殊属冤屈，请速查救。旅港番禺工商公所同人等叩。（香港发）

（翠亨孙中山故居纪念馆藏档；又见《孙中山藏档选编·辛亥革命前后》，第 514 页）

汤芗铭致孙中山函

（1912 年 4 月）[①]

中山先生钧鉴：

---

① 本函未署时日。但内称“今临时政府又已成立，芗铭在官言官”，说明此函写于唐内阁成立不久、汤受任之后。函中还说“迩闻行旌所至，谆谆以社会主义倡导国人”，则当指孙中山辞职后，四月上中旬访问武汉、上海并演讲社会主义之事。据此，酌定本函写于四月间。——《孙中山藏档选编·辛亥革命前后》编者注

南都趋侍，饫闻教益；违离以来，余恋在臆。迩闻行旌所至，谆谆以社会主义倡导国人，伟抱宏猷，钦佩无既。虽然，芗铭窃有请者：昔北美合众国大总统卢斯福氏，鉴于列邦之趋势，怵于海权之脆弱，去任以后，日以扩张海军游说全国。搭虎特氏守其遗策，扩而充之，日长炎炎，遂骎骎焉凌驾乎法、德、日、意诸国之上，为世界第二海军国。北美之由门罗主义一变而为帝国主义，则卢氏实倡之。中国甲午一战，全军覆没，海牙会议至列我于三等之国，奇耻大辱，莫此为甚。乃者帝政倾覆，民国肇基，千年睡狮，酣梦方觉。吾其遂可抗衡列强乎？虽然，所谓世界头等国者，非仅仅国体良否之问题，乃国力强弱之问题。今民国实力不加增，欲以虚名之改革，一雪海牙之耻，难矣。各国趋势，武装和平已成一致。英人向持二国标准主义，尊为海王无论已，其他若德、若法、若意、若美、若东瀛日本诸国，甲增一舰，则乙亦如之，乙增一舰，则甲亦如之，相争相抗，莫肯相让。其政治上之眼光，大抵不在一国而在世界，总以期势力之平均而已。乃人亦绝尘以奔，我尚未能成步。窃谓列我三等，虽辱犹幸，设竟肆其野心，民国大局何堪设想。今之谈者，或曰茫茫禹域，大陆之国，决胜阃外，陆师为宜；或曰时局孔艰，库藏如洗，海军费巨，虑难筹及。窃谓陆师御暴于堂奥，海军止寇于藩篱。御诸堂奥者，藩篱已决；止诸藩篱者，堂奥不惊。两两相权，海似较陆为尤要。海军巨舰购造需千万，养费亦年需百万，需费诚巨，然因噎废食，智者不为。况各国海军预算日有增加，觇国者至以军费多寡较量国势强弱。啬费弛备，夫岂其宜？

今临时政府又已成立，芗铭在官言官，窃谓民国海军振兴之不可缓者，约有数端，请缕陈之：世界文化愈增，武力愈竞，弱肉强食，靡有公理。中国海疆万里，防御缺然，猝有风鹤之警，不识何以策之。此关系国防者一。一骸不具，人为残疾，一官不举，国为病夫，海牙见侮，举国同愤，含耻忍诟，不思一雪，何以为国？此关系外交者二。英人商业几冠全球，溯其发达之由，实以海军保护之力。中国海外贸易，终古弗振，海军缺乏亦其一因。此关系商业者三。华侨踪迹殆遍欧美，海外殖民亦借纾母国之力，乃外人遇之，牛马奴隶，苛虐备至，瞻望祖国，常用涕零。向令海军盛强，足资保护，何至若是？此关系侨民者四。以是种种，区区之私，窃意今日海军尤为要政。惟是一般人士，其深悉政治之方针者甚鲜，其确具海军之智识者尤鲜。芗铭才力薄弱，既俱任重弗胜，尤虑国民智识未开，或多反对。先生遨游海外余三十年，世界大势，了如指掌；此次政治改革，功成身退，中土人士，尤无不仰之若泰斗，敬之若神明。民国海军程度，方诸十九世纪之合众国尤为幼稚，而先生现时所处之地位，则与卢斯福氏适得其同。语云：季路一言，重于九鼎。芗铭不胜大愿，深愿以卢氏已事望之先生，自今车辙所及，不惜以齿牙余论，大破群迷，庶几一时舆论，不至横生阻抗。芗铭摄官承乏，亦得有所遵循。西哲有言：言论者，事实之母。先生诚能以社会主义增进民福，又以海军政策张大国威，则对内对外，两无遗憾。先生其不以斯言为河汉乎？

临风驰系，书不尽意，专泐奉申。敬请

道安

汤芗铭谨上

（翠亨孙中山故居纪念馆藏档；又见《孙中山藏档选编·辛亥革命前后》，第75~77页）

马良、于右任等致孙中山函

（1912年4月）[1]

中山先生执事：

---

① 原函未署时日。从其内容看，写作时间与上篇相去不远；而对孙中山改称“先生”，则表明在孙卸临时大总统职之后。据此，酌为四月。——《孙中山藏档选编·辛亥革命前后》编者注

缅维复旦，创自乙巳。几经艰辛，始克成立。贤士大夫，实宏其赐。乃成材未百，世乱繁兴。旧有胶庠，化为壁垒。公帑既绝，度支以穷。三百青年，一时星散，继复卜室惠山，略图完聚，终以竭蹶，未能久之。言之痛矣。

迩者国是大定，作育是谋。复旦为东南巨校，坐视沦替，情所不安。良等用是奋兴，力谋振董。今已禀准教育部立案，并乞苏督指拨上海李公祠改作黉舍。兴复不易，亟待扶持。伏以先生学林泰斗，薄海倾心，敢为吾徒，乞赐栽植。倘荷不鄙，许为复旦校董，时时督教，以所不及，不胜大愿。敬谨陈白，伫候德音。春寒为道，自卫不宣。

马　良　于右任　胡敦复　邵闻泰

叶永鎏　钱智修　郑　允　拜启

（翠亨孙中山故居纪念馆藏档；又见《孙中山藏档选编·辛亥革命前后》，第358～359页）

曾连庆等呈孙中山请复开暨南学堂文

（1912年4月）

驻粤南洋华侨实业团曾连庆等，为呈请复开学校，以育侨材事：窃自丁未岁亡清设暨南学堂于南京，以教育华侨子弟，五年以来，从天南负笈来归者，岁以百计。海外华侨父兄子弟孺慕祖国文化之诚，盖致殷且切也。及乎武汉起义，全国响应，沪镇兴讨虏之师，金陵下屠城之令，此数百学生遂不得已星散归岛。然所学未成，中途废置，上不能以学奋迹，下不甘偎随流俗，进退无据，比之全无教育之俦，尤为可怜可惜也。自和议告成，大局奠定，内地各校，大总统业有明谕，令其仍旧开学，不得旷业，致妨造就。海外侨民亦感翘首引踵而望，曰庶几复我暨南，以竟我未竟之前功乎？顾以百政纷举之际，至今未之筹及。连庆等情切于中，迫不及待，用敢冒昧呈请，伏祈大总统默念侨情，早施慈惠，再开新国之暨南，重招旧有之子弟，俾前功载续，莘莘咸使成材；后起益繁，济济克嘉多士。不特侨民万幸，而民国前途亦不无少补焉。谨呈
孙大总统察核施行

中华民国元年四月　日呈

（加盖“驻粤南洋华侨筹办广东全省实业团”之钤记）

（翠亨孙中山故居纪念馆藏档；又见《孙中山藏档选编·辛亥革命前后》，第 359 页）

谢缵泰致孙中山函

（1912 年 4 月）

孙先生阁下：

因您匆匆赶去广州，我没机会就以下重要问题与您交谈。我希望您能郑重考虑我所写的东西：

1. 恢复广东省的和平与秩序。

a. 调停难相处的民军军官。

b. 建立一个军事委员会调查所有官兵的情况。

c. 补贴酬劳所有独树一帜的士兵和军官。

d. 重新招募所有愿意保证在正规地方部队旗帜下的健康的官兵。

e. 以合理的价格收买所有遣散士兵的枪支。

f. 为遣散的士兵安排适当的工作。

2. 兴中会和同盟会

a. 合并两会。

b. 登记两会会员名单。

c. 选举一个普遍公认的调查委员会。

d. 对每个会员的品格、履历进行慎重的调查。

e. 以无记名投票方式（黑白球）开除所有不良分子。

f. 以无记名投票方式（黑白球）批准新成员入会。

（《临时大总统和他的支持者》，第 21～22 页）

盛宣怀分呈袁世凯、孙中山、唐绍仪及外务部长、工商部长文

（1912 年 4 月）

1912 年 4 月　神户

办理汉冶萍煤铁厂矿有限公司盛宣怀谨呈。为公司股东会议中日合办全不赞成正式知会日商代表取消草约录案密呈恭祈鉴核事：本年正月二十七日，三井洋行总办山本条太郎面递南京草约底稿，并据面称：汉冶萍公司借款已巨，现在中国大局未定，非照南京草约不能再借款项。日商现已公举小田切万寿之助为代表，请公司速议进行等语。并接南京政府来电：已电授全权于三井洋行直接交涉，即日办妥。词意极严，谅非得已。当即由李维格权宜代表，与小田切万寿之助照订公司草合同十款，于正月二十九日同至盐屋旅寓交阅签印前来。宣怀复核，与三井所交约稿宗旨相同，而条款仍多流弊。小田切力言不能再改。相持之下，仅能将合同内“已由中华民国政府电准，公司立将办法通知股东，倘有过半数股东赞成，即告知日商。日商亦将情愿照办之意告知公司，签定正合同，立行照办”等语，改为“俟由中华民国政府电准”云云。并于约后注明“以上草合同俟民国政府核准后，敝总理再行加签盖印，特此声明”字样，借留转圜地步。并缮给李维格委任状，仍赴东京订交款项。

旋于二月二十三日接上海公司商务长王勋转来孙前总统电云：草约前虽批准，后以其交款濡滞，并不践期，已电告前途，决定取消，万不能以已由政府核准为借口。今各省反对，舆论哗然，盛氏宜早设法废去此约等语。又接李维格电称：顷始问明，三井洋行山本所云草合同早已核准，系沪三井与宁所订草约，非公司草约等

语。当即电致总公司董事会，即在上海定期开股东会议决。三月二十二日接股东会公电称：今日开股东会，到会者四百四十票，计二十万零八千八百三十八股。投票开筒，公同验视，全场一律反对合办，已逾公司全股十分之八，照章有议决之权。草合同白无效，请速取消。全体到会股东公电等语。查照草合同第十条，此次股东会既不赞成，数逾公司全股十分之八，该草合同自应取消。除会同李维格正式公函转致日商代表外，理合将遵订草合同及取消公函谨录清折密呈，伏祈钧鉴，俯赐存案。谨呈。

中华民国元年四月

（《辛亥革命前后·盛宣怀档案资料选辑之一》，第261～262页）

姚秉钧呈孙中山文

（1912年3～4月）①

窃秉钧虽樗栎庸才，惟被满清之专制，屡怀推倒，寤寐犹思。自庚子年三洲田起义，与伪清军对垒，战无不克；后因各兄弟不遵纪律，秉钧知事不成，即为潜隐。后至李植生等在省下芳村德教堂起义，秉钧亲到惠州、东江运动，招有千余人接应，因事机泄漏，未告厥成。幸去年大总统擘画周详，指授机宜，民心悦服，四万万同胞皆具一心，莫不为之响应。自粤省未独立以前，秉钧即自捐资，招得民团数千人，在省驻扎；并暗行运动各新军，为之内应。于是民军一心，伪督张鸣岐心寒而退避。秉钧首先独立，竖起义旗，于是各界均为附和，不战而成。秉钧即督率民团，驻守西关一

① 原件未署时日。呈折叙事至三月十五日，行文仍尊称黄世仲为“总长”，而黄于五月一日被陈炯明以“侵吞军饷”的罪名枪决。据此，酌定为三四月间所写。——《孙中山藏档选编·辛亥革命前后》编者注

带市面，咸遵纪律，毫无滋扰，保护该商，安靖异常，鸡犬无惊。

自蒋、胡都督往南京，陈都督接理，省饷支绌，随将兵士陆续解散，仅留一千余人。因惠州、东江地方糜烂不堪，屡接商会电文告急，即委秉钧往东江安抚。除驻省兵士外，余即督带往东江，将各兵士分扎各墟市镇守保护，一面安抚绿林，地方赖以安靖，各墟商莫不为之感佩。新历二月，军饷延留未发，秉钧下省请领，奉闻所有民军皆要遣散等情，闻之钦然遵命。随奉都督派刘委员将驻省之兵三百余名，发给恩饷，先行解散。惟二月饷未发，兵士不服，即与刘委员到民团局磋商。黄总长世颂已面允核给遣散，后被内经理人员狡串，意欲图吞，以至日延一日未发。只得与东江协会筹借公款，垫给各兵士。惟东江兵士尚有一营零一队，当于三月初八日禀请发委驰赴东江，请给恩饷解散。不料都督将禀置之高阁不批，以致东江各军士诸多不允遣散，且有兵士屡次到家野性行为，家人旦夕难存。似此不但秉钧家难存，且于政治名誉攸关。只得于十五日续叩，始蒙批示：着秉钧自行妥为解散，等因。奉此。秉钧因事危急，刻难自待，实难支持，未暇屡渎禀请发饷，若延一日即累多一日，迫得倾家卖借，将各饷垫出，妥为解散。共垫出去银二万余两。事竣即下省将各兵士名册□□□折禀呈，俯赐照数发给。①

得胜军秉字营姚秉钧谨呈

（翠亨孙中山故居纪念馆藏档；又见《孙中山藏档选编·辛亥革命前后》，第 506 ~ 507 页）

那文（罗伯特·斯·诺曼）致孙中山函

（1912 年 3 ~ 4 月）

中国　南京　孙逸仙博士

阁下：

① 以下缺。——编者

不久前的一月份我曾冒昧写信给您提及有关到新的中华民国领事馆任职一事，作为自我介绍和参考，我还谈及我在圣弗兰西斯科作过您的律师，我与唐琼昌先生是交往很久的朋友。

与此同时，您在加尼福利亚的朋友们都得知您提出辞职的消息。我们都很遗憾。我们觉得，您靠非凡的智慧、大公无私、前所未有的爱国主义精神引导您的事业。我们对您都满怀敬意。

这回当您读到此信时，可能已不再是总统。我就可以畅所欲言，不会被怀疑给您写信的动机。

我不想给您一个我仅仅是个职位或“官位猎手”的印象。我作律师的职业已能够满足我家人及我一切物质上的需要。坦白地说，我承认我雄心勃勃，希望成为建立与重组一个伟大的新中国的一分子。没有什么比能参加这项新政府面临的伟大工作令我更兴奋的了。尽管开始我所参与的可能只是一个微不足道且比较无足轻重的部分。我可以毫无愧色地告诉您，超出其他任何事之上，我最乐意的是在您手下工作或做与您有关的工作，无论在国内还是在国外。这不是阿谀之词，是我内心心愿的表达，是建立在我对您的绝对信任和崇敬之上的。如我上封信所述，我是一个高水平的律师，生活清白，有两个孩子，婚姻幸福，现年 39 岁。我在美国、欧洲受过教育，能像英语一样讲、写、读德语。曾在英国和美洲大陆旅行。我是一个够格的世界主义者，宽宏大量、不偏［褊］狭。我和许多中国人建立起友谊，一心扑在工作上。我是一个勤奋的人，除此之外，我愿向您奉献我的忠诚和绝对正直、诚恳的决心。

如有机会为您和共和国效劳，或者在领事馆或者干别的，我希望能收到您的回信。不管怎样，我最衷心美好的祝愿将与您和您的祖国同在。

我相信您会以同样的感受读这些信。在这种感觉里我给您写信，向您表明我永远的虔诚。

忠于您的　罗伯特·斯·诺曼

（《临时大总统和他的支持者》，第 68～69 页）

谢缵业致孙中山函

（1912 年 4 月以后）

先生：

我荣幸地通知您，约在上周，我通过其代表徐恩元与陈锦涛博士就出售中华民国债券达成协议。

我打算去南洋、澳洲，我正等张弼士、张鸿南、陆佑及其他人的来信，看他们能否承担一定数额。我的这些朋友都是百万富翁，我有把握他们能有些帮助。去年当我们的理事会正致力于取得广澳铁路建筑权时，张弼士和陆佑先生集资一千二百万美金（张八百万，陆四百万）。最后一次晤面时，我被告知我必须答应承担一定数目，并要抵押品，但我没有被明确告知必须哪种担保，于是我写了一封私人信函给陈锦涛先生，他回了信，这里我封入这信。如果我南边的朋友们同意支持我，我应该考虑在他们与财政部长之间牵线，如果这办不到，我准备放弃我的计划，除非我能从其他方面获得支持。

我还有另外一点建议装在信封内给徐先生，也遭同样的命运，难道不能做这样的安排，准许人去国外做投机买卖？只要一个人自己承担风险和差旅费，没有机会处理任何钱或公债，必须在规定时间内获得一定数量的公债，我认为就没有什么危险。当然，如果政府认为毋须任何这类外边的帮助，即能卖掉公债，那就没问题了。我的朋友认为，如能够被赋予一定权利，他能够轻易地在美国银行家中间筹集一百万英镑。他二十四小时后将离开上海。

可能的话，不知您能否支持我上述提议？

谢缵业

（《临时大总统和他的支持者》，第 24 页）

谢缵业致孙中山函

（1912 年 4 月以后）

先生：

我们在南京时，我记得您问我在上海的地址，我很傻，只是口头告诉您，没有写下来给您。

在上海，上述地址很容易找到我。我在汉口、天津、青岛还有一些生意，我目前主要的业务联系是轮船、轮船装卸、仓库、代理保管托运。由于我在许多地方开业，我想我最好让您知道，将来无论任何时候，只要您需要，我一定为您效劳。

过去的 15 年中，我旅行过很多地方，我有两年在马尼拉做生意，有三年在美国佛罗里达，有两年在南非。在那里，我获得东方约翰内斯堡附近的产金高地专营金矿的权利。不间断地，在我哥哥谢缵泰的命令下和广东的国会起义有联系，每次失败后，都被迫在国外找工作以摆脱嫌疑。

我曾放弃我在东方 Rand 金矿中国顾问的职位（每年有六百英镑，免费住宿），特意去英国，通过英国新总理亨利·康贝尔·波尔曼及其他议会议员及两家伦敦报纸，揭露了中国劳工在 Rand 受到的很差的待遇，这花掉了我两年的积蓄。但我可以自豪地讲，它及时极大地帮助阻止中国劳工去南非。

我从英国又到法国呆了一段时间，然后返回香港，一周后我去北方学北方话，这是我在北方呆的第六年。我一直是一块“滚动的石头”，其结果就是“不生苔”，但我可以自信地讲，我有了丰富的经验，当需要的时候，我能为您效劳。

祝愿新共和国和您诸事顺遂。

谢缵业

（《临时大总统和他的支持者》，第 26 页）

中国同盟会广西支部致孙中山电

(1912 年 5 月 1 日收)

广州同盟会支部转孙中山先生鉴:

闻公回里，两粤士民同深欢忭。请便道来邕，指示一切。另函详。同盟会广西支部叩。(南宁发)

(翠亨孙中山故居纪念馆藏档；又见《孙中山藏档选编·辛亥革命前后》，第 489 页)

孙道仁等致孙中山电

(1912 年 5 月 1 日)

广州。孙中山先生钧鉴:

奉径电，感与惭并。我公不弃滨屦，惠然肯临，左海都人士亲炙丰采，备聆言论，葵忱证慰，茅塞顿开。乃甘雨随车，倏闻启发，阳春有脚，弗获适留。汪度钦迟，去思弥切，海天南望，魂梦为劳。道仁等咏好贤之诗，未尽所怀。奏嘉宾之乐，不敢言礼。诸维亮宥，无任主臣。闽都督孙道仁暨政务院长、各司长并军警商学各界、各私团谨复。东。印。(福州发)

(翠亨孙中山故居纪念馆藏档；《孙中山藏档选编·辛亥革命前后》，第 490 页)

卫汉英、陈耀廷等致胡汉民、孙中山电

(1912 年 5 月 1 日收)

广州胡大都督、孙中山先生鉴:

东莞黄令办事极洽舆情，地方正赖整顿，忽闻改委岑侣少接

任，人心大为不安。恳勿更动，以维大局。旅港东莞维持公款会卫汉英、陈耀廷、林焜炎等叩。（香港发）

（翠亨孙中山故居纪念馆藏档；又见《孙中山藏档选编·辛亥革命前后》，第534页）

黄旭升致孙中山函

（1912年5月1日收）[①]

中山先生钧鉴：

旭升檀香拜别，祖国遄回，阔隔多年，未通音问。良因运动党事，终日奔驰，致候修书，无暇兼顾。知我者谅不罪我。

窃念去秋武汉起义后，弟与诸同志图谋响应，方谓洗二百六十余年之腥羶，恢我完全山河，不知经几何年月，讵意仅七阅月而告厥成功。虽以黄帝在天之灵，何莫作我先生首先唤醒同胞之力，有以致之也。

弟初奉胡都督委充连英安抚使，续奉陈都督委任连县民政长。查连县自反正之初，绿林豪杰闻风麇聚，苟使驾驭得宜，则以害地方者而卫地方，直转移间耳。乃不逞之徒既以贸利而来，归而统之者，性复庸懦，沐猴而冠，罔别诚伪，野马无缰，能勿放驰。遂使湟川之墟妖氛拥起，始则抢劫掳勒，图谋暗杀；继则揭竿作乱，围攻城池，堵塞河道，盘据村落，拦绝柴米，大局之危，不堪设想。自三月十七冯、莫、杨军拚力一战，迄今匪乱粗平，少纾忧念。然而匪巢虽破，匪首在逃，终为地方之害。弟学识谫陋，代罪斯职，实不堪胜任。幸军士上有三江民团长莫辉熊筹理，民政有二三知己赞助，匡予不逮。刻奉电闻，陈督委陈仲宾、毛文明督办南韶连剿抚事宜，将来在逃匪首及其党羽不难歼灭，连县不难指日平定矣。

先生以光复祖国目的已达，逊总统位而历游祖国，他日驾临湘

[①] 此为信封上广州邮戳的日期。——《孙中山藏档选编·辛亥革命前后》编者注

省，请途经连县，俾连民一瞻伟仪，以慰渴望。临笔不胜祷祝之至。肃泐。祗请

钧安，希维垂鉴

黄旭升谨肃（印）

（翠亨孙中山故居纪念馆藏档；又见《孙中山藏档选编·辛亥革命前后》，第534～535页）

旅港潮商聚和堂致胡汉民、孙中山电

（1912年5月1日）

急。广州胡都督、孙中山先生鉴：

林激真统兵乱潮，屡经电禀在案。嗣因陈督笃念旧交，授意吴督办借款赀林出境。政府既不惟枉法以徇私，商民自不敢不含冤而茹痛。赀粮与盗，本冀救死须臾。乃林激真、梁金鳌、陈芸生等，近闻陈督去任，连日复肆劫商号仰记等二十余家，惨急呼号，莫可控诉。伏乞俯念潮州久受涂毒，民不聊生，请迅饬吴军严重剿办，援民于水火。若政府仍执前策，忍弃潮州，吴军不肯实力保护，请乞明白宣示，准于潮人招兵自保。如何办法，乞电复祗遵。旅港潮商聚和堂叩。东。（香港发）

（翠亨孙中山故居纪念馆藏档；又见《孙中山藏档选编·辛亥革命前后》，第535～536页）

戈里埃致孙中山函

（1912年5月2日）[①]

亲爱的先生：

---

① 本函原为法文。戈里埃原名为Paul Collier。——《孙中山藏档选编·辛亥革命前后》编者注

对于您对我的诚挚之情，我深为感动。您的照片已妥收。请深信，它将列入我最好友人的照片之中。

我们这里所有的人都与您心连心。勇敢！坚毅！社会共和国万岁！

永远是您忠实朋友的戈里埃

一九一二年五月二日于康布拉恩

（翠亨孙中山故居纪念馆藏档；又见《孙中山藏档选编·辛亥革命前后》，第459页）

龙觐光致孙中山电

（1912年5月2日）

广州孙中山先生钧鉴：

军务恭闻锦旋，想望丰采，职守所羁，莫由负弩。谨电欢迎，维祈谅察。统领龙觐光叩。冬。印。（梧州发）

（翠亨孙中山故居纪念馆藏档；又见《孙中山藏档选编·辛亥革命前后》，第491页）

沈大犹等致孙中山、胡汉民电

（1912年5月2日）

孙中山先生、胡都督鉴：

饶平被匪陈涌波占据，惨杀男女数十，焚祠屋百余间，禀呈督办不理。请电饬林君激真派兵救援。沈大犹等暨各界叩。萧。（汕头发）

（翠亨孙中山故居纪念馆藏档；又见《孙中山藏档选编·辛亥革命前后》，第536页）

林绎、雷恺泽等致袁世凯、孙中山等电

(1912 年 5 月 2 日)

急。北京袁大总统、参议院、武昌黎副总统、南京黄留守、广州孙中山先生、上海各报馆、各省都督、省会、广西各局分送各府县长、自治会、商会、桂林军政府均鉴：

艳日桂林军政府转国务院宥电，指迁省问题仅认将来正式省会有议决权，是临时省会竟不能议一省事。又主张在桂军政府对于南宁成立之省会全员召集赴桂，否则解散，是民国议会所有特权剥削殆尽矣。同日又接桂林军政府转国务院报房艳电，称总理谓宥电系误发，请即注销，尚有以见国务院之改过不吝。乃东日复接桂林军政府转国务院卅电开：艳电悉。宥电既经通布，请勿庸注销云。是艳电既取消第一宥电，卅电又取消第二艳电而并持第一宥电。第一电之不适法，第二电自承之；第二电之适法，第三电自承之。以为误发而注销犹可。以为误发而既经通布即毋庸注销，由报房误发、由国务院通认，则国务院可以任意再复，经行不踵，对于一省议会如此，对于人民可知。一省议会若隐忍不言，人民更何所愬？是非难没，情迫词戆，敢乞大总统公裁。广西临时省议会长林绎、副议长雷恺泽、杨煊合共议员三十八人思叩。冬。(南宁发)

(翠亨孙中山故居纪念馆藏档；又见《孙中山藏档选编·辛亥革命前后》，第 547～548 页)

周茂、王日暄等致孙中山电

(1912 年 5 月 3 日)

广州总商会、各报馆转孙中山先生伟鉴：

公返珂乡，闻皆距跃。邻疆伊迩，归旆宠临。矧眷民生，未尝恝置。请约以日，祝馨欢迎。南宁总商会代表周茂、王日暄等叩。

江。(南宁发)

(翠亨孙中山故居纪念馆藏档;又见《孙中山藏档选编·辛亥革命前后》,第492页)

陈荣湘、王家恩等致孙中山电

(1912年5月3日)

广州都督、各报馆转孙中山先生伟鉴:

仗成民国,中外同欣。乞诺来邕,慰众霓望。旅邕粤东会馆代表陈荣湘、王家恩、林鹤廷等叩。江。(南宁发)

(翠亨孙中山故居纪念馆藏档;又见《孙中山藏档选编·辛亥革命前后》,第492页)

德庆商会致胡汉民、孙中山等电

(1912年5月3日收)

胡都督、孙中山先生、省会、报界公会钧鉴:

肇罗周督办精干廉明,西江一带倚若长城。兹闻升调,商民惊恐,呼吁留办,乞顺舆情。李标统、邱营长、唐队长捕务勤能,全赖调度。德庆商会全体叩。(德庆发)

(翠亨孙中山故居纪念馆藏档;又见《孙中山藏档选编·辛亥革命前后》,第536页)

桂林广西绅商学界致袁世凯、孙中山等电

(1912年5月3日)

急。北京袁大总统、国务院、参议院、广西中央政法联合会、武昌

黎副总统、南京黄留守、孙中山先生、上海各政党会、各报馆、广西南宁陆都督、报馆均鉴：

广西临时省议会业已遵照法令，在桂成立。乃有少数人阴图个人便利，号召附近南宁议员数人，在宁自行集合，自署临时省议会。迭经大总统、军政府驳诘，我全省人民亦皆反对。昨奉国务院电开：临时省议会仍应在桂林集合，如不赴召集，即行解散等语。乃保皇党林绎具经粤都督胡查拿在案，今复冒用临时省议会名义，称为议长，通电合处，谓议员系由地方人民之意集合南宁，不能违反代议之名实等语。查议会须依法成立，历颁法令，并无在南宁成立省议会之文。我地方人民遵法选举议员到桂，并未违法选举议员到宁，成全体议员亦未尝举林绎为议长。林绎艳电所称合［各?］节，并非我全体人民意思。现在南宁本不应有省议会名目，况政府、人民均不承认，自应消灭。嗣后再有在南宁称省议会名义者，概认为个人言论，与全省无涉。合并声明。桂省绅商学界同叩。江。借印。（桂林发）

（翠亨孙中山故居纪念馆藏档；又见《孙中山藏档选编·辛亥革命前后》，第548～549页；《申报》1912年5月7日，“公电”）

黄鹤鸣烈士遗属呈孙中山文

（1912年5月4日）

何玉珍故夫为国殉难前由政府给恤银今生计依然无着请垂怜由。

中山先生大鉴：

小妹何玉珍顿首上言：欲瞻先生颜色久矣，今一旦归来，使百粤生光，何幸如之。妹愧无才效力祖国，惟寄栖海外，依夫以图生活，抱惭实甚。自旧岁正月廿八日，故夫黄鹤鸣偕汉民先生由石渤回国当义务，至三月廿九焚攻督署，以身殉国后，身寡无依，生计亦绝，蒙同志捐些舟资，得带几岁幼女回国。然以人亡家散，栖身无所，迫得偕七十余年之家姑及幼女寄居省城大马站五姑家中。但孤儿寡妇，孑立无依，口粮又乏，乃不得已于新历三月间入禀陈前督，求其体恤，得给过银六十元，至今养费依然无着。夫妹身虽死何惜，但不忍家姑与幼女之零落，故敢据情直诉。如何安置之处，乞为早裁，以免其生计之无着，不胜饥渴待命之至。谨请
时安

新历五月四日付

（翠亨孙中山故居纪念馆藏档；又见《孙中山藏档选编·辛亥革命前后》，第 58 页）

江门航业保安会致孙中山、胡汉民等电

（1912 年 5 月 4 日收）

广州孙先生、胡督、广阳军务处鉴：

江门汛地前艇向月纳银六毫，现莫养营勒每艇缴饷月抽三元，众不允，硬将艇驱逐，多方凌轹，不准接客，数百男妇失业。断交通，动公愤，风潮急。恳即电止，抽照旧，□免暴动。速覆。江门航业保安会叩。（江门发）

（翠亨孙中山故居纪念馆藏档；又见《孙中山藏档选编·辛亥革命前后》，第 536～537 页）

安庆堂等致胡汉民、孙中山等电

（1912 年 5 月 4 日收）

广州都督、民政、省会、报界并送孙先生钧鉴：

熊统领长卿安抚梅州，厥功极伟，生命财产倚若长城，县长、

司令争权酿祸，均赖镇压。若易生手接统，立见祸乱。切肤之痛，誓恳攀留。联章禀续。旅港梅商各号安庆堂等叩。（香港发）

（翠亨孙中山故居纪念馆藏档；又见《孙中山藏档选编·辛亥革命前后》，第537页）

莫亨魁、黄之谋等致孙中山、胡汉民等电

（1912年5月4日）

广州送孙先生中山、胡都督、龙统制、省会钧鉴：

准周廷励支电开，安抚使改办防务，周已辞等因。惟段君尔源到高，多擒匪首，人心悦服，情形熟悉。乞即任委段君办理高州防务，万勿更调，以重民命。高州全郡代表莫亨魁、黄之谋、朱元昌等。豪。叩。（高州发）

（翠亨孙中山故居纪念馆藏档；又见《孙中山藏档选编·辛亥革命前后》，第537页）

中国同盟会福建支会致孙中山电

（1912年5月4日）

广州都督府转同盟会孙中山总理鉴：

闽政务院长彭君寿松，自起义以迄今日，拊民镇军，为力甚伟。近以中央官制将次发表，彭君首先电请取消政务院及其院属，洁身引退，以明素志。嗣由闽都督电请总统留充部督府总参议官，并管辖全省警劳［务］。本日得总统命令，温留再三。彭君去志甚决。再恳我公以同盟会名义，电促就职。现闽中人心尚未大定，各政党及公益团体上书挽留者已达数十通。本支会同人为维持公安起见，用敢径陈左右，伏望鉴兹诚一。中国同盟会福建支会。支。

（福州发）

（翠亨孙中山故居纪念馆藏档；又见《孙中山藏档选编·辛亥革命前后》，第577页）

陆荣廷致孙中山电

（1912年5月5日）

急。广州孙中山先生钧鉴：

我公革命元祖、世界伟人，中属同胞，无不以得瞻颜色为幸。闻公将有云南之游，务请假道南关，俾荣廷得聆诲言，藉收策进共和之效。而桂省诸父老兄弟，上竹马欢迎，同申爱好。幸勿后我为祷。桂都督陆荣廷叩。五号。印。（南宁发）

（翠亨孙中山故居纪念馆藏档；又见《孙中山藏档选编·辛亥革命前后》，第493页）

林绎致孙中山电

（1912年5月5日）

广州临时省议会转中山先生鉴：

闻创造民国伟人南归，粤西士民以未得瞻拜为恨事。敢请便道来邕，借解渴望，更幸得为政治上之指导。东西一水，同是珠江，何分厚薄。更有请者：广西省会成立在邕，决议迁省。同省十五府属，已有十四府议员到会，共议员额九十六名，到会者达七十八，其反对者仅桂属议员。然综筹全省利害，何能私属一府？忽接国务院宥电，以迁省问题必俟将来正式省会之议决，认临时省会无此权限，并令军政府再行召集议员赴桂，如不应召集，即行解散云云。则临时省会直同赘疣，而中央及各省临时机关亦可以类推解释，同此无谓之构成矣。且独立后议院在桂，以桂人逮捕议员，蹂躏议场，哄闹军政府，议院即已自行解散。今省会集邕，国务院又令解散，岂不贻民国羞耳。艳日国务院又有来电，指宥电系报房误发，请即注销。卅国务院电又有宥电既经通布即无得注销等语。是国务院任意翻复，破坏共和广西之不厌，亦民国之不幸也。陆都督只能据情电达中央，不能自为裁判。本会屡电大总统、参议院，亦无电复。今幸伟人归来，万恳钧力维持，以救危局。广西临时省议会议长林绎叩。微。印。（南宁发）

（翠亨孙中山故居纪念馆藏档；又见《孙中山藏档选编·辛亥革命前后》，第549～550页）

秦毓鎏致孙中山、胡汉民电

（1912年5月5日）

广州孙中山先生及胡都督均鉴：

一月不奉颜色，企仰无已。鎏返里后，即料理分府收束事宜，兹已就绪，即日撤销所有军队，已清［请］苏督派员接统。境内乂安，堪纾仁廑。孙先生行止何若？鎏意极宜遍游国内，鼓吹党旨，唤醒同胞，则共和基础庶能巩固。敝邑同盟会支部成立，会员已达五百余矣。汉公复督粤，谨为百粤同胞额手。秦毓鎏叩。歌。印。（无锡发）

（翠亨孙中山故居纪念馆藏档；又见《孙中山藏档选编·辛亥革命前后》，第588～589页）

香港四邑商工总局致胡汉民、孙中山等电

（1912年5月7日收）

广州胡督、孙先生、省议会、总商会、各报馆、各社团鉴：

顷阅报载：外债溃裂，财政极危。恳孙先生提倡火速筹借内债，组织国民银行，以救死命。现阮荔川等二百余人，经签名担任，力为鼓吹进行。四邑商工总局临时主席谭亦侨等叩。（香港发）

（翠亨孙中山故居纪念馆藏档；又见《孙中山藏档选编·辛亥革命前后》，第241页）

魏宸组、张伺等致胡汉民转孙中山、汪精卫电

（1912年5月7日）

广州胡汉民都督并转孙中山、汪精卫两先生鉴：

本部事务所租定北京内城兵部署中街十三号，成立已数日。北方情形艰难，殊出意外。统一服［复］仇党转以谋我，各报逐声吠影，积毁锻练。非得吾党重要杂［?］物，专力奋斗，未易制散。宸组牵于国务，虽欲尽瘁党事，力不暇及。切欲暂请精卫先生来京主持数月，俟各事就绪，再回粤服桑梓义务。宸组等实见本会兴建，国基所关，非特私计宜尔也。何日起程，望先电复，无任盼祷，同盟会本部魏宸组、张伺、宋教仁、李肇甫等叩。虞。（北京发）

（翠亨孙中山故居纪念馆藏档；又见《孙中山藏档选编·辛亥革命前后》，第387～388页）

黄兴致孙中山电

（1912年5月8日）

广州孙中山先生鉴：

艳电提倡国民捐，实万不得已之举。中央政府连日商议借款，外人竟要挟甚巨，决难承认。而举办政务，整理军队，需款浩繁，

非奔走呼号于国民之前，劝其捐助，以救危迫，万无幸理。国务院复电极表同情，拟提交参议院议决。上海各处不贪亦多赞成，有已经捐款者。惟事体重大，关系存亡，须请我公登高一呼，方能四处响应。敬恳迅即通电全国人民及各处华侨，竭力劝导，使共晓然大义，踊跃输将。庶几内固国本，外拒狡谋。谨贡愚忱，伏维鉴察。黄兴叩。庚。印。（南京发）

（翠亨孙中山故居纪念馆藏档；又见《孙中山藏档选编·辛亥革命前后》，第208～209页）

香港番邑工商公所等致孙中山等电

（1912年5月8日）

广州胡督转孙先生、省议会、总商会、各报馆、各社团鉴：

万急。组织国民公立兴业银行以救危亡，现黄荔邨、谭亦侨等各界二百余人已签名担任，孙先生、胡督亦已签名提倡，敝社团等亦已会议通过，盖戳赞成。恳孙先生速即分电中外华侨，及荔邨等极力鼓吹酬进，克日告成。番邑工商公所、中国机器总会、报界公社、四邑商工总局、金山庄行、华安公所、平安公所等叩。庚。（香港发）

（翠亨孙中山故居纪念馆藏档；又见《孙中山藏档选编·辛亥革命前后》，第242页）

刘尚藻等致孙中山电

（1912年5月8日收）

广州孙前大总统鉴：

于前山恭都学堂开会恭迎，何日驾临，乞复下。恭都绅商学

界、前山乡董刘尚藻等同叩。（澳门发）

（翠亨孙中山故居纪念馆藏档；又见《孙中山藏档选编·辛亥革命前后》，第494页）

陆荣廷致孙中山电[①]

（1912年5月8日）

万急。广州胡都督探呈孙中山先生钧鉴：

以共和幸福，沃被同胞，凡可生负气之伦，无不欲瞻仰颜色，以增光宠。闻道车已旋琦乡，西江咫尺，群情景企，伏冀高纵下贲，以慰饥渴。命驾有期，预示德音，临褚屏营，无任翘忭。桂都督陆荣廷率桂氏体叩。齐。印。（桂林发）

（翠亨孙中山故居纪念馆藏档；又见《孙中山藏档选编·辛亥革命前后》，第494页）

封川绅商致孙中山、胡汉民等电

（1912年5月8日收）

广州孙总统、胡都督、省会、报界鉴：

周督办办理肇罗军务，商民赖安，厥功最著，乞勿他调。封川绅商同叩。（香港发）

（翠亨孙中山故居纪念馆藏档；又见《孙中山藏档选编·辛亥革命前后》，第537页）

---

① 此电孙中山故居藏有两份，另一份文字略有不同，“可生负气”、“瞻仰颜色”、“道车已旋琦乡”分别作“含生负气”、“瞻仰风色”、“道车已旋珂乡”。——编者

张厚卿、胡宗铨等致胡汉民、孙中山等电

（1912年5月8日）

广州胡都督、孙中山先生、报界公会鉴：

王斧军为人望所归，商民倚重。琼崖重要，待治孔殷。为地择人，非王莫属。乞俯念舆情，早与委任，以兹镇摄，而安大局。琼商学界张厚卿、胡宗铨等叩。庚。（海口发）

（翠亨孙中山故居纪念馆藏档；又见《孙中山藏档选编·辛亥革命前后》，第538页）

桂林广西临时省议会致袁世凯、孙中山等电

（1912年5月8日）

万急。北京大总统、国务院、参议院、武昌黎副总统、南京黄留守、广州孙中山先生、各埠报馆、各省都督、省议会、广西分送军政府、行营都督、各府县长、自治会、商会均鉴：

广西迁省问题，迭准南宁迁省集议所电，称系从多数人民之意，以致与本会暨中央政府再四争持，至今不决。兹复准林绎等冬电，又称参议员三十八人等语，不胜诧异。查广西临时议员名额应得百人有奇，历查电议所通电，一则曰到邕议员已过三分之二，再则曰选举议长各得四十一票，适符到会到席议员总额之半各等语。兹准冬电议员三十八人，是合之所称议长者三人，仅得四十一人，尚未得全省议员名额之半，则前所谓到会议员三分之二者何在？全数仅有四十一人，则所称选举议长得四十一票者，系有本人自举之票在内。可知与所称适符到会出席议员总额之半者，皆属伪造无疑。总之，议会成立须在法定地点，苟法定手续未经履行，则无论人数若干，均难发生效力。况以少数而称多数，用代表人民之名称

而为欺饰同胞之举动。据冬电而证其从前之各电，则字字尽属虚诬，种种皆归无效。应如何解决，以维秩序而昭信用之处，伏请大总统公裁。广西临时省议会叩。庚。印。（桂林发）

（翠亨孙中山故居纪念馆藏档；又见《申报》1912年5月14日，“公电”；《民立报》1912年5月12日，“广西电报”）

刘钟俊呈孙中山文

（1912年5月8日）

中华民国国民刘钟俊谨具条陈上呈前举总统中山先生座下：

敬禀者：窃以汉族光复，民国成立，凡属分子，匹夫有责。锺俊生长云南之普洱，居万山之间，风气固陋，见闻鲜少。前与吕志伊君同学多年，夙慕先生，久欲趋赴，奈无机会，有愿徒存。今随军在粤，幸遇先生辞任归来，本拟早晋祗候，窃念先生回粤伊始，百端整理，恐他省事未遑筹及，故不敢造次冒渎清听。兹阅报端，载有先生整兴实业，注重殖民，并定会客时间与投函方针，足见我先生保种情殷、求治念切之至意。锺俊亦系一份子，不揣固陋，谨将管见所及与云南情形，略具数条，为我先生一详陈之。

一、安插游民以弭盗贼也。游民不安插，虽严刑禁令以除之，而盗贼终难绝。何则？彼等失业者多，日无所事，衣食何来，非谋扰害治安奚求乎？语云：一夫不耕，或受之饥；一女不织，或受之寒。夫饥寒交迫，其流为盗贼，势也，亦情也。今欲求治，非亟安插之不可。安插之法，不外兴工艺、开矿厂，然究不若办屯垦、讲畜牧之见功速而获利溥也。锺俊未历之地不及知，请即云南之车里言之：车里有十三版纳，分为十八猛。前之清割猛乌，乌得予法，仅存十六猛，跨洪江两岸而居，又名为九龙江，在云南西南方，距省垣一千二百余里，归迤南思茅厅辖。其地纵约千数百里，横约七八百里，多茂林平原，土脉膏腴，物产丰富（茶、棉、樟、橡、盐、矿、稻、粱菽、麦、黍、稷以及虎、豹、犀、象、熊、鹿、獐、兕俱生），天气与两粤相似。东连法，西连英，南接暹、缅，英、法时谋吞并，其势岌岌可危。前锺俊因调查盐务，曾亲游历，但夷民鲜少，酋目只以残剥为事，整顿毫无。若能徙数十万无业者以实之，改设流官，不论开矿厂、兴工艺、讲畜牧皆易谋生，且边备实而风气开，内足以殖游民，外亦足以绝英、法窥伺，是一举而数善备焉。窃愿各省有空地者，亦如是提倡，又何患盗贼之不可弭哉。

一、速定服制以维利权也。未反正以前，一切衣履用中国货者尚居多数，而洋货之入，其漏卮已不可胜计矣。自反正后，无论士农工商兵警各界，皆炫异夸奇，如草帽、番服、洋鞋，争相购买。设不早为定制，俾众有所遵循，则利权外溢，后患何堪设想。拟请速定服制，除游历与洋人交涉者外，一概定用本国土货。并不准用洋货如洋酒、纸烟及摆设器皿，编入小学教科书内，俾父戒其子，师训其徒。又命警察查之，已购者准其用完，未有者不准再置。作无形之抵制，绝外货之冲入，又何患利权之不能挽回哉。

一、普及教育以谋进化也。昔日之清专制，只知暴敛横征，不惟养民之道不讲，而于民间子弟如古人八岁而入小学、十五而入大学之教，有无与否，毫不过问。所以迨至长成，不仅不知地球为何物，即礼义廉耻不知为何事，奚望进化？日惟三五成群，游手好闲，因之富者倾家，贫者为盗，何莫非失教于先有以致之乎？今当民国初立，拟请速令广设小学堂，子弟至七岁，无论贫富，有不入学者，罪其父兄，强迫教育。数年之后，又使之各随所近，以精其艺。根本既端，而谋生有术。我国四万万之众，又何不可日进文明而与东西洋并驾齐驱哉。

一、宜联保甲以清户口也。我国地大物博，生齿繁众，良莠固多不齐，稽查最难。欲求划一，其法莫有善于保甲者也。保甲既联，则户口易清，遇有不务恒业、群饮聚博以及夜集晓散、履历不明、踪迹可疑者，皆可互相纠举，不许暂容甲内。俾盗贼无容身之地，万众尚有不享安静之福哉。

一、滇粤铁路宜亟修也。滇、粤边界与法领之安南连壤，近年法人将滇越铁路筑成，凡由滇至粤、由粤至滇者，无不取道安南，以其捷也。然其中受彼等种种之苛虐，实有难罄悉数者。不惟店费增倍，而且护照有费，货物经过有费，每年约计不下输出银数百万元。然彼之入我内地者则无之。拟请速饬集款，将滇粤铁路赶修；倘款不敷，请先由滇之蒙自修至广西之百色，计里不过千一百余里。由色搭小火船可抵梧州。此路若成，南北之交通亦便。不惟免外人之苛虐，其收回利权岂细微哉。

一、多造纸币免借外债也。刻下银根奇绌，各省皆然，而就不若云南之甚。去岁锺俊回滇，见军政部总长罗佩金，谈及纸币，彼云已造有二十万元之数，锺俊请增造五百万，彼云存银只有此数，须银纸相符方可。岂知相符与否，只在上之能信用耳。果上能信用，而下自能遵行。且以纸作银而轻其担负，较之借外债而以财产抵押、自失主权者，其相去悬远矣。况云南之财产，除茶、棉、锡、粮外，即以盐课为大宗，果得精明廉干者整理，每年约销盐六千余百万斤，公家可收银三百余万元。今闻同法人借银三百万元，以盐课抵押，恐稍有迟误，彼借口监督，则是将我云南之生命财产全断送与法人也。闻之殊令人骇异。拟请速电示禁止，以救危亡，则云南幸甚。

以上所拟，不知可否？冒昧上呈，如蒙采择，请饬发下省议会提议办法，实力举行，不胜盼祷。并请

大安，伏乞

垂鉴

国民钟俊谨上　五月八号

（翠亨孙中山故居纪念馆藏档；又见《孙中山藏档选编·辛亥革命前后》，第 562～564 页）

彭寿松致孙中山、胡汉民电

（1912 年 5 月 8 日收）

广州孙中山先生暨胡汉民都督钧鉴：

接奉来电，慰勉策励，溢乎词表。寿松以才疏学浅之身，屡蒙青睐，奖饰有加，敢不勉力驽骀，聊完天职。惟念光复之后，竭尽智力，维持治安，精神疲耗，几不能支。正值省会将开国基巩固，脱身政界，莫遂初心。乃辞职之后，少数佥壬有意破坏大局，煽动土客各军，几至决裂。经寿松力疾抚绥，始臻安谧。各界虽极力挽留，上书盈尺，而经此波折，使寿松重名誉而轻利禄之心，无以自白于天下。万念冰冷，非云鸣高。现在全省人民分道攀挽，情无可却，几难自由。只有暂向中央告假一月，徐图解免。然于目前地方治安，仍遵来电，极力维持，以副谆谆属望之至意。彭寿松复。印。（福州发）

（翠亨孙中山故居纪念馆藏档；又见《孙中山藏档选编·辛亥革命前后》，第 577～578 页）

唐继尧致黎元洪、孙中山等电

（1912 年 5 月 8 日）

参议院、黎副总统、孙中山先生、黄留守、各省都督、各省议会、各报馆鉴：

继尧菲才薄德，待罪黔中，办理一切情形并经电达。势处万难，早思引退，以黔人吁留，积牍盈尺，舆情迫切，不忍遽然舍去。鱼日奉大总统电令，复蒙加以委任。闻命之余，尤深惶悚。当此民国初基，四方多故，既不敢少存意见，贻误地方，亦不敢徒远嫌疑，放弃责任，惟有勉竭绵薄，暂共维持。一俟国基稍固，黔中可保治安，即当解组归田，以明初志。至于力小任重，陨越堪虞，惟祈时赐教言，俾得遵守，至为翘祷。黔都督唐继尧叩。庚。

（《申报》1912年5月16日，“公电”；又见翠亨孙中山故居纪念馆藏档；《孙中山藏档选编·辛亥革命前后》，第572页）

桂林广西临时省议会致胡汉民转孙中山电

（1912年5月9日）

急。广州胡都督转孙中山先生钧鉴：

顷闻先生返粤，亿姓欢腾。岭表同胞，莫不想望颜色。桂、粤比邻，谊属桑梓，敬恳光尘莅桂，俾遂瞻仰，无任盼祷，并候示复。桂省议会叩。青。印。（桂林发）

（翠亨孙中山故居纪念馆藏档；又见《孙中山藏档选编·辛亥革命前后》，第495页）

广西商船总公会致胡汉民、孙中山等电

（1912年5月9日）

广州胡都督、孙中山先生、省会、报界、公社、公会均鉴：

江西为谷米所出，捕权尤关，商船往来，每生惶恐。查颜启汉前安抚肇属甚为得力，商船赖安，恳急派清理河道。船商盼切。广西商船总公会叩。青。印。（梧州发）

（翠亨孙中山故居纪念馆藏档；又见《孙中山藏档选编·辛亥革命前后》，第538页）

自由党广西支部致孙中山电

（1912 年 5 月 10 日收）

广州孙中山先生鉴：

闻都督派龙、黄两代表迎公，梧人望公甚渴，乞速俯临，发挥自由真理，俾本党得藉资扩充。党人幸甚。梧州幸甚。自由党广西支部叩。（梧州发）

（翠亨孙中山故居纪念馆藏档；又见《孙中山藏档选编·辛亥革命前后》，第 495 页）

中国同盟会江西支部致孙中山电

（1912 年 5 月 10 日）

广州孙中山先生鉴：

赣内务司长、会员钟震川君，被胡谦在都督府行害殒命，当即由都督命将胡先拿绑正法。外间喧传，枪仅及足，尚未毙命，即经胡凶家属抬回，不许同人看尸，情实可疑。乞电赣督转饬该家属将胡尸当众收殓，以释群疑。同盟会赣支部叩。灰。（南昌发）

（翠亨孙中山故居纪念馆藏档；又见《孙中山藏档选编·辛亥革命前后》，第 583 页）

林绎、雷恺泽等致袁世凯、孙中山等电

（1912 年 5 月 11 日）

万急。北京袁大总统、国务院、参议院、武昌黎副总统、南京黄留守、广州孙中山先生、各省报馆、各省军政府、临时省议会、各报馆、广西各局送各府县鉴：自治会、商会、桂林军政府、梧州新报馆均鉴：

三号有以桂林绅商学界名义借印通电各处，诬毁本会系少数人图个人便利，号召附近南宁议员数人，自行集合，任意诽谤，志在破坏。八号桂又有以省会名义通电中央各省，捏造本会冬电报告议仅三十八人，为未得议员半数，以肆其种种欺罔之词。然本会屡电咨报军政府，均声明到会议员七十八人有案。且前经本会将到会某府某议员姓名报告中央及各省与本省各府县，而陆都督在邕，当是真知灼见，亦会将到邕某府某议员姓名电达中央。又七号都督致北京袁大总统、国务院电，有省会地点未定，省议会不能成立，所有地方要政亦皆不能建议施行，事事废弛，日久更不堪问。荣廷审度情势，似难强怫多数人民之名［同］意，以致另生别种枝节，务希主持断决等语。可知本会确系十四府议员集合，不可诬也。桂伪议会只有员全额十分之一，既违法制，竟敢呈发伪电，又伪本会电文，直同村妪骂人，本无与辩之价值；惟关系十四府议员名誉，岂容任意诽毁。军政府近在桂林，亟应查究。尊重民选立法机关，实为尊重民国，桂伪议会敢为公敌，即当鸣鼓而攻。谨告中央各省：凡桂伪议会电文尽属虚诬，而我内各府县尤归各议员罪，以伸公讨。广西临时省议会议长林绎、副议长雷恳［恺］泽、杨煊合共议员七十八人叩。真。(南宁发)

（翠亨孙中山故居纪念馆藏档；《申报》1912年5月16日，“公电”；《时报》1912年5月17日，“公电”）

林绎、雷恺泽等致孙中山、龙济光电

（1912年5月11日）

急。广州孙中山先生、梧州龙统领均鉴：

接读粤、桂、滇三省铁路传单，灼见远谋，钦佩无已。民国南部经营，此为第一着矣。惟兹伟大事业，非龙老莫能任。适中山先生返粤，更幸得为此路主持。本会惟会极力提倡，唤起众志。至本会议决迁省，亦无非注重国防。边事日急，西省行政中枢，断无偏处桂林之〈理〉。现邕省交通适宜地点，故决迁邕，正与今日三省铁路函于联各者，同此苦心也。何图桂属人士，不顾全省利害，以本会十四府议员之集合指为少数意见，而就桂属数议员另立省会，通电中央各省，淆乱听闻，任意错误，志在破坏而已。陆都督知大势所趋，利害所在，号日致电中央，有谓难怫十四府人民之同意云。而中央政府在远，恐未悉南部情形，尤乞中山先生对于广西迁省问题与三省铁路事业同此维持，电达中央，请其速决，匪独广西幸也。广西临时省议会议长林绎、副议长雷慎［恺］泽、杨煊叩。真。印。（南宁发）

（翠亨孙中山故居纪念馆藏档；又见《孙中山藏档选编·辛亥革命前后》，第552页）

孙道仁致袁世凯、孙中山等电

（1912年5月11日）

北京大总统钧鉴：广州孙中山先生鉴：南京黄留守鉴：

闽省光复以来，财政异常困难。各华侨陆续捐助款项，藉资接济，均由财政司经收，列册有案。该侨商不忘祖国，踊跃输将，好义急公，深堪嘉尚。应如何旌奖，以示酬报之处，乞即核示遵循。闽都督孙道仁叩。真。印。（福州发）

（翠亨孙中山故居纪念馆藏档；又见《孙中山藏档选编·辛亥革命前后》，第445页）

罗仲霍烈士遗属呈孙中山文

（1912年5月12日收）

广东省惠州府惠阳县孀妇罗杨氏偕男景炎谨呈前大总统先生阁下：

敬禀者：窃氏夫仲霍，于去年三月二十九日之役，偕黄兴先生统率同志，身先攻入督署，惨被虏吏杀害。遗氏孀守，姑寡儿幼，曾经具禀广东都督府，已蒙核准每月恤饷十二元，谕饬祗领在案。维氏家本赤贫，自故夫仲霍殉难后，辛苦备尝，现在税屋而居，米珠薪桂，度活艰难，数口嗷嗷，均须待哺，氏所靠者只此十二元而已。伏维先生造福同胞，将四万万人起之衽席，矧氏夫侠义捐躯，当不忍见氏一人茕独孤苦、衣食不继也。氏当此苦况，望乞逾格恩施，俾姑子养赡有赖，氏夫亦感激于九原矣。谨此切禀。敬叩
崇安，伏维
垂鉴

（正南街第九号）

（翠亨孙中山故居纪念馆藏档；又见《孙中山藏档选编·辛亥革命前后》，第 58～59 页）

陈铁生、陈雁声等致孙中山等电

（1912 年 5 月 12 日）

广州胡都督转孙中山先生、七十二行、九善堂、各报馆均鉴：

外债团监督财政，国灭种沦。革命功成，不图睹此惨剧。黄留守发起国民捐，实为救亡第一妙药。铁生等在沪拟联合旅沪各界组织团体，竭力筹捐，以为声援。吾粤父老昆弟，救国热心，断不忍坐视沦陷。务乞军、政、商、学、报各界，全力急促，一致进行。为主为奴，在此一举。临风沥血，不尽欲言。沪光复军粤人陈铁生、陈雁声、王若周、萧祖强、何家瑞、何荦、叶竞雄、陈鸿铨、陈伟图、林亮、陈膺戎、何光、邓文、刘第元、关民、张廷辅、张惠农、黄明、王英、陈复、徐斌、邓雄、刘濂、罗邦、林万里、萧组、谢琼翰、黄威、卢耿、何龙飞、黄应榆叩。文。（上海发）

（翠亨孙中山故居纪念馆藏档；又见《孙中山藏档选编·辛亥革命前后》，第 209 页；《时报》1912 年 5 月 13 日，“公电”）

刘振升等致孙中山电

(1912 年 5 月 12 日)

广州孙中山、报界会社鉴：

先生为革命元祖、中国伟人，肇埠商众崇拜靡极。敬请惠然来埠，俾遂瞻仰，开化商民。肇庆商会总理刘振升、各董事。文。叩。(广东肇庆发)

(翠亨孙中山故居纪念馆藏档；又见《孙中山藏档选编·辛亥革命前后》，第 495 页)

梧州各界致孙中山电

(1912 年 5 月 12 日)①

急。广州探呈孙中山先生鉴：

闻取道梧、宁赴龙，同人久切瞻韩，乞示行期，俾遂孺慕。梧州政、军、绅、商、学、报全体叩。侵。(梧州发)

(翠亨孙中山故居纪念馆藏档；又见《孙中山藏档选编·辛亥革命前后》，第 496 页)

桂林商界致孙中山电

(1912 年 5 月 12 日)

急。广州胡都督转孙中山先生钧鉴：

---

① 原电收到日期本填作六月十二日。查五月十二日当天收到的几份电报，所编来电号数均甚相近，可知六月为五月之误，特予订正。——《孙中山藏档选编·辛亥革命前后》编者注

先生硕德令望，薄海同钦。顷闻返粤，商界同人，争相瞻仰。请早枉驾来桂，俾遂孺私。行期盼复，无任企祷。桂林商界全体叩。侵。印。（桂林发）

（翠亨孙中山故居纪念馆藏档；又见《孙中山藏档选编·辛亥革命前后》，第496页）

桂林广东会馆等致孙中山电

（1912年5月12日）

急。广州胡大都督转呈孙中山先生钧鉴：

大功告成，荣归梓里，桑麻话旧，万寿胪欢。晚等侨商栩海东望威仪，渴尘万斛，务乞先生枉驾到桂一游，为地方造福，并慰此邦人士瞻依之愿。立盼行期示复，晚等当全体出廓欢迎。桂林广东会馆代表英怡隆、顺泰来、黄汇昌、梁远记、安泰源等同叩。侵。印。（桂林发）

（翠亨孙中山故居纪念馆藏档；又见《孙中山藏档选编·辛亥革命前后》，第496页）

孙道仁致孙中山函

（1912年5月12日）

中山先生钧鉴：

日前棨戟遄临，畅聆雅诲，匆匆启节，耿耿怀思；简亵尤多，莫名歉仄。刻下福星莅粤，想粤都人士仰崇德望，拊循所至，挟纩兴歌，地方从此安宁，岂徒百粤之幸，实大局之幸也。兹寄上安密电码一本，即希察收。嗣后有要事赐电，请照译发是荷。专肃，敬请

大安。诸惟
垂照不备

孙道仁谨肃　中华民国元年五月十二日

（翠亨孙中山故居纪念馆藏档；又见《孙中山藏档选编·辛亥革命前后》，第 497 页）

陈鸿等致胡汉民、孙中山等电

（1912 年 5 月 12 日收）

广州胡都督、孙先生、议会、报界公会鉴：

前颜启汉办理西江，宽严并用，商民爱戴，绿林畏服，商船赖安。自颜君告退，河道复梗，货船非交行水不得东下，并有掳人之惨。商等为生命财产所关，务恳迅派颜督办西江，以维商业。西江水帮陈鸿等公叩。（佛山发）

（翠亨孙中山故居纪念馆藏档；又见《孙中山藏档选编·辛亥革命前后》，第 538 页）

林沛祺、彭绰辉等致胡汉民、孙中山等电

（1912 年 5 月 12 日收）

广州分送都督、孙中山先生、广阳军务处：

杰字营保护得力，全沙安靖，田尽开耕。今闻调省，惶悚万分。乞即收回成命，以安人心。禀随补缴。香山东海十六沙农民代表林沛祺、彭绰辉、王星如等叩。（香山发）

（翠亨孙中山故居纪念馆藏档；又见《孙中山藏档选编·辛亥革命前后》，第 539 页）

德庆商会等致胡汉民、孙中山等电

（1912 年 5 月 13 日收）

广州胡都督、孙先生、陆军司钧鉴：

大粒烟悍党盘踞晋康，四出窜扰，商戒途，农辍耕。连日匪劫古垒，率团往援，被匪围困，无枪抵御。已奉准购枪码万，乞准起运放行。德庆商会、金林乡团表［?］叩。（德庆发）

（翠亨孙中山故居纪念馆藏档；又见《孙中山藏档选编·辛亥革命前后》，第 539 页）

潘炎华呈孙中山议兴农业征赋税办法文

（1912 年 5 月 14 日）

为条拟设立农务专司，振兴农业，改设地册，问地征粮由：窃以南北统一，民族四百兆，农数居其七八。统计士有教育专司学校分科，商有邮政专司商务分局，工有工务专司工艺分所，职此问题，农务专司一职遗缺。查历史有地官、农部分理农政，外洋香港有田土厅，美国有登记专官所掌农务与赋税地册事宜。美国以农业致富，我中国速当振兴农业。至若农岁丰歉，商工借资挹注，但因农业资本微薄，租料苦于缓急。现况民军遣散归农，同嗟失业。欲拟农业振兴，亟宜设农务专司、农务分所，应集股本开办农团、兴业社，庶使失业者责其亲属约束复业，为歹者责其亲属约束营生，农有专职，则以农治农为宗旨也。

伏思赋税为行政本原，地册为民国发起。国有土地，定地册者征赋税；国有民人，定户口者编图甲。上世井田定税，秩序有条不紊，井田性质与地册取义相近。后世户口定税，其户口出于族人掌税，私为亲属瞒庇，不理白契、溢税各弊。至于割税过户，久失产业秩序，因有虚溢各弊。从此欠粮与白契，遇有军需孔亟，印税无着，征催莫奈。今粤甫反正，税序未能遽复。凡有产业者，沙费、捕费等项均能问地收足，民皆乐从。以此比例，问地征粮，岂无实效？查美国新英屋伦、纽约各省，适用地册，签分号数，设立登记专官。其登记之法，令民人知某业属于某主，堪作赋税标准。爰拟地册，定税标，记地名，签分号数，检验粮照，评对虚溢，删繁就简，实事求是，务使溢田者报明加征，虚税者报明豁免，扫除数千年以户口定税之积弊，而发起亿万世以地册定税之效果。应当农掌地职，以问地印契、问地征粮为宗旨也。呈列办法入手表览：一、地册：地名号数标记，南方一号起计为秩序。二、清丈：业主原有亩数丈尺若干，自丈报明，农佃耕悉亩数，四址立明界标。三、签号：农务局查核亩数若干，评验粮照，调查股助理核税成册。四、改军税为民税：每亩约报效五元，以民业可增值十余元，得一亩总共计报效若干，民国可得款数千万，是消灭苛税，为利国利民之举。五、印契基础：概免印税，以为契基标准。俟民休养生息，地册成效，斯时问地再换契券，征收印税。统计若干，自足清还外债，是比例城镇问铺印契之证义。倘国债不从赋税着手，仍恐杂捐难以弥补，论情则易起风潮，不若殷户办纳契税；论义则名正言顺，果能农局成立，全粤约六个月完丈成效。

谨肃刍言，缮写条帙，恳请察核，咨送省会提议，详会大都督施行。

孙先生伟鉴

中华民国元年五月十四日

香山县小榄镇发起人潘炎华叩

（寓杉木栏同珍店内）

（翠亨孙中山故居纪念馆藏档；又见《孙中山藏档选编·辛亥革命前后》，第288～290页）

新加坡华侨总商会致胡汉民转孙中山等电
（1912 年 5 月 14 日）

广州。广东都督胡汉民转呈孙中山、汪精卫两先生暨同盟会钧鉴：

敝商会已行正式选举，举定沈子琴为正总理，留鸿石为副总理。合先电达，函续上。新嘉坡华侨总商会叩。寒。（新嘉坡发）

（翠亨孙中山故居纪念馆藏档；又见《孙中山藏档选编·辛亥革命前后》，第 445～446 页）

陈芝铭、邓汉翘等致孙中山、胡汉民等电
（1912 年 5 月 14 日收）

广州。分送孙前大总统，胡都督，陈、龙两军统，临时省会，报界公会钧鉴：

土豪邓显明、王廉泉等，声言虎门陆军一标委派清乡帮办，四处吓骗，借报私仇，合堡危惧，乞查究以拯良民。虎门莲溪合堡陈芝铭、邓汉翘等八万余人同叩。（虎门发）

（翠亨孙中山故居纪念馆藏档；又见《孙中山藏档选编·辛亥革命前后》，第 539 页）

肇庆仁爱善堂等致胡汉民、孙中山等电
（1912 年 5 月 14 日收）

广州胡都督、孙中山先生、省议会、总商会、九善堂、报界公会鉴：

周君之桢自督办肇罗军务以来，地方赖安，商民倚重。今闻迁

调，商等惶急万分，特联电挽留，以安商旅。肇城幸甚。大局幸甚。肇城仁爱善堂、广善堂、方便留医院、东门街、塔脚街、三褐街、迎祥街、新旧街、东西镇南街、北门街、城内商店等叩。（肇庆发）

（翠亨孙中山故居纪念馆藏档；又见《孙中山藏档选编·辛亥革命前后》，第540页）

吴永珊、淡春谷等致胡汉民转孙中山电

（1912年5月15日）

胡都督并转孙中山先生钧鉴：

今日《民立报》载，广东电开七十二烈士确像，而手制炸弹、先冒锋铤［镝?］之喻培伦反未列入，恳即补注。又秦大诱本系秦炳，恳更正。并希电复。沪同盟会吴永珊、淡春谷、陈一夔叩。删。（上海发）

（翠亨孙中山故居纪念馆藏档；又见《孙中山藏档选编·辛亥革命前后》，第59页）

陶荷材等致朱执信转孙中山电

（1912年5月15日收）

广州广阳军务处督办朱执信先生并转孙中山先生钧鉴：

船伴骆之海前者虽系洪门会友，并无犯法，被人恨控，又无侵害地方，实系无辜，被民军黄桐挟嫌误拿，务乞查讯，明确省释。至船伴蔡寿等七名，业蒙镜察无辜，定邀昭雪，具征无枉无纵，并乞迅赐提讯，恩准保释。香港行船公馆公义堂余庆堂、同兴阁代表陶荷材等叩。（香港发）

（翠亨孙中山故居纪念馆藏档；又见《孙中山藏档选编·辛亥革命前后》，第540页）

黄大伟致孙中山函

（1912年5月15日）

中山先生钧鉴：

台旌返粤，本拟恭送至沪，借摅鄙悰；奈羁留于鄂，未克追随，至为歉怅。先生莅鄂时，面聆大教。各种方面留心调查，日来耳闻目及鄂省情形，鲜称人意。原因复杂，笔述难尽。大致不外乎权利争执，党派纷歧。而彰明较著而颇占势力者，尤以武汉民社为最。孙武失志之后，即极力组织民社，而其党羽遂借此以图恢复势力。迩来民社设法扩张，欲将六政团合并组织共和党，拟举黎元洪为理事长，章太炎、张季直、伍秩庸、那彦图四人为理事（预备将来举黎元洪为大总统，孙武为湖北都督）。而民社中无识之徒，则日以辱骂孙文、黄兴及丑诋同盟会为事，影响所及，至为可虑。

此时欲谋抵制，非整顿本会不可。欲事整顿，第一须财，第二须材。无财则诸事不能办，无材则办事而事终不举。鄂虽设有支部，因财之不足，形式仅存；平日能任事者此时多往北京，驻鄂支部者均寻常也。伟暂居此间，将来如何，不敢预必。前闻先生两月后仍当莅鄂，关于支部之应行整顿诸问题，非俟先生之亲来解决不可。望速裁夺，无任盼祷。肃此。敬请

筹安

黄大伟上　五月十五号

汉民、精卫、仲凯三先生同此。

如有信来，可寄汉口河街打扣巷张泰兴转黄大伟收，或寄汉阳兵工厂。如有电，则由都督府转交，或寄武昌中国同盟会鄂支部亦可。

（翠亨孙中山故居纪念馆藏档；又见《孙中山藏档选编·辛亥革命前后》，第591～592页）

黄绍纶、雷电南致孙中山、胡汉民等电

（1912年5月16日）

广州前总统孙、军政府胡、同盟会、省议会、商会、报界公会同鉴：

自由党本部特派组织广西支部党员黄绍纶、雷电南，闻政府因议借外债，被外人要求监督财政，深愿政府力拒。如此倒柯要挟，信我同胞必赞成。各电同请政府将外债欠款及行政经费，并请速设中央银行，共需基本款项若干，宣布全国，使人民便于组织国债、民捐款额。绍纶、电南拟定捐、债先后并举，以捐款偿外债，以国债为建立中央银行担保债票母金，则金融富足，而政府免求外债，保存国土为目的。绍纶、电南在广西梧州自由党极力鼓吹。铣。叩。（梧州发）

（翠亨孙中山故居纪念馆藏档；又见《孙中山藏档选编·辛亥革命前后》，第209～210页）

陈锦涛致孙中山、胡汉民电

（1912年5月16日收）

广州孙中山、胡汉民先生：

前函谅达。请电北京维持汇业银行成立事，曾否照办？电复。锦涛。（北京发）

（翠亨孙中山故居纪念馆藏档；又见《孙中山藏档选编·辛亥革命前后》，第242页）

冯自由致孙中山、胡汉民等电

（1912年5月16日）

广州孙中山先生、胡汉民都督、陈竞存军统鉴：

元电亮达尊览。昨黄留守有电袁总统，请将稽勋局移往南京。惟袁总统及唐总理以本局直接国务院，不便移于他处，拟在广州、武昌、南京三处各特设调查会一所，已照复黄公矣。驻粤调查会可否附设于都督府，即请汉民、竞存、执信三君中之一人兼任会长，以重其事。并希推荐调查员若干名，由本局荐任。至应调查之事，除粤省历年举义诸役为公等灼知者外，镇南关、河口二役全由粤同志主持，亦应由粤会稽核报告。又前南京政府曾咨参议院议设捐输调查科，查光复以前之捐输，多出自海外侨民，亦非由粤会担任调查不可，孙公前发给之旌义状足资参考也。弟俟本局部署稍有眉目，即行南来，面商各种办法。尊见如何，伏希赐教。临时稽勋局局长冯自由。铣。印。（北京发）

（翠亨孙中山故居纪念馆藏档；又见《孙中山藏档选编·辛亥革命前后》，第354～355页）

吕志伊致胡汉民转孙中山电

（1912年5月16日）

急。广州胡都督转中山先生鉴：

顷接云南蔡都督电嘱，请先生莅滇一游，滇人士均甚欢迎。如承俯允，祈电示行期。吕志伊叩。铣。（上海发）

（翠亨孙中山故居纪念馆藏档；又见《孙中山藏档选编·辛亥革命前后》，第497页）

德庆悦城商会、民团局致胡汉民、孙中山等电

（1912 年 5 月 16 日）

广州胡都督，孙中山先生，陈、龙军统，报、会社鉴：

悦城与留村著匪老巢为邻，日夕惊恐，幸周督办饬黄队长驻悦赖安。忽闻督办他调，本埠暨四乡人民如失慈母，坚乞留任；并恳黄队长常驻，以资镇摄。悦城商会、民团局同叩。铣。（德庆发）

（翠亨孙中山故居纪念馆藏档；又见《孙中山藏档选编·辛亥革命前后》，第 541 页）

西江商船分会致胡汉民、孙中山等电

（1912 年 5 月 16 日）

广州都督、孙中山先生、军统、议会、报界、会社鉴：

都督前派颜君启汉安抚肇属西江，行旅赖安，商情爱戴。去任后匪氛复炽，河道梗塞，窒碍交通。恳再委任安抚，以资保卫，而慰众望。西江商船分会叩。铣。（德庆发）

（翠亨孙中山故居纪念馆藏档；《孙中山藏档选编·辛亥革命前后》，第 541 页）

广西十四府代表致袁世凯、孙中山等电

（1912 年 5 月 16 日收）

万急。北京袁大总统、参议院、武昌黎副总统、南京黄留守、广州孙中山先生、上海各报馆、各省都督、省议会、广西陆都督、桂林军政府均鉴：

查办广西迁省南宁，原为政治、军事、外交、实业、交通计便利，早经谘议局议决，独立后又经十四府代表员集邕协议，及临时省议会出席议员七十八人议决。众民总固，即成法律，断非一小部分人所得抗阻。广西利害为广西人受之，十四府人既视迁省为有利无害，又桂人所主张之利害，即属私怨。况桂人横暴性成，既有桂人省防统领秦步衢带兵蹂躏议场、逮捕议员、解散议院于前，又有桂议员曹秖等拥众驱逐泗制［?］铨叙局长其后。近又以桂议员十一人冒称全省议会，假全省绅商学界名义，捏造无名通电，肆行诋毁，种种无理取闹，要挟把持，已达极端。睹此情形，议会不定，都督请假，各司长放弃，政务废弛，人情汹汹，租税观望；若再迁延，势将瓦解。以八百万生命财产坏于桂林三数人之把持，宝宪等实不忍见。如必抑众就寡，终无解决，则十四府人民只有自谋扼治进行，以维持大局，断无迁就。事急情切，用敢直言。广西全省绅商学界代表梧州府黄宝宪、浔州府程修鲁、郁林府冯汝权、平乐府郑柱、武鸣府黄宝铭、南宁府梁炎、上思府黄恒盛、百色府黄中孚、泗城府甘乃广、太平府谭上垂、归顺府黄大受、镇安府黄开芳、庆远府李友槐，柳州府刘驷等先叩。借印。（南宁发）

（翠亨孙中山故居纪念馆藏档；又见《孙中山藏档选编·辛亥革命前后》，第552～553页）

何云甫等致孙中山、胡汉民等电

（1912年5月17日收）

广州孙前大总统、胡都督、临时省会、报界公会、报业公社、香山公会均鉴：

东海十六沙系我香山区域，载在图籍。自宋迄今，历千余年，并非顺德地段。该处田亩经费，我农民自捐自卫。前清咸丰时，被顺德龙、罗两绅攘夺。反正后，该绅放弃，蒙都督委任我邑人经理。去岁晚造始克收割，今春早造已尽开耕。讵伊等不知感激，反捏头造不能开耕，指请派陆领接管，借官办为名，间接复踞，竟被瞒准。查香、顺恶感垂数十年，陈前督另设专局办理，系调停弭祸之策。今陆领及其军士皆顺德人，又系伊等指明请派，方今民权发达，陆领一到，恶感丛生。乞改派，免暴动。香山港商何云甫、唐务环、李达祺、杨伟卿等叩。（香港发）

（翠亨孙中山故居纪念馆藏档；又见《孙中山藏档选编·辛亥革命前后》，第541～542页）

德庆晋康绅耆致胡汉民、孙中山等电

（1912年5月17日）

广州胡都督、孙前大总统、陈、龙军统、省会鉴：

德庆晋康属留村、洞寮、署洪等寨，土匪猖獗。近十日间，又连掳男女六人，劫卅余家，较前尤惨。居民迁徙，无从觅食。迭剿无效。乞速派军常驻保护。德庆属晋康绅耆泣叩。筱。（德庆发）

（翠亨孙中山故居纪念馆藏档；又见《孙中山藏档选编·辛亥革命前后》，第542页）

汪文炳等致胡汉民、孙中山等电

（1912年5月17日）①

广州。分送都督、广阳军务处、孙中山：

① 筱电为十七日，未署月份。原件填写收电日期为六月二日，同时注明是“更正重送”。更兼孙中山四月十七日未到粤，六月七日已离粤，故定为五月。——《孙中山藏档选编·辛亥革命前后》编者注

连日谣传劫城，一夕数惊。港口离城数里，铣晚全埠被劫，掳去六人，县城益危。军队裁留未定，心已涣散。乞速派大队镇摄，以保治安。香山公会汪文炳等全体叩。筱。（香山发）

（翠亨孙中山故居纪念馆藏档；又见《孙中山藏档选编·辛亥革命前后》，第542～543页）

叶宛莲、黄定康等致袁世凯、孙中山等电

（1912年5月17日收）

万急。北京袁大总统、武昌黎副总统、南京黄留守、参议院、上海各报馆、广州孙中山先生、各省都督、广西陆都督、桂林军政府、南宁省议院、梧州报馆暨广西各局送各府、县长、各参议会、商会均鉴：

省议院在邕成立，实出十四府人民之决心。并十四州议员之集合，以速迁省，而系进步舆情所在，大势所趋，再一迟疑，大命以倾。彼桂林以一隅私见，如称到桂成立，阻挠大计，忍置全局于不顾。甚至各司长亦丧心病狂，随之争持，屡电泣叩，希图苟延。彼竟昧于现势，而事关我全省人民利害安危，非一二私见所能摇惑。万望各团体为广西大局计，为民国大局计，速电追认迁省南宁。并迅在邕议院，始终坚定，为广西改造一汇枢之内政、外交总机关，即为广西集无穷尽之厚福利。安危所系，在此一举，毋为赴桂，致陷沉沦。广西幸甚。民国幸甚。否共誓不承认也。龙州参事会叶宛莲、黄定康，商会廖顾访、蔡千集，邕县长吉鸿粲代。印。（龙州发）

（翠亨孙中山故居纪念馆藏档；又见《孙中山藏档选编·辛亥革命前后》，第553～554页）

邹肇汉、江振华等致孙中山电

(1912 年 5 月 18 日收)

广州。呈孙中山先生鉴:

去岁第四军部长江自群即春生等四人进行至汀，被捕入狱。经姚军长电闽释放，殊闽督电汀，词涉游移，以至汀府借词勒索，至今未放。先生创立民国，何忍任无辜受恶，恳电闽督速行释放，并优恤死义诸烈。馀询邹鲁便悉。同盟会员邹肇汉、江振华、友臣叩。(汉口发)

(翠亨孙中山故居纪念馆藏档；又见《孙中山藏档选编·辛亥革命前后》，第 578 页)

麦作衡、张启泰等致孙中山、胡汉民等电

(1912 年 5 月 19 日收)

孙前大总统、胡都督、临时省会、报界公会、广阳军务处、报业公社、香山公会均鉴:

广东十六沙区城［域］，自宋置县以来，即系香山管辖，而农民自捐自卫经费，尤与业户无涉。曩前清黑暗时代，顺德龙、罗劣绅恃势攘夺，农民力弱吞声。反正时，劣绅、沙勇逃弃不顾，幸胡都督委我邑人刘世杰率队保护，沙所安宁。正相额庆，乃劣等竟敢搜［捏］称头造尚未开耕，瞒准派陆领前往接管。是十余万农民醵血汗之赀，始终被劣等玩诸股掌，遂其狡计。群情愤激，冲突堪虞。恳速维持，俯顺舆情，饬令农民自择，以符自捐自卫之本旨。阖邑幸甚。大局幸甚。旅澳香山绅商麦作衡、张启泰、何昭繁、潘维标、许廷干等叩。(澳门发)

(翠亨孙中山故居纪念馆藏档；又见《孙中山藏档选编·辛亥革命前后》，第 543 页)

桂林广西临时省议会致袁世凯、孙中山等电

(1912 年 5 月 19 日)

万急。北京袁大总统、国务院、参议院、武昌黎副总统、南京黄留守、广州孙中山先生、各省各报馆、各省军政府、临时省议会、各报馆、广西各府县鉴:自治会、商会、桂林军政府、梧州新报馆均鉴:

本会庚电内称南宁议员三十八人一谓,系以电局送来南宁冬电为据。证以桂林商会、自治会、报馆收到该电,亦属相同。原件具在,非可臆造。至议会集合应以何处为正当,自有历颁法令可查,毋庸置辩。临时省议会叩。效。印。(桂林发)

(翠亨孙中山故居纪念馆藏档;孙中山藏档选编·辛亥革命前后》,第 554 页;《申报》1912 年 5 月 21 日,"公电";《民立报》1912 年 5 月 21 日,"广西电报")

平乐府议参两会致袁世凯、孙中山等电

(1912 年 5 月 19 日)

北京袁大总统、参议院、国务院,武昌黎副总统,广州孙中山先生,行营陆大都督,桂林军政府,南宁临时议会,广西各局,各府县分送各自治商会钧鉴:

广西迁省问题赞同者十有四府,即五月二日临时议会提议,共议员查[?]十八人皆全体表决,人心向背,已可概见。乃函电交驰,久而不决者,实由少数人只计私利、不顾大局所致。今试即邕、桂利害比较一二,为我大总统言之:桂林地处一隅,万山耸迭,河道险阻,跋涉维艰,在闭关时代固属相宜,然今日则无所用此设险以守之政策。若南宁则上通黔、越,下接梧、粤,

南接廉、雷，北接湘、桂，大江中贯，轮折辐辏，平原旷野，一望无际，试进足以有为，退足以有守，省会资格舍此莫属。此利害之在于地理者一也。南宁居西省中心，形势雄浑，屹莅成为重镇，居中策应，自易收指臂之助。盖邕、龙迫近越南，法人虎视眈眈，水道则直趋北海，陆路则进取南关，设一旦边防告警，调兵运饷，邕则一二日可达，桂则非月余不能，实有鞭长莫及之势。且桂林与湘、黔交界，二省皆我腹地，既无噬脐之患，自可不用重兵扼守。此利害之在于国防者二也。利权为一国之命脉，而尤以商之兴利为最大。泰西之商战致富强者多在滨海之地，英之伦敦、美之纽约、法之巴黎皆铁道交驰，轮舟充斥，大商富贩冠绝环球。南宁虽无此大观，然物产丰盈，地方辽阔，将来修筑铁路必以此为聚点，商务发达定无纪极。以视桂林之土地不毛，水陆奇险，令人望而却步者，何可道理计。此利害之在于商务者三也。省会为首善之区，四方视线所集，必交通便利，斯贯输文化，因观感而思有所改良。桂林则开门见山，如坐枯井，风气闭塞，民智不觉，既无竞争之心，自难速其进步。南宁居西江流域，中外〔外〕来之游人如织，眼廉耳鼓，时受激刺，舍己之短，从人之长，进化殊觉易易。此利害之在于政教者四也。然此仅举具大端而言，他如气候之温和、土地之饶沃、居民之稠密、稼植之适宜，尤非桂林所能望其颈背，舍此弗居，更欲择适？即谓财政困难，暂宜从缓，然自亡清建议以来，邕垣已大有扩张，固无须绝大巨款即可竣事。又自独立之始，一般开明之士已欲实行迁邕之举，悠悠忽忽今已半年。盖天下事不知则已，知则当速行；不利则已，利则当速建。又何必议员必须赴桂，始作为正式之会议员。议员之舍桂而邕，实具有极充分之二理由：盖一则以都督在邕，政务易于筹度；一则因逮捕徐议员及哄闹军政府两恶剧，避凶趋吉，人情之常，故有宁死不赴桂之电吁。议员为人民代表，七十八议员之意思即十四府大多数人民之舆论，拂舆论者不详其势，必将决裂。会员等生长斯土，目睹情形，安危所关，只争一发。用敢沥陈利害，电达上闻，伏乞俯顺舆情，早赐垂允，以定人心，以安南服。平乐府议参两会同叩。府长代印。（平乐发）

（翠亨孙中山故居纪念馆藏档；《孙中山藏档选编·辛亥革命前后》，第555～556页）

梁之芬等致袁世凯、孙中山等电

（1912年5月19日）

北京袁大总统、参议院、黎副总统、黄留守、孙中山先生、各省都督、省议会、各报馆、广西陆都督、广西各府县长、自治会、商会、各团体均鉴：

查办迁省南宁，为广西计，尤为国防计，尽人皆知，亦刻不容缓。是以广西全省，除桂林府并无一府不举迁省代表来邕，集议迁省一切事件。四月九号议会云邕成立，事实确就，各代表即议决取消迁省集议所，改设迁省筹备处，创设进行，布置已定。陆都督亦曾拟此实情电告中央政府，恳请俯顺舆情，免致另生枝节。讵意国务院始则下宥电，解散邕省议会；继则下艳电，谓宥电系报房误发，请查明注销；终则下卅电，谓宥电既发，不必注销。译电又谓议会诘驳无理由，可置不理，仍请都督便照宥电办理。似此反复无常，蹂躏共和，蔑视广西，实属帝制已极。代表等身膺重责，对于宥电、卅电、青电，虽刀锯临身，万死断不公认。若国务院〔不〕坚持强制，我十四府人民所有关于国债、纳税、当兵诸义务，概不负担。理合奉闻，不胜迫切待命之至。广西迁省筹办处总长梁之芬，次长覃瑞槐、黄道济暨全体代表等同叩。皓。南宁府长代印。（南宁发）

（翠亨孙中山故居纪念馆藏档；又见《孙中山藏档选编·辛亥革命前后》，第557页）

南京六十团体致孙中山电

（1912 年 5 月 20 日）

广州孙中山先生鉴：

外人借债权要求查账，希图监督财政。国民此［决］不承认，特开公会，创立国民捐总会，公举先生为总理，王人文、沈秉堃二君为干事长。除分电外，乞俯允，并请急筹进行方法电复。南京六十团体公叩。号。印。（南京发）

（翠亨孙中山故居纪念馆藏档；又见《孙中山藏档选编·辛亥革命前后》，第 210 页）

韶州商会致胡汉民、孙中山等电

（1912 年 5 月 20 日）

广州胡都督、孙中山先生、省议会、总商会、报界公会、各界各团体鉴：

黄留守提倡国民捐，实为救亡善策。敝商会全体赞成，请将章程速寄，以便开捐。并请各界实力鼓吹，务达目的。但要将捐款全储银行，声明专还国债之用，以国民信而收实效，大局幸甚。韶州商会叩。号。（韶州发）

（翠亨孙中山故居纪念馆藏档；又见《孙中山藏档选编·辛亥革命前后》，第 210 页）

肇庆各界致孙中山电

（1912 年 5 月 20 日）

广州孙中山先生鉴：

闻先生赴梧，同人愿瞻丰采，预备欢迎。何日启程，联请指

示。肇城众党会、公团、学界。廿。叩。（肇庆发）

（翠亨孙中山故居纪念馆藏档；又见《孙中山藏档选编·辛亥革命前后》，第497～498页）

邓维彬、胡明生等致孙中山、胡汉民等电

（1912年5月20日收）

广州。孙前大总统、胡都督、临时省会、报界公会、农业维持社公鉴：

东海十六沙区域，香六顺四，而业户则顺德居十之九。沙约捕费，周年每亩二钱四分，业佃各半，实则全系业主所出。既抽于正供之外，则募勇团练，纯然业佃自治之权，不能以区域为借口。佃有更易，故自治常以业户为主体。盖不特防盗，且以防耕人瞒割逃租。故数十年来，皆由业户公举约绅办理，办事者即皆捐抽捕费之业户，非局外人所能越俎。去秋反正，秩序大乱，土豪割踞，争收晚造，沙租损失大半。后经都督委任龙、罗、黄、邓各绅等照旧办理，人心始定。今复有无赖数人，假冒香山各邑名义，借口地权，希图争收捕费，夺我业佃自治主权。事经都督批准，尚多方阻挠，扰乱治安，莫此为甚。世界大同，何有县界，乞主持公理，俯准维持，业佃幸甚。大局幸甚。顺德港商邓维彬、胡明生、赖德仁、何若、曾广等叩。（香港发）

（翠亨孙中山故居纪念馆藏档；又见《孙中山藏档选编·辛亥革命前后》，第543～544页）

海口绅商学界致胡汉民、孙中山等电

（1912年5月20日收）

广州胡都督、孙先生、军务处鉴：

宜安匪首黄云龙，杀掳掠焚，经电请剿，县长截兵。今更焚杀

卅余村，尸首遍野。该县贪贿乐抢，纵兵殃民。恳迅核办。合邑绅商学界叩。（海口发）

（翠亨孙中山故居纪念馆藏档；又见《孙中山藏档选编·辛亥革命前后》，第544页）

林绎、雷恺泽等致袁世凯、孙中山等电

（1912年5月20日）

北京袁大总统、参议院，武昌黎副总统，南京黄留守，广州孙中山先生，上海各报馆，各省军政府、临时省议会，各报馆，广西各局分送各府县、自治会、商会在鉴：

删日接桂署军政府转国务院来电二件，文曰：桂林陆都督鉴：迁省会不仅关系一省之利害，于解释军事、商业、交通政策均有至大之关系。如果该省多数人民均欲迁省，必须先在该省省城开正式议会，提案议决后呈请中央议会、政府未［核］准，俟核准后始能实行。今广西省议会议员并未先在该省省会桃林聚齐开会，又未提出迁省议案，更未商诸中央议会、政府，而遽纷纷往南宁欲实行迁居，实属不合。本院宥电所详办法，实系根据法理立论，乃该议员林绎等日昨复电抗办，决无理由，自可置诸不理。祈尊处仍照宥电办理，并将办理情形随时电闻，是为至要。国务院。支。印。又：桂林陆都督鉴：七号电悉。迁省事关重大，业于支电详复，仍希查照前电办理。国务院。青。鉴。等语。

读支电有只可置诸不理云云，岂以本会对于国务院不能有抗辩之申入［诉?］耶？如以抗辩之文言认［绝?］无理由，则国务院自当据理解释，万不能置诸不理。若竟置诸不理，而又径行其意，不料民国成立未久，国务院竟有此专横。本会果全省民迁［选］立法机关，国务院可以任意解散？对于本会之辩论，国务院可以置诸不理，并令本省都督置诸不理，摧残议会，破坏共和，此为确证。国务院始终坚持宥电，对于本会必欲强行解散，不知宥电之不适法，本会已三次电争。都督好恶，废民亦不愿执行此违法宥电，经已电恐［复］有案。且查宥电以为事关地方利害，必俟将来正式省会之议决，而各种临时机关直同赘疣。在民国缔造之初，诚绝对不可能之事，又遑论根据于法理乎。原电所谓提出议案经议决后呈请政府公布施行，此等法定所［手］续，本会自是依照办理，有何不合？若必须在桂林开议始为有效，否则虽以五分之四以上议员到会集合于都督所在地方，亦当解散，是绝不求之事宥，绝不按之法理，惟必须履行宥电而已。窃议会之集合与迁省之决议，原分两事，故本会成立在四月九号，本会议决迁省案在五月二号，国务院安能混合其词？至十四府人民决必于迁省，与乎迁省问题发生于议会成立以前，按与本会履行之秩序无关系者也。今之劣院既误发违法宥电，艳电经请注销，卅电又谓既经通布即无庸注销，是宥电违法，艳电亦违法，卅电更违法。自知绝无理由，而又谓本会抗辩决无理由，置诸不行，令都督强行宥电，则支、面［青］两电违法尤甚。非由参议院提出弹劾，更无挽济之途。用敢电请参议院将国务院违法、专横各节，提切弹刻［劾］。前日元电本会提请参议院解决事件，仍乞迅电示复。广西临时省议会议长林绎、副议长雷恺文［泽］、杨煊暨议员八十四〈人〉叩。帑。印。（南宁发）

（翠亨孙中山故居纪念馆藏档；又见《孙中山藏档选编·辛亥革命前后》，第557~559页；《时报》1912年6月4日，“公电·南宁迁省问题电”）

陈可良、谭干臣等致胡汉民转孙中山电

（1912年5月23日）

广州胡都督转孙中山先生鉴：

沪上时亲教益，甚慰。承示借款知照财政部，届期归赵。经电

询熊总长，未蒙答复。乞迅赐电京财政部，按照清还。公眷怀桑梓，较隆准恩留沛邑，犹或过之。知关廑念。上海广肇公所、潮州会馆陈可良、谭干臣、郭竹蕉、陈星帆等叩。漾。（上海发）

（翠亨孙中山故居纪念馆藏档；又见《孙中山藏档选编·辛亥革命前后》，第211页）

陈锦涛致孙中山、胡汉民电

（1912年5月25日收）

广州孙中山先生、胡都督鉴：

函电谅达。请电京事曾办否？电复中国银行。锦涛。（北京发）

（翠亨孙中山故居纪念馆藏档；又见《孙中山藏档选编·辛亥革命前后》，第242页）

叶屺茗等致袁世凯、孙中山等电

（1912年5月25日）

万急。北京袁大总统、国务院、参议院，武昌黎副总统，南京黄留守，广州孙中山先生，各报馆，广西陆都督，桂林军政府，南宁省议会迁省筹办处，广西各局分送各府县长、参议会均鉴：

南宁为省会，于广西军事、商务、内政、外交上均占优胜，为广西计，即便进行，何得烦言。讵桂人以少数尚［意］见，多于阻挠。曾于十六号电请大总统及各团体速电追认，胡至今仍未议决，殊负我十四府人民喁望之至诚。邕省议会兹电都督，已知迁省一举事在必行，且为今日所能做到，经于七号电请袁大总统俯从十四府人民公意。乃桂人百出其欺诈运动手段，荧惑中央，致国务院一再来电仍谓南宁非法定地点，迁省事件必须在桂议决，且经三次电为至诬为孔横等语，尤深愤激。查邕省议会系受我十四府人民所委也，今国务院既否认我邕省议会议案，即违反我十四府人民公意，专制故翻，莫此为甚，我十四府人民岂能容忍？事关我十四府属利害安危，迁省一日不决，即大局一日不定。仍再次电请大总统、国务院、陆都督及各团体，既知迁省南宁为广西今日之必要，且既全体一致，速即立电迁邕，以顺舆情而定大局。若仍迟疑不决，任桂人少数冒用全体名义肆其毁诬。至于我十四府属屡电请愿置若罔闻，我邕省议会迭次议决视为无效。则是倒行逆施，罔知大计。偕十四府人民既无参政机利，即无纳税义务。会后之决，果必联合全体，不纳蒙濯，以为后劲，务必达迁邕而后已。且邕省议会既受我十四府委托，凡所指陈皆我人民总意，政府不代执行，即为违反舆论，议会即代表人民全体改革而缔造之。如桂军政府非我十四府人民所公认，如不迁邕，省议会即可在邕另新组织军政府。议会有改造政府并［之］力，改妥［政府］无解散议会之权。尤望我邕省议会进行不懈，毋负我十四府人民寄托也。龙州参议事会叶屺苕、黄定康、吴瑞绅、梁耀霭，商会廖显镛、人民同叩。县长邓鸿绪代印。二十五号。（龙州发）

（翠亨孙中山故居纪念馆藏档；又见《孙中山藏档选编·辛亥革命前后》，第559～560页；《时报》1912年6月14日，“地方通信·龙州参议事会争执迁省南宁电”）

同盟会、自由党等致《民立报》转孙中山、黄兴等电

（1912年5月25日载）

《民立报》转孙中山先生、黄留守、各省都督、各议会、各团体、各报馆鉴：

得京确信，借款成，以稽核代监督。国必亡，种必灭。正办国

民捐，何不少待？豫人死不承认，乞协力挽救。同盟会、自由党、各学校三十六团体泣叩。（自开封发）

（《民立报》1912 年 5 月 25 日，“河南电报”）

李济民、黎启明等致孙中山、汪精卫等电

（1912 年 5 月 26 日）

广州。分送中山、精卫先生，胡都督，陈军长，朱督办，陆、海军司长，苏师长，报界公会钧鉴：

贺电敬悉。财权关系国家存亡，凡属国民皆义务所在，且我军界全体议决。本团及驻高独立营将士，闻风均表同情，竭力提倡照办。济甫到高，日奔百里，到处巡视，俟布置稍妥，并拟函邀各界踊跃捐助，以清外债，而图富强。化州军务处李济民、黎启明、苏汝森、王振渚同叩。宥。印。（广东化州发）

（翠亨孙中山故居纪念馆藏档；又见《孙中山藏档选编·辛亥革命前后》，第 211 页）

谭延闿致胡汉民、孙中山电

（1912 年 5 月 26 日）

广州胡都督转孙中山先生鉴：

闻公组织银行，提倡实业，造福同胞，毋任钦佩。敝省矿生实甲东南，无力开采，良荟可惜。且湘省流域粤属腐败，农业改良，急需巨款。拟仗大力借款六百万两，振兴农矿。可否？希复。延闿叩。宥。印。（长沙发）

（翠亨孙中山故居纪念馆藏档；又见《孙中山藏档选编·辛亥革命前后》，第 243 页）

孙道仁致孙中山电

（1912年5月27日）

广州孙中山先生钧鉴：

顷接南京国民捐总会号电，以本会现已成立，共推先生为总理，王人文、沈秉堃二君充干事长，均愿毁家纾难，不愿见外人监督财政，蹈埃及覆辙，借款事要挟过甚，誓不承认等因。足见先生爱国热诚，至为钦感。惟未审如何办法，敬祈赐示，以便遵办。闽都督孙道仁叩。感。印。（福州发）

（翠亨孙中山故居纪念馆藏档；又见《孙中山藏档选编·辛亥革命前后》，第212页）

袁世凯致孙中山电

（1912年5月28日）

广州孙中山先生鉴：

宥电悉。滇桂铁路关系军事、实业、交通，自是确论，极以为佩。前据云南蔡都督电，先后交交通部核议，现尚未经议定项。已将尊电催令速核议复矣。袁世凯。勘。印。（北京发）

（翠亨孙中山故居纪念馆藏档；又见《孙中山藏档选编·辛亥革命前后》，第311页）

北京国务院致孙中山电

（1912年5月30日）

广东都督府转孙中山先生鉴：

大总统交宥电悉。已交交通部迅速电商滇、黔、桂三省都督妥议筹办矣。国务院。卅。印。(北京发)

(翠亨孙中山故居纪念馆藏档;又见《孙中山藏档选编·辛亥革命前后》,第 311 页)

熊希龄复孙中山电

(1912 年 5 月)

敬电悉。报纸谣传,殊非情理。查南京帐,前由支款各署局营队尚未造册送部,以致结算迁延。现承电示,拟将财政部支款总数,日内先行宣布,以副台嘱。至于比款内,并无付先生百万之数。先生持身清洁,人所共知,幸勿介意。

(林增平、周秋光编《熊希龄集》上,第 339 页)

李广琳致孙中山函

(1912 年 5 月)①

法国民国密[秘]密会党人皆欢迎我新政府,故有上书庆贺之举。留法华人入此会者不多,知名者如李煜营[瀛?]、韩汝甲等。法国执事者大半为会中首领,望我孙君勿辞若辈之热心,以成全我中国新政府,则中国幸甚!中国国民幸甚!

李广琳上

Lij 310 Rue de Pelbport

① 本函未署时日。因它写在戈里埃函的同一页信纸下端,故以五月标出。——《孙中山藏档选编·辛亥革命前后》编者注

Bordeaux[①]

（翠亨孙中山故居纪念馆藏档；又见《孙中山藏档选编·辛亥革命前后》，第459～460页）

张永福、林海生等致孙中山函

（1912年4～5月间）[②]

同盟会大总理中山先生钧鉴：

敬禀者：本会宗旨，本以改革政体、保护民生为第一要义。凡属同盟，应如何遵守规律，以巩固治安。讵有不肖会员林激真，竟敢破坏本会宗旨，违抗都督命令，于陈宏萼安抚潮州统一军队之后，突统大兵，雇轮犯汕，迭经都督严电阻止，仍悍然不顾。率致外国兵轮干涉，不得上岸，始迁道由碣石袭惠来，攻潮阳，击杀防兵，诱胁代表。于三月十二号再犯汕头，与梅军曾伯谔、第四军张则通及陈芸生、梁冠三、许雪秋等连合，围攻安抚使署，枪杀潮军无数。旋复击商团，抄商会，毁演说所，毁筹赈所，毁《汉潮报》，毁《图画报》，劫掠由暹回汕侨商，焚福合埕一带店户百余家，购拿总商会总理赖文教、自治会长吴子寿，奸淫妇女，抢劫银庄，生拿平民、剖挖心肝、悬诸竿中、游行街市。种种惨酷，罄笔难书。嗣又暗通驻潮梅军李驾千、彭仲淹等，预蓄火油危险等物，为暗袭潮郡之计。及事机败露，经陈涌波、方云添、孙丹崖等起出一切内应证据。又利用电局梁纪梅、《中华报》林柏举暨谢逸桥、吴金铭等，捏电诬报，播弄是非，鼓动土客风潮，欲激成两州人民恶感，以掩饰其个人抗命犯法之大罪。幸各埠各界函电号救，得蒙都督派吴督办祥达

---

① 中译文为：波尔多市佩尔福尔街三一〇号。——《孙中山藏档选编·辛亥革命前后》编者注

② 本函未署时日，现据函中内容酌定。——《孙中山藏档选编·辛亥革命前后》编者注

驰往查办。乃吴督办到汕，林激真仍抢掠商店，日凡数起，督办绝不过问。今复迫令商家缴纳巨款，始允离潮。夫潮汕遭此次蹂躏，停市累月，居民流离播迁，损失何止千万，疲癃困苦，固已罗掘俱穷。吴督办不能为潮民伸冤，复从而加朘削，朘削不已，甚且筹及留港侨商，欲壑难填。商民悲戚，怨声载道，靡不以林激真之行为，名为民军，实十倍于盗贼。会员如此，诚足为吾党羞。福等为桑梓治安计，为吾党名誉计，且惭且愤，不能已于无言。

伏念先生提倡革命，主张共和，乃潮民未蒙其床［庥］，反受其祸，揆之民生主义，能无慊然。虽林等行为，自属军法制裁。先生今在解职之时，福等似未便强先生以干预，但为全潮人民生命及吾党名誉起见，福等仍恳先生转致都督，秉公严办，以重本党，而救生民，则受其赐者，当不独区区潮汕一隅已也。临颖神昏，无任迫切待命之至。此叩

勋安。伏惟

垂察不备

同盟会会员张永福、林海生、杨祺圃、陈质亭、蔡汉源、柯应理、黄良德、林国英等谨禀

（翠亨孙中山故居纪念馆藏档；又见《孙中山藏档选编·辛亥革命前后》，第515～516页）

袁世凯致孙中山电

（1912年6月1日）

广州孙中山先生鉴：

卅一号电悉。汇业银行呈尚未寄到，已先将尊电交财政部矣。袁世凯。东。印。（北京发）

（翠亨孙中山故居纪念馆藏档；又见《孙中山藏档选编·辛亥革命前后》，第243页）

刘月山致孙中山电

（1912年6月1日）

广州孙中山先生鉴：

丁未河内一别，即回里门，寸筹莫展，地方事今仍复有表面，顽固者多，同志者少。请先生定期西上，电示弟先赴迎，俾地方赖以进行。盼甚。祷甚。旅横县同盟弟刘月山。东。叩。（广西横县发）

（翠亨孙中山故居纪念馆藏档；又见《孙中山藏档选编·辛亥革命前后》，第498页）

熊希龄致孙中山电

（1912年6月2日）

万急。广州孙中山先生鉴：

卅一电敬悉。陈君锦涛汇业银行事，尚未具呈到部。惟龄正在辞职，公文由唐总理代签，尊嘱当为转达。希龄。冬。印。（北京发）

（翠亨孙中山故居纪念馆藏档；又见《孙中山藏档选编·辛亥革命前后》，第244页）

黄兴转袁世凯致孙中山电

（1912年6月4日）

广州孙中山先生鉴：

公担任国民捐总理名义，初三日已代电达袁总统。兹袁复电如下：江电敬悉。顷晤汪精卫，前稔我公南游，福履多豫，深为欣慰。伟论至佩。国民捐章程前已汇交院部速议矣。江多夏燠，诸惟

珍重，不尽依依。袁世凯。支。印。兴敬转。印。（南京发）

（翠亨孙中山故居纪念馆藏档；又见《孙中山藏档选编·辛亥革命前后》，第212页）

北京交通部致孙中山电

（1912年6月4日）

广州孙中山先生鉴：

宥电敬悉，并由唐总理转奉袁总统交到尊电饬交交通部迅速核议。查此事未奉尊电之前，先后由唐总理发下滇、桂两省都督来电，当经电复。其文曰：尊见宏远，极佩荩筹。民国肇兴，办事应规远大，滇桂铁路于商务、国防均关至要，本部岂视为缓图。唯改革以来，财源枯竭，中央行政必须财政清厘，庶政方能次第举办。此案由前邮部派罗国瑞往勘，尚未据复到部。现本部复派钱世禄、顾高显两员前往调查，俟复到再核定办法。贵督于就地筹款筑路有何理策，尚望协同川、黔、桂三省都督筹措，中央再设法维持。幸随时电商。等因。除并电知黔省都督外，查尊电称：如中央未遑顾及，即请授权滇、黔、桂三省都督筹款自办。与本部前电用意颇同。此事关系西南大计画，先生人望攸归，允能就本国中筹款筑路，别有良法，尚乞随时赐教。交通部叩。支。印。（北京发）

（翠亨孙中山故居纪念馆藏档；又见《孙中山藏档选编·辛亥革命前后》，第311～312页）

黄兴转柏文蔚致孙中山电

（1912年6月5日）

广州孙中山先生鉴：

顷柏军长请转致公电，文如下：江电敬悉。国民捐公为总理，

一呼百诺，云集响应，至为敬佩。敝省理应遵电办理，极力提倡，以副盛意。柏文蔚叩。兴转至。微。印。（南京发）

（翠亨孙中山故居纪念馆藏档；又见《孙中山藏档选编·辛亥革命前后》，第212页）

南京国民捐总会致孙中山电

（1912年6月5日）

广州孙中山先生鉴：

东电敬悉，全体欢跃。遵即分电各省。万恳速临主持。国民捐总会。歌。（南京发）

（翠亨孙中山故居纪念馆藏档；又见《孙中山藏档选编·辛亥革命前后》，第213页）

张锡銮致黄兴转孙中山、陆荣廷电

（1912年6月5日）[①]

南京黄留守转孙逸仙先生、桂林陆都督钧鉴：

豪日接孙先生电，并陆都督感电均敬悉。直隶国民捐现正由各团体各机关分投劝募，俟集有成数，再当通告。至进行手续，须定统一章程，由参议院表决通行，协力会筹，期收实效。敝处业于东电通告，谅邀鉴及。来电深表同意，谨以奉复。直隶都督张锡銮。歌。印。（天津发）

（翠亨孙中山故居纪念馆藏档；又见《孙中山藏档选编·辛亥革命前后》，第213页）

---

① 原电无月份。现据电文内容定为六月。——《孙中山藏档选编·辛亥革命前后》编者注

成都法团联合会致孙中山电

（1912 年 6 月 5 日）

广州探投孙中山总理钧鉴：

北省八十余团体成立联合会，援杜政强靖会[①]，并竭全力筹办救国捐。详善办法，盼速惠示。法团联合会干事张知竞、李樵生叩。微。（成都发）

（翠亨孙中山故居纪念馆藏档；又见《孙中山藏档选编·辛亥革命前后》，第 213 页）

熊希龄致孙中山电

（1912 年 6 月 5 日）

广东都督转孙中山先生鉴：

冬电悉。广、肇、潮商款久应归还，以借款未定，致令愆期，甚为抱歉。昨已径复该商，请展缓还期矣。特复。希龄。歌。印。（北京发）

（翠亨孙中山故居纪念馆藏档；又见《孙中山藏档选编·辛亥革命前后》，第 214 页）

马振声、吴天保等致胡汉民、孙中山等电

（1912 年 6 月 5 日收）

广州胡都督、孙先生、总绥靖广阳处、省会、报界：

万急。刻接敝邑沙溪洞民潜绕增城搭广九纷至惨诉，被太平场屈洞望边匪，巢盟魁钟富强等因。迫勒入会不从，遂招聚会匪数

① 此句原文如此。——编者

千，梗围各乡，已焚劫洗掠数村，伤毙无数，势将剿尽全洞，万余生命延喘待救。恳饬飞队解围，免被匪劫踞，祸连更惨。旅港从化工商公所马振声、吴天保等叩。（香港发）

（翠亨孙中山故居纪念馆藏档；又见《孙中山藏档选编·辛亥革命前后》，第544～545页）

李煜堂等致孙中山电

（1912年6月7日）

广州孙中山先生鉴：

电悉。因奉胡督命，急筹百万汇京，明晚能回省就商。敬复。煜、泽、护同叩。虞。（香港发）

（翠亨孙中山故居纪念馆藏档；又见《孙中山藏档选编·辛亥革命前后》，第214页）

北京国务院致孙中山电

（1912年6月8日）

广州都督府转孙中山先生鉴：

维密。鱼电悉。粤绅不识省议会性质，故于胡都督言论任意抗争。到时当论切开导。国务院。庚。印。（北京发）

（翠亨孙中山故居纪念馆藏档；又见《孙中山藏档选编·辛亥革命前后》，第545页）

程鸣煊、欧干廷致胡汉民、孙中山等电

（1912年6月10日收）

广州。分送胡都督，陈、龙军统，海军司、陆军司，广阳军务处、

孙中山先生，报界公会鉴：

香山东乡横门下贼匪猖獗，掳劫迭出。敝圩连日得线报，有匪数伯［百］现在浮墟搜扰，声称不日到南蓢一带行劫。商民惊恐，住户纷迁。乞飞令营县，火速派拨兵轮严密巡守，以保治安。香山四大都南蓢圩商民程鸣煊、欧干廷暨商户五百余家同叩。（香山发）

（翠亨孙中山故居纪念馆藏档；又见《孙中山藏档选编·辛亥革命前后》，第545页）

黄兴转朱瑞致孙中山电

（1912年6月10日）

广州胡都督转孙中山先生鉴：

接杭州第五军长朱瑞电云：南京留守府转前大总统孙鉴：江电敬悉。黄留守提倡国民捐，瑞已招集本军所属各官佐议决：上等官佐每月捐俸十分之三，中等十分之二，初等及额外军官十分之一，从五月份起至九月份止凡五个月，合全军计算可得洋三万五千余元，借为杯水车薪之助，业于五月寒日电黄留守在案。敬悉我公任总理，曷胜欢跃。第五军军长朱瑞叩。微。谨代转。黄兴叩。蒸。印。（南京发）

（翠亨孙中山故居纪念馆藏档；又见《孙中山藏档选编·辛亥革命前后》，第214页）

陈景华致孙中山函

（1912年6月11日）

中山先生：

《中国日报》为先生之所创办，厥后资本不继，深赖各埠同志合力扶助，始延而至于今。景华本无资本，然运动而扶助之者亦为数不赀。讵近日迁至省城以来，卢信君既无暇理此笔墨生涯，而委之无所谓之人，其中有不得官而怏怏者有之。近且据以为反对政府之机关，如王和顺之乱，亦是王而非政府。近者两次省会纠举都督，固表同情；而景华宣布代议士之罪状，独《中国〈日〉报》不肯登载。甘为省会之机关，大失吾党扶植该报之本意。似此流毒广东，吾党办报之名誉遂扫地以尽。商界且因其反对政府而抵制之。如此则该报万无起色之日，可断言之也。请先生直接干涉之，即派妥人以任其事，以保全《中国日报》原始之名誉，免为政界所干涉，并保全各同志之资本，幸甚。

景华上　一、六、十一

（翠亨孙中山故居纪念馆藏档；又见《孙中山藏档选编·辛亥革命前后》，第 352～353 页）

南京各省联合总会致孙中山电

（1912 年 6 月 11 日）

广州。孙中山先生鉴：

党见纷歧，国亡旦夕。同人组织各省联合总会，化除省界，联络感情，业已成立。投票公举先生为正会长，王芝祥君为副会长。乞速莅任，以慰众望。南京各省联合会。真。（南京发）

（翠亨孙中山故居纪念馆藏档；又见《孙中山藏档选编·辛亥革命前后》，第 405 页）

陆荣廷致袁世凯、孙中山等电

（1912 年 6 月 25 日）

大总统、参议院、国务院、财政部、鄂黎副总统、宁黄克强先生、粤孙中山先生、各都督均鉴：

近以国库如洗，势难终日，各省解款，用事维持，桂省勉从其后，筹汇二十万元，明知涓埃奚补，惟尽力所能及。窃以财政困难，各省大略从同，事不内外统筹，终至同归于尽。中央每月支出数达一千万元，此次各省所解即足敷支月余，过此以还，何从设法？借债尤非至计，劝捐奚以为常，后此半涂，惧益倾险。当此存亡呼吸，国事艰难，术虽补苴，主求适用，现廷愚见，窃以为不若将此次解款悉做为准备金，发行不换纸币，而以比例准备法施之，现金一千万即可发行二千万，藉以救目前危急，亦以立统一财政基础。电难详述，请言其略。各省纸币久已通行，若军用票延期，近更相率仿用，而商民帖然，良由爱国，是非可强。然甲省纸币不能流通于乙省，金融仍不活动，商务因而阻碍，岂曰便民？如纸币由中央发行，各省一律行用，各省现行纸币并即停发，嗣后所发纸币即由各省筹备比例准备金，向中央领取。如仍难流通，则下令纳税完粮，非此不用，一元以上，皆用纸币。更为之限制其汇兑，别设通商银行于中外各埠，由政府联合富商华侨集股开办。查华洋贸易，其汇兑之利益久为外国银行垄断，我自组织，利不外溢，公私乐从，当易集事。如此通筹，则内外足以相维，盈虚复操自我，而统一财政又得以有其根基，将来改良币制，亦得易于着手。管窥之愚，是否有当，伏冀裁择而教诲之。桂都督陆荣廷叩。有。印。（《桂林陆都督致大总统暨参议院等电》）

（《政府公报》第七十六号，1912年7月15日，“公电”）

陈长龄呈孙中山黄埔厂坞设计意见书

（1912年4~6月）①

中山先生钧鉴：

① 原件未署时日。因该件为孙中山在广州居留期间呈交，起讫月份即据此标出。——《孙中山藏档选编·辛亥革命前后》编者注

前清之末，庶政日非，海军一事，视若疣赘。船厂、军港，无者不思建设，有者任其颓废，目睹情状，实足痛心。幸而先生扫除专制，手创民国，于回粤之初，及首倡扩张黄埔船局，振兴造船事业。闻信之下，欣忭莫名。自忖向之所怀，得如先生其人而奉告之，驯致斯业之成，诚为万幸。所恨病体未复，不获即时驰粤，面陈一切。无已，强策弱躯，仓卒拟草，未能尽意，聊以寸见略表微忱而已。

窃按黄埔船坞有三：曰哥巴石坞，曰菉顺石坞，曰南利土坞。三坞原为洋商所有，三十年前划归官有。张之洞至粤时，略加修葺，曾造广金、广玉等船。谭钟麟入粤，工程停废嗣租与大光公司，改为官督商办。因当时合约载有不得修理悬外国旗之商船，承办者受此限制，营业不便。且菉顺坞闸渗漏不堪，屡修不能令浮，该坞遂归于无用。八年前商人请仍归官办，乃复为官有。其时哥巴船坞两重坞闸均已朽烂，坞内泥积甚深，坞口港道久已污塞，附属厂屋机器多已锈坏。当时只得择尚可修整应用者，于菉顺坞左设一小厂，移置其间，以备修船、修机之用。菉顺坞内泥亦厚积，坞闸不能浮水，嗣经设法堵塞，购德国旋转抽水机抽去污水，而闸乃浮。菉顺石坞遂复可用，而哥巴则废置如故也。今若扩张黄埔造船事业，厥有二道：一、先就船坞局加以改良，以供修理现有各舰之用，此事不难立举；一、就黄埔另择良地建设工厂，以为造船之用，略备规模，足制三千吨以下之军舰。前者约须用三十余万两，后者工程浩繁，非经实地调查不敢臆测。谨就所拟办法敬陈大要如下：

拟改良船坞办法

一、菉顺坞闸宜改为铁制，以期经久。查原有坞闸，外皮系木质，间于潮平潮落两线处，时干时湿，最易朽坏，屡经震动，驯致松裂。以故闸内不敢设蒸汽抽水机，以促其速坏。若改为铁制，闸内可安蒸汽抽水机，运用既便，坞闸且能经久。

一、菉顺石坞可向后开拓，使坞身加长，能修巡洋舰吃水深至十六七英尺如海筹、海容、海琛者。惟后面靠山，开辟不易，须费巨款，方能集事。

一、宜添购浚渫船一艘，以便按时挖深各坞口。盖菉顺坞口潮流甚缓，坞地固佳，惟易于积泥。故每值有船进坞时，必先将坞口挖深，方可合用。平时坞口积泥常高于坞底，临时所挖之泥仅坞口中央一部分，两旁泥仍高积，旋即堆落挖处。每遇修船在坞过久，出坞时仍须疏通坞口，颇费周折。若备有浚渫船，则可无斯弊。

一、菉顺坞左抽水机，宜配加大旋转抽水机，则马力机锅炉亦须添配，旧有者可移置他处。

一、菉顺坞左宜安起重机一架，以便就近起卸锅炉等件。其笨重者，则在哥巴坞右人字架下起卸。

一、菉顺坞旁原有机厂一所，过于迫狭，修船工程不能迅速，宜增建厂屋，添配机器，以便进行。

一、小机厂之左方原有铁构锅炉厂一座，宜添配小打铁机器、锅炉等，以期完备。更左向尚有新填余地，可为增设铸铁及大打铁各厂之基址。

一、南利土坞之右、水师学堂之左有一小艇停泊之处，以之改建土坞一座，可与南利土坞同收效果。坞旁应设抽水机一架，即以菉顺坞旁旧有抽水机移用。

一、沿江宜添建大小房屋，以备修船时船员寄宿之所。

一、船局公所左旁地址宜建楼房一所，以备本局绘图办公之用。

一、船局公所后面靠山一带，可添建工匠寄宿所。

拟建设造船厂办法

一、将鱼雷艇台基改为船台（理由另详）。该处为黄埔沿岸最广阔之地段，地基尚称坚实，将来加以工作，就该处制成船壳，进水当可无虞。其后面左方尚多平矿之地，可以附设各厂。但旧有天后宫宜移置他处，以便展拓。

一、船台后面宜设制船钢铁厂。现制钢壳之船，船壳工程多出该厂，故宜附近船台，以便转运。

一、船台之左宜设地枰船图并样板房，附近制船钢铁厂，以便随时校对。旧有汕板楼应行拆毁，以便交通。

一、制船钢铁厂之右宜设轮机厂并合拢厂。其右宜设锅炉厂，更右设模子木厂。轮机厂之背设铸铁厂，其左设截铁厂、其右设打铁厂，更右设帆缆厂。轮机、锅炉两厂之间设一总锅炉，发生蒸汽力，分给轮机、锅炉、铸铁三厂（略图参照①）。

一、鱼雷局码头旧有之水枰宜拓大，配用能起六十顿重之起重水力机。下设轨道，左绕两线：一经船台右边，而达制船钢铁厂；一经旧鱼雷厂之前，旁通各厂及钢铁储积所。如此环绕各厂，转运自便。余线由水枰之右，达料件储积所。

一、原有鱼雷局楼房后面工匠住所，宜向后展拓，改为钢铁储积所，以便钢铁、锅炉各厂就近取用。

一、办公所左方原有之鱼雷厂、鱼雷库，仍留为贮藏旧有鱼雷及随时修理鱼雷用，就近附隶造船厂。

一、鱼雷厂之左原有厂屋一所，可为油料支给所。

一、办公所之右原有居住艺徒及贮水雷局电机之所，宜改为料件储积所。水雷、电机等件可移贮哥巴坞旁水雷库。

一、鱼雷药库左边附近宜设绘图房及厂员住宿处各一所。

一、鱼雷药库宜移他处，以迫近新厂恐有不测。原有洋楼可留为厂长住所。

一、鱼雷药库左边宜建工匠住所。

一、厂用煤炭宜于厂后近水之处设场堆积，起卸即易，亦便于

① 原附有《造船厂设计略图》。图略。——编者

供给各厂。

一、哥巴坞左边旧厂基址宜设木料亭，以便贮积木料，干燥后应用。

一、由哥巴坞口搭木桥，俾自人字架所起木料，可以运往木料亭。此就不修哥巴坞而言。如修该坞，则坞闸上须安配活动木板，以便转运。

附：鱼雷台可废之理由

该局所有雷龙、雷虎两号双雷艇，曾经叠次大修，本质已损。雷虎自被商船冲撞之后，受损尤甚。其余雷中、雷乾、雷坤、雷离、雷艮、雷震、雷坎、雷兑、雷巽九号单雷艇，久充缉捕差使，船身、机器锈蚀松坏，屡经修整，已失其本来利用，速率仅及原有之半。以上十一艇，除雷龙尚有不时操演外，其余均历久未经演放，压气机等件俱不合用，若未察以上实情，强将各艇配雷应用，必致误事。故以雷艇性质而论，以上十一艇应在剔废之列。惟以之充缉捕之用，速率尚较他船为捷。然原质薄弱，将来必有达于无可修整之点。故原备修艇台基，可改建大船台，以供新造船身之用。

若虑此台改为别用，倘前十一艇于未废之先尚欲修整应用，岂不顿失其原有位置；孰知南利土坞尽可供修以上各艇，此雷龙、雷虎两艇历办已然之成法也。且近来鱼雷形式迥与昔殊，雷艇制法已大变更，将来新制雷艇，旧台基当不适用，亦不合更制旧式雷艇以装配旧藏鱼雷，则此台之废似不必更加顾惜。然则该局所藏鱼雷将次百颗，尽归于无用乎？是又不然。可以另制守口鱼雷艇数艘，但要船身坚固，速率不必求多，将旧式鱼雷装配其中，可与守口炮台互相援助。改攻为守，亦化无用为有用之一道也。

陈长龄谨上

（翠亨孙中山故居纪念馆藏档；又见《孙中山藏档选编·辛亥革命前后》，第251~255页）

陈警天呈孙中山论广东弭盗之法折

（1912 年 4 ~6 月间）[①]

仰光机关兼云南矿政代表陈警天呈电中山总理、大总统钧鉴：

为入滇实行目的已达，由黔、蜀回粤无片净土，条陈弭盗之法，约有四标、五本，以抒管见事：切［窃？］以粤省开通，固各省让以先登；而盗贼纵横，亦邻省推为独步。谚曰：饱暖思淫欲，饥寒发盗心。不知此说，论之他省则然，论之粤省则有然有不然。他省之盗，确贫而无赖。粤省之盗，军械则无烟枪，出入则乘舆马，锦衣绣食，酒楼妓馆，喝雉呼卢，半皆其侣。推原其故，下四府之盗由于惰，上六府之盗始于奢。粤之盗者，即我之同胞也。以满虏之淫威摧残，尚有宁岁之日，反以共和之功成局定，民无立足之时。是共和之善，革命者人争归功；共和之不善，革命者人争归罪。黎副总统三危十害之言，非过为耸听也。吾谓既担任实行，当成功者固不必过为尊崇，尽义务者亦不必太为高尚。当日三民之约，今日所达目的者不过民族之一也，而于民权、民生则为之变本而加厉焉。此有心同盟者，所为痛哭而流涕也。今日之所谓民权者，正暴民得志之时也。民生不知俟之何矣。何以见之？黔、蜀则公口、山堂，两粤则洪门、三点，百货滞运，民不聊生。军队比之前日而形色，兵械较之昔时而更备，盗贼则比之从前而更多者，何也？无他，成功之速故也。当未成功之始，凡所谓运动、造谣、暗杀，其种种破坏进行之方针，不论智愚贤不肖，倘有一稍知流血主义者，皆罗收之，一以排斥满虏为目的。孰知汉阳一役，不数月而共和局成，是前日所收之为破坏者，今日反以之为建设焉。此流血所为见于共和之后也。如小儿煨芋，

① 原件未署时日。末段提及于孙中山回粤时呈递，现所标时间为孙居粤起止月份。——《孙中山藏档选编·辛亥革命前后》编者注

然方芋之未熟也，争罗阛阓之草而堆积之，及芋一熟，其草而不为地方之滋蔓者几希。况此反正之始，改正易服，种种变制，裁兵之流为流勇既多，失业之流为游民亦不少。其□其□，系于苞桑，非今日当道者之责乎。

以今日之势论之，治盗者固当急则治其标；而养民之气，又必当从其本。所谓标之有四者何？一、统兵制以去营见。本省除都督以外，以海、陆军两司令统其成，各军营名号一律取消。不致一统领立一军名字，一营长立一营名字，致生营界意见。均以一定之名字标数营、数队、数编号，认真选练、梭巡，分段驻扎。此统兵制以去营见者一也。一、并游击以归警察。选曾在警察、陆军毕者，充当其长官。如现在各埠、圩、镇所设之游击队，坐地筹饷，该队不特不能为地方保治安，实治安之害皆由此起。何也？该队长、排长多是绿林之客、三点之徒，其无治民之学识固不待言，更假之以威权，如虎添翼，以纵其平日丧良暴酷之欲壑，拜会收规，碻磕商民，无所不至。此荆棘满途，民政长所为不敢言，穷民所为无告者也。此并游击以归警察者二也。一、广演说以开民智。如今日所谓共和、平等、自由者，此皆吾人所倡，破专制而开千古中原未有之局也。不知此义非有真革之资格、学识，不能知此，而下流社会更无论也。即本会同盟者，一时风声所及，何止数十万千，其于此义了了者实居少数。先组织一营演说队，编以军律，并将共和、自由、平等以及三民主义编成篇帙，如伪清之圣谕然，分散各埠镇城市地方，说明斯义乃从法律中来。兼劝各乡埠市镇多设演说社，言论一致，发明斯旨。若不急为倡明，世风误会所趋，其流祸不可胜言。如英美各国之人民，如此资格，如此程度，虽至小之埠，演说林立，报馆遍地，概可想见。此广演说以开民智者三也。一、严办匪首以警胁从。如现时之盗贼填塞内地，行商裹足，华侨灰心，若不严办，不特不能成共和之国，直成一匪党之国矣。语曰：与其水之可狎而易溺，不若火之可畏而自竞。此虽非通论，而于人民程度未足时代，不可不斟酌而行之也。此严办匪首以警胁从者四也。

所谓其本有五者，何也？一，强迫实业股以复民生。其强迫之法，非以刑威，而以法律。如报各府州县之户口册，与各人民之有五千金动产与不动产者，伪清政府经已实行，汇报在案。今日更为拓充之：并有千金动产与不动产者，将前之册饬各府州县汇齐，调查出示，限报缴呈。凡已报者，一律发军政府保护票，注明籍贯为据。如五千金至一千金动产与不动产者，限报实业股五元；如无五千金至一千金者，限报实业股一元。多报者予以奖励。各股数开局征收，限期缴截，汇交财政司。一切呈诉词讼禀件，须有实业股名字方得投递。孤儿寡妇不在此例。如本人无股，须以他股名字签押，方准投递。该实业股银，作为民国公产，专办国民公益实业之事，人人得以有份，人人得以保卫。如此实行，一年之间，以广东一方面虽不完全人数，以三成人数计之，可逾千万以外。此强迫实业股以复民生者一也。一、拓习艺所以安插游民。凡民无恒产，则无恒心。各府州县须多设游民习艺所，每县城必添一所，乡下多设更佳。其教习、校长，必须无论在中西工艺毕业充当。劝办实业，兴办之初，国民公产未能遽集，先从殷商社会、银行、华侨公司等，或捐助，或垫借，拨款暂行开办。此拓习所以安插游民者二也。一、振农务以优产业。我同胞因前日伪清无保民之法，遂宁往外洋种植、畜牧，任他人之奴隶。现中国地方，土自为旷，人自为游，两相弃利，辗转为盗，目击心伤。此振农务以优产业者三也。一、兴矿务以足财源。现中国之矿，甲于全球。山西之煤，云南之五金，外人之所流涎，中国之所唾弃。不明斯利，苟于自安，货弃于地，为万国笑。倘矿务一兴，其容纳游民者何止数万，上可富国，下可利民。此兴矿务以足财源者四也。一、重民团以保治安。民团者，补警察之所不及，与陆军相辅而行者也。各属之所谓民团者，不可有名无实，徒拥虚名，必示以团制，饬其认真团练。使有团而无练，则民不知兵；有练而无团，则民多械斗。就地方户口册编成保甲，分别良莠，团长、队长、排长编成军制，农隙出队训练，时时演说，发明三民主义，举乡中之干练有学识者充当其长。此重民团以保治安者五也。当此初复时代，以四千余年之政治学说为之一变，亦非一朝一夕之故遽达大同之目的，若不从标、本上认真办理，东捕西窜，悠悠无期，吾恐祸靡有极也。我总统回粤，治安之策自有权衡，毋庸浇渎。惟敝代表亦有国民义务一份子，识见卑劣，徒妄杞忧，所有四标、五本之鄙见，或亦言多偶中，戢盗风于万一也。倘不以驽骀见弃，愿长舍身以服从义务。缮折条陈，可否有当，乞赐复示。诸希垂鉴。

（翠亨孙中山故居纪念馆藏档；《孙中山藏档选编·辛亥革命前后》，第530~534页）

章太炎致孙中山函

（1912年7月17日）

报馆有闻必录，传言失实，本属常事，不必介怀。

瑾瑜微瑕，岂足以累盛德；味莼园之谤，奚尝损克强毫末载[哉？]。（黄在上海味莼园曾遭毕某之辱。）

公能作一二公正事以悦众心，则不难立白于天下。

（《章太炎书信集》，第423页）

熊希龄致陈其美转孙中山电

（1912年7月18日）

上海陈都督转孙中山先生鉴：

南京政府收支各款，业经造具清册，于龄交代前咨送国务院，日内即可公布，特闻。希龄。巧。

（《熊希龄先生遗稿》，第375页）

上海中华民国铁道协会致孙中山函

（1912 年 7 月 18 日）[①]

中山先生大鉴：

敬肃者：本会前举柳、魏二君晋谒台端，祗聆大教，感佩无已。嗣经本会开评议会，佥谓本会事大力薄，非借声望卓越者为之主持，难期发达。旋于十七日召集各会员开改选职员大会，经众票举先生为会长，黄克强先生为副会长，此外各职员另表附呈。正拟奉阅，又接贵处来函关洽一切，兹特公推柳大年、张通典二君前来代表欢迎。谨择于二十二日午后二时开欢迎会于靶子路扆虹园，务恳惠临，俾得商榷本会进行之方针，而图异日铁道之发展。同人等不胜盼祷之至。敬请

伟安

中华民国铁道协会同人公启　十八日

（翠亨孙中山故居纪念馆藏档；《孙中山藏档选编·辛亥革命前后》，第 312～313 页）

胡瑛致袁世凯、孙中山等电

（1912 年 7 月 31 日）

大总统、参议院、国务总理、各部总次长、《东大陆》、《国风》、《国光》、《中央亚细亚》各报，天津《民意》、《天民报》，武昌副总统、《大中华日报》，上海孙中山先生、黄克强先生、《民立》、

① 中华民国铁道协会原为南京临时政府所发起组织。孙中山已于六月二十二日自广州抵达上海。本函未署月份，据函中所列十七日改选职员、二十二日开欢迎会均在七月，可知发函亦在同月。——《孙中山藏档选编·辛亥革命前后》编者注

《神州》、《东大陆》、《天铎》、《太平洋》、《时报》、《申报》、《新闻报》、《时事》、《大共和》、《民强》、《启民报》，南京《中华民报》、广东《中国日报》钧鉴：

瑛以久系囹圄之身，自去秋武汉倡义，始免禁锢，继赞共和，形神交瘁，智力久枯。原拟大局稍定，即行归侍萱帏，乃奉孙前总统任命，北方同志推举，督师东鲁，羽檄纷驰，敦促戒途，辞不获已。受命于戎马倥偬之际，竭忠于南北统一之谋，仓皇出师，暂驻芝罘。适省会官民水火，新旧龃龉，乞师求救，飞章盈尺。惟以芝罘民军屡更节钺，商民荡析，闾里震惊，何忍操同室之干戈，兵燹馀黎，再罹洪劫。乃委曲调停，幸免决裂。嗣经迭请大总统另简贤能，筹谋统一，旋庆新督得人，芝罘久应归并。惟以四方义旅，麇集一隅，不筹善后之方，必贻地方之害。旁皇中夜，请命北行，待至垫款之用途确实，裁兵之计画告成，又值内阁动摇，党争剧烈，调停奔走，久系归航。昨始离都返烟，清厘残局。现准本日取消督府，解职南旋。念自莅烟迄今，时逾半岁，举鼎覆悚，忧劳日深。兹幸弥缝驽钝，聊释愆尤，敢以临去之身，再效刍荛之贡。窃以共和告成，政局屡变，中央徒拥统一之虚名，地方犹存分离之事实，健全之政府未立，适当之政策未行，对内既组织不完，对外自信用不固。近且协约、联盟风云四起，瓜分之机如张劲弓。盖自内阁倾覆，国家际于无政府之下者，已及兼旬，虽然太平无事，且为乱阶，况存亡呼吸有如今日，推原事始，党员多逞一人之意气，排击异己之进行，攻讦倾轧，举国若狂。于是贤哲趋于消极，各怀高蹈远隐之心；佥壬得以横行，克遂飞扬跋扈之志。后患愈多，国危益急。夫以一国之存亡，较诸一党之胜负，孰轻孰重，愚夫所知。况一事之胜利，原不足为一党之荣；一时之失败，原不足为一党之辱。各党领袖诸公，或为缔造民国之英俊，或为富有学养之名贤，务祈各蠲小争，共扶大局，维持己党之统一，倡导各党之提携，挈领提纲，同舟共济，庶挽国命于将倾，且垂宏规于永久。瑛行能无似，肝胆犹存，心所谓危，不敢不告，临颖泣血，神与电驰。胡瑛

叩。卅一。印。（《烟台胡瑛致大总统暨参议院等电》）

（《政府公报》第九十七号，1912年8月5日，“公电”）

刘冠雄致孙中山函

（1912年8月3日）

中山先生台鉴：

拜别以来，倏逾数月，驰系之隐，无日或忘。抵京后因公务坌集，未克时修笺简，上叩起居，至为歉然，想大度汪洋，必不拘此形迹也。近幸部务已有头绪，内阁亦已成立，民情安谧，足慰远垂。非得先生暗为维持，恐未易复此秩序。托庇之下，佩慰无似。

报登先生足迹所致［至］，夹道聚观，倒屣恐后，固由吾民爱戴之诚，亦先生德威足以致之也。兹闻大旆将次莅北，袁大总统饬本部派海琛在上海伺应，并派程克、蓝建枢前来奉迓。都中各界亦均预备欢迎。冠雄因事羁身，未克躬与负弩之列，特泐此函，借表欢忱。尚有许多就正之事，俟台从抵都日，再行一一求教也。专泐。祇请

台安

刘冠雄谨肃　八月初三日

（翠亨孙中山故居纪念馆藏档；又见《孙中山藏档选编·辛亥革命前后》，第499页）

汪精卫致孙中山函

（1912年8月9日）

先生赐鉴：

顷接来示，敬悉一切。

弟平日自恨不通欧文，于世界科学真理，茫乎不知其畔岸。前当破坏时代，或不必须精深之学术始能胜任。今则非其伦矣，政体已定共和，而弟所受之学说则日本君主立宪国学者之言也。吾党方提倡民生主义，而弟于此学殊无所闻知，逆计将来出而任事，不为国家福也。现时弟所有者只社会上之虚名，此等虚名，自误误人，不可久尸。故弟求学之念至坚，而不可摇。前此所忧在无资斧，幸得李君石曾相助，始得成行。到巴黎后，尚望得官费数年，以遂其志。现时先生宜用学成之人，以资辅弼。若念弟数共艰难，心术无他，欲仍使侍左右者，则请俟弟学成之后，届时或更有裨于先生也。此事弟已筹之至熟，若不得师友之同意，惟有潜踪以赴，如前数年欲为暗杀时。故望先生暨克兄、展兄见原也。手此，敬颂

大安

弟兆铭敬泐　八月九号

克兄均此。

（翠亨孙中山故居纪念馆藏档；又见《孙中山藏档选编·辛亥革命前后》，第625页）

马云骧等上孙中山书

（1912年9月）

京津同盟会会员马云骧、屈启龙、梁作祯、罗廷钦、南京支部、民族大同会会员周震勋、吴鉴等谨上书。

中山先生钧座：

窃维非常之功，必待非常之人，此二语发现于吾国载籍中已数千年来，吾国之人崇拜英雄者每乐道之。今欲以拟诸我中山先生，终觉其不肖者，诚以此二语乃主狭义言之，而非主广义言之也；分一时代言之，而非合上下数千年言之也。云骧曾以此意质诸震勋，

亦以为然。震勋遂为之续以二语曰：非常之人，乃能竟非常之功。今请得申其说：先生海外经营二十余载，卒能造成民国，建设共和，扫专制之淫威，雪祖国之国耻，为吾国数千年来之国家别开生面、数千年来之历史大放光明，此诚所谓非常之功，必待非常之人矣。而先生之意不谓然也，以为吾之所以竭吾脑血，尽吾心力，艰难险阻二十余年，以造成共和之民国者，诚欲为吾民谋真正之幸福耳。今民国虽成，基础虽固，而环顾吾民生齿日繁，生计日蹙，困穷扼抑，救死不赡，此无他，实业不兴故也。顾实业不能振兴，即真正幸福无由自至，而吾造成民国之功仍未竟也。于是解职总统，投身社会，苦口婆心，随处演说，欲以唤起吾民实业之思想，振起吾民实业之精神，因以发展吾民经济之能力，以求吾民真正之幸福，要使四万万里四万万人同为席丰履厚之境，共乐持盈保泰之天，夫而后先生造成民国之心始得踌躇而满志也。此即震勋所谓非常之人能竟非常之功者。舍先生其孰能当之。

云骧等于十数年前在满清时代即经营实业，徒以处于专制政体之下，障碍实多，所有条陈管见，皆被抑扼。今幸民国告成，共和克建，我先生提倡实业不遗余力，此云骧等所宜欢欣鼓舞、急起直追者也。云骧等同志不下百余人，皆系绅、商、学各界，首先发起金沙江航业、实业两公司之组织，其次为海岸、河堤两森林之创设，共计条陈四件。如果照办，利赖无穷，从此实业振兴，而国防因以巩固，且于民国国家统一政策尤不无裨益。云骧等已将各条陈正式具呈国务院，请交部核办。先生提倡实业，煞费苦心，谨将原呈照缮四份，邮呈钧鉴。伏乞先生鼎力赞成，俾达目的，不独为云骧同志等幸，实为数省实业幸；抑不独为数省实业幸，实为吾全国实业之前途幸。专肃布陈，伏维

伟鉴

云骧等谨上　民国元年九月　日呈

（翠亨孙中山故居纪念馆藏档；又见《孙中山藏档选编·辛亥革命前后》，第224～225页）

李亚（乔治·布朗生·雷）致孙中山函

（1912 年 9 月 13 日）

尊敬的孙：

W. H. 端纳先生除了他作为《纽约先驱报》特派记者的工作外，已以《远东评论》记者的身份加盟于我。我想现在我俩能更多地帮助促进您的铁路计划，恰当地将其介绍给世界银行家们。您需要有若干强有力、独立、勇敢、权威的金融和半技术性杂志作为您的组织的一部分以吸引资金到中国铁路方面，您还需要一份友好的同情中国的、文章有威望的报纸来增强实力。您不要这种宣传也行，但您在国外的经历告诉您；如果您背后有一个正式机构代表您的观点，回答您着手工作后随之而来的众多的批评与政治游说，那么，成功的机会会增加，您的工作会很顺利。

在实施您的计划时，有三个方面的情况。首先，中国及其利益。其次，各国列强的利益，或表现在条约、贷款协定上，或表现于在中国可以不经他们允许就建铁路的地方擅自越权指令的特权。第三，银行家或提供资金者的经济利益。

为了以切实的计划获得一个良好的能够克服政治干预的公众舆论，并从银行家或建筑辛迪加处获得最佳可能的条件，您这一边必须有一个强有力的宣传工具机智地以同情的态度为您冲锋陷阵以达于成功。

这个月我们正在发行一个《远东评论》的铁路问题专号。现在我们正着手收集资料准备另一期中国铁路的特别专号，我们希望能在明年初出版。但如您听从我的建议把《远东评论》作为您在铁路计划方面的正式机构，我们就能尽可能快地出版它，以立即将它公之于世界。

《远东评论》是公认的有关中国和远东铁路问题的权威，我们希望加入您发展中国未来的铁路事业。

我曾请端纳先生告诉您此事，我相信您会考虑的，并感到我们会尽全力实现您的计划。这值得我如此。

此致

敬礼，并祝成功

乔治·布朗生·雷谨志

（《临时大总统和他的支持者》，第76～77页）

帕勒塔致孙中山、黄兴电

（1912年9月18日）[①]

北京孙逸仙先生、黄克强先生鉴：

久耳鸿名，未亲尘教，北死僻处，仰好良殷。兹敬恳者：阿尔盛为西北紧要门户，内集犷哈，外郏强邻。蒙古、如皓、梁洹、土尔扈特等部落又复疲弱万分。平昔筹防筹抚，兵微械少，已属自顾不遑，然恒有存储城工经费十九万余偪，尚可勉力支持。乃自库伦独立，新、伊多事以来，谊重唇齿，未敢遽分畛域，筹拨塔尔巴哈台、科布多两城急切要需至十七万两之多，并先后抽拨军队出防乌纳木河及遵令游应科城，垫发行军经费数万，而本营下半年部饷至今尚未出库。现囤科城沦陷，河防吃紧，电应大总统恩准，拨新、伊军队十营来援，日内将次到齐，亟须乘晁进取。除鞬军月支饷乾雒费，应请中央政府另筹专款接济外，所有本营应需亟授开支，及目前筹备粮料、军装、转运等事，撙为瘛核函，非月需三四万金不可。兵多客籍，饥溃堪虞，加以寒苦边徼，毫发毫无，一发千钧，异常危迫。即军械一项，缺少甚如，迭向新、伊通融，得复均成画趵。不悌已电蒙大总统允准，由部拨运阿料、饷械两事，数接驻京委员报告，尚无如数饬领。褅信闻之，令人陡增忧惧。素悉两公热

① 此电文字错误极多，无法校明，兹暂照录。——编者

心国事，注意边陲，用敢电恳大力维持。俯念嘶项铺械，实为鉴营撇亡命脉所系，设再拨发愆期，鉴有蹉跌，心致煽动，新疆糜烂，西北大局铸九帘错，贻全国忧。迅赏呈明大总统暨措商陆军、财政两总长，实地顾全，准将阿营迭次文电恳拨经费三十二万余两暨应需枪弹等件如数筹拨，俾得早日分别汇兑、运送，并乞先行赐复，以固军心。将来转危为安，阿属蒙、哈边民十数万生灵同享幸福，饮水思源，皆我两公之所赐也。不监缕缕，统祈鉴察是幸。帕效场。啸。印。（阿尔泰发）

（翠亨孙中山故居纪念馆藏档；又见《孙中山藏档选编·辛亥革命前后》，第 607～608 页）

高尔基致孙中山的信

（1912 年 10 月 28 日，写于意大利卡普里岛）

尊敬的孙中山：

我，一个俄国人，也和您一样，为同一个思想而奋斗。不管这些思想在哪里获得胜利，我都和您一样，为其胜利而感到欢欣鼓舞。祝您的事业成绩辉煌。全世界所有正直的人都怀着关切、喜悦和敬佩的心情注视您的事业，中国的格尔库列斯。

我们，俄国人，追求的正是您已经做到的事业。我们与您心心相印，志同道合。可是俄国政府及其奴仆却使俄国人民与中国人民为敌。

我们，社会主义者，笃信全世界现在和将来都能够和睦相处。我们岂能容许那些贪婪愚蠢的人去助长种族仇恨，从而在社会主义的道路上造出一堵愚昧而坚硬的大墙？

相反，对于我们的敌人，对于那些世界上一切美好事物的敌人，对于那些妄图一手遮天，以便为所欲为去干卑污自私勾当——把怨仇撒向人间行施压迫的人——对于这些人，我们将竭尽全力粉碎他们的恶毒用心。

我们，社会主义者，必须尽可能宣传这样一个思想：世界上存在敌对的政府，但是不存在由统治阶级的贪欲而引起的平民百姓间的敌对情绪。

尊敬的孙中山，今函请您撰文一篇，题目是中国人民对全欧资本的侵略行径，特别是对俄国资本家和政府的侵略行径持何态度？他们干了哪些勾当？贵国人民又是如何回敬他们的？

倘使您无暇亲自秉笔，请委托友人代写，由您过目。希望您使用某一种欧洲语言，按照我的地址寄来即可。

万望您玉成此事。因为必须让俄国人根据正直的中国人的介绍去了解中国的复兴，而不能听信为资本利益效劳的欧洲记者。

我知道您在《社会主义运动》上刊出的那篇文章，读过您的笔记，对您深为敬仰，相信您会欣然答应我之请。

M. 高尔基①

（《辛亥革命前后孙中山与俄国革命者》附录，《近代中国》第 16 辑，第 94～95 页）

汉冶萍公司董事会上孙中山书节略

（1912 年 11 月 6 日）

敬略者：顷承先生交阅萍邑绅民黎景淑等手折，其于萍矿事实多凭臆说，谨将实在情形及确切理由，为先生缕晰陈之。

查萍矿煤焦为汉厂炼铁要需，进行利钝即铁厂成败所关，开办之始，购机筑路，工要费繁，预掷巨资，徐收成效。深虑中国商情向多见小利而忘大局，见萍矿经营有绪，遂别立公司，纷树敌帜，

① 《高尔基全集》第 29 卷，第 275～276 页。1937 年高尔基逝世一周年时译载于《中苏文化》第 2 卷第 8 期，但译文略有删节。——译者李玉贞原注

以图破坏。前清光绪二十四年曾由鄂督张之洞禀准，不准另立公司，以杜流弊，并援照湖南禀定章程，仿开平成案，大矿用机器开采者，依脉十里内，小窿用人力开采者，依脉三里内，无论何人之业，均不准另开窿口，十里三里均系指定一窿起算，不得游移，历经照办在案。迨前清光绪二十九年七月据萍乡保安公庄绅商文国华、黄显章等三十余人联名公呈，以庚子一乱，银根奇紧，公议将附近土井数十口，请由萍局收并，比时敝公司当商本拮据之时，勉徇其请，优给价银二十余万元，该绅商呈内有云，此次各井归并，幸蒙酌给价值，否则竟有不了之势，并经声明，归并之后，无论其井为萍局停挖与否，均不得混入三里界内开挖，复经萍局派员会同县委，邀同公庄绅首黄显章等，及各井坐落各该处绅耆，周历遍查，一律愿守土窿三里以内不得阑入之约，造册移县立案。即开办之初，该地有土炉炼焦之广泰福商号，自以资本不继，势将倒闭，再三与敝公司情商，由敝公司筹银五万余两价购，亦属有案可稽。原折谓广泰福事，则曰攘夺，谓公庄事，则曰陷害，天下固无有授巨资于人，而转目之为攘夺陷害之理者也。各井既由重价收买，其井停挖与否，不得阑入界内重开，本为物主所有权，且系商业契约性质，政体虽经改革，而契约信用不能消灭，此亦公理之不可掩者。

查前清矿章颁发于光绪三十三年，已在萍矿成立之后，然查第九章第四十九款载明，每资本二万两领地一方里，如著有成效，须特别推广，不在此例等语。计萍矿资本一千一百四十一万余两，应领五百七十余方里，核计现时矿界，尚未及额。民国矿章未定以前，前清法律章程，俱属接续有效，是萍矿依据开平、湖南成例，立此禁步，按之矿章亦无不合。至界限以外，各土井挖卖供炊之柴煤、桶炭及炼铁之粗焦、枯块等类，至今仍由萍人自由营业，公司从未稍加干涉，敝公司亦不挖炼上项名□之货，以〈免〉与萍人争利，可以访查，垄断独登者固如是乎。

总之，萍人采煤为业，已二百余年，所销之煤，不过萍醴湘潭一带，所得之价仅敷苦工度日之资，地方仍极凋敝，人民依然贫乏。

自敝公司开办机窿，兼收买萍人所炼之焦，自是以后，出货既多，用工骤贵。公司每年运现洋到萍发给工资，辄百万有余，均系散诸萍境，市廛顿臻蕃盛。原折谓萍人年可获利数十万金者，即出自公司所付之焦价，苟无公司，萍人何从得此利乎？曩昔萍人开挖土井，当槽浅工省之时，则自挖自炼，以焦煤售诸公司；迨矿老井深，工本较巨，自采无利，则又将该井售诸公司，藉得趸款，调查萍人因此起家者，不知凡几，而公司所以出巨价归并土井之原因，亦不过购得矿境以内不为他人乱开井眼，致伤苗脉耳。即土井归并后，贫民雇工于萍矿所恃以生活者，更不下万余人，上年军兴，各地土匪窃发，不无扰害。萍矿艰苦支持，独未停工，以此维系，地方秩序得以如常。是敝公司投巨资于萍地，为萍人兴利，复为萍人弭患。敝公司自问尚无负于萍人，何萍人不谅，厚诬敝公司，更欲有以破坏之，是窃有所未喻也。

方今民国肇基，无不以注重实业为言，如已成之局而破坏之，其又谁敢继起者，我先生当代伟人，主持公益，用敢掬忱披露。伏祈俯赐维持，俾艰难缔造之实业不致中毁，是全体股东所祷祀以求者也。谨略。

汉冶萍煤铁公司董事会　赵凤昌等呈

（《汉冶萍公司档案资料选编（1889～1915）》，第293页）

陈维翰、谭国忠等致孙中山函

（1912年12月19日）

中华民国元年十二月十九日

中山先生大鉴：

敬启者：去腊尊处经手所借广潮帮款项，原议月息七厘，订限四个月内如数归赵。当时各商以银期甚近，热心公益，多有非自己血本，转向别处息揭垫借凑成者。今踰期已及一年，本息概未清还，欠户纷纷催索，应付无从，不知如何赔累。前承财政部冬电，该款希俟稍迟再行设法偿还等因，更何庸哓哓渎请。惟以年关在即，金融奇绌，商业异常困难，非仗大力维持，真有岌岌难支之势。伏恳体恤商艰，函请大部准将借款从速清还，连本及息一并汇寄，以维市面而资周转。伫盼鸿施，藉甦鲋涸，不胜感激待命之至。专此肃泐，即希赐复。敬颂

台祺

广肇公所潮州会馆董事陈维翰、
谭国忠、陈开日、郭辉等谨肃
十二月十九日
（十一月十一日）

（《中华民国史档案资料汇编》第 2 辑，第 334 页）

财政部复孙中山电

（1912 年 12 月 23 日）

上海中国铁路总公司孙中山先生钧鉴：

函悉。广肇潮帮借款，当时该商等辗转借贷，以应公家之急，热忱可佩。此款早应归还，只以部库如洗，收入全无。近更各种债款，相逼而至，不能不略分先后，迁延至今，时深愧对。兹承尊属，自应极力筹措，俟有的款，即行如数归还。祈先行知照为祷。财政部。漾。中华民国元年十二月廿三日

（《中华民国史档案资料汇编》第 2 辑，第 335 页）

黄兴复孙中山电

（1912 年 12 月 25 日）

上海孙中山先生鉴：

漾电敬悉。汉粤川铁路拟暂承乏。俟银行借款成，窥各省意见调和，开工有期，即行退职。先生所订铁路条例，谅参议院必可通过。现沪筹办情形如何，尚望随时赐示。北京本部款尽，弟处亦无法筹措，仍请密电梁燕荪再拨前款数万两接济，并希电复。兴叩。

（湖南省社会科学院编《黄兴集》，第306页）

图泽致孙中山函

（1912年，余不详）

孙先生阁下：

两个月前有幸被问及是否愿意去中国协助组建和训练中华民国陆军，我回复说非常乐意，只是由于资金方面的原因，我不能离开新加坡，需要预先支付我薪金，以便能处理有关事务后离开，并要支付我到达目的港的路费。我随后被告知，这方面没有问题，只要给阁下写份正式的求职申请即可。申请我已写了，并随寄了一份我在英军服役的档案。据知这些材料都如期寄达。两星期前我得知，我及其他一些人的申请已被接受，一切都已安排妥当，剩下的只需稍等数日即可。我现在又听说不需要外国人了，或许我的服役档案还没寄到。我想说明的是，我在英军服役的时间长达17年之久，参加过两次战役。

现随寄一封我的推荐信，很遗憾不能面呈阁下。毫无疑问，如果受聘，我会尽职。

恕我打扰，静候佳音。

图泽（Tozer）　谨上

（《海外友人致孙中山信札选》（二），《民国档案》2003年第2期）

杨豹灵致孙中山函

(1912 年)

孙先生：

对阁下当选中华民国总统谨表衷心祝贺。作为我们可爱祖国的一位公民，对新政府的成立，我感到无比高兴。它的成立是阁下不懈努力的结果。从今以后，又可恢复我们在世界民族之林悠久而崇高的地位。

约一周前，我从南洋回来，和您家人同坐一艘船。阁下的推荐信给我们帮了很大的忙。这次行程非常成功。殷博士（Dr. S · C. Yin）和孙昂新先生（Mr. Sun On Sim）在新加坡给了我们极大的帮助。预计从新加坡总共可得两万元。殷博士（Dr. Yin）要我转达他对你的祝贺与问候。

我现在上海无所事事。我非常愿意为人民、国家效力。我是土木工程师，毕业于康乃尔和帕都大学，擅长搞公共卫生设施的修建。

问孙夫人和家人好。

杨豹灵　谨上

（《海外友人致孙中山信札选》（四），《民国档案》2003 年第 4 期）

唐月池致孙中山函

(1912 年)

阁下：

广州日报刚报道了新共和国正式选举你为第一任大总统的重要消息。光荣降于你身上，请允许我向你表示真诚的祝愿。上帝会庇佑你将来的努力以使我们这块光明起来的国土维持繁荣和幸福。这耗用了你十八年来耐心而不倦的努力。阁下无法想像我难以表达的欣喜之情。我作为一个中国公民，能够提起笔向这块土地的统治者致意，我能够听到我的祖国这种了不起的进步。

尽管作为前一个朝代的道台，为公众利益说话对我仍是一个非常艰巨的任务。统治者和被统治者之间的诱惑力在清朝是如此之大，这只能证明这种食人的癌症将爱国主义和集体精神从我们人民的心目中攫去，以此证明其极大的破坏性。我过去与你相识想必令你回忆：你或许记得大约十八年以前，香港的魏宝珊先生将我介绍给你。我当时与台湾的唐总督有联系，在台湾支持他。自我回到中国来后，我差不多在每个省共用了二十年的时间来研究我们国家及其人民。相信除非有你现在领导着的这样的变革，我们是无希望达到我们国土的丰富资源赋予我们的繁荣富强。

虽然我长期处于官位，我仍严格避免一种官僚生活以免自己腐化。你或者能记起来，我毕业于加利福尼亚州立大学工程系。故台湾事件后，我到内地避居四川和西藏边境。当时四川的李都督给我提供若干职位，我请容闳到四川，因我考虑到此地是一个起事的理想基地。容闳同意我的意见。我们一起工作得颇轻松。但他的侄子在汉口发动了一个仓促的起义，这连累了他，因此容闳不得不逃亡出国。我同您的事业的合作被破坏了。但那以后我仍然以自己的方式为理想的目标活动在官员阶层。

光绪死时我到了北京，并冒险预言，除非皇太后心胸宽广、明智地进行大的改革并采取我所建议的措施，否则最多五年之内将有大规模起义。我在北京呆了一年，除了指责我的革命主张外，所有的努力未得到任何结果。故我拍掉身上的尘土，失望地离开那里。在这阁下建立的这样的政府里，我很高兴地奉献出我的心灵，我过去未能这样做。

考虑到我在国外呆过二十年，在美国环境中长大和接受教育，然后来到中国。我在最近二十年差不多到过中国每个省份。故我的阅历和经验使我能了解人民的根本需要，我过去的官位也使我了解官僚们的错误。想到我的经验会有助于我们民族的发展，我请求你的友谊和好意，举荐我。

基于心中同样的想法，我写信给您的朋友胡汉民，他现在已攻占了广州总督府。

在矿业和工业方面，我无疑能提供重要而有价值的服务与建议。

为了国家的进步，我们必须为人民谋永远的富足。我住在这个国家，故当我听到阁下到来时我匆匆赶到广州，只发现您已坐船北往。在重建政权中您对有经验受过教育的人的需要是巨大而多样的。如果阁下能注意到一个旧识，我会尽快前来尽力为您效力。希望有幸得到您的回信。我封入我的地址，请允许我再次向您表示我衷心的祝贺。

（《临时大总统和他的支持者》，第 183～184 页）

熊希龄致孙中山电

（1912 年）

上海孙中山先生鉴：新密。电敬悉。商立中西合办银行，以破六国银行团之垄断，洵为救弊之大政策，敬佩无已。此间国务院、财政部于前月密与某西商订立合同，创办中西合股银行，其用意与公正同。惟系政府出资，与公商办性质稍异，但均可并行不悖也。承示将沪上公产及前清道台所交下领袖领事代管财产拨押一节，自应遵办。惟此项财产，前因南方军饷急需，曾由国务院、财政部电令沪军都督、通商交涉使，与比领事交涉，久而未决，此中纠葛殊多。兹承台嘱，当密交国务院外交部、财政部合同议定办法，再行电复尊处可也。特复。熊希龄。

（《熊希龄先生遗稿》，第 376 页）

李国梁呈孙中山、黄兴请准台湾劲旅队回国效用文

（1912 年）①

台湾劲旅队代表李国梁，谨将仇联青筹练旧部兵弁三千名并备饷需枪械效用原由略陈钧鉴：窃青在台湾二十余年，当满清秕政议将全台割与日本之时，青即在台倡练义师，血战力拒。嗣因和成之伪谕颁行后，青名则罢兵归田，实则寓兵于农，且耕且练，训养既久，精神更全。今当光复大定之际，讨虏、御寇、剿匪、防边，五族之大，在在须兵。故青部兵将急思振旅回国，勉尽义务。况台境民气刚健，勇敢耐劳，而雨雪风霜尤为习惯，不论何项水土恶劣之乡，视若泰然。至于军用武器，并皆完备；饷需衣服，尤当竭力备筹。倘承许以回国效用，祈先电知（通信处：台北大稻埕永和街一七番地制药并材木商台湾宝林合资会社）。青因重大商务从事台北，未便分身前来，特函胞兄志远密商同袍社友李国梁转呈大总统及陆军部长。请示如何进行之处，企候命令施行。

台湾劲旅队代表李国梁谨呈

李国梁现寓益仁巷永安栈十号。

（翠亨孙中山故居纪念馆藏档；又见《孙中山藏档选编·辛亥革命前后》，第 626 页）

袁希洛致孙中山函

（1912 年）

中山先生赐鉴：

① 原件未署时日。文中称孙中山为“大总统”，黄兴为“陆军部长”，又提及 1912 年 5 月 12 日始在南京成立的同袍社（待考）暂酌定为 1912 年。——《孙中山藏档选编·辛亥革命前后》编者注

革命成功，共和建立，对于民国前途不可不留一大纪念，以为后来国民知建国不易，而发动爱国热心。盖环球文明之国，罔不以国民教育为立国之本。我民国自武昌起义迄于今日，统一共和政府成立，其间之种种事实，皆我民国建国之精神，亦即国民教育之好材料也。故江苏教育总会创议建立一革命战争纪念馆于上海，特派希洛为征集员，赴各处征集关于此次革命战争之品物，若战利捕获之枪械废弹，战地之各种写真，及战死者、有志者之遗物、写真、纪传，以备陈列之用。

窃思中国革命之原动力，实维先生十数年来奔走呼号，提唱运动，以成此大功。国民之仰望致敬于先生者，虽泰山北斗无以逾之。则纪念馆中愈得先生之写真、品物，及同盟会中十数年来之事实经过与盟书等陈列以为重。前星期希洛曾为此事进见先生，因北使商酌事烦，未承握手。今度入见，或又未及多谈，故肃函亲奉，乞大力提唱。且设立纪念馆事颇为烦重，需款，敝会力微，希洛腕弱，更祈鼎力相助，以底于成。民国幸甚。敝会及希洛幸甚。肃此。敬颂

伟安

革命战争纪念馆征集员袁希洛谨上

奉上征集书一纸。

（翠亨孙中山故居纪念馆藏档；又见《孙中山藏档选编·辛亥革命前后》，第355～356页）

王会中致孙中山函

（1912年）

中山先生伟鉴：

窃会中于数年前因小婿徐培幸获私蓄大教，魂梦倾倒。昨乃于舆中瞻望风采，佩慰无极。会中前清末吏，被议之后，经增邑

绅士代请昭雪。反正以来，因籍隶外省，末由担任义务，乃托足于言论地位，冀稍尽力民国。谨纂广东革命初集已在开敏公司刷印五千本，现在二集告成，无力续印，敬恳先生登高一呼，略赐辅助，俾克昨日行销，以厌海内外阅者之目，无任感祷。专肃，敬请义安。

王会中谨上

附呈小说十本，乞赐览观，倘蒙左右代销海外，尤感。

（翠亨孙中山故居纪念馆藏档）

中华全国铁路协会与孙中山书

（1913 年 1 月 9 日载）

报载先生筹定全国路线三条，本会同人公同研究，窃仰先生远猷硕画为国防殖民计者至周，今日交通最亟之伟策。同人纫服无已。然本会对于全国铁路亦不揣谫陋，兼取世界观念而定方针，谨就正于先生，以备参考之一助，兹将先生所定三大路线及本会假定两大路线商榷如左（下），幸垂教焉。先生所定三大路线按下开三线说明：

（甲）南路起点于南海，由广东而广西、贵州，走云南、四川间，通入西藏，绕至天山之南。

（乙）中路起点于扬子江口，由江苏而安徽，而河南，而陕西、甘肃，超新疆而迄于伊犁。

（丙）北路起点于秦皇岛，绕辽东，折入蒙古，直穿蒙古，以达于乌梁海。

三线之优点：

一、地里［理］。我国南北干线已有规画，而东西干线尚付缺如，有此三线，全国即可联络为一。

二、种族。三路皆纬线，斜行包括西、北两部，五族交通，种族易于同化。

三、殖民。西北交通，可实行东南移民政策，且交通便，则资本家自咸愿投资，劳动家自远出佣力，尤收无形殖民之效。

四、海道。三路纬线，其起点皆得独立出海之口，可补原有铁路多平行线，而无独立出海者之缺，且水陆运输易于联络。

三线之研究：

一、三路终点于水或陆之联络如何？铁路宜与他航线或路线连络，今三线东端起点均航与［与航］线联络，而西端终点应筹出路否？

二、三路终点于形势扼要如何？西北、西南逼近他国，其势力侵注之点究在何处？我所定之终点于国防、实业上能占优势否？

三、三路于世界交通上之价值如何？三路于全国交通，自是极有价值，然于世界交通上未审何若？近顷，俄人已发起一缩短欧亚交通之新路，此节应注意否？

本会假定两大路线，按下开两线说明：

甲、中路。由江苏上海起点，经开封、西安、兰州、哈密、天山南路、噶什噶尔、帕米尔、克什米尔，过阿富汗之喀布尔俟勒特，越波斯之马什、得黑兰，入东土耳其、小亚细亚，以达君士担丁。

乙、北路。由北京起点，经绥远城、乌兰诺尔、乌里雅苏台、塔尔巴哈台出境，至宰桑泊，沿额尔齐斯河，痾木斯克车站接西伯利亚铁路。

甲线说明：

一、主旨。此路为欧亚陆路交通之最新最短线，由吾国发起，必得各国之欢迎，且可证明吾国开放门户之真意，使各国共同增加经济上之关系，可藉此以维系和平。

二、形势。此线取势在与温带平行，遥对美洲巴拿马运河，缩短欧亚水陆交通，以占全球东西形势之优点。

三、外交。藉德人有意于西亚细亚，伸张导线，以变动外交上均势之局面。

乙线说明：

一、主旨。此路亦为欧亚交通之缩短线，较上线更有联络国都之主要作用，如葫芦岛果能合用，应由该处再造一路，经朝阳入东蒙，而入张家口，与此线联络。

二、形势。乌里雅苏台或塔城可经营为重镇，以控驭全蒙首都，势力可以斜行贯串西北。

三、外交。既为世界交通线，可诱起各国之共同关系，不至为一国所专伺。

甲、乙线总说明：

一、教化。有直接输入西方文明之引导线，可毋须俟东南传播，地方较易于开化。

二、实业。欧亚商务交通机关，由我操纵，渐次可伸张势力。

要之，二十世纪之中华必雄飞于宇内，无可疑也。二十世纪之全球，渐大同而进化，理固然也。先生所定三大路线为固圉破荒之伟举。本会假定两大路线为全球大同之起点，虽本会不敢必其无障碍，其持积极主义固与先生同也。此后，吾新中华民国是否先以固圉破荒植其基，抑直随世界大同而争演进，为建设时期所应研究。吾国专制数千年，外交失败，国势不振，久矣。欲以武力而雄六洲，河清难俟，值此共和缔造，惟以极敏稳之手腕达伟搏［博］之眼光，宏其远谟，庶取奇效。故本会所定两大路线，藉铁路政策而豁通世界主义，即此旨也。况此策行，而全国铁路由国家计划建筑，可免富豪垄断活动。社会经济，又民生之权舆犹是先生旨趣也，至金融之贯输、实业之企引，以及与各国联络进行、缓急先后之序、策划筹备，尚待研求。先生毋吝训诲，同人所愿也。

（《中华全国铁路协会与孙中山先生商榷全国路线书》，《盛京时报》1913年1月9日）

阎锡山通电

（1913 年 1 月 20 日）

大总统、各部院局处、参议院、国民党本部、孙中山先生、黄克强先生、黎副总统、第二师王师长、赵翼长、都督、将军、都统、民政长、省议会，并转各政党支部、各报馆均鉴：

晋省民军起义以后，各项军队计有五师之多。自共和宣布，锡山深维晋省财政支绌，非从裁汰军队入手不可，曾经提出省议会，议决编练一师一旅，□奉大总统令，及陆军部计划，亦限令本省军队不得过一师一旅各在案。锡山迭将省垣及各路军队遣散十分之八，惟河东一部为观察使张士秀、旅长李鸣凤把持财政，抗拒编裁，负隅自恃，形到窃据。锡山为民国前途计，为晋省大局计，必求达统一之目的，方能福民利国，特商前民政长、新调署巡警道南桂馨为河东筹饷局局长，兼会办军政，就近筹商军制事宜，曾经电陈大总统允准，饬令任事。讵南桂馨到差逾月，以办理诸多棘手，仅仅裁兵两营，屡次电请辞差，均经婉词慰留，一再派员密查，河东团营各长，无不乐于就范。把持挟制，此乃系张士秀、李鸣凤两人，锡山万不获已，始电请中央任命孔繁霨为旅长，改委李鸣凤为高等参谋，并将该员等，优加保奖。因边患方殷之始，惟有委曲求全，冀收和平解决之效，此等苦衷，谅为国人所共鉴。不料张士秀等居心叵测，于孔繁霨接充第一旅旅长，虽不交替，竟诬南桂馨，以煽惑军队，擅行拘禁，捏饰重情，电陈中央。锡山犹顾念大局，始终隐忍，电饬将南桂馨交由孔繁霨押解来省，以凭审讯，并令孔繁霨暂不接事。乃该员等电称，不知孔旅长现在何处，无从交卸，定于一月三日，整率所部来省交代，尤堪骇异。迨奉大总统令，将南桂馨案中人证提省，由中央特派大员审讯。锡山遵委李敏、杨彭黎驰往提案，经迭次电催，张士秀等迄无只字回复。兹据李敏等由陕州电称，此次提解南局长案，磋商多次，坚不交人，且多非理要求，实难转圜，因于十六号离运。并据平阳第三团团长张煌呈称，河东派第九团兵队北来，经煌拦阻，现驻史鱼、侯马一带各等语。查张士秀、李鸣凤竟视河东为晋省财富之区，盐课地丁入款甚巨，遂蓄意霸留，拥兵自卫，中央命令视若弁髦，且举动恣肆，跋扈飞扬，以河东一隅为根据之地，不但晋省永无统一之望，且军心勃勃，辄思派兵图犯，逆迹昭彰，迹其种种不法行为，实与土匪无异。若不呈请中央亟予剿办，全省同胞将无宁日。谨声其罪状，与国人共弃之。民国新造，统一行政，令出维行，国基斯固。乃张、李等，于孔旅长之下命，南局长之提案，违抗命令，蔑视中央，倘人皆效尤，大局何堪设想。其罪一。五州各国军队均取服从主义，锡山既摄全晋军政，李鸣凤等应受节制指挥。乃串令张士秀电称，孔繁霨抵运，如有更调遣散情事，死不承认等语。弃军法如敝屣，视长官如赘瘤。其罪二。钱粮盐课为民之正供，张、李等勒令所属各县，将粮赋解归河东，强占霸收，故违五月二十二号大总统命令，丝毫不解省库，聚财称雄，俨然割据。其罪三。浮冒饷项，有干军律，李鸣凤所部混成骑兵一旅，领定马乾八百八十匹，调查实数仅四百八十三匹，每月浮冒饷银二千余两。其罪四。军饷出自国课，最重核实报销。部派视察员来晋，仅造预算报销，南局长咨商张士秀，抄送收支底稿，以凭接续办理，乃张士秀等，怀恨痛诋，既不抄送底稿，亦不遵造报销，藐视部章，含混滋弊。其罪五。临时省制亦应一道同风，以昭划一，乃张、李等，于取消河东军政分府时，擅拟二十四条件，意图争攘权利。经参议厅各员会议详覆廿条，有故违国务院命令，有侵越民政长权限，其最背谬者，每月四万余之饷款，截留各属钱粮四十余万，狼狈分肥；又如对于都督或民政长所发命令，见为不合时，得暂令所管地方官吏，缓期执行等语，参议各员，逆料河东一隅，必成独立之局，是张、李等之阴谋不轨，狼子野心，非伊朝夕。其罪六。改编军队，首须上下情通，南局长与下级军官联络接洽，分所应为，乃张、李等，先嗾其死党景团长黻文电称，以南局长不给饷银，拟带兵来省交代为要挟，继又诬以煽惑军队，派兵拿办，擅用非刑，几无完肤，奄奄待毙，既设计而陷害，复违法以妄诬。其罪七。造谣惑众，无非扰乱治安，近日张、李等，竟假河东全体名义，遍发宣言书，不认都督，并不认大总统，再有特任之都督，信口雌黄，希图煽动，居心险恶，路人皆知。其罪八。公款钱粮，丝毫不容舍［含］混，乃张、李等，擘提河东大清分银行之二十余万，指不交代，并霸留盐课粮银，设立遁拦公司，及崇义晋鄂店，以民国之脂膏，供一己之聚敛。其罪九。南局长被逮后，张、李等复敢将邮局电局一律监守，关闭四门，严稽出入，待遇长官，如同仇敌，阻隔交通，举动背谬。其罪十。凡此诸罪，众目昭彰，至张士秀、李鸣凤于河东一带，暴民专制，暗无天日，乡人侧目，敢怒而不敢言。今既罪恶贯盈，法无可逭，惟恐张、李罪状未尽周知，特电缕陈，伏祈公鉴。锡山惟有格［恪］遵大总统命令，俟参谋陆军两部游击军队前往河东，勉令交出南桂馨，并将张士秀、李鸣凤严拿惩办。兵到之日，河东军队如果服从命令，应饬听候收录，倘敢抗拒，即严行剿办。乞函河南张都督、陕西张都督，严饬毗连各要隘，一体扼防，免致蔓延贻害，曷胜盼祷。山西都督阎锡山。号。

（《声讨河东叛贼罪状之通电》，《神州日报》1913年1月28日）

威尔逊致孙中山书

（1913年1月23日载）

捧读十一月十六号惠电，不胜欣慰。被选以来，万端丛□，日无暇时，迟迟未覆，职是之故。中国年来所建事业，凡百举动无不极表同意，中国民志向慕自由，一旦达完全之共和、偿国民之素愿，实莫大之幸福，不朽之盛事也。

（《美国新总统威尔逊致孙中山书》，《盛京时报》1913 年 1 月 23 日）

李闻桀为呈《东三省铁路规划书》事致孙中山函

（1913 年 1 月）

中山先生伟鉴：

桀叠见先生示省议会函电，询及奉省主造路线，不禁怦然有动于中，干路规划乃国家政策，万不能纷更歧出，致碍统一，荩筹硕画，实所钦佩。窃以为尊电所云敝省支路者，以全国计划言之也，然自东三省言之，则有三大干线之必要，如敝省上年提议之开海、铁海、奉海等支路，均不在国家政策范围之内，现已成为画饼，惟认定以海龙府为终点，尚有见地。总之，无干而支，后先倒置，殊意毫无价值，不若合三省而干之，则敝省提议之开海、铁海、奉海皆在贯穿之列。至于山川形势、江河流域，关于三省之军事、实业者，必须调查周详，统筹兼顾，乃能提纲挈领，有条不紊，若沾沾于小部分，为争一邑之权利起见，开原则主张开海，铁岭则主张铁海，省城则主张奉海，不顾统一全局，以谋抵制东清南满之势力，乌乎可？桀虽不敏，生长关东，目覩交通机关，尽握于外人之手，足以制我死命，窃尝规划三省干线，为种种方面之筹顾，以谋挽救。徒以事关三省，不免越俎代庖，对于敝省，既非法团，又非政界，仅以公民分子滥竽五族联合会关东分会交际员，未敢冒然进呈，适读尊电集思广益之语，具见先生周谘博访，挹揽群言，不愧当代伟人，用将《东三省铁路规划书》一册呈览，以备参考之资料。敬请

筹安，伏乞

亮察

五族联合会会员李闻棨谨呈

附呈《东三省铁路规划书》一册

东三省铁路规划书

尝以东三省，两强逼处，一隅孤悬，远东问题，恒足引起世界各国之注意。东亚和平之局，一旦破坏，此地即其烧点，不免为巴尔干半岛之续，又况东清南满之势力线，已握我领土之命脉，而日思扩张其各种权利，及今欲冲破其势力线，而为挽救之计，非铁路政策不为功，盖民生利赖、军事设施直接之关系也，领土保全、文明发展间接之关系也。集各种之筹划，为合盘之计算，亟宜依据地理确定路线，爰本平日调查之所得，规划三大干线如左（下）：

第一线，镇瑷铁路及京绥铁路。由镇安县之京奉打虎山站起点，至新立屯，经彰武县界之哈尔套街，抵绥东县，由白吐马庙，经达尔罕王府，至醴泉县之香海庙，由青阳镇，至龙华图山之瓦屋镇，渡洮儿河上游，依索伦山南麓，入齐齐哈尔，渡嫩江，经墨尔根，至瑷珲，临黑河府为止。又由京通铁路，延长出古北口，至承德府（即热河），经赤峰，沿老哈河南岸，经奈曼王府，至绥东，与镇瑷路线相衔接。（此路支线，由绥东，至翁牛特贝勒府，达克什克腾旗，至多伦诺尔，抵张家口一线，为将来开拓蒙地所必要。由瓦屋镇，穿索伦山，急应建设，采木轻便，路线握现在之重大利权，为将来开放海拉尔，以抵制满洲里市场所必要。由墨尔根，直达漠河金厂一线，为将来开拓江省北面地利所必要。由齐齐哈尔，直达黑龙江，入混同江，与吉林并俄境交界之点一线，为将来开拓江省东面地利所必要。）

第二线，镇图铁路及朝虎铁路。由镇安起点，至法库，越通江口，达开原，入清河沟，出土口子边门，经山城子朝阳镇，循辉发江北岸，至吉林之桦甸县，达延吉岗，及珲春，抵图们江口为止。

又由朝阳镇起点，经磐石县，抵吉林省城，再由省城，经额穆站，至宁古塔，穿过牡丹江口，经桦川县，至蜜山府，由半拉窝集，至虎林厅，临呢吗口岸为止。（此路无甚紧要支线，缘吉林江流环绕，航业最富，无须先重支线。奉天辽河与松花江沟通之后，航业亦成大观，又有奉榆铁路，亦无须先重支线。）

第三线，奉长铁路。由京奉路线延长，绕北大营之北，再南折，经抚顺，至兴京府，入通化临江，至长白府为止。（此路亦无紧要支线。）

综此三大干线，复就其特别注意之点，分析说明于左（下）：

第一注意：关于三省航线与铁路支配及沟通之点

三省航线，以吉林之松花江为要领，该省首先宜注重航业，以其汇奉天之洮河、江省之嫩江、吉林之牡丹江，东流与黑龙江合并为混同江，而出鞑靼海峡也。奉天之辽河，工商界近亦建议，与松花江沟通，利用其间之驿马河，而开浚其下流，以通三省及内蒙之脉络，而谋航业之兴盛。故规划路线，必取支配及沟通之势，以预避妨害。于辽源州，则易其经过之点。于辽河、于洮河、于松花江、于牡丹江，则但由上游经过。于鸭绿江，则以临江为水陆交通之站。于乌苏里江，则以呢吗口岸为接触点，以谋得通航权。惟镇瑷终点为江省通商一大市场，墨尔根又为将来省城改建要点，不能不与航线平行，盖避之无可避也。

第二注意：关于实业发达及竞争之点

三省森林矿产，与已放、未放，及放而未恳之荒地，触目皆是。而鸭绿江采木大权，久握于日人之手，屡次交涉，卒占优胜。黑龙江木殖，俄人任意砍伐，皆交通不便以致丧失权利之最大者也。奉长、镇图一通，凡间？五千年未发泄之天然物产，收揽无遗，其农工商矿之发达，不问可知。若皮张、东珠、参茸、药材，亦均在出口之列。朝虎一线经过之宁古塔、桦川、勃力、密山府等处之利权，亦如之。再索伦山之林业丰富，土地肥美，久为俄人涎注，而又邻近奉直两省，苟于归流河之□干套海建筑采木轻便路线，凡内外蒙之牲畜、牛马、皮革、羽毛及索伦山之山货、野兽，皆当以瓦房镇为交换市场。其尤当注意者，乌珠穆沁之盐池，即所谓北海盐输入于兆南境内者，若大青盐一种，亦为医药所必需，将来山路一通，即与呼伦贝尔相接近，甘珠寺地方并可辟为陆路市场，以其非干路所经，故此次暂不计划。

第三注意：关于国防根据及声援捍卫控制之点

醫巫闾山（即广宁大山）横枕洮热，俯瞰锦奉，奉天西偏之形胜也。长白山跨奉、吉两省，为满韩之屏蔽。索伦山亘江省西南，为东蒙之要害。三山势如鼎峙，皆为将来驻扎陆军要点。葫芦岛军港现已停办，旅顺、大连又为外人租借，奉天车站亦属外人势力范围。一有战事，奉榆路线甚属危险，奉天省城万不可守，故由醫巫闾山东南麓之镇安县起点，与奉榆之打虎山车站相衔接，以固陆军之根据。将来军港告成，仍可与锦州联贯，毫无阻碍。其经过路线，至瓦房镇后，即傍索伦山南端，抵齐齐哈尔，至瑷珲，战时声援甚速，并可截索伦山西北、满洲里，及呼伦贝尔进攻之路。镇图一线，横穿南满，直达图们江口，破吉会铁路之成局，并截海参崴登陆之路。朝虎一线，又可截由伯力入乌苏里江进攻之路。奉长一线，又可截安奉路及鸭绿江上游进攻之路，并可息满韩合并之风说。京绥一路，又为内地驰救关外之紧要路线，与关外之陆军根据相接应，此尤国防上之急务也。

第四注意：关于都会建设及贸易之点

镇瑷路线经过之瓦房镇，系索伦山南端，得龙华图山之开阳环抱，又为洮儿河、归流河、交流河、那金河、龙华河众流汇归之处。据全洮上游，依北上形胜，处十旗中心，为四省枢纽，诚内外蒙古之咽喉、天然一大都会。又可与哈尔滨、长春取鼎足之势，以杜外人南下西入之野心。齐齐哈尔偏于江省南境，不足以控制全省，惟墨尔根为通中之地，又据嫩江上游，地脉丰腴，形势开展，定为省城改建地点，则凡东西布特哈，及多布库驻防，均在发展之列。

第五注意：关于商埠开辟及兴盛之点

黑河府为通商市场，与东岸六十四屯相接近，将来必为江省一大商埠。交通一便，其兴盛未可限量。朝虎路线既兴，乌苏里江相通，其上游之呢吗口岸，将来亦必辟为一大商埠。镇图路线之终点，既与海岸接近，亦为天然商埠，以抵制海参崴之权利。奉长路线之临江县，抑亦小商埠。鸭绿江航权利益，定必为我吸收。至于松花江流域之三姓，及混同江南岸，并乌苏里江西岸，应辟市场。在航业权扩张之内，黑龙江与松花江汇流之湾港，应辟商埠，在支路告成之时，未便一一列举。总之，干路经过交岔之点，处处握江河上游，足以补助航业，其起点、终点不为外人束缚，处处可由江达海，商埠开辟，逐渐扩充，虽未必包括靡遗，何莫非交通主眼也耶。

第六注意：关于本规划书与条约不相抵触之点

查《新奉、吉长交涉案条约》第一款：中国政府如筑造新民屯至法库铁路时，允与日本国先行商议。其末款又云：除所指之铁路（吉长、新奉、新法）外，与南满洲铁路公司，无所关系。又《日俄撤兵和约》第四条：日、俄两国彼此约定，凡清国在满洲，为发达商务、工业起见，所有一切办法，列国视为当然，不得阻碍。其所指中国自行开埠通商地点如下：凤凰城、辽阳、新民屯、铁岭、通江子、法库门、吉林省城、长春、宁古塔、珲春、三姓、哈尔滨、瑷珲、海拉尔（即呼伦贝尔）、满洲里。本规划书路线与《吉长新法》毫无关系，并无商议余地，其开辟商埠一节，且与外人要求开放主义相合，此尤本规划书所认定者也，切望诸大执事急起图之。

五族联合会关东分会会员李闻棨谨拟

（《北洋军阀史料·吴景濂卷》第七册，第147~166页）

蔡锷致孙中山电

（1913年2月11日）

中山先生鉴：

滇省矿产五金皆备，尤富铁、煤。西南诸省，物产丰饶，实业不兴，由于交通不便。况云南为西南国防要地，铁道建设，讵容稍缓。近滇、桂、粤、蜀、黔联络，筹五省铁道，先着手滇、邕，刻已动工勘测。惟将来应需钢轨铁材，取诸异地，道远费钜，不便实甚。拟请先生主持，筹措巨款，派员到滇，切实调查，设立铁、煤厂，以炼治（冶）钢轨为大宗，近以备建筑滇、邕铁道之用，远以供西南诸省之需。倘滇矿款项有着，从事采炼时，兼可制炼焦煤，以供各矿厂之用，利莫大焉。此次滇派工商代表华封祝已于工商议会提议及此，并呈工商部转咨交通部在案。事关富国富滇，敬请衡核施行，并冀赐覆。滇都督蔡锷。真。印。

（《神州日报》1913 年 2 月 11 日）

李烈钧致袁世凯、孙中山等电

（1913 年 2 月 16 日）

北京大总统、国务院、参议院、新闻团、国民共和党，并转各政党本部、武昌副总统、各省都督、民政长、省议会，上海孙中山、黄克强先生均鉴：

读滇、蜀、邕、黔四都督歌电，仗义执言，力维大局，无任钦佩。窃赣为大江以南一隅，烈钧亦国民公仆之一，风言讹语，初无所闻，患气宵谋，竟未之觉，远承抉剔，获所弭防，翘首章门，渐[惭]恧无地。方今国基新奠，民志未固，谓非大愚，宁忍孤注？惟递嬗之际，或涉旁贩，风尚所蒸，宜标正义，睹兹庞杂，慨喟兴焉。敢贡素怀，以质左右。吾国专制垂五千年，而牧民者，好恶从同；谈政者，教授式训。貌袭帝政，义赫民灵，积溃所倾，浮医为扫。此次共和肇造，职是之由，讵粃玫方，除变本加厉，此微论树帜自雄，足召分析，抑或淫威复肆，有背共和，要为约法所不容，即皆国民之公敌。谁为戎首，誓效前驱，同属邦人，能无悔祸，正不必是丹而非素，亦未可掠影而嚣声。此愿掬诚相告者一也。民国初立，岁星已周，粤自南北统一以来，大政方针日见统一，而溯孙、黄两公入都以后，国民情意日见融和，虽庶议或因党派而纷歧，然政论要以国家为归宿。近者移鼎迁都之议，尚待研求，欢迎国会之团，亦经解决，方幸合炉一冶，息此嚣尘，夫谁聚铁，九州铸将谗鼎？昔美以南北猜嫌，卒兴战祸，德以南北联结，毕造雄邦，取鉴前车，道在善择。若或以已化畦町，隐分畛域，室人交谪，自启分崩，反之初心，窃所未喻。此愿掬诚相告者二也。编练军队，原为对外问题；政治竞争，不越和平之量。明斯二义，方足言治。烈钧不敏，素以此旨诏勉将校，忠告政团。幸经年以来，政界无激越之潮，人民有安居之乐，而各将校尤能深明大义，共固国基。因念武装时代，列强方以武力维世界之和平，我岂宜以戎威召内部之分裂。即谓绿林啸聚，或逞逆谋，现时军旅严明，尽容剪芟。重以大总统威信，自无不戢之狂夫，何虑窃号自娱，甘冒不韪？而监督执政，改造枢廷，是又视民气为尾闾，更无倡武力之余地。方今国会成立在迩，举凡制定宪法问题，组织正式政府问题，皆国民应尽之天职，为政治竞争之漩涡，讵可不注意于兹，而举政争于和平之外，惟口兴戎，传垂明训，其亦不可以已乎？此愿掬诚相告者三也。国步方艰，隐忧未艾，大总统、副总统，开物建业必能拥护共和。各都督、各执政，亮达公忠，亦必同扶国本，旷观世局，聊贡刍言，伏维察裁，不胜大愿。赣都督李烈钧叩。谏。

（《时报》1913年2月21日；《李烈钧集》上册，第124～125页）

袁世凯致孙中山、黄兴等电

（1913年4月18日载）

临时政府已经告终，本应即日辞职归田，以让贤者，惟当此国事多艰，内忧外患，日益紧迫，而正式总统尚未选定，遽尔告辞，恐酿成无政府状态，有负群公及国民之意。至近日纷传鄙人留恋之意，未免不谅鄙人区区苦心。

（《袁总统致电孙黄之内容》，《盛京时报》1913 年 4 月 18 日）

丁义华致孙中山、黄兴电

（1913 年 5 月 3 日）

上海孙中山、黄克强先生钧鉴：

诸公痛专制之流毒，下改革之恒心，前年起义，告厥成功。其时南北不无隔阂，诸公设法沟通，力谋统一，大公无我之心，早已众目昭彰。诸公造成民国之伟烈丰功，实为中国五千年来历史上之独见。破坏既已告终，建设尤非易易。对外英俄有无理之频加，列强有赔款之催索；对内党争剧烈，兼之宋案发生，布短流长，骇人听闻者，非谣二次革命，即传南北分治。诸公用尽百折不回之志，造成灿烂庄严之共和民国，何来不幸之言，淆乱人心。有幸灾乐祸之徒，乘机蛊惑。姑毋论是否有无其事，然人言啧啧，不但有损诸公名誉，即从前伟烈丰功，一旦付诸流水。况列强虎视，设若国会摇动，人民涂炭，强邻收渔人之利，所谓谁厉之阶，平日为国家者之初志何在？兴言及此，实深浩叹！现在国家既处于危险漩涡之中，正诸公二次建功之日，理应攘臂急起，力挽狂澜，总以国家民生为前提。至于宋案，一经法庭，自有水落石出之期。中央借款如果用非其当，想五国资本团亦不肯轻易通融。以上两事，均无可猜疑之点，将来中央必有详细之宣布，洞达如诸公，亦毋庸弟琐陈也。弟蒙诸公不弃，相交有素，今睹大局阽危，不能不以朋友之谊，略进忠告。即敝国亦极盼中国诸伟人出而维持．昕以日昨正式承认。公如采纳刍荛，非但四万万同胞之幸福，即敝国亦欣仰不置者也。丁义华。江。

（上海《民立报》1913 年 5 月 12 日）

黎元洪通电

（1913 年 5 月 4 日）

大总统、参议院、众议院、国务院，国民、共和、统一、民主各党本部，进步党筹备事务所，国事维持会，《亚细亚报》、《国维报》、《大自由报》并转各报馆，上海孙中山、黄克强、伍秩庸、张季直诸先生、程都督、应民政长并转各政党交通事务所、《民声报》、《时报》、《神州报》、《大共和日报》并转各团体、各报馆、各省都督、民政长、省议会并转各政党支部、各团体、各报馆公鉴：

自宋案宣布，元洪即通电各省，力持镇静，乃反对借款同时发生，中央政府遂成为众矢之的。顷接上海公民会电，命名立论，尤骇听闻。大局危亡，迫于眉睫，元洪五中震慄，若鲠在喉，敢于国人未死之先，进其忠告。查宋案证据为程督所宣布者，果否政府主使，抑系应洪揣测邀功，招摇诈款，均不可知。狡黠者流希图力利动，或假一二大人为之标帜。且沪报所载未经电布之证据，牵涉尚多，即愚如元洪，亦遭诋毁。要犯尚未就擒，爰书尚未确定，自当要胶督以引渡，听法庭之判裁，万目睽睽，岂能掩饰，即政府有罪，亦不难评求信谳，昭示国人。共和国家首重司法，岂惟行政官厅不容干预，即至立法机关，亦当然不能侵犯。刺宋一案，纯属法律问题，前者宣布证据，不出之于法庭，而出之于军府，学律者犹窃虑其非，乃各省团体，当法庭未判以先，动辄任意通电，阑入政治，摇动邦基，加人以犯罪之名，而先自居于违法之实，不知而言之，是谓昧理，知而言之，是谓侵权。拥护约法者，毋乃非扼。夫宋君民国元勋，洞胸饮弹，凡属血气，悲愤填膺。然迹其奔走呼号，蒙艰履险，翕口于民权蛰伏之日，糜躯于国会蝉蜕之交，何非为全国生灵共谋福利。逝者已矣，来日方长，同属国民，尤当共巩固共和，维持大局。宁可以宋君殉全国，不可以全国殉宋君。必欲激于客气，摇及人心。罪案既尚未成，恶声安知不反，设一旦演成惨剧，玉石俱焚，莽莽神州，同罹浩劫，既违诸公复仇之愿，又岂慰宋君革命之心。

至借款一事，尤有当加讨论者。清室不纲，库储如洗，赔款外债，集壤成邱。民国承凋敝之余，当建设之始，万绪待兴，一筹莫展，借贷济急，亦固其宜。南京比款，已开先例，一年以来，情势愈迫，丁斯危局，但求其保存国体，监督用途，忍痛含辛，力图惩毖。据黄先生所质问与财政部所宣布者，条件内容尚多出入。果如财政部所云，借款大纲已经参议院通过，自不能仅以一国之出团作为废案，即云条约迁就，损失滋多，亦当责议院以丧权，不能罪政府以违法，议员俱在，档案可稽，溯本寻源，岂难征信。抑元洪更有进者，当此债权交逼，政费日繁，中央困于索逋，各省殷于告急，即无外患，犹有内忧。前清帝制自逞，民族不张，犹可假借款之问题，作革命之材料，今者共和已定，休戚相关，果使有硕画荩谋，措持危险，操推行尽善之券，为缓急足恃之资，亦何难强政府以相从，赐国民以无畏。不然，不借则我国既无良方，欲借则外人岂能让步，破产之祸，如火燃眉，纵政府止渴饮鸠［鸩］，铸兹大错，亦维本和衷之念，筹救济之方，内定人心，外全国体。若遽尔飞檄四布，全案推翻，其危言义愤，固属可钦，然债务不清，兵祸相继，能保外人不干涉财政乎？能保外人不实行瓜分乎？哀哀波兰，昭昭覆辙，沦胥之惨，损失之多，以后方今，奚啻倍蓰，言念及此，可为寒心。夫养指而失肩，仁者所不取；跋胫而疐尾，智者所不为，以兴邦之言，速亡国之召，此尤元洪所椎心蹙额泣下沾衣者也。

总之，正式政府尚未告成，临时政府自当承认，倡款之案，稽之于议院，刺宋之案，诉之于法庭，我等或膺阃寄，或典疆符，或秉言权，或标政帜，均当力持镇静，免陷危亡。不然，外人方以伻使认民邦，而我等反以移文颠政府，自生自戮，自种自锄，救国之谓何？得毋名与实相乖，而果与因相反欤？元洪一介武夫，谬随诸君子之后，亲握义旗名誉，既淡然若忘权利，更夷然弗顾。惟念天步艰难，民生凋瘵，商弔于市，殣望于途，寡母泣于空闺，遗孤号于大泽。眴眴禹甸，将成杀场。孑孑周黎，已无生气，波兰恐怖，复见于今，如彼稀瓜，岂容再摘，昕夕旁皇，常恐以藐然一身变为罪首，力所能济，但求扶持邦本，保卫地方，既不屑迎合意旨，作政府之私人，亦不敢破坏纪纲，为国民之公敌。一息尚存，此心不死，黄帝陟降，实式监临，风雨同舟，尤祈共济。各省都督、民政长辱讬比邻，夙同患难，谅必哀彼黎庶，共此素心，谁非胞与，宁忍恝然。各政党、各议会自任救时，更多俊彦，尤望统筹全局，协力维持，若或轻持激论，致启争端，同室阋墙，将无焦［噍］类，兆民之灾，度亦非诸公之福也。其亡其亡，终于苞桑。临电哀鸿，血随泪尽。黎元洪叩。支。印。

（《中华民国史事纪要（初稿）》1913 年 1～6 月，第 512～514 页；《政府公报》第 362 号，1913 年 5 月 10 日）

蔡锷等致袁世凯、孙中山等电

（1913 年 5 月 5 日）

急。北京大总统、参议院、众议院、国务院，上海孙中山、黄克强两先生，武昌副总统，各省都督、民政长、议会均鉴：

宋案自程都督、应民政长通电发表证据后，海内惶惶，惧祸至之无日。当此国步艰难，戕贼人才，实无天理。勿论虚实如何，自应彻底穷究，按法惩办，以彰法纪，而维人道。程都督、应民政长请开特别法庭审判，极表赞同。应请迅速组织，俾得水落石出，早定人心。内讧外患，纷至沓来，不宜因循坐误，愈启危疑。至法庭开审，勿论案内案外之人，应以静候法庭之裁判为主，勿挟成见，勿尚意气，勿凭势力而坏法纪，勿造言词而乱听闻。阋情御侮，犹是兄弟，若蜗角争持，各不相下，诚恐外侮之来，将有无墙可阋之一日矣。哀此中国，不知所云。滇都督锷、民政长佩金。歌。印。

（《蔡锷集》，第 843～844 页）

李烈钧、谭延闿等致袁世凯、孙中山等电

（1913 年 5 月 5 日）

北京袁大总统、国务院、参议院、众议院、各政党本部、新闻团，武昌黎副总统，各省都督、民政长、省议会、各政党支部，上海孙中山、黄克强先生，《民立报》并转各报馆公鉴：

接参议院宥日万急通电，不胜骇异。借债关系全国人民负担，无论君主共和、民主共和，凡属立宪国均须议院正式通过，方能议借。不意以号称民国、期限既终之政府，乃有悍然不经院议私借巨款之事，且举债至二千五百万镑之重。其条件内容概未宣布，竟先许外人为审计局总理、借款局总理、盐务顾问、长芦盐务总监各种要职。财权先亡，国本随之，陷民国为埃及之续，以前清专暴所未敢出者，竟见诸民国之政府。海内外烈士前仆后继，躬冒万死，缔兹民国，而政府甘以断送于借款之下。凡有血气，孰不发指眦裂？况宋案证据宣布，词连政府，有“以巨金资助凶手”之语，全国汹汹，方虞震动。今复不经院议，违法借款，人心一失，窃恐虽有大力，无以善其后。应请大总统立罢前议，副总统、国会、各政党、各省都督、民政长、省议会协力抗争，毋使民国因借款而亡，大局幸甚。临电悲愤，惶惶待命。湖南都督谭延闿、江西都督李烈钧、安徽都督柏文蔚、广东都督胡汉民同叩。微。

（《民立报》1913 年 5 月 8 日；《李烈钧集》上册，第 146 页）

陈炯明致孙中山、汪精卫电

（1913 年 5 月 6 日）

比闻先生入京调和党见，爱国热情，感佩曷任。炯明默观时

变，自宋案发生后，南北即起猜嫌，洎中央秘密借债之事成，全国益哗然矣！炯明一武夫耳，国家大事，何敢与闻。每念西北风云变幻万状，中央久违征抚之议，而军马使臣未出国门一步，一息尚存之政府，欲不亡于因循萎靡者几稀。先生手创民国，必能维持终始，万望星夜晋京，先将南北意见解释，然后及于党争之调和，存亡之机，系于眉睫，引领北望，言与泪俱。

（《汪陈两人之政见》，上海《申报》1913 年 5 月 16 日）

全国商会联合会总事务所致孙中山、黄兴、陈其美函

（1913 年 6 月 5 日载）

敬启者：光复至今，瞬经二载，我商民初以脱离专制故，不惜生命财产，赞助大举。迨清廷退位，南北统一，诸公雄才大略，固已有志竟成，薄海人民亦以克享共和，同深庆幸。虽兵燹之余，元气未复，而人心渐定，商业亦有来苏之望，方冀次第建设，福利可期。开岁以来，各省商务甫经发动，不意三四月间，谣言四起，险象环生。叠接各省商会函电，报告商货停顿，市面凋零，综计暗中损失，不啻恒河沙数。匪徒乘机煽乱，意图劫掠，惊风骇浪，尤以他处为甚。自制造局变生，诸公念缔造之艰难，虑防患之不密，曾见报载致电程督，请将肇乱之人，务获惩办。具征诸公，心乎［系］国是，力杜乱萌。然远道之人，传闻异辞，各省退货、止运，恐慌倍昔，告哀之电，纷至沓来。本月一日，众商在敝所集议，佥谓诸公胸怀坦白，在沪之人，皆所深悉，而远地受乱徒之谣虑［惑］，日夕疑惧，影响所及，大局益危，自非消释其疑虑，不足以安人心而卫商业。拟请诸公通电各省，表明素志，其有谋为不轨者，一体严拿，尽法惩治，并恳电

致北京贵党本部，以国家为前提，一致进行，庶几诸公爱国之心，乃大白于天下，彼造谣生事之匪徒，自知计穷力竭，不复敢公然倡乱，俾大局日就平静，而我商界亦得忍痛须臾，力求恢复。诸公手创共和，首重民意，当蒙俯如所请，以济时艰，并乞迅予示复，无任企盼。

全国商会联合会总事务所启

（《商界请伟人表明素志》，上海《新闻报》1913年6月5日）

居正、白逾桓致孙中山函

（1913年7月27日）

吴淞要塞幸已得手，堪以告慰。惟今夜明晨必有战争，急需两万元，方能支持，务望今日筹现洋两万元交来，免误事机，是所切祷。

（《中华民国史事纪要（初稿）》1913年7～12月，第179页）

胡汉民致孙中山、黄兴电

（1913年□月3日）

急。上海孙中山、黄克强先生鉴：福州孙督长军事，热心共和，此次遣使来粤，函电联络，词意似甚可靠。闻沪上会议，彼未派人与议，究何因？请电探其意旨，如能共谋，似不宜失此臂助也。汉民。三。（广州发）

（《孙中山藏档选编·辛亥革命前后》，第627页）

王孟桀为述张孟介受同志责难致孙中山函
（1914 年 1 月 15 日）

中山先生伟鉴：

不通音敬［问］者又数月矣。然先生统率群才，血忱谋国，每闻同人传诉之馀，引领下风，无任拜祝。张君孟介此次归来，所有一切规划，孟桀始而本不与闻。继阅报章之所载，及诸同人之口述，乃知各处所谋均归失败。此间诸同志因对于孟介咸有责言，孟介尤愤闷异常，几不欲生。刻闻在东诸人亦多不满意。孟桀隔阻海内，未曾加入新党，此事本不宜妄忝未［末］议。然伏念先生领袖同人，组织新党，实欲改进国家耳。孟桀亦民国一分子，偶有所见，何敢默而不言。且孟桀与孟介相处有年，深知其雄才大略，勇于任事，实为吾皖中之不可多得者。惜热度过高，处事用人亦欠精细，乃其所短。况今日党德日下，所往来于国内外好为大言、口热诚而心金钱者，所在皆是。以孟介之豪放，尤易受其诓骗，此次之败正为此故。即孟桀等夏间以爱惜孟介之意，出为反对，盖亦早虑其有今日矣。虽然以伊之为人，若考其才而用之，将来成就当亦未可限量。昔秦用孟明，而卒能称霸，使功不如使过，古人亦有名言。先生为党惜才，望函召孟介回东，加以劝勉，以备收孟明之用。孟介之幸，亦民党之幸也。嗟乎！时局变迁，人心难测，以民党素称佼佼者，今则亦自行投降，甘为敌用矣。苟有饶于魄力，真为党中之血性男子，偶因一事之疏，若弃之不顾，岂不更觉可惜。此则孟桀所以不揣鄙陋，披肝沥胆，为先生告也。书不尽言，即请钧安。王孟桀谨上。元月十五日。

孙中山批：交觉生（居正）、梓琴（田桐）代答，劝他写誓约。

（《革命文献》第四十八辑，第 137 页）

黄兴复孙中山书

（1914 年 6 月 1 日或 2 日）

接读复示，因来客众多，未即裁答，殊为歉念。今请露肝胆、披心腹，为先生最后一言之。

宋案发生以来，弟即主以其制人之道，还制其人之身。先生由日归来，极为反对。即以用兵论，忆最初弟与先生曾分电湘、粤两都督，要求其同意。当得其复电，皆反复陈其不可。今当事者俱在，可复询及之也。后以激于感情，赣省先发，南京第八师为先生运动营长数人，势将破坏。先生欲赴南京之夕，来弟处相谈，弟即止先生不行。其实第八师两旅长非绝对不可，不过以上海难得，致受首尾攻击之故。且先生轻身陷阵，若八师先自相战斗，胜负尚不可知，不如保全全城之得计。故弟愿以身代先生赴南京，实重爱先生，愿留先生以任大事，此当时之实在情形也。南京事败，弟负责任，万恶所归，亦所甘受。先生之责，固所宜然。

但弟自抵日以来，外察国势，内顾党情，鉴失败之主因，思方来之艰巨，以为此次乃正义为金钱、权力一时所摧毁，非真正之失败。试翻中外之历史，推天演之公例，未有正义不伸者，是最后之胜利，终归之吾党。今吾党既握有此胜算，若从根本上做去，本吾党素来所抱之主义发挥而光大之，不为小暴动以求急功，不作不近情言以骇流俗，披心剖腹，将前之所是者是之，非者非之，尽披露于国民之前，庶吾党之信用渐次可以恢复。又宜宽宏其量，受壤纳流，使异党之有爱国心者有所归向，夫然后合吾党坚毅不拔之士，学识优秀之才，历百变而不渝者，组织干部，计画久远，分道进行，事有不统一者，未之有也。若徒以人为治，慕袁氏之所为，窃恐功未成而人已攻其后，况更以权利相号召者乎？数月来，弟之不能赞成先生者以此。

今先生于弟之不入会以满足许我，虽对于前途为不幸，而于弟个人为幸已多，当不胜感激者也。惟先生欲弟让先生为第三次之革命，以二年为期，如过期不成，即让弟独办等语。弟窃思以后革命原求政治之改良，此乃个人之天职，非为一公司之权利可相让渡、可能包办者比，以后请先生勿以此相要。弟如有机会，当尽我责任为之，可断言与先生之进行决无妨碍。

至云弟之亲信部下对于外人云云，弟自闻先生组织会时，即日希望先生日加改良，不愿先生反对自己所提倡之平等自由主义。弟并未私有所标帜以与先生异。故绝对无部下名词之可言。若以南京同事者为言，皆属昔日之同志，不得谓之部下。今之往来弟处者，半多先生会内之人，言词之有无，弟不得而知，当可为先生转达之。

又，英士君之攻击于弟，弟原不介意，惟实由入会问题，则弟不肯受。今先生即明其非是，弟亦不问，听其所为而已。国事日非，革命希望日见打消，而犹自相戕贼若是，故日来悲愤不胜。先生今力任大事，窃附于朋友之义，有所诤谏，终望采纳，不胜幸甚之至。

（刘泱泱编《黄兴集》，第697~698页）

吴麟兆等报告都朗度埠党务情形致孙中山函

（1914年7月20日）

中山孙先生伟鉴：

现接三藩市发来函电，知内地讨袁时机已熟，军饷当急筹应，本分部即召集同志开临时会议，决议从速进行。兹已集成少款，即由电汇日银一千大元，由汇丰转交，以应急需，收到请即回音，随后集有成款，当即随时付汇。当此大局垂危，袁贼一日不亡，民国一日不安，此正豪杰枕戈之秋，烈士舍身之日。先生为国驰驱，苦心毅力，亦欲强固国家，造福人群，乃数十年经营而成之，一二辈奸贼而败之，致使国家人民出于水火之中，复陷于旋涡之内。言之痛心，思之眦裂，若不速起义师，诛灭袁贼，民国前途何堪设想。现观诸时局，证诸人心，天下事大有可为，二十世纪必不容专制民贼，复活于汉家之锦绣河山也。望先生率内地同志，树我旌旗，整我师旅，灭此袁贼而朝食，此海外同志所引首伸眉东向而高望者也。本党自同盟成立，改组国民党，于兹四载有余，向隶属于温埠支部，因此未获函件请教。近赖各同志热心锐力进行，党势日见扩张，美支部许为交通机关，从此可与内地直接。兹特奉函请教，望先生时赐训言，倘有命令指挥，定当服从，竭力划一进行，务祈再造民国，巩固共和，为四百兆同胞谋完全之幸福。然后先生之志成，吾党之责任亦尽，庶可告成功于天下后世也。先生勉之，同志勉之，吾党共勉之，此同人所乐为执鞭者也。临风想望，不尽所言，伏惟珍重，统惟荃照不宣。

英属都朗度埠国民党交通部长吴麟兆、中文书记
许一鹗、西文书记李慈五（名连）上言

中华民国三年七月二十日

孙中山批：覆函鼓励，并前接到汇丰电款一千元，据称由纽约寄来，当时已覆函纽约，并收条寄往胡心泉君查交。今接函始知为贵埠所寄，即致函胡君将收条寄致贵埠矣。并寄章程。

（《革命文献》第四十八辑，第 90 ~ 91 页）

陈新政为党务事致孙中山函

（1914 年 8 月 21 日）

孙先生伟鉴：

查十一号有致草扎内布等情，揣荷惠鉴矣。刻读二号发下大教

示事，均知一切。暂约并支部总章已荷妥付，如到自知向领，请纾远介。前草扎所云，向逾桓出而调停者，系误信友人之言。今观大教，知党事甚慰甚慰。欧洲战争畀吾党以极大之美机，此时若不进行，舍此无时矣，幸先生早已筹备进行。此去进行如何，犹望赐教言，以匡不逮。余事后布。即致
侠安

弟陈新政上

假共和三年八月廿一号上

（《革命文献》第四十八辑，第107～108页）

吴文龙等报告范鸿仙被刺经过并请抚恤致孙中山函

（1914年9月23日）

中山先生赐鉴：

日昨曾上一电，由英士先生转呈，计已在鉴。兹特将范君被刺情形详细陈之。范君原宿寓中，事前数日因念时机已熟，诸务殷繁，特由寓中移宿于嵩山路办事机关，以便接洽。同住者共秋水等六人，范君宿前楼，秋水与义章、海洲、学文则宿后楼，尚有钟明贵、杨斌两人宿楼下。廿日晨四时后，刺客四人由前楼栏杆外踰入，先以利刃戳伤左肩肋及腰部，复于心窝击中一手枪，及秋水等闻声惊起，凶人乃迎门施放手枪，拒不令进，然后由前楼跃逸。秋水等一面看视范君，血肉淋漓，气息已绝，一面追捕凶犯，比于间壁捉获一名。先是间壁有空屋一所，事前两日被人租去，仅付订洋拾元，并未迁入。十九日有形似工匠者数人入屋修理，讵知此即奸人之诡计也。当其由间壁踰入时，已预系绳梯两条为遁逃之备，被捉凶犯因踰墙跌伤，现由捕房送医诊治，尚未研讯。其余在逃未获之凶犯，仍由捕房严密访拿。此范君被刺之详细情形也。至范君个

人善后，应由蒋君介石担任洋七百元（已付二百元），除临时衣棺等费，约用洋六百元外，余洋当交范君家属收用。惟范君本寒士，家无恒产，自去岁失败以后，所有衣饰书籍等件典卖一空，身后萧条，言之可痛。所遗发妻及子女各一，女年十二，子仅八龄，教养之资，皆须筹备。世钦等与范君均属至交，痛死者为国遇害，生者生计维艰，自苦棉薄，爱莫能助，只得将各种情形具以上闻，伏乞先生俯念范君死于国事，加以抚恤，以慰忠魂，而安孤寡，不胜哀痛迫切待命之至，谨肃，敬颂

公安

吴文龙　万竹泉　黄　畴
金维系　刘秋水　李邦粹
许世钦　李绪昌　张海洲
朱　良　刘义章　余立奎
戴膏吾　陆学文　同上
廿三日

（《革命文献》第四十六辑，第110~111页）

邓泽如为筹饷事务复孙中山书

（1914年9月30日）

中山先生大鉴：

接奉九月八日惠书，敬悉一切。并夹来事前筹款章程一纸，鄙见对于该章程，有数款与同志之心理似不甚妥治，恐章程一布，误不可再，是以不揣烦渎，改驳数款，倘不以为管窥蠡测而教正之。（一）现在筹款，已答应助款者，吾党得占领一省后，即时偿还，现此章程定为三年内，似有过迟。（二）第一次之款，此时可以不提，若提及，适以引起訾议。（三）各处筹饷局，既颁总部所委出之委员长组织之，则局长宜以委员长充当，不必再由支部公举，因

推举往往有不适当者。（四）各埠各局员任意发出收款之凭据，甚为不妥，必须由总部财政部发给收条，始免第一次筹款时滥发之弊。以上各节，如能酌改，并请从速委定各筹饷委员，俾得早日进行。承示嘱弟赴东京助理党中财政事务，弟现经营自家事业，随时亦可分身，但此次南洋筹款，引起辛亥年各埠汇款返香港金利源，该号收到款时，竟以只字答复之糊混，当日同志中甚为不满，是以日前在坝罗开会议时，咸推弟为稽核员，与港机关接洽，核其用途，俾共晓然此次之款，涓滴归公，既担此任，亦要常常往各埠策励，事关此次南洋筹款之紧要，目下似难抽身来东京也。协和、競存在南洋从新组织水利公司之件，待在访查其中内容，再为详告。执信兄拟日间归港，余容后报，此覆。即颂

大安

邓泽如谨启　三年九月三十日

（《中国国民党二十年史迹》，第 129～130 页）

庇能支部总务局报告改组致孙中山函

（1914 年 10 月 5 日）

中山同志先生暨各部长均鉴：

日来次第接到大教四章外，复收到印刷品六本，示事敬悉。曾经召集稳健同志实行改组，现庆成立。人数虽云未多，幸皆死守主义者。当场并公举职员八人，陈君新政为本支部部长，刻仍着着进行。将来兼有可望。职员及党员誓章名册，俟汇齐来日寄呈，请毋绮介。目下欧事影响，居留戒严，书信自由，早已丧失，出入皆要剖阅。如蒙大教，祈仔细为佳。余容后启。谨颂

义安

十月五号

中华革命党庇能支部总务局上言

孙中山批：海外局复后，另交总务部择要存案，并另行答复，发给委任状。

（《革命文献》第四十八辑，第109～110页）

梅培代黄兴请求修改中华革命党总章上孙中山书

（1914年10月5日）

中山先生鉴：

前两月奉惠大教，本拟束装东返，奈不旋踵而第二次之大病继至，较前益剧，频危者屡，病后元神大损，留芝调养。适值克强先生承先生命令，特来美东阻止袁贼借债，道经芝城。本处同志以彼之来，关系于本党前途甚大，事既重要，且承先生命，故备极欢迎，一则尽宾主之义，二则为彼装起声价，俾办事易于着手等因云。惟克强先生甫下车即访弟谈话，弟应命而往，自午前十一句钟谈至午后五句钟始返，彼之意不外托弟致意先生，邀求将中华革命党之新定章更改一二，以期维系全党人心，免至分解。至其所欲邀求更改者，一为誓章中之“附从”二字，二与定章中之“某勋公民等级”，彼云吾非反对孙先生，吾实邀求孙先生耳，吾重之爱之，然后有今日委托之邀求言论，吾知党人亦莫不仰重孙先生，尊之为吾党首领者，但为此不妥之章程，未免有些意见不合处，故吾党中分解，于孙先生名誉有碍，党务亦因而不能统一，国家前途，亦有莫大之关系云。继而曰：吾知此新章之不能改者，原非孙先生之把持，实中有三五人为之梗耳。何以见之，章程拟稿时，先生曾分份看参，吾指其不合处，邀求更改，先生当时力允订更，对胡汉民先生亦然，后不果更，勉强施行，吾料确非先生之本意云云，望与先生函商一切，若有效，不但克强一人感激，吾知党中多数健全份子，亦当引为庆幸。至吾为此事，自到美以来，除密商林森、谢英伯、冯自由、黄伯耀而外，并未对第五人说及，今闻尔在此，故特邀商等语。

惟弟二于克强未来美以前，闻各方面同志，对于元勋公民一节，已有反对之意，弟更闻有消息，意欲联合美洲全体同志，邀求更改，今又遇克强，不约而同之邀求，并声明除邀求之外，确无反对之意，弟故不忖冒昧，备述各情，预为呈之，希先生裁夺一切，是否可行，尚祈原谅，谨此奉闻。并候

精神

弟梅培上

三年十月五号

（《革命文献》第45辑，第435～436页）

余铁汉报告中华革命党在纽约筹款情形致孙中山函

（1914年10月8日）

中山先生大鉴：

日前寄来中华革命党总章数册，由胡心泉君交来妥收，并大教获悉一切。自由、英伯、孟硕、铁德诸君先后抵埠，亦将中华革命党办法进行宣布。此间同志，概行加盟。此次所筹之军饷美金一千七百元之间，寄交大埠筹饷局，凑集巨款转寄先生，以济军糈矣。本埠得自由兄等到此演说，人心转移，即前日之反对，今日亦醒悟矣。致公堂得自由兄运动，现筹有数百元，大约日间可有日金千元电交先生，深堪告慰。克强先生已于本月三日由芝城抵埠，国民党致公堂及华侨团体，欢迎甚形踊跃。华人有史以来，未有如此之盛也，大抵崇拜英雄之故耳。黄君其中情形得自由兄详述一切（因弟与自由兄在云埠久交故其详述耳），国民党现概不与黄君谈及党事，国民党现办之《民气报》，近一二星期可以出版，现定孟硕君为编辑，届时寄阅可也。先生随后来函，关于公事，希直接寄交本

党，勿由胡君处去，以免同志之口舌为望焉，顺颂
义旗

书记　余铁汉上（中国国民党纽约交通部印章）

十月八日

（《革命文献》第45辑，第458～459页）

邓慕韩告通信地址致孙中山函

（1914年10月8日发）

先生大鉴：

慕韩于七日由横滨出发，八日正午安抵神户，十九可抵香港。以后如有委用慕韩之处，慕韩力可能办者无不竭力为之。盖慕韩除从事革命之外，别无事业经营也。通信处请寄交“香港歌赋街尾真报林换廷转交邓民声”便可得收。专此，敬颂
大安

弟慕韩谨白

八日诹访凡中发

孙中山批：抄录通信地址。

（《革命文献》第四十八辑，第334页）

程壮报告在沪因案被系及获救情形致孙中山函

（1914年10月16日）

中山先生伟鉴：

敬启者，壮本不才，尚知大义，二次失败，筋力几灰。然满腹愁怀，急思再振，以巩我真正共和，而救此流离兆庶。是以不揣冒昧，

举义南通，实指马到功成，为十八行省之倡。不意天未厌恶，不能如愿以价，徒使数千健儿断送于国贼之手，言念及此，不仅泪出痛肠而抱恨终天也，实赧为先生告焉。通事败后，冒出万险，幸得余生，匿迹申江，藉求续步。乃遗物弄人，祸出意表，于八月十三日午后，有米占元探伙吴守山、余虎臣同投法捕房控称壮与米案关系，拘壮以去。意在以米案为之导引，而以通事证之，并加以土匪等词，以达引渡之目的。幸有杨君啸天、顾君振黄之奔走运动，周君哲谋、欧阳君豪、蔡君少黄等之输助，计费五六百金。虽经英法两廨再四研讯，绝未准政府之请，完全出狱，亦云幸矣。且因之而获有范君鸿仙案内正犯吴守山乙名，得有实供甚详，是真天网疏而不漏也。韩君复炎为人，先生深悉之，纵有小瑕疵，尚乞体谅。盖以内地渠之机关，困难已达极点也，并有大好机会可图，无非经济掣其肘耳。壮因沪上种种手续未完，不能遽离沪上，否则当东渡蓬莱，面受机宜矣。此后更恳时示方针，俾壮奔走，以尽天职。余容再呈，谨此上达，致请

筹安

晚生程壮鞠躬

孙中山批：代答鼓励。

（《革命文献》第四十八辑，第132～133页）

邓泽如辞财政部长并报告李、陈别立水利公司反对中华革命党致孙中山书

（1914年12月11日）

中山先生大鉴：

十一月六日寄呈草函，谅荷垂鉴。日迭奉手书及委任状，均经领悉，而所委任弟为本党财政部长一节，既承先生推许，且称为党择人，嘱为勉就。弟于义务上奚敢固辞，然亦窃有所欲言者，则以吾党办事，向重实力，不尚虚声，先生所嘱办筹款事，弟于义务

上，固当从命，而财政部长一席，则必欲敬辞。其所以敬辞者，诚以弟无论任部长与否，而对于筹款各事，必不敢稍有懈怠，诚能如是，则自为部长与否耳。且部务至繁，弟现下身在南洋，自信虽能于南洋一方面，竭其能力，以资办理，而东京事务，必难顾及。先生来函，虽已声明由东京另行委人帮办，第既如在，则弟更何必据此部长之虚声，且东京财政事务，不特较南洋为尤繁，而部长不在东京，于事实上，尤多窒碍，故鄙意以为部长一职，实不必任之于弟。现在弟于南洋各处，一面竭力筹款，而东京各事，则另行委任别位担任财政部长，于事实上尤能两得其益。先生既知弟甚深，料必不以上所言为客气见却也。惟有一节，颇不能如吾人之意者，则英荷各处，自现情形而论，商务败坏，土货停滞，筹款已大受影响，而尤为窒碍者，既如上述。吾人筹款，自不能不专向素来热心之老同志，而各老同志之中，竟少数已为陆文辉破坏。因彼前既接先生十月八日之函及委任状，到处示人，声言弟之出而筹款，不汇东京，而接济粤之执信，已为中山所反对，因之迟疑观望者，大不乏人，故现在私念即勉力办去，而能大收成效与否，真不敢预言也。只无论如何，弟仍必尽力行之，以求能对先生及吾党而已。至于函嘱与李协和兄筹商诸事，弟曾先通一函与他，已得其复信，今照抄呈览。月之四日，陈竞存兄自星加坡来访，弟偕同其往坝罗，相约郑螺生、李源水、欧慎刚诸同志，一齐出庇能访协和谈晤，备述先生来函所商各事，询其如何主见。据协和兄云，吾辈今日之主旨，为推倒专制政府之目的，国民党名义堂堂正正，国内之国民党机关，虽被袁贼解散，而海外之国民党，居留政府，从未干涉，而先生又新发起中华革命党，岂不是又将海外之国民党而取消之，是以绝不赞成，现在惟有各行其是，尽力办去，务达到倒袁之目的而后已。目的既达，然后谓中山先生出来，共同维持，乞转语中山先生不必疑馁等语。以弟所观察，李、陈等在法国已联络一气也，不观协和之布告、各埠同志书、竞存之亲往各埠联络？种种已露其另树一帜之举动也。推测李、陈有三原因：（一）因与东京总部意见不合，欲运动海外华侨，打消东京机关；（二）因东京与各路已陆续筹款进行，故主张使人预备大款，勿使妄交别人，一则阻止东京总部之进行，二则留此款为将来助彼等之用；（三）因东京现已进行，彼等若不出，则现在不能对人，将来于己无益，故不得不出而组织水利公司。更有庇能陈新政辈，欲效辛亥时总揽南洋同盟会机关时，藉党分润。查辛壬间，庇能支部公款，为黄金庆用去八千，丘有美使去五千，尚有万余元糊里糊涂之数，仍存二万余元，置买吴世荣之房屋两间，一为《光华报》，一为槟城书报社，所以彼辈今日又欲藉协和、竞存之名而运动，欲思以藉党而染指也。陈新政日前函约弟出庇能，共同相劝协和，不可离开中山先生，若能一致，事方有济，否则两难成事云云。及至弟抵庇能，陈新政言行不对，不特不协同相劝协和，而反对改组中华革命党新章，如此更显出彼辈在庇能另立机关也。弟经在坝罗、芙蓉两埠召集同志开会，反对水利公司之理由：（一）东京总部现已组织成立，且已陆续办事，而彼现方欲从新组织，其办法必不及东京之完备，其进行必不及东京之速；（二）吾人已赞助中华革命党，断无又赞成反对中华革命党之人，以反对中山先生之理；（三）东京总部派人在粤谋举事，事机正在紧急，而彼等尚未举动，断无济缓不济急之理；（四）彼等以预备大款，然后举事，自然是好，但今时机已迫，若集得大款，恐永无能办之日，革命党做事，有一分财力，办一分之工作，陆续办去，方系革命党本质；（五）南洋同志多数信仰中山先生，今彼等反对中华革命党，而组织水利公司，则他等在南洋筹款，亦必无效，徒碍东京之进行，反延夫已氏之命耳。现将寄来之中华革命党通告，及事前筹饷章程，翻印数百份，分寄英荷各属同志与书报社，备述吾党今日之时机及进行，以不可更迟之机会，并促筹备巨款，着其直汇东京矣。专此奉告，即颂

大安

邓泽如谨启　民国三年十二月十一日

（《中国国民党二十年史迹》，第 130～132 页）

伏龙报告经营江苏讨袁军事情形致孙中山函

（1914年12月12日）

中山总理先生有道：

谨陈者：龙此次东到之初，即奉命与军务部接洽，迄今一月余矣。周应时先生鉴于事权不一，力谋江苏统一，所定计划种种，至精极当，似属可行。龙本极端赞同，愿将所有势力，悉听支配。并已函嘱内地同志准备改照办理，以归一致。乃迟之又迟，绝未实行。英士先生允我接济，亦屡归乌有。近且发行之事实，反出前议计划之外，且与统一之旨大相矛盾，其果否为正当之办法，及其信用有无损失，兹均不论。惟龙因何事来东，先生因何事命往军部接洽，为时已久，终未有一确实解决，心急如焚，不知所向，是不能不仍请决于先生行止如何，惟先生教之。至龙前次江北之事，牺牲若干金钱，并同志性命，未能底事于成，咎在难辞。然其中真相，有不得不为先生陈者：彼时江苏支部，尚未成立，各地亦未分人担任，龙等虽专注江北，其于江南之重要地点，如宁镇等处，本为势力所在，且因种种关系，自不得不兼顾及之。江北事因青纱帐，未及完全利用，不免稍形棘手。然其已发动者，亦曾集合三四千人，树旗讨贼，与袁军战若干日而弗挫。其未发动者，亦急急准备发动。彼时江北大局，确有不可终日之势，驻宁之直隶混成旅，全部调驻江北镇慑者，正为此也。孰意天不由人，竟使江北大水，遍地数尺，行动非舡不可，未发动者固不得不暂行隐忍，即已发动者亦不得不分驻数处，稍行停顿，此实势使之然，而无如何也。程锐生君通扬事，与江北亦有连带关系，且本合谋进行，及其失败，亦不免受其影响。南京自直隶混成旅开出，已去一劲敌，无何镇江之北军一部因中立事，亦开往山东，是宁镇两处均有可乘之机会。江北又适值无可为力，于是决议用全力谋宁镇，殚精竭虑，急急进行，而宁镇之进步亦颇速。此龙所以未亲往江北战地者，固以接洽事多，亦以大希望正在江南也。乃未几而经济告竭，罗掘无门，韩恢君仍允不日有款，然渠亦款无来源，久不见到，宁镇间之同志，以功亏一篑，催迫甚紧。而江北以水势潮退，大军环集，要求子弹接济者，又复络绎于途。彼时龙实一无所有，除以空言抚慰，绝无应付之策。后以株守无益，不得已乃急行东渡，乞援于先生之前，此龙前此之实在情形也。近月余来，情况迭变，南京虽破获机关，损失同志数人，然未被牵动者尚多，势力未至大减，镇江未有变动，江北各处虽已发动之绿林，陆续消灭，其未发动及清乡团警备队之一部，现均仍无恙。惟沪上同志及各地之组有机关者，大半无衣无食，甚且无住，危急情状，可为寒心，进既不能，退亦不可，龙为众同志代表而来，久无确音，何等焦急，内地同志，仰望者更复何堪。先生为党中之元首，究竟能否接济，或如何办理之处，谅必早有裁度，速即示遵，盼甚，幸甚。临书惶悚，统乞鉴察，不禁待命之至。谨此，恭请

道安

伏龙谨上

十二月十二号

（《革命文献》第四十八辑，第 130～132 页）

许崇智请委王善继、白耀辰为军事联络员呈孙中山文

（1914 年 12 月 25 日）

军事部部长呈：拟请委任王善继为河南军事联络员，白耀辰为关外军事联络员，应请核夺施行。右（上）呈

总理钧鉴

许崇智

民国三年十二月二十五日

（三年十二月廿六日午后二时收到）

孙中山批：准照办理。

（《革命文献》第四十八辑，第20页）

刘剑侠报告在南洋各埠联络情形致孙中山函

（1914年12月29日）

中山公伟鉴：

肃启者：追忆鸿仪，无时或息，曩蒙训诲，益自加励。旧岁与陆领等往助南京，道路梗塞，逗留沪上。吴淞危急之时，而粤东警电又至，即偕诸同志火速回救。自与仲贤、济民、恒霜诸君五路进攻之策失败后，悲愤之余，破产继续猛进，种种情形，已报书托夏重民君转呈，料蒙赐阅。至陈智觉君来传公命，使各机关统一，即招集大会于港永年人寿公司，是以有铁血团之成立，至情形方略，亦已举梅乔林君代表面述一切。仆同时公派到南洋联络，先抵北般鸟布置数月，各埠方陆继就绪，更在山打根新建日光书报社一所。十一月二十一日抵星洲，颇蒙各机关欢迎，公新委任邓子瑜君等八人亦颇竭力。所惜者永福君不负责任，致机关散设，进行不大速也。仆已招得旧同盟模范军百数名，先遣回华。仆亦准此数日内返国襄助，认真使各机关联合进行，事方有济。仆不才南渡数月，只筹得二千余元，接济广东，倘当时得公委任状，一、二万不难筹集也。有二、三热心资本家，须公另加委任者，待回国与诸同志妥商，方再呈请办理可也。此次必得轻快巡舰一、二艘备用，大事方济，乞为留意。恭候

筹安

十二月初三

仆剑侠上呈

仆旧名振邦，公所知也，龙贼索急，故改名剑侠，特此并告。

（《革命文献》第四十八辑，第110～111页）

李烈钧致孙中山函

（1915年1月21日）

中山先生伟鉴：

惠书敬悉。东京之行，原有此意，到南洋闻公等在东行动颇不自由而止。兹闻彼邦民党有活动消息，果成事实，当行初意。但钧部同志，云散风流，极形困苦，刻筹收容，须缓时日。心心相印，先生有异举时，在南方策应反较便也。专复，敬颂

伟安

四年一月二十一日

烈钧谨启

（《李烈钧集》上册，第177页）

许崇智、周应时请委夏尔玙为浙江革命军司令官呈孙中山文

（1915年1月24日）

军事部正、副部长呈：窃浙江军事原系夏尔玙担任，经营颇著成绩，现值军事吃紧之际，拟请委任该员为中华革命军浙江司令长官，可否，应候批示祗遵。右（上）呈

总理钧鉴

许崇智（印）周应时（印）

附履历一纸。

民国四年正月二十四日

（四年一月廿七日下午二时收到）

夏尔玙履历

夏尔玙号次岩，年四十四岁，浙江青田人。庚子入安徽武

备学堂，癸卯毕业。甲辰三月，充武备练军右三哨哨官。九月祖母病请假回籍。乙巳充桐城崇实学堂监学，兼中学体操教员。至丙午下学期，充芜湖赭山中学监学。丁未充安徽师范学堂监学，兼体操教员。己酉兼陆军测绘学堂提调。庚戌又兼浙江中学监督，庚戌丁父艰回籍。辛亥充安徽陆军小学提调。王天培光复安徽，充庶务长。黄焕章到皖，离皖至合肥组织北伐队未成。合肥军民公举代表，欢迎孙少侯到皖，任军务部次长，兼庶务科长，军需科长，壬子四月解职。二次在临淮一带，察视军情，后至徽州组织军队，未成，取销独立。阴历八月二日返沪，须至履历者。

孙中山批：着照办理。

（《革命文献》第四十八辑，第20～21页）

许崇智、周应时请委庞三杰为鲁豫淮游击队司令官呈孙中山文

（1915年1月31日）

军事部正、副部长呈：拟请委任庞三杰为鲁豫淮游击队司令官，担任由丰、沛、砀三县起义，同时即破坏津浦铁路，以阻北兵南下，并游击于鲁豫淮交壤一带，而尤以破坏津浦铁路为主要之任务。是否有当，应候批示祗遵。右（上）呈

总理钧鉴

许崇智（印）周应时（印）

民国四年正月三十一日

（四年二月一日下午二时收到）

孙中山批：准照办理。

（《革命文献》第四十八辑，第21～22页）

居正请委黄展云为福建支部长呈孙中山文

（1915 年 1 月）

敬呈者：据兼任福建支部长许崇智呈请辞职，并请委黄展云为福建支部长等情，蒙谕准如所请。除由正通告许崇智外，即请委黄展云为福建支部长。令总务部查照执行，以重党务，而专责成，不胜待命之至。

党务部居正（印）谨呈

民国四年一月　日

（四年二月七日上〈午〉十时收到）

孙中山批：着照办理。

（《革命文献》第四十八辑，第 53 ~ 54 页）

许崇智、周应时请委哈在田等为徐淮革命军司令官呈孙中山文

（1915 年 2 月 1 日）

军事部正、副部长呈：窃自四川起义以来，各省志士，咸思急起直追。而据海内各部最近报告，谓贼军近日纷纷在鄂湘一带调兵入川。为灭此朝食计划，当此千钧一发，若非他省有二三处同时响应，遥相控制，则贼军得注全力以图川。川局一失，则此后更难于号召。部长等日夜焦思，自来长江流域，为用兵者所必争，淮扬徐海通等处，尤扼南北之冲要。目前要着，莫如以江北淮徐海一带为主动，以通扬为被动，牵制北寇之行动。所有原因，业于上月三十一日，由副部长面尘聪听，当邀采用。兹拟委任哈在田，为徐州革命军司令官，臧在新为淮上革命军司令官，丁明清为海州革命军司令官，担任在于该三处先后起义，协同一致进行，以胁制清江原有军队，就我范围为主要之目的。至通扬两处，基础尚形薄弱，拟委任程壮为通州革命军司令官，

詹炳炎为扬州革命军司令官，即时着手经营，俟徐淮海起义，乘时响应。日前所许款项，另单呈电，均请从速指拨，以便克日出发。江南计划，候该区司令长官吴藻华到东再定。至山东、河南计划，俟酌定担任，再行呈请核夺。是否，伏候批示祗遵。右（上）呈

总理钧鉴

附清单一纸。

许崇智（印）周应时（印）

民国四年二月初一日

（四年二月三日上午九时收到）

孙中山批：准照办理。

（《革命文献》第四十八辑，第22～23页）

徐苏中请辞江西支部长致孙中山函

（1915年2月2日）

谨呈者：去年六月间，苏中奉委为江西支部长，当以不能回赣，未敢就职。今苏中仍不能回赣，而江西支部长一职，又与本党新章不合，应恳准予辞去江西支部长一职，另选贤能加委，实为至便。此呈

总理钧鉴

徐苏中谨呈（印）

二月二日

孙中山批：准，文

（《革命文献》第四十八辑，第148页）

许崇智、周应时请委浙江革命军军务人员呈孙中山文

（1915年2月3日）

军事部正、副部长呈：窃准浙江革命军司令长官夏尔玙函开：

前奉总理明命办理浙事，力薄任重，深虞陨越，特以天责所在，勉承其乏，未敢固辞。第进行事务至为繁重，苟非同舟共济，岂能迅收成功。兹拟请委任郑炳垣为浙江革命军第一旅旅长；蒋介石为浙江革命军宁波司令官；邵元冲为浙江革命军绍兴司令官；金维系为浙江革命军严州司令官，函请察转等语。为此转呈，可否，伏乞批示祗遵。右（上）呈

总理钧鉴

许崇智（印）周应时（印）

民国四年二月初三日

（四年二月四日上午十二时收到）

孙中山批：除蒋介石外，悉着照议办理。

（《革命文献》第四十八辑，第23页）

许崇智、周应时请委吴醒汉、江炳灵为湖北革命军参谋长副官长呈孙中山文

（1915年2月4日）

军事部呈：窃准湖北革命军司令长官蔡济民函开：本月一日奉大部发下总理委任蔡济民为湖北革命军司令长官之委任状一纸，并中华革命军司令部通则一份，当即祗领在案。济民刻下为时势所迫，不能返国，全体幕僚似无设置之必要。惟参谋长及副官长各一员，一则因计划进行，一则因办理机要，设置势不宜缓。查有本党党员吴醒汉，堪以委任为湖北革命军司令长官部参谋长，江炳灵堪以委任为湖北革命军司令长官部副官长，函请转请总理迅赐委任等语。部长等复查，该司令长所请尚属实事求是，除转知吴醒汉、江炳灵速将履历送部外，应请迅赐委任施行，右（上）呈

总理钧鉴

许崇智（印）周应时（印）

民国四年二月四日

（四年二月四日上午十二时收到）

孙中山批：着照办理。

（《革命文献》第四十八辑，第23～24页）

许崇智、周应时请委盛碧潭为浙江革命军宁波司令官呈孙中山文

（1915年2月6日）

军事部正、副部长呈：窃据浙江司令长官夏尔玙函称：浙江亟宜进行，而宁波一隅尤为海滋重镇，非得人主持不为功。兹查有盛碧潭长于军事，于甬军尤有联络，函请委任为浙江革命军宁波司令官，以资进行等情前来。除俟该员履历到时补呈外，理合转呈，伏候批示祗遵。右（上）呈

总理钧鉴

许崇智（印）周应时（印）

中华民国四年二月六日

（四年二月七日上午十时收到）

孙中山批：着照办理。

（《革命文献》第四十八辑，第24页）

陈家鼎报告周诗暗中连络北方军官致孙中山函

（1915年2月7日）

中山先生大鉴：

启者，鼐去年介绍入党之湖南周诗，闻伊已运动陆宗舆咨送北京陆军部作官。但周诗为人纯系民党性质，断不致中途变节，虽作官谅不致违背本党宗旨。并闻周有暗中连络北方军官援助吾党之意，或者效赵声、吴禄桢辈之作用，亦未可知也。鼐既有闻不可不报，乞先生详察焉。近日中日邦交大有决裂之势，党员纷纷请问者，想不乏人。我公宜持镇静态度，并希早定革命进取方针，使同志便于遵守。袁世凯与日人暗定亡国条约，又不宣布，令人寒心。鼐日来忧患成疾，已连次吐血，不止无补于党，身已稍衰，可为浩叹。加以受经济束缚，心甚不安，奈何？此叩

道安

陈家鼐上言

二月七日

（四年二月九日上十一时收到）

孙中山批：交总务部。

（《革命文献》第四十八辑，第160～161页）

满洲船分部长请改委赵植芝为分部长致孙中山函

（1915年2月9日）

中山大总理钧鉴：

敬肃者：前由林来君赍来委任状，为满洲船部长，敢不躬亲执行，尽忠党务。惟自忖志行薄弱，众望未敷，于交通党内机关，诚恐弗克乃责。兹本船同事中赵植芝其人者，本同盟先进，旷达涵养，为敝同事等所乐认，想大总理亦颇有所闻，诚恳将驻满洲船支部长委任状转发给与赵植芝君，俾得以措置党务一切事宜。至前部长戴卓民乞祈准免部长，仍事协助赵君进行，以尽责无旁贷，吾党幸甚。如何之处，乞为卓夺。专此，并请

义安

满洲船支部长平告

四年二月九日

（四年三月十五日下四时收到）

孙中山批：准照办理。

（《革命文献》第四十八辑，第125~126页）

居正请委王敬祥为大阪支部长呈孙中山文

（1915年2月9日）

敬呈者：党员王敬祥，在神户大阪华侨商界颇富声望，对于党事夙抱热忱，特呈请委为神户大阪支部长，以资联络而张党势，是否有当，伏乞总理核夺施行。

党务部长居正（印）

中华民国四年二月九日

（四年二月九日下九时收到）

孙中山批：准照办理。

（《革命文献》第四十八辑，第54页）

许崇智、周应时请委江南革命军军事人员呈孙中山文

（1915年2月14日）

军事部正、副部长呈：兹据江南革命军司令长官吴藻华申送，请委江南军事人员清单一纸到部。部长等查江南司令长官一职委任已久，现值进行紧急之际，所有应设担任军事人员，亟应遴材委任，以便分途着手，各专责成。复查该司令长官请委各员，均系奔

走江南军事日久，成绩颇著，除周栖云、施恨公、周济时三员，照中华革命党军委任通则，由军事部委任外，其余一十七员，均拟请分别委任。是否，伏候批示祗遵。右（上）呈

总理钧鉴

附呈清单一纸。

许崇智（印）周应时（印）

民国四年二月十四日

谨将请委江南军事人员姓名职务，缮具清单，呈请核夺。

计开

△俞　奋　拟请委任南京革命军司令官。

△陈　剧　拟请委任镇江革命军司令官。

△吴江左　拟请委任苏州革命军司令官。

△张建勋　拟请委任江宁革命军第一旅旅长。

△刘　泽　拟请委任江宁革命军第二旅旅长。

△陈雄洲　拟请委任江苏革命军第二师师长。

△华盛文　拟请委任南京军事特派员。

△丁联英　拟请委任太湖军事联络员。

△吴正卿　拟请委任江南革命军司令长官部参谋长。

△丁士杰　拟请委任江南革命军司令长官部副官长。

△伏　龙　拟请委任南京革命军司令部参谋长。

△蒯　韩　拟请委任南京革命军司令部副官长。

△狄锡钧　拟请委任苏州革命军司令部参谋长。

△孙宗孺　拟请委任苏州革命军司令部副官长。

△王程远　拟请委任苏州革命军警察厅长。

△文鼎仙　南京军械局正局长。

△李郯曰　南京军械局副局长。

以上十七员，均请总理委任。

△周栖云　请委任江南司令长官部参谋。

△施恨公　请委任江南司令长官部副官。

△周济时　拟委任江南司令长官部副官。

以上三员，按照委任通则由军事部委任。

中华民国四年二月十一日军事部呈

孙中山批：准照办理。

（《革命文献》第四十八辑，第24~26页）

许崇智、周应时请委张宗海为甘肃革命军事特派员呈孙中山文

（1915年2月14日）

军事部呈：窃甘肃党员张宗海，原担任偕同李子和、赵殿英、胡振域、王殿魁、王介凡等前赴甘肃经营，嗣该员呈送甘肃军事计划表并说明书到部，部长等详细审查，语皆确实，所定办法亦征妥协。现当进行吃紧之际，拟请委任张宗海为甘肃革命军军事特派员，一面饬令该员赶速出发，是否有当，应请批示施行。右（上）呈

钧鉴

许崇智（印）周应时（印）

民国四年二月十四日

（四年二月十五日上午七时收到）

孙中山批：准照办理。

（《革命文献》第四十八辑，第26~27页）

许崇智请更委江苏革命军军务人员呈孙中山文

（1915年2月15日）

军事部部长呈：窃部长于本月十四日呈请委任江南军事人员一

案，奉经总理批开准照办理等因在案。兹经部长再四思维，各省皆设有司令长官综理全省军务，江南办法独异，于进行尚难统一，拟请委任军事部副部长周应时兼充江苏革命军司令长官，综理江苏全省军务。以前委任之江北司令长官张汇滔，拟即取销。江南之司令长官吴藻华，拟改委江苏革命军司令长官部参谋长；前请委任江苏革命军司令长官部参谋长之吴正卿，拟改委任苏州革命军司令部参谋长；前请委苏州革命军司令部参谋长之狄锡钧，拟改委苏州革命军司令部参谋；其余均仍照所请委任。再，刘斌拟请委任通州革命军司令部参谋长，童勤培拟请委任通州革命军司令部副官长。是否有当，应请批示。右（上）呈

总理钧鉴

许崇智（印）

民国四年二月十五日

孙中山批：准照办理。

（《革命文献》第四十八辑，第 27 页）

许崇智、周应时请委余良材为武汉军事联络员呈孙中山文

（1915 年 2 月 16 日）

军事部呈：顷据湖北革命军司令长官蔡济民函开：请委余良材为武汉军事联络员，理合转呈，可否，伏候批示。右（上）呈

总理钧鉴

许崇智（印）周应时（印）

民国四年二月十六日

（四年二月十七日下午五时收到）

孙中山批：准照办理。

（《革命文献》第四十八辑，第 28 页）

许崇智请委黄国华为福州革命军司令官呈孙中山文

（1915 年 2 月 16 日）

军事部部长呈：窃福建军事，非有资深军官主持指挥，难于着手。兹查有黄国华在闽军队最久，且向隶部长部下，第二次革命失败后，该员因为贼党所忌，赋闲闽垣。现值时机紧急，拟请委任黄国华为福州革命军司令官，俾其就地迅速筹备，以资进行，是否有当，理合呈请批示，右（上）呈

总理钧鉴

许崇智（印）

民国四年二月十六日

（四年二月十六日下四时收到）

孙中山批：准照办理。

（《革命文献》第四十八辑，第 28 页）

居正请委江苏支部各职员呈孙中山文

（1915 年 2 月 16 日）

党务部呈：据江苏支部长吴藻华函请委任茅祖权为江苏支部总务科科长，张维为江苏支部党务科科长，施承谟、张锦堂为江苏支部参议。查前次曾以此等职员应否由总理委任，经提出会议后，以科长、参议为支部长以下之高等职员，应由支部长推荐总理委任。又查支部通则第十条，各支部参议、科长由支部长推荐本部委任之。据此该支部所请委任科长、参议一节，理应呈请

总理鉴核示遵

居正（印）

民国四年二月十六日呈

（四年二月十七日下五时收到）

又据吴藻华云，不日返国，所请委任状各件请从速核夺，转交该支部长以重要公为祷。

孙中山批：准照办理。

（《革命文献》第四十八辑，第54页）

居正请委李祖诒为汉口交通委员呈孙中山文

（1915年2月17日）

党务部呈：据湖北支部长田桐函请，委任李祖诒为鄂属汉口交通委员一节。照章请委，伏乞总理核夺，交总务部查照执行，以专责成，而重党务，不胜待命之至。

居正（印）

民国四年二月十七日谨呈

（四年二月十八日上九时收到）

孙中山批：准照办理。

（《革命文献》第四十八辑，第55页）

许崇智请委福建革命军军务人员呈孙中山文

（1915年2月22日）

军事部部长呈：窃闽省军事进行之难，难于得人。部长再四思维，当此时机，穷变变通，全资人力，若过于其难其慎，何以前进，而就事功。兹就闽省现在带兵军官，并系部长从前在闽时历年汲引及平日交好，素有感情者，拟请分别委任数员。部长前以内地声息难通，业经由闽调来向在军队一员，拟即日仍遣回闽，俾该员等确知部长从事其间，并动之以情义，歆之以权利，不从则压之以威力，若得其一致进行，则事可迎刃而解。如蒙俯允，拟一面遣员回闽接洽，一面将委任状设法迳寄各员，以坚其信心。除拟请委任各员另单呈鉴外，理合陈明，伏候批示祗遵。右（上）呈

总理钧鉴

许崇智（印）

附呈拟请委任各员及履历二纸。

民国四年二月二十二日

（四年十一［二］月二十二日下午六时收到）

谨将拟请委任福建革命军人员开单呈鉴：

计开

徐镜清　拟请委任为福建革命军第二师师长，兼延建邵司令官。

沈国英　拟请委任为福建革命军泉州司令官。

江　涛　拟请委任为福建革命军兴化司令官，

吴俊杰　拟请委任为福建革命军第一师第一团团长。

沈汉秋　拟请委任为福建革命军第一师骑兵营营长。

孙中山批：准照办理。

（《革命文献》第四十八辑，第28~29页）

许崇智请委邹云彪为福建革命军汀龙司令官呈孙中山文

（1915年2月24日）

军事部正部长呈：窃福建现任汀州司令官邹云彪，久于闽军，于分防各府县亦颇有声誉，所带队伍亦以湘人为多。拟请委任该员

为福建革命军汀龙司令官，期与各方面联络，同一进行。是否有当，伏候批示，右（上）呈

总理钧鉴

许崇智（印）

民国四年二月二十四日

（四年二月廿五日下八时收到）

孙中山批：准照办理。

（《革命文献》第四十八辑，第30页）

居正请加委弓长杰为荷属联络委员呈孙中山文

（1915年2月25日）

党务部呈：据吧城联络委员弓长杰函称：荷属分吧城、泗水、三吧垅三埠，前承委任，限定吧城方面，范围既小，信用亦隘等情。谨拟加委弓长杰为荷属联络委员，以便进行。为此呈请

总理鉴核示遵

居正（印）

中华民国四年二月二十五日

（四年二月廿五日下八时收到）

孙中山批：俟派员往南洋切实调查后，再行办理。

（《革命文献》第四十八辑，第55～56页）

许崇智、周应时请委赖天球为江西革命军赣南宁司令官呈孙中山文

（1915年2月26日）

军事部正、副部长呈：窃准江西支部长徐苏中函开：江西一省

现在司令长官尚属未定，而地方情形各殊，缓急不一。赣南宁一区，控西江上游，为赣粤门户，关系尤为重要。查本党党员赖天球，自去年四月回至该处，联络士绅，运动军队，迄今将近一年，势力日涨。该党员前习武备，后肄法政，民国二年被选为江西省议会议员。旋因二次革命关系，亡命东来，复入大森讲习所研究战术战略，核其资格成绩，均堪独当一面。本支部为力图军务进行起见，爰照支部有推荐人才于本部之定例，函请转呈总理委任该党员赖天球为江西革命军赣南宁司令官等情前来，理合照转，呈请批示。右（上）呈
总理钧鉴

许崇智（印）周应时

民国四年二月二十六日

（四年二月廿七日下二时收到）

孙中山批：江西司令长官尚未定当，俟司令长官定人后，由长官推荐，以成统系为妥。

（《革命文献》第四十八辑，第 30～31 页）

陈逸川、冯熙周请派萧佛成为暹罗交通部长致孙中山函

（1915 年 2 月 28 日）

中山先生大鉴：

龙蛇起陆，天地皆苏，想先生迩来大德正高，雄心愈炽，为颂为慰。肃启者：慨自讨袁军失败之后，国运日就颓危，吾党政纲又将随世而没，本埠华侨惄焉忧之，常思所以救亡之策。故去年夏间组织一交通分部，隶于香港南方军务统筹部，由众公举萧佛成君为部长。同年秋间，邓铿君倡义惠州，本交通部亦曾捐助微款，足征人心之尚未尽死也。顷陈君逸川抵暹，道及先生组织中华革命党本部，七月间已成立于日本东京，各省埠皆已委人设立支部，弟等闻之，不胜欣忭。今本交通部欲另行改组，与本部联络，请将所有誓约、方略、钤记、

总章及办法如何，号数由若干起，请详示知。且祈仍委萧君办理，以专责成。此间同志盼望已极，恳早日指示一切办法，幸甚。专此，即请旅安，并希
垂察不宣

暹交通部干事员陈逸川、冯熙周谨上
四年二月廿八号

通信处：暹罗七星嫣中华会馆收。

（四年四月三日下三时收到）

孙中山批：给委任状，并复函，用总理名。

（《革命文献》第四十八辑，第124~125页）

居正请委周知礼为云南支部长呈孙中山文
（1915年2月）

党务部呈：据云南支部长杨益谦陈述，该支部成立以来已届六月，遵照总章由本省党员推荐周知礼为支部长。经正于本日接洽，理合呈请给予委任，以重党务而专责成。此呈
总理鉴核示遵

居正（印）
民国四年二月　日

（四年二月六日下一时收到）

孙中山批：准照办理。

（《革命文献》第四十八辑，第55页）

居正请委简英甫为新加坡联络委员呈孙中山文
（1915年2月）

党务部呈：据卢耀堂函称，有南洋烟草公司主人简英甫，素具

热心，颇可担任巨款，请酌予委任，以示鼓励等情。谨拟委任简英甫为新加坡联络委员，为此呈请

总理鉴核示遵

居正（印）

中华民国四年二月　日

（四年二月廿七日下九时收到）

孙中山批：准照办理。

（《革命文献》第四十八辑，第56页）

许崇智请委湖北革命军司令官呈孙中山文

（1915年3月12日）

军事部呈：据湖北司令长官蔡济民呈称，查中华革命军司令部通则第二条云：一省之中分若干区，各设司令官一人，隶于司令长官，综理管区内之陆军事务。又委任通则第二条云：司令官由该省司令长官申报军事部，核请总理委任等语。查湖北关系重要，地方辽阔，分区过少，难免无鞭长莫及之虞。敝处筹酌本省情形，业经划分五区。四、五两区之属地，除由总理已委荆沙、宜昌二司令官，暂不另请委任外，其余一、二、三区各司令官急应委任，俾专职守，以资进行。查有本党党员熊炳坤，堪以委充湖北第一区司令官，王华国堪以委充湖北第二区司令官，刘英堪以委充湖北第三区司令官。请即转请总理迅赐委任，俾各该员早日就职，以专责成等语。理合转呈，伏乞批示祇遵。右（上）呈

总理钧鉴

许崇智（印）

民国四年三月十二日

（四年三月十三日上九时收到）

孙中山批：准照办理。

（《革命文献》第四十八辑，第31页）

居正请委李笃彬为巴城筹饷局长呈孙中山文

（1915 年 3 月 18 日）

敬呈者：据巴城支部长沈选青函，请委李笃彬为巴城筹饷局长一节，照章呈请委任。右（上）件伏乞
总理鉴核示遵

党务部居正（印）谨启
民国四年三月十八日

（四年三月十九日下一时收到）

孙中山批：准照办理。

（《革命文献》第四十八辑，第 56 页）

张本汉报告改组华侨爱国团为菲律宾第二支部致孙中山函

（1915 年 3 月 22 日）

敬启者：日前付来文件均仅妥收。惜本支部成立以来，绝无起色，其中情形谅李萁君已函奉告。昨叶夏声君抵埠，将先生所主张扩充海外支部，以及本党对于现时主持之态度，敝团同志均一致赞成。叶君未到时，吾人之主见，亦不外解决讨贼问题，后乃御外，今得本总部同意，同志中更加奋励。措［惜］本支部一大部分倡救亡团，为恶劣政府之后盾，不知此辈之居心如何？最可恶者，称为党报之《公理报》，叶君所托刊登各文件均却不登，而反为《民号报》所登，可谓奇也。刻下据叶君所云，着敝团组织一支部，名曰菲岛中华革命党第二支部，敝团同志均赞成其议，未审总部以为然否。至于爱国团之发生，系在二次革命失败时，由弟等组织，

专为筹饷讨贼，今将成立时所订之简章以及职员表呈阅，应如何办法，速复为盼。斯后有关于爱国团函件，可直交《民号报》便妥。余未他及。专此，并候党安。总务部长、党务部长、财政部长伟鉴。

三月廿二日

菲列宾支部党务部主任张本汉顿首（小吕宋华侨爱国团印）

孙中山批：总务、党务、财政三部复。

（《革命文献》第四十八辑，第120页）

陈其美请委魏诚为江西筹饷局长致孙中山函

（1915年4月7日）

先生钧鉴：

昨日寄上第二号书，谅可先此投览。昨晚夏仁卿来，转达江西欧阳豪等，请委魏诚为江西筹饷局长。查魏君曾任该省民国银行总理，家富钜万，一次革命时，捐款达十万，热心国事，迄今未减。现如委以要职，进行之费，当不难筹，望速赐裁覆。如允其所请，即祈将委状寄下为盼。山田君美来时即稍有恙，日来渐烈，昨今热度竟增至三十九度以上，势颇重。伊病，外间又少一人活动。前请寄空白委状，已付邮否，盼甚。此陈，恭候

大安

晚其美谨启

四月七日发，第三号

四月十二日晚，总理面谕照办。持注，四月十三日。

（《革命文献》第四十八辑，第13页）

蔡济民请委湖北革命军各区司令官呈孙中山文

（1915 年 4 月 7 日）

敬启者：鄂事未经统一以前，曾由总理委任荆沙、宜昌二处司令，原系一时权宜之计。自济民承责后，划定军区，分别责成，复呈请委任熊秉坤为湖北第一区司令官，王华国为第二区司令官，刘英为第三区司令官在案。其余第四、第五两区尚付缺如。现与田桐、居正等会议，既函征在内同人之同意，拟改任赵鹏飞为第一区司令官，熊秉坤调第二区司令官，刘英仍任第三区司令官，曾尚武为第四区司令官，王华国调第五区司令官。除刘英委状无须更动外，其第一、二、四、五四区各司令官即请迅赐委任，以便进行。其各区司令人员等均在沪上，并设有机关。据实在情形，每区拟暂定每月接济百元，以为随时派遣联络交通人员等各项费用，亦请迅赐批准，俾济民有确实把握，以答复同人。其运动北军条件，亦请迅速规定发下，以便遵行，实为公便。此呈

总理钧鉴

湖北革命军司令长官蔡济民呈（印）

民国四年四月七日

（四年四月十日上十二时收到）

孙中山批：着即发委任状，其款俟有着时方给，此批。总理字。

（《革命文献》第四十八辑，第 157 页）

邓泽如为筹饷事务覆孙中山函

（1915 年 4 月 10 日）

中山先生大鉴：

迭接来书，敬悉一切。本月一日接来电，知有急需，当即分函

各埠，催促速行筹汇东京林蔚陆处，迄今数日，尚未知成数若何，俟得复函，当再详布。去年广东之役，南洋捐款，虽有仲元兄签发收条，惟日前财部刊布收支清册，尚未列入，想因仲元兄忘记册报之故。惟南中捐款者，有因是生疑，且亦与统一收支之道未合。兹将是役南洋各埠筹款，开列一单，寄呈察照，请交财政部补列收款。其支款则请向邓仲元兄查取，一并列入，庶以清款目而昭大信也。许汝为兄过蓉时，曾支取四百元，立有收据，兹将收条寄上，亦请交财部，将此款列入敝处来款可也。芙蓉属同志日增，兹寄上誓约一百二十张，请早日将党证寄来，俾党员有所依据为要。此间筹款既因欧战影响，而少数真确同志，亦应付已疲。惟无论如何，弟当竭其力之所能，以尽义务之一分。查庇能前同盟会有存款万余元，当此事机迫切，自当提拨充用，蓉、怡同志均极赞成。惟此款现为陈新政所据，藉以招待李协和而别倡缓进主义，由先生赐来一函，询问此款，弟当通知蓉、怡两埠同志，联往诘问，则此款可提回也。此间报纸罕有真实新闻，外处寄来报纸亦取缔甚严，祖国消息传递甚迟，且未得其真相，深望先生将东邻朝野对吾党之真态度，及近顷亡国政府所出之劣手段，与吾党应如何办法，详示一二，毋任企祷。溽暑将届，伏祈为国珍重，此请

大安

弟邓泽如谨启民国四年四月十日

（《中国国民党二十年史迹》，第 138～139 页）

党务部请委英国利物浦支部正副支部长呈孙中山文

（1915 年 4 月 12 日）

敬呈者：据欧洲利物浦支部报告，该支部开支部长选举会，公举陆孟飞为正支部长，骆谭为副支部长。照章合行呈请委任，伏乞

总理核夺，交总务部查照执行，以专责成，而重党务，不胜待命之至。

党务部谨呈

民国四年四月十二日

（四年四月十二日下四时收到）

孙中山批：准照办理，着委为英国利物浦支部长、副支部长可也。

（《革命文献》第四十八辑，第56～57页）

居正请委刘廷汉等职呈孙中山文

（1915年4月14日）

党务部呈请委任职员如左（下）：

刘廷汉代理第三局长；

曾省三为第二局职务员；

区汉奇为第二局职务员；

孙　镜为机要处职务员。

党务部居正（印）谨呈

民国四年四月十四日

（四年四月十四日下四时收到）

孙中山批：准。

（《革命文献》第四十八辑，第57页）

居正请委仰光支部职员呈孙中山文

（1915年4月14日）

敬呈者：据仰光支部长何荫三报告，该支部开选举职员会，公举曹伯忠等分任各科职务等因前来。照章呈请委任，伏乞总理鉴核，批准施行。

党务部居正（印）谨呈

民国四年四月十四日

（四年四月十四日下四时收到）

附抄仰光支部职员姓名如左（下）：

副支部长　曹伯忠
总务科正主任　饶潜川
　副主任　李引随
　干　事　邱子安　钟宪之
党务科正主任　郑士铨
　副主任　池吉允
　干　事　王金鼎　朱璧山
财务科正主任　黄德源
　副主任　彭炳森
　干　事　黄传宽　梁卓贵
调查科正主任　蓝　磊
　副主任　杜督夷
　干　事　刘友士　陈陆明
交际科正主任　曹华碧
　副主任　朱立初
　干　事　朱伟民　陈顺德
评议部正议长　曾省三
　副议长　许显南
　议　员　李雁行　黄雄裔　梁荣芳　王景升　朱惠民
　陈渊源　黄日初　杨昭达　林尔佑　柯建章
　张光崎　许有才　符史书　林军国　蔡如波
　吴连拱

孙中山批：准。

（《革命文献》第四十八辑，第57～59页）

陈其美请分电各埠华侨阻止对袁政府捐款致孙中山函

（1915 年 4 月 19 日）

先生钧鉴：

美以犬君之款，非津久居君面陈此间情状，伊逆料事有成功希望，方肯再筹。否则，真相未知，或恐虚掷钜款，于事无济，于已受累，故决定请津君一行，今晚首途。二十三日，当可抵京，相见时，希优礼之，以慰其劳。浙江参谋长一职，夏君在东时，曾约方刚任之，并云已请本部发委状。今方虽无状，然已许之于前，如不应约，或生他事，故允其请，填给委任状矣。美到此，政府已于十日前知之。但据其查再闻南洋及美洲各埠华侨，因中日交涉关系，开会捐款，为数已钜，拟汇交战政府，作为战备之用，吾党同人，输资者亦多。美意欲相机利用，可否请先生分电各埠同志，申明该款，如政府不敢以武力相抗，而屈服于日本之要求，则该款不能汇交政府，而另行存储，或办国民银行，或组各种工场。如能办到，一可不使政府经济活动，因政府现正欲利用此款，以活动其经济；二可希望我党现在或将来之用，不知尊意以为如何。美又及。□口吻则似据东京探报，为东京近无此人，恐回上海、北京，且有悬缉之举，此间用费，虽筹措维难，然非无活动之余地者，美当相机为力，以应付各方之请求也。此陈。恭候

大安

晚其美谨启

诸同志均问好。

四月十九日发，七号

（《革命文献》第四十八辑，第 13 ~14 页）

居正请委龙光为四川支部长等事呈孙中山文

（1915年4月26日）

党务部呈：

一、呈报事由：广东支部长何炯因事他往，函请伍云披代理。

一、请委事由：四川支部长黄复生因任满改选，召集在京党员开会，另行推荐支部长，到会者十四人，公推龙光为支部长。

巴城金一清函称，前委荷属主盟今请改委为荷属联络委员，以便扩充党势。

右（上）各件是否有当，伏乞

总理鉴核批准施行

居正（印）谨呈

民国四年四月二十六日

（四年四月廿七日下一时收到）

孙中山批：行。

（《革命文献》第四十八辑，第59页）

居正请委苏洛支部职员呈孙中山文

（1915年5月1日）

党务部呈报各件如左（下）：

一、呈报事由：仰光支部长何荫三函请准委彭攻坚为书记。

一、请委事由：据伍平一来函，苏洛支部业已成立，举张成谟为正支部长，江琼波为副支部长，谭攻阻为总务主任。又据安徽支部党员等函称，该省支部长张汇滔辞职后，缺已久悬，兹届改选之期，于三月二十九日推荐谭惟洋为该省支部长，业蒙谕准，理合备案。呈请总理鉴核，批令施行。

居正（印）谨呈

民国四年五月一日

（四年五月一日下二时收到）

孙中山批：行，文。

（《革命文献》第四十八辑，第60页）

居正请委寸海亭为云南缅甸分部部长呈孙中山文

（1915年5月1日）

敬呈者：据云南支部长周知礼呈请添设云南缅甸分部，举定寸海亭为分部长等情前来。照章合行呈请委任，伏乞总理鉴核，批令施行。

党务部居正（印）谨呈

民国四年五月一日

（四年五月一日下二时收到）

孙中山批：行，文。

（《革命文献》第四十八辑，第60页）

吴忠信请代还川资致孙中山函

（1915年5月6日）

先生伟鉴：

信准于今晚起行，今朝趋领训言，适先生公出，匆匆不克再往拜辞。但此次川资，一时无出，系由同乡龚君石云暂借六十元，又代担任馆账三十元，而伊亦急须他往，则信所借之款实不能不即还之。然信又无即还之法，故只得仍请先生设法代为付还，此事已与龚言，务望先生极力一为筹措所至祷焉。敬请
伟安

吴忠信上言
五月六日

（四年五月九日下三时收到）
孙中山批：总务部存查。

（《革命文献》第四十八辑，第334页）

许崇智请委席正铭为贵州中华革命军参谋长呈孙中山文

（1915年5月13日）

军事部呈：窃据贵州司令长官安健函开：查中华革命军委任通则第三条：司令长官部之参谋长，由司令长官申报军事部核请总理委任。兹查党员席正铭曾充陆军八十三团团长、黔军总司令等职，学识俱优，素富经验，以之充当参谋长之职，同谋合作，必能收远效，申请核请总理委任等语。据此为此申请，伏候示遵。右（上）呈
总理钧鉴

许崇智（印）
民国四年五月十三日

（四年五月十三日下八时收到）
孙中山批：准照办理。

（《革命文献》第四十八辑，第31～32页）

夏重民请委交通员驻港负责联络及筹款致孙中山函

（1915 年 5 月 18 日）

中山先生赐鉴：

前上一函，料邀青睐。自袁凶承认日人条件后，吾党所受反响甚大。日来港地党务，异常发达，入党者络绎不绝。港中各大公司之资本家，愤袁贼之卖国，均已来党加盟。观目下人心，袁巢不难立倒，所堪忧虑者，恐其为一时之客气耳。吾人倘能善用之，一鼓作气，则大事必可成。目下各大腹贾之赞成吾党资助吾党者甚多，惟专责乏人，各皆迟疑观望。重民等熟议再三，敦请先生特委一驻港交通员，兼筹款委员，授以全权，俾得就地接洽。重民等以斯职非卓文兄莫任。先生如以鄙见为然，请即迅加委任。重民现处旁观地位，既有所知，不敢不直告，愿先生其卓裁之。临书不胜翘企之至。敬叩

筹安，不庄

晚生重民上言

五月十八日

（《革命文献》第四十八辑，第 86 页）

黄兴复孙中山书

（1915 年 5 月 21 日）

兴西来，两奉英士君手翰并一读先生书，慷慨沉郁，令人悲痛。惟前因后果，言之酸鼻。兴之不幸，亦本党之不幸也。先生与英士诸君于三次革命兼程并进，所以爱祖国爱同胞者，备极周至。兴非下愚，岂无同情？

然英雄之举事也，当先图利害之如何，顺逆之如何，强弱之如何，众寡之如何。袁氏执政，诸多专擅，凡属同志，无不扼腕。政治上之革命，无非欲促进社会之幸福。起视同胞疮痍遍体，回顾本党元气凋残，癸丑以后飘摇异邦者若干人，逋逃海外者若干人，以兴所见，邱壑之填，陈蔡之厄，比比然也。石屏师自东来，为言同志之沦落于长崎、横滨诸埠多至数千，甚有为东人执贱役、司奔走，以求一日之温饱者。兴闻而痛之。乃先生与英士诸君犹谆谆以革命相劝，并谓同志大半在东，正可利用，岂使之冻馁者不足，复将驱之炮火中耶？此兴之期期以为不可者也。

或谓中日交涉未解决，吾侪正可藉此谋革命，振臂一呼，援者立至，苟能乘时勃起，必能收疾风扫箨之效。此言似焉而实非。我同志既以爱国为标帜，以革命相揭橥，无论借他国以颠覆宗邦，为世界所窃而笑，而千秋万岁后又将以先生为何如人也？兴非忘情于革命者，不过有时势之不同，今昔之各异。当壬癸之交，本党之声威若何，权力若何，然举宁、湘、粤之众犹不能抗少数之北军，岂民党兵力之不逮耶？亦以民心之向背为之转移耳。今日则既无稳固之根据，又无雄厚之财力，乃必欲以求一逞，恐必有覆□折足之虞。兴与先生奔走二十余年，金兰之契非比他人，先生苟有所图，兴无不竭力相追随。惟必欲乘隙急进，则兴之私心窃为不然。

英士贤达，襄赞辅翼，必能为同志谋实益，为祖国建远谟。顾锻炼需时，要非一蹴所能几也。卧薪尝胆，待之十年，兴与先生必有殉国之一日。若不此之审，孟浪从事，则效果何如，兴不敢言。朱浮复彭通书曰：凡举事毋为亲厚者所痛，而为见仇者所快。愿先生与英士诸君再三□之。

（《黄兴近复孙文书》，《申报》1915 年 5 月 23 日；刘泱泱编《黄兴集》，第 767～768 页）

居正请发给石璜到湖北路费上总理呈

（1915 年 5 月 22 日）

党务部呈：谨拟派遣石璜还国，到湖北方面联络党人运动军队，约需路费一百元。石璜湖北兴国人，在东留学，于去年夏间入党，其人颇精敏稳重，于湖北内地情形，尚称熟习，所有拟派回湖北发给路费等情，理合呈请总理鉴核，批示遵行。

党务部长居正（印）谨呈

民国四年五月二十二日

（四年五月廿三日下三时收到）

孙中山批：着总务部照给。

（《革命文献》第四十八辑，第 61 页）

许崇智、周应时请委蔡济民为湖北革命军司令官上呈孙中山文

（1915 年 5 月 26 日）

军事部正、副部长呈：拟请委任蔡济民为湖北革命军司令长官，可否？伏乞批示祗遵。右（上）呈

总理钧鉴

许崇智（印）周应时（印）

附履历一纸。

民国四年五月二十六日

蔡济民履历：

蔡济民，字幼襄，年二十九岁，湖北黄陂县人。湖北陆军特别小学堂卒业，充二十九标排长，联络同志，旋充该标革命同志总代表。辛亥八月武昌起义，充军务部副长。二月黄申芗举兵逐孙武，

其时南京政府告成，改军务部为军务司，充军务司长。袁政府成立，授以中将勋二位。二次革命入南京，事败走日本。

孙中山批：着照办理。

（《革命文献》第四十八辑，第32页）

陈其美报告上海军事进行情形致孙中山函

（1915年5月28日）

先生大鉴：

汇款收到。复电想已达览。所寄公债票二万元，已由邮递到，现正托人分配发售。交涉结局，人民中稍有识者，虽多不满意于现政府，然求其毅然以助吾人，则仍不可得。不过经此事变，预料将来有事时，必可减许多障碍耳。日前国民大会到会者，虽有数千之众，而卒以军警之强暴，未得结果而散，激迫之余，吾人或可留为临时之助。江浙各处及海军进行如常，上海方面承办者虽多，而美则以其所言，或有不尽不实之处，故仍俟吴礼卿君至。吴君办法，以渐进确实为主眼。据云，非假以三月之长限，万金之用费，不能确有把握，美已允其陆续筹付。海军一切情形，均系杨虎、周哲谋君意，拟请委以相当名义。美以此事，关系甚大，海军总司令权限（是否应商诸王君），请就近商诸王君，或由先生直接裁夺。南洋款项已商诸许汝为、何晓柳二君，一面由美出名函催，一面由二君另函加催，效果如何，尚不可必。精卫兄初来时，已允美之请赴东，旋有变计，其原因虽不得而知，但可信伊之革命宗旨，始终不致有变，迟或可得端倪。此间筹款，尚在进行中，公债票仍望照前数照寄为盼。此请

钧安

晚其美谨启

诸同志兄均候安。

五月廿八日

（《革命文献》第四十八辑，第14～15页）

陈其美报告汪精卫言行及南昌事败情形致孙中山函

（1915年6月2日）

先生钧鉴：

前寄书谅可先后递到。前晚接到致精卫兄电，昨日送去，不意彼已于昨日大早乘船回新加坡去矣。总之精卫兄为人不变宗旨，小德出入，或受夫人之牵制亦未可知，但决其必不致妨碍进行。其所主张由教育着手，乃留欧之知名者皆同一之见识也。川款遵示交二千与卢君，余款存储候拨，鄂既有望，转用之鄂亦好。拟另筹济川，现正竭力设法，能筹到，再由电报告也。仲凯兄来函，所称□□办法，美极表同意，此事有许汝为兄到东面商，务求完善之法行之，愈速愈妙也。此间一切如昨，留沪之东三省人，虽不时有小事闹，好在捕房招呼在前，发生后不致大碍也。江西破坏被捕，办南昌事之数要人，料来必无幸免，但死者虽死，而生者愈愤，毫不退缩，足见明义者之日多，国事前途尚有望焉。美在沪一切自当谨慎，祈放心，余事汝为兄面告，不多笔。专此，敬颂

日祉

晚其美谨启

六月二日

（《革命文献》第四十八辑，第15页）

居正请委瓦城勃生分部长呈孙中山文

(1915 年 6 月 3 日)

敬呈者：据仰光支部长何荫三来函，呈请委任陈泰高为瓦城分部长，李庆标为勃生分部长等情前来。照章合行呈请委任，伏乞总理鉴核，批示遵行。

党务部长居正（印）谨呈

民国四年六月三日

（四年六月四日下八时收到）

孙中山批：行。

（《革命文献》第四十八辑，第 61 页）

居正请委许逸夫等为星洲联络员呈孙中山文

(1915 年 6 月 10 日)

党务部呈。敬呈者：据星加坡联络委员邓子瑜函称：许逸夫、郭剑存、徐洞云、李天如等热心党务，请委为星洲联络委员等情前来。照章合行呈请委任，是否有当，伏乞总理鉴核，批示祗遵。

居正（印）谨呈

民国四年六月十号

（四年六月十日上十时收到）

孙中山批：行。

（《革命文献》第四十八辑，第 61 ~ 62 页）

居正请委陈侠农、吴伯为琼州分部正副分部长呈孙中山文

（1915 年 6 月 10 日）

党务部呈：据琼州分部党员陈得平等报告，该分部公举陈侠农为正分部长，吴伯为副分部长等情前来。照章备文，呈请委任，伏乞总理核夺，批准施行。

居正（印）谨呈

民国四年六月十日

（四年六月十日上十时收到）

孙中山批：行。

（《革命文献》第四十八辑，第 62 页）

居正请委涂寄舫为福建支部党务联络员呈孙中山文

（1915 年 6 月 17 日）

党务部呈：据福建支部长黄展云函称：福建兴化地方向为国民党最发达之所，自中华革命党成立以来，该处尚未派有专员筹办，拟请委涂寄舫为党务联络员等情前来。照章呈请委任，伏乞总理鉴核批示祇遵。

居正（印）谨呈

民国四年六月十七日

（四年六月十九日下三时收到）

孙中山批：行。

（《革命文献》第四十八辑，第 62 页）

居正请委巨港、巴城、芙蓉、宿务、仰光、菲律宾、吉礁各支部职员呈孙中山文

（1915 年 7 月 5 日）

党务部呈请委任职员如左（下）：

一、据巨港支部长谢谦楷、潘珠安等报告，该支部遵照海外支部通则第十条选举职员。拟请委任总务科正主任林连称，党务科主任郑太奇，财务科主任许清滚等。

一、据巴城支部长沈选青、温君文等报告，该支部遵照海外支部通则第十条选举职员。拟请委任总务科主任吴公辅，副主任沈树良，干事梁亘文、连义齐、陈晋堂、梁伟君。党务科主任陈柏鹏，副主任钟少文，干事巫爱我、钟朗清、李呈祥、郭焕文。财务科主任钟莠珊，副主任黎倬云，干事李宝三、谢耀南、饶十谷、张逮楼。调查科主任李逊三，副主任饶弼臣，干事邹荣佑、钟仁超、李贞如、彭春郎。交际科主任钟公任，副主任饶镜彬，干事吴心晖、张季宾、温竹湾、陈慎道。参议员吴肇甫、颜湘度、蓝耀庚、钟则农等。

一、据芙蓉支部长伍熹石、伍蕴山等报告，该支部遵照海外通则第十条选举职员。拟请委任总务科主任麦炳初，干事李文范、谭盛。党务科主任邓培生，干事李容。财务科主任梁英，干事陈梯云。评议部议长邓泽如，副议长黄旭南，评议员叶泽民、谭元贵、李义、何送来、劳子森、林谷我、邱谭秀、陈鸿锐、谭伦、邓寿如、邱玉如、邓耀权、邓叔平、林萼臣、伍祥初等。

一、据宿雾支部长叶独醒、伍尚铨等报告，该支部遵照海外支部通则第十条选举职员。拟请委任总务科主任谢汉兴，党务科主任傅子政，财务科主任陈伯豪，交际科主任刘谦祥，评议部议长杨仲平、副议长包魏荣等。

一、据仰光支部长何荫三报告，该支部遵照海外支部通则第十

条选举职员。拟请委任总务科主任饶潜川，副主任李引随，干事邱子安、钟宪之。党务科主任郑士铨，副主任池吉尹，干事王金鼎、朱璧山。财务科主任黄德源，副主任彭炳森，干事黄传宽、梁卓贵。调查科主任蓝磊，副主任杜督夷，干事刘友士、陈陆明。交际科主任曹华碧，副主任朱立初，干事朱伟民、陈顺德。评议部议长曾省三，副议长许显南，评议员朱雁行、黄雄裔、梁荣芳、王景昇、朱惠民、陈渊源、黄日初、杨旭达、林尔佑、柯建章、张光崎、许有才、符史书、林军国、蔡如波、吴连拱。书记彭攻坚等。

一、据菲律宾张本汉交来冯伯權报告，该处爱国团改为菲律宾第二支部，乃于六月六日按章改组，并遵照海外支部通则第十条选举职员。拟请委任支部长李思辕，副支部长张本汉。总务科主任黄燮泰，干事梁德镇、黄裔、邝伦、罗善卿。党务科主任冯伯權，干事陈球、谭佐廷、曾照华、欧阳鸿钧。财务科主任陈天扶，干事黄曜佳、邓宝廷、甄植生、李省三。评议部长王忠诚，副议长任子川，评议员陈兆文、区宝汉、余汉宗、冯衮臣、叶长、吴汉顺、甄绍、余海、梁广文、何燕、李侠樵、刘秀堂、余梓章等。

一、据吉礁支部长傅荣华、李启明等报告，该支部遵照海外支部通则第十条选举职员。拟请委任总务科正主任林偶然，干事林水长、蔡乾元、覃国炳。党务科主任蔡怀安，副主任李茂海，干事叶芳秋、陈典铿、黄子择。财务科主任林有祥，副主任徐群芳，干事李列三、茹碧溪、陈质明。调查科主任陈英担，干事黄秀春、卓复兴、陈金水。交际科主任李引口，副主任颜金叶，干事陈文灶、许有贵、李钦水。评议部副议长郑玉池，评议员林文炳、林子元、蔡元龙、傅锦泉等。

右（上）各件统希总理鉴核，批示祗遵。

居正（印）谨呈

民国四年七月五日

（四年七月五日下六时收到）

孙中山在原件末批曰："除菲列宾一处暂行缓办外，一概准行。”又在原件有关菲列宾事项眉端批曰：“此处暂行缓办，待专派员许崇智回来报告再酌。”

（《革命文献》第四十八辑，第63～65页）

许崇智请委湖北革命军各区军事人员呈孙中山文

（1915年7月12日）

军事部呈：据湖北司令长官蔡济民呈称，自中日交涉失败以来，人心为之大变，反对政府之声，喧传各处，值此机会，正吾党猛力进行之时，如责任不明，则进行无从着手。查有高建瓶，堪以委充湖北军事联络员。再据本省第一区司令官赵鹏飞呈：请委聂豫为该区司令部参谋长，黄石为副官长。第二区司令官熊秉坤呈：请委熊持中为该区司令部参谋长，田曦为副官长。第三区司令官刘英呈：请委谢超武为该区司令部参谋长，陈人杰为副官长。第四区司令官曾尚武呈：请委吴继玠为该区司令部参谋长，冉鑫为副官长等情前来。敝司令长官斟酌情形，尚属妥善，用请核请总理迅赐委任，以重职守，而专责成等语，合附清单，呈请核夺，批示祇遵。

右（上）呈

总理钧鉴

附清单一纸。

许崇智（印）

民国四年七月十二日

（四年七月廿二日下二时收到）

计开

高建瓶　湖北军事联络员。

聂　豫　湖北第一区司令部参谋长。

黄　石　湖北第一区司令部副官长。

熊持中　湖北第二区司令部参谋长。

田　曦　湖北第二区司令部副官长。

谢超武　湖北第三区司令部参谋长。

陈人杰　湖北第三区司令部副官长。

吴继玠　湖北第四区司令部参谋长。

冉　鑫　湖北第四区司令部副官长。

孙中山批：准。

（《革命文献》第四十八辑，第 33 ~ 34 页）

居正请委巴东、怡朗、星洲各支分部职员呈孙中山文

（1915 年 7 月 13 日）

党务部呈请委任职员如左（下）：

一、据巴东支部长杨汉孙、温菊朋等函称，该支部遵照海外支部通则第十条选举职员。拟请委任总务科主任翁享周，副主任黄济澂，干事郭毓齐、廖招贤、林恩。党务科主任廖南华，副主任张义齐，干事吴仰勋、李新宇。财政科主任颜春侯，副主任韩亨丰，干事林振邦、余成福等。

一、据怡朗支部长陈民钟、余以和等报告，该支部遵照海外支部通则第十条选举职员。拟请委任关国昶为总务科正主任，余陶民副之。谢耀公为党务科主任，吴庆余副之。关国深为财政科主任。余治中为调查科主任。黄汉兴为交际科主任，关国赓副之。以余陶民为书记，以胡维材、甄汝伟等为干事。

一、据星加坡卢耀堂报告，该分部于六月二十一日成立，照章选举职员。公推卢耀堂为分部长，何德如副之。以梁允祺为财政科主任。

一、据星加坡邓子瑜报告，星洲支部业于六月十二日开会，到

会者二百余人，遵照海外支部通则第十条选举职员。拟请委任星洲支部长黄吉宸，副部长徐统雄。名誉部长梁谷勋，副部长简英甫。总务科主任黄子明，副主任廖挽权。党务科主任陆指明，副主任陈湛权。财务科主任刘福田，副主任陈紫和。调查科主任欧达泉，副主任李访仙。交际科主任丘天锡，副主任杨蕃史。评议部议长吴逢超，副议长吴炽寰。英文书记曾纪宸等情。

右（上）各件统希总理鉴核，批示祇遵。

居正（印）谨呈

民国四年七月十三日

（四年七月十四日下三时收到）

孙中山批：行。

（《革命文献》第四十八辑，第65~66页）

居正请委菲律宾支部职员呈孙中山文

（1915年7月15日）

敬呈者：昨奉面谕以菲律宾第二支部碍难成立，然既由特派员前来接洽，不可无相当之委任，以资臂助。兹特拟呈委李思辕为菲律宾支部主盟正委员，张本汉为菲律宾支部主盟副委员。黄燮泰为菲律宾支部总务委员。冯百穉为菲律宾支部党务委员。陈天扶为菲律宾支部财务委员。甄佑为菲律宾支部联络委员。即候总理鉴核，批示祇遵。

居正（印）谨呈

民国四年七月十五日

（四年七月十六日上十时收到）

孙中山批：所委六人均改为菲律宾联络委员。

（《革命文献》第四十八辑，第66~67页）

居正请委彭养光为长崎联络员呈孙中山文

（1915 年 7 月 15 日）

党务部呈请事件如左（下）：

一、据江西支部长徐苏中请派徐鉴前往江西省内视察各地党务情形，需费二百元，已蒙批示在案。只以款尚未到，故迟迟至今未给，现据徐苏中再三函催，合行据情呈报。

一、查党员彭养光热心党事，拟请委为长崎联络委员兼办交通事务。右（上）二件伏乞总理鉴核，是否有当，批示祗遵。

居正（印）谨呈

民国四年七月十五日

（四年七月十六日上十时收到）

孙中山批：江西派人从缓，彭养光照委。

（《革命文献》第四十八辑，第 67 页）

钟鼎致孙先生断绝关系书

（1915 年 7 月 19 日）

中山先生鉴：

启者：国贼窃政柄，党奸误大局。凡我同类，孰不痛心？溯自二次革命失败，鼎随诸同志之后，亡命海外，深恐名不符实，内绝同胞之渴望，外贻列邦之讪笑，战战兢兢，如履薄冰。及闻先生崛起宣言，包办三次革命，鼎本军人，应为先生执鞭，效力疆场，乃慨然缮立誓约，涂盖指印，抹掌拭拳，恭候命令。不料将近两载，寂若无闻。包办期间，业已到来。究其原因，即在中山先生目不识人，团体开创伊始，引用陈其美、居正、田桐、戴天仇、谢持等一般无赖，盘踞要津，排斥同志（如黄兴、李烈钧、张继、柏文蔚、陈炯明、林虎、钮永建、谭人凤、白逾桓、杨时杰诸君，皆在排斥之列），经凌钺君迭次密告陈等罪恶，先生不惟不察，且被陈等主使，大出传票，迫凌君与中山先生断绝关系。试问凌君非同志等共称为先生之死党乎？死党忠告，尚加排斥，先生可谓无情矣！

而今革命健将，陆续引扬，所余宵小数人，以先生为木偶，藉此诓骗华侨之金钱，断送同志之性命。而今春三月，阅中外各报载称，先生语大阪新闻记者，竟诬黄兴、李烈钧、柏文蔚、林虎、谭人凤、钮永建、凌钺、白逾桓诸君投降袁贼。传闻中外，颠倒是非。之数君者，既为同志所共悉，何待鼎为之辩护！不过先生，年逾半百，身居党首，何以信口雌黄，陷人三字之狱？清夜自思，良心何在！鼎赋性耿直，代抱不平，亦曾迭进忠告，置若罔闻。国事如彼，党事如此，若不急起直追，前途何堪设想！夫天下兴亡，匹夫有责，鼎虽下愚，岂忍坐视！兹因事业与名誉两端，有不能不宣布与中山先生脱离关系者也。

（一）因事业之经营

革命事业为吾人天赋之职务，先生包办革命，不许他人染指（去夏先生致黄先生书云：二年内让我包办，不成尔再来革命云云），而军人、政客凡为革命人物者，均收［受］先生之排斥，将来大革命起，以中山先生之心胸与手腕，果能与若辈抗衡乎？必不能也。况届包办期满，正吾人弃暗投明之日，否则自甘暴弃，有负革命之初心。此鼎为革命事业计，与先生脱离关系者一也。

（二）因名誉之保障

迩来中山先生之主义，唯我独尊。无论何人，顺我则生，逆我则死，宗旨同而手续稍别者诬之为降敌（如黄、李、柏、林、钮诸君），号死党而进忠言者报之以死刑（如凌钺君过于忠告，先生对刘大同云：有权时必杀凌钺）。

汉高之杀韩信也，未闻在破项之前；北魏之收邓艾也，史称在汉亡之后。今日先生之方略，为革命杀功勋乎？为袁贼杀敌人乎？鼎恐革命之大业未就，而先生已为袁家之功臣矣！夫名誉为人第二之生命，以若辈之威望素著，犹召某某先生之诬，况鼎区区党员，迩来屡进忠言，他日名誉之败坏，更不知陷于何等之程度！此鼎为保全名誉计，与先生脱离关系者二也。

以上所具两端，为鼎与中山先生脱离关系之主因。至鼎之革命宗旨，虽海枯石烂，不得稍有变更。鼎知先生得函之后，不曰为敌所收买，即曰受人所指使，他日大权在我，根据誓约，必死钟鼎于刀斧之下。要知包办革命者，先生也；背叛誓约者，亦先生也。去年7月19日，假精养轩开成立会，先生当众立誓，厉行革命，殆后种种设施，无一不与党章相背谬。有人责问，答以由余定之，由余废之。出尔反尔，为所欲为。总理之誓约已废，党员之誓约有何继续之效力？先生日以三次革命总统为自居，即以誓约为专制党员之利器。威信，革命之要素。先生历年之威信已尽丧于陈等之手，今日犹不自觉，日发总统之梦迷，不啻蒸沙求食，磨砖作镜也。最后语别，三复斯言！

钟鼎（印）

中华民国四年七月十九日

（《国民党人与前期中华民国》，第142～144页）

居正请委山口羊、泗水、新加坡各支分部职员呈孙中山文

（1915年7月31日）

党务部呈请事件如左（下）：

一、据山口羊林龙祥报告，该支部遵照海外支部通则第十条选举职员。公推正部长林龙祥，副部长邓铿堂。总务科主任邓克辛，副主任廖耀轩，干事黄庚才。党务科主任吴小枚，副主任沈炳煌，

干事蓝孔付、苏万安。财务科主任龚桂森，副主任谢广源，干事张德桓、谢耀宗。调查科主任李公杰，副主任黄能昌，干事林敬提、汤祥益。交际科主任林西黎，副主任邓剑南，干事廖焕南、傅贤水。书记邓任衡、谢伯扬。评议部评议长黎星楼，评议员林汉初、谢文轩、黄顺怀、刘永生、谢永仁、曾学廷、龚寿宁、邹汉荣、易丽生等。

一、据泗水谭焯耀报告，该支部公举支部长陈铁伍，副支部长陈瑞昌。总务科主任赖文齐，副主任黄北明。党务科主任谭焯耀，副主任张恩汉。调查科主任梁其，副主任李紫宸。财务科主任冯锦堂，副主任刘福江。评议部评议长谭瑞炘，评议员吴熙、邓吉、梁彰、冯柏胜等。又请委玛垄分部长赵超，干事张近进、古华民。

一、据星加坡支部长黄吉宸、徐统雄、邓子瑜等函称，该支部调查科副主任李访仙改委蓝衡史，交际科副主任杨蕃史改委何少芝。

一、据星加坡分部长卢耀堂函请，该分部副部长何德如改委何瑞廷。总务科主任李霞举，干事邓群英、叶希、周黎、岳云、黄钜全。党务科主任何德如，干事周演明、梁允暄、冯锦泉、谭少军。财务科主任梁允祺，干事郭耀泉、郭宽、黄廷光、冯西平。调查科主任胡廷川，干事李渭川、林一鸣、冼锐兰、伍余庆。交际科主任何国基，干事张慎初、冯伯翚、高笃平、梁赤、谢炳光、李北、钟灼卿、关星朝、黄擎一、姚仲文等。

右（上）各件统希总理鉴核，批示祗遵。

居正（印）谨呈

民国四年七月三十一日

（四年七月三十一日下午七时收到）

孙中山批：准。

（《革命文献》第四十八辑，第 67 ~ 68 页）

周震鳞报告湖南讨袁军情致孙中山函

(1915 年 7 月 31 日)

先生钧鉴：

杨仲恒来沪，谨陈各情，想承洞察。鳞因组菴滑头，无诚意，已与伟民、步青及在湘有力同志，猛力依先生计划进行。现准备力量，已逾全湘三分之二，惟须款甚急，又非少数小款所能济。兹特嘱伟民来沪，报告一切，并请将款速交伟民携来，汇存外国银行拨交鳞处，均听伟民妥办。且请派人同来任军需职务。再，湘南方面，有四千劲旅，可直攻桂林，即黄钺所部。鳞在此间，切实调查，其干部均可靠同志军人，其人数、枪械、训练，确实可用，防地去桂林百余里，南与湘南驻军衔接，已经联合，拟先从此处发动。无论如何为难，务求先交二万圆与黄钺，飞速由粤赴目的地发动。此乃已定之进行计划，万不可误。余由伟民面陈。即颂

钧安

周震鳞谨启

七月三十一号

(《革命文献》第四十八辑，第 159 ~ 160 页)

居正请委张民达等职呈孙中山文

(1915 年 8 月 1 日)

党务部呈。谨呈者：请委张民达为南洋联络委员，唐正隆为天洋丸分部长，陈炳生为满堤高船分部长。右（上）各件伏乞总理鉴核，批示施行。

居正（印）谨呈

民国四年八月一日

(四年八月一日上午十时收到)

孙中山批：行。

(《革命文献》第四十八辑，第69页)

居正请改委泗水支部职员呈孙中山文

(1915年8月11日)

党务部呈。敬呈者：据泗水前支部长陈铁伍、谭卓耀等报告，该支部前因联络员金一清抵泗后，遂偕同运动各大商出襄党事。复于七月八日开会照章另举职员，列表报部。拟请改委古宗尧为泗水支部正支部长，黄谷如为副支部长。杨灼如为总务科主任。陈铁伍为党务科主任。古仰周为财务科主任，莫炯为副主任。谭卓耀为调查科主任。叶新元为交际科主任，赖文齐、古汉光为干事。陈瑞昌为评议长，黄北明、冯锦堂、张思汉、吴熙等为评议员。照章备案，呈请委任。伏乞总理鉴核，批示祇遵。

居正(印)谨呈

民国四年八月十一日

(四年八月十二日下午一时收到)

孙中山批：准。

(《革命文献》第四十八辑，第69页)

王道、萧美成、殷之辂报告杨玉桥殉难致孙中山函

(1915年9月11日)

中山先生并转梓琴、觉生及留东诸同志先生鉴：

上海《亚细亚报》九月初十出版，敢于共和国体之下，大倡

君主惑人心，其用心非变更国体，俾袁逆得有专责卖国之能力而不止。呜呼！吾人处此，痛愤何堪，故于该报出版之第二日，得义士杨玉桥之同意，由道处携爆烈弹，奋勇无前，向该报内抛掷，登时死五人，杨烈士亦同时以身殉之。壮哉烈士！勇哉烈士！义哉烈士！特此从略捷报，以慰廑念。至于该烈士之身世家庭，目下艰困难言，倘能得总部之抚恤，可直接向萧君美成通函接洽（此君系葛庞君介绍于去年在东入党的），道因目前避险他适故耳。此请

筹安

烈士系道同邑，今年二十五岁。

王道、萧美成、殷之辂同启

九月十一夜叩

（《革命文献》第四十八辑，第135~136页）

邓子瑜报告民安栈困难情形致孙中山函

（1915年9月12日）

先生尊鉴：

襄者辱承不弃，于党务委嘱，因思办理改组党事入手，最宜注重机关，乃易收效，是于瑜即汲汲组织民安栈也。开业以来，所助党务颇著成效，独惜赀本太少，不能支持，如该栈生理及外观论之，在他人办此，非万元以上之资，方能达此局面。今瑜所得之开办费不过二千余元，家私一层已费一千余元，请伙伴之上期四百余元，装修房室杂用三、四百元，除上数件外，余资无几，幸所赁之店，即原日瑜所创之华兴泰客寓，前既修整五千余元，故得从事开业也。然此号之资本极拙，兼之股东李天如擅用私人赵子周，凡广属伙伴均归赵某主聘，而赵得此权限，更滥用私人，荒唐乱作，被其一人所累，既达六七百元之多。瑜则名为筹办人，实为股东傀

偏。凡公司生理，总理其事者，若无全权，必致用人歧乱，决然失败无虞。今该栈，瑜虽不能事权统一，如关于营业上所收入之利，皆瑜计划得来。自六月一号开办，六月份之收入金六十余元，七月份之收入则增进四百余元，八月份收入更进而有七百余元，进步之速，可以知矣。奈该栈资本原拙，兼受私人之滥耗，而至不能支持。兹于本月五号开第五次股东会议，讨论维持办法，然各股东均不允充本，各埠同志又因办理债券未竣，不敢向之招股，混碍债券之进行，是于困难已极。欲任其倒闭，则关系党务窒碍重大；欲从事维持，则瑜困难万分，力之莫逮，无可如何。后据徐统雄君提议，以其不充赀本维持，亦不能任其倒闭，致碍大局。览乎前者之民安栈，有因股东滥用私人，致累多耗数百金，因之失败，不如各股东将所有股银送出本部，此后该栈求先生委人接办，而生理之盈亏，均归本部所有云云。此议经众议决，各股东亦署名将股送出矣。将来办理若何，请先生钧裁为祷。星洲党务，恒受蝇营狗苟之徒，到处鼓簧其舌，幸得藉民安栈之助，交通得以规正，是非之实，而民安栈之地位犹处怒潮骇浪之中。此间同志能于实行办事，劳苦不辞，负责力任者，惟徐统雄、吴炽寰、郭剑存、陆指明、丘天锡、饶授卿六君而已。此六君瑜欲请先生致言奖励其功，使其为党宣力之心，更为热诚从事，是所切祷。专肃，此呈请

钧安

九月十二号下走邓子瑜上

（《革命文献》第四十八辑，第112～113页）

星洲支部长黄吉宸、徐统雄请设法维持民安栈致孙中山函

（1915年9月15日）

（公函第九号）

大总理钧鉴：

星洲自成立民安栈旅馆以还，其辅助党务进行，颇著成效。如敝支部之组织，党员之发达，实该栈有以提携而玉成之。以故各埠同志不啻视该栈为吾党交通之总汇机关，独惜资本微薄，周转维艰，合之尊处拨助之款，及交得之股，综计仅得二千八百六十元，竟能与各大旅馆相角逐，其进步之速，且日增而月不同。就以现在之局面而论，外人视之非万金曷克臻此，然此种办法，殆暂为目前斯可矣，若图永久，则是区区者，纵有巧妇，其何以为炊耶。顾维持民安栈为今日最重要而万不容缓之举，盖民安栈不幸而中辍，则支部当然弗能独存。不宁为［唯］是，即各埠机关与各同志之交通，亦因而梗阻，适足使一般敌党得乘机以逞信口揶揄，而人心之向背，难免不为所轩轾也。至维持之法，若再向各埠招股，则子瑜君为筹饷委员，当此发行债券时期，倘同时招股，似与办理债券相抵触，亦非妥善办法。该栈爰于本月五日开第五次股东会议，要求维持久远，无如各股东均以无力投资为辞。而且三数宵小徒中破坏，直诬第二次发出无印之证书，为敝支部伪造，他人不知，固无足异。不谓卢耀堂、何德如等，亦藉口于此，以耸俑［怂恿］同志幸灾乐祸，一若视为快心之事也者，是则大可异矣。其挟私怨而忘大局，如此同志云乎哉！务恳大总理专函责之，当顾全大局，免致败坏党德而离散人心，幸甚。

兹经议决维持民安栈办法有二，申请大总理批示办法：

（一）将原日所有股金，由各股东自行取销，全盘送归总部，由大总理委员赓续办理，并加拨五千元维持之。但此种办法宜用委员名义，且避去总部拨款之名，使投寓同志，无从藉言公业不付租食之弊。

（二）如大总理不允第一种办法，则将该栈委邓子瑜君担任维持，并请借给五千元与邓君，以资扩充营业。因招股有碍债券，故不如拨借债券，使办理债券得单独进行也。

以上两种办法，可否请大总理择尤批准，从速电示遵行。至前此民安栈之始末，宋振、黄展云兄到东时，一询便详。子瑜君已于此次会议辞职，据称欲来东宣力党事云云。雄等窃思民安栈与敝支部实有连带之关系，万一瓦解，则必影响及于支部，以是极力挽留邓君暂撑此危局，以俟钧命，邓君始允担任。惟目前已由债券移出千余元与邓君，暂济燃眉之需矣。雄等再四思维，主持民安栈者，实舍邓君莫属，缘邓君于客栈营业富有经验，办理党务亦久，况知名者众，尤易得人。观其此次以最少之资本，创此难能之宏业，复查该栈六月份之进款不过五十三元五角，七月份则增至四百三十五元八角一分，及至八月份竟达七百五十七元四角三分，进步之速，一日千里，其办理之能中绳墨，足见一斑矣。伏愿大总理，将此栈责之邓君担任，俾资熟手，想邓君以党为重，当必有以慰同志之热忱，而副大总理之期望也。是否有当，乞卓裁示覆为祷，即请

崇安

民国四年九月十五号

星洲支部部长黄吉宸（统雄代）、徐统雄谨呈

（《革命文献》第四十八辑，第 113～115 页）

居正请委宿务、芙蓉、槟榔屿、仰光、嘛六呷各支部职员呈孙中山文

（1915 年 9 月 18 日）

党务部呈请事件如左（下）：

一、据宿务支部长叶独醒，请委薛家弼为调查科正主任，林伸寿为调查科副主任。

一、据芙蓉支部长伍熹石，请委邓子实为总务科主任。

一、请委林世安为槟榔屿支部长。廖桂生为总务科正主任。王

镜波为党务科正主任。熊玉珊为财务科正主任，朱伯卿为财务科副主任。

一、据仰光支部长何荫三，请委李雁行为笠庇坦分部长。

一、据嘛六呷支部长沈鸿柏、龙道舜等，请委刘汉香为总务科正主任，蔡石泉为总务科副主任。郑炳南为党务科正主任，邱仰峰为党务科副主任。张庆为财务科正主任，杨焜为财务科副主任。姚金溪为交际科正主任，何纲为交际科副主任。陈炳坤为调查科正主任，程文岳为调查科副主任。

右（上）各件伏乞总理鉴核，批示祗遵。

居正（印）谨呈

民国四年九月十八日

（四年九月廿日下午三时收到）

孙中山批：行。

（《革命文献》第四十八辑，第70页）

居正请委巴双支部及吉生船分部职员呈孙中山文

（1915年9月23日）

党务部呈请事件如左（下）：

一、据宋振报告，请委吴采若为巴双正支部长。郑受炳为总务科正主任。陈总为党务科正主任。谭进为财政科正主任。

一、据夏重民报告，请委周柏祥为吉生船正分部长，吴芳为吉生船副分部长。

右（上）各件伏乞总理鉴核，批示施行。

居正（印）谨呈

民国四年九月二十三日

（四年九月二十三日下午六时收到）

孙中山批：行。

（《革命文献》第四十八辑，第70～71页）

居正请委雪兰峨支部职员呈孙中山文

（1915年9月23日）

党务部呈：据雪兰峨支部陈占梅、张志昇等函称：该支部经众推举陈占梅为正支部长、彭泽文为副支部长，张志昇为财务科正主任等情前来。据此照章备案，呈请委任，伏乞总理核交总务部查照办理，以专责成，而重党务。

居正（印）谨呈

民国四年九月二十三日

孙中山批：行。

（《革命文献》第四十八辑，第71页）

居正请改委李竹田为天洋丸分部部长呈孙中山文

（1915年9月24日）

敬呈者：据苏无涯转呈林来报告，天洋丸唐正隆现已他适，请改委李竹田为天洋丸分部长，为此照章呈请委任，伏乞总理鉴核，批示祗遵。

党务部长居正（印）谨呈

民国四年九月二十四日

（四年九月廿四日下午四时收到）

孙中山批：行。

（《革命文献》第四十八辑，第71～72页）

居正请委驾芽鄢支部职员呈孙中山文

（1915 年 10 月 1 日）

敬呈者：据驾芽鄢支部长黎玉墀、吴世华等函，请委任张侯椿为财务科正主任，林忠华为交际科正主任等情报部。为此照章呈请委任，伏乞总理鉴核批示施行。

党务部长居正（印）谨呈

民国四年十月一日

（四年十月三日下午二时收到）

孙中山批：行。

（《革命文献》第四十八辑，第 72 页）

陈其美呈请委任张祖汉为总务部第二局局长呈孙中山文

（1915 年 10 月 6 日）

敬呈者：十月五日案准军事部部长许崇智函称：查本部规定各局应设人员，早经呈请总理批准在案，因未得适当之人，故至今均未请委。兹有张祖汉，前清时由闽省讲武学校毕业，第一次起义与各同志组织闽省同盟会，成效甚著。光复后历充军务部执法科长及邵武府知事等职，均实心实力，一扫官僚敷衍贪污恶习。最后崇智开办新兵团，期整顿闽省军队，委该员以征兵训练事务，第二次独立亦复极力进行。崇智稔知其热心任事，常变不渝，堪以委充本部第二局局长，特此函请贵部，呈请总理察核批示。此请等由准此，除覆函外，理合呈请总理察核示遵，须至呈者。右（上）呈

总理钧鉴

总务部呈，陈其美（印）中华革命党总务部（印）

中华民国四年十月六日

孙中山批：行。

（《革命文献》第四十八辑，第16～17页）

居正请委横滨支部职员呈孙中山文

（1915年10月6日）

敬呈者：苏无涯、刘廷汉等来部面称，横滨支部业已组织就绪，请委黄绰民为正支部长，陈自觉为副支部长等情。为此照章呈请委任，伏乞总理鉴核，批示施行。

党务部长居正（印）谨呈

民国四年十月六日

（四年十月六日上午十时收到）

孙中山批：行。

（《革命文献》第四十八辑，第72页）

居正请委菲律宾、新加坡、海防、印度各支部职员呈孙中山文

（1915年10月9日）

党务部呈请事件如左（下）：

一、据菲律宾支部吴宗明报告，该支部各职员因任满改选，已遵照海外支部通则第三十条另行推举在案。特函请委任戴金华为正支部长，陈贵成为副支部长。

一、据星加坡联络委员许逸夫请委陈电洲为诗鹅联络委员，李汉为砂朥越联络委员。

一、请委吴伯为琼侨联络委员。

一、据李海云报告，海防支部业已成立，请委梁丽生为正支部长，杜子齐为副支部长。

一、据印度汉雨翘、熊明兴等报告，该支部公举汉雨翘为正支部长，熊明兴为副支部长。朱明为总务科正主任，王梯云为总务科副主任。欧岳舟为党务科正主任，黄应辉为党务科副主任。欧卓兰为财务科正主任，李汉修为副主任。李玄为评议部正议长，熊文初为副议长。

右（上）各件呈请委任，伏乞总理鉴核，批示祗遵。

居正（印）谨呈

民国四年十月九日

（四年十月九日上十二时收到）

孙中山批：行。

（《革命文献》第四十八辑，第72～73页）

居正请委横槟、琼州等各支分部职员呈孙中山文

（1915年10月11日）

党务部呈报事件：

一、据横槟支部长黄绰民、陈自觉等，请委陈荷荪为总务科正主任。陈泽景为财务科正主任。杨少佳为交际科正主任。成均为调查科正主任，刘季谋为调查科副主任。

一、据广东琼州分部陈侠农、吴伯等，请委陈岛沧为总务科主任。陈得平为党务科主任。龙唐阶为财务科主任。吴公侠为交际科主任。符公民为调查科主任。

一、据代理山东支部长班麟书呈请辞职，业经照准，合行呈报。

一、据山西支部长阎崇义因返国呈请辞职，业经照准，合行呈报。

右（上）各件伏乞总理鉴核，批示祇遵。

居正（印）谨呈

民国四年十月十一日

（四年十月十一日下二时收到）

孙中山批：行。

（《革命文献》第四十八辑，第73～74页）

居正请委菲律宾、新加坡、苏洛各支部职员呈孙中山文

（1915年10月13日）

党务部呈请事件如左（下）：

一、据宋振报告，菲律宾支部陈贵成等请委黄开物为总务科主任。吴宗明为党务科主任。叶扳桂为财务科主任。黄三记为交际科主任。黄家声为调查科主任。

一、据新加坡支部长黄吉宸、徐统雄等函称，该支部党务科副主任陈湛权，调查科副主任蓝衡史，因店事纷繁，不能兼顾等情辞职。请改委徐飞虎为党务科副主任、刘华生为调查科副主任。

一、据苏洛支部长张成谟、江琼波等，请委江沃华为财务科副主任。

右（上）各件伏乞总理鉴核，批示施行。

党务部长居正（印）谨呈

民国四年十月十三日

孙中山批：行。

（《革命文献》第四十八辑，第74～75页）

居正请委黄益为衣士顿船分部部长呈孙中山文

（1915年10月25日）

敬呈者：据朱超函称，衣士顿船员黄益等遵章组织海外分部，业已成立，请委黄益为衣士顿船分部部长等因前来。为此照章呈请委任，伏乞总理鉴核，批示施行。

党务部长居正（印）谨呈

民国四年十月二十五日

（四年十月廿五日上十时收到）

孙中山批：行。

（《革命文献》第四十八辑，第75页）

容星桥请印陈春生革命史稿致孙中山函

（1915年11月9日）

逸仙先生大鉴：

久违钧教，想精神日进，动定咸宜为慰。弟蠖屈香江，毫无建白，仅藉华暹轮船公司一枝之栖，以为度活之计而已。兹有启者：中国报旧同事陈君春生，顷到弟处闲谈，据言当此时代，官僚势力满压神州，自问无力与争，惟有一事可为吾人效力，且此事为吾人此时所急应为者，因现在官僚得政之后，将从事吾人历次革命之伟烈丰功一概抹煞，虽有所谓清史馆，亦不过具文，断不能为革命纪功之作。恐一二十年后，吾人多成鬼物，将来千秋万世，无复有人知乙未以来历次革命流血之人物事迹矣。陈君在中国报主笔十余年，于历次起事，颇知一、二，而报纸上所纪革命事迹，他必剪出留存，资料甚富，恐再无别人能保存至如是之多、如是之久者。窃以为宜将此稿付刊，作为史稿，以免散失，印成书后，分寄各旧同志，合力修正之，然后请汪精卫等文豪，编成完全之革命史。则煌煌大文可称信史，而从事为国流血诸同志，亦可以瞑目于地下矣。若欲省一重手续，将陈君之稿寄交汪君等修正，然后付印，未尝不可。但恐汪君等或行踪无定，或不暇著书，倘中途将稿散失，则大可惜矣。此举吾人义不容辞，倘使非有陈君之资料，则茫无头绪着手，亦非容易。倘今不付刊，将来或将资料散失，则难以弥补矣。兹将史稿中之一、二抄呈尊览，其余太多，不能尽抄。阅毕祈将稿寄回，如以为应刊，请示知办法。大约除印费之外，倘有余金，似宜送回笔金若干与陈君，作为购买版权之代价，因陈君系寒士故也。陈君尚有汉满民族战纪一稿，自满洲入关以至红巾广西诸役，凡属汉满战事，无不包括。若加入乙未以来革命事迹成一专书，甚有价值。惜乎印费太多，恐未易办，故特将乙未以来革命事编成一书，合并奉闻。专此，奉达。即颂

义安

容星桥

如有复示，请寄香港皇后大道旧水坑口附近华暹轮船公司弟收。

孙中山批：代答，以陈君春生虽久主笔政，然对于革命仍是门外汉。其所收藏不免街谈弄语，挂一漏万，殊不足为革命之史料。本党不能代为印行，并将原件寄回。

（《革命文献》第四十八辑，第335～336页）

居正请委吡叻朱毛、摩洛棉埠、南海漳各分部职员呈孙中山文

（1915年11月12日）

党务部呈请事件如左（下）：

一、据吡叻朱毛分部欧雨初等报告，该分部业已组织成立，公

举欧雨初为正分部长，陈克萨为副分部长。霍荫为总务科主任。招爽为党务科主任。林滔为财务科主任。梁澻为调查科主任。林维生为交际科主任。

一、据仰光支部长何荫三，请委黄汉章为摩洛棉埠分部长。

一、据泗水支部党务科正主任陈铁伍报告，南海漳分部业已成立，请委潘云村为分部部长，伍丽臣为财务科主任。

右（上）各件呈请委任，伏乞总理鉴核，批示祗遵。

居正（印）谨呈

民国四年十一月十二日

（四年十一月十四日上十时收到）

孙中山批：行。

（《革命文献》第四十八辑，第75～76页）

夏重民报告加拿大党务情形致孙中山及陈其美函

（1915年11月13日）

中山、英士先生大鉴：

重民于月之二日，由域多利启程游埠，联络各地分部，今已行了七八个埠矣。各埠分部，均纷以统一加属党务为急务，多数赞成移温哥华支部于域多利，以温埠支部，有名无实，办事无人。重民居温埠时，彼等亦自愿推出，如改设支部于域埠，力谋加属之统一，可决党务必日渐发达。来此月余，此间情形，知之最详，前曾将各种理由报告，请先生等接到函后，即委域埠马杰端为正部长，高云山为副部长，委任状由邮付来《新民国报》便妥。各埠同志，异常热心认购债票，点问顿埠 Edmonton 同志二百四十余人，重民演说后，即时认购者廿余人。已得二千四百余元，仅该部约可得五千元以上，各埠能如是则大款不难集矣。今点城付来军饷一千二百元。Yorkton 不日亦付上四百元，祈收到后即示覆为叩。今晚即须往温地辟，行程匆匆，未遑多叙，草极草极，恕之恕之。敬叩
伟安

重民上言
十一月十三日
（《革命文献》第四十八辑，第 87 页）

吴宗明报告筹款情形致孙中山函
（1915 年 11 月 19 日到①）

中山先生鉴：

来函及支部印委任状均照转，必有公件上复，兹无庸赘。川陕进步甚慰，款已力筹，但商场窳败，钜款难集，为缺然耳。最可痛者，礼智被人破坏，至今尚未寄来，任函电催亦不复。弟思亲往一行，又无人代理职务，气急交并，无可奈何也。接信后，弟经请支部长开会讨论，进行如何，容后报。前日许（崇智）先生、宋（振）先生嘱弟查澳洲事，兹接前途消息，合函赍呈一阅。如何之处，乞复知，以便通知前途也。此奉，并颂
大安

吴宗明顿

汝为、汉民、英士、觉生、人杰、庶堪、田桐、展云、陈群、宋振、道方诸同志先生均此。

孙中山批：财政部代复。

（《革命文献》第四十八辑，第 123～124 页）

---

① 原编者按：原函未署年月日，根据信封邮戳为民国四年十一月十九日到达东京，函发自菲列宾马尼拉。

夏重民报告加拿大筹款情形致孙中山及陈其美函

（1915年11月26日）

中山、英士先生大鉴：

前上数函，料邀青盼。弟游埠瞬经一月，所经埠数，无虑十余。所收效果极佳，各分部所认债票，甚为踊跃。以弟测之，大约至少亦可得四五万元以上。惜为欧战影响，此间工情甚淡，否则不止此数也。各分部情形，本拟详细奉告，只因每到各埠，仅留一夜，每日又须演说两次，已无写信时间。近因在车中时候过多，每夜演说至十二时以后，精神异常疲倦，头脑颇觉不舒，是以未偿所愿。俟游埠既毕，当详细布告。至此间应与美支部之交涉，则非俟返东后面谈，不能尽告。弟约十二月底，或来年正初，当可东旋。本可在此多留一、二月，惟以既不久留在此，不如早日言旋，整理此间同志所委各事。前请发域多利委任状，望早日发来为幸。匆匆未尽所言，敬叩

大安

重民拜言

十一月廿六日

（《革命文献》第四十八辑，第87~88页）

吴铁城报告黎协被害情形致孙中山函

（1915年11月26日）

中山先生阁下：

谨启者，希炉分部长兼筹饷局长黎协君，于本月十九日在希炉被凶徒所狙击一弹，深入肝内，疗治数日，因伤势过重，

不幸于二十五晚十时逝世。凶手乃黎君乡人，当场捕获，现尚未提讯，究不知彼因何故仇杀黎君。俟知详细，再行奉闻。专此，并颂

大安

吴铁城（印）谨启

十一月二十六日

孙中山批：覆信檀山支部并希炉分部致哀，并慰其家人。

（《革命文献》第四十八辑，第91～92页）

居正请委巴东、港澳各支部职员呈孙中山文

（1915年11月30日）

党务部呈请事件如左（下）：

一、据巴东支部长杨汉孙、温菊朋等函，请委任方拔馨为调查科正主任，李新宇为调查科副主任。李兆楼为交际科正主任，欧阳卿为交际科副主任。

一、据港澳支部长叶夏声、李海云等函，请委任陈永惠为总务正主任，陆任宇为副主任。陆觉生为党务科正主任，邓仕学为党务科副主任。陈耀平为财务科正主任，李宝祥为调查科正主任。

右（上）各件呈请委任，伏乞总理鉴核，批示祇遵。

居正（印）谨呈

民国四年十一月三十日

（四年十二月七日上十时收到）

孙中山批：准。

（《革命文献》第四十八辑，第76页）

廖仲恺请改委饶潜川为仰光筹饷处委员呈孙中山文

（1915 年 11 月）

兹据仰光支部长何荫三十月十六日来函，请求改委饶潜川为该处筹饷委员，似应照委，俾得尽力。伏乞总理批行。

财政部廖仲恺

（四年十一月十三日上十时收到）

孙中山批：行。

（《革命文献》第四十八辑，第 81 页）

居正请委彭亨文冬支部、班让分部职员呈孙中山文

（1915 年 12 月 13 日）

党务部呈请事件如左（下）：

一、据邓泽如函称，彭亨文冬支部业已组织成立，请委伍发文为支部长。覃体仁为总务科正主任。熊伯言为党务科正主任。严瑞轩为财务科正主任。

一、据巴东分部长杨汉孙函，请委任余文学为班让分部部长。

右（上）各件呈请委任，伏乞总理鉴核，批示施行。

居正（印）谨呈

民国四年十二月十三日

（四年十二月十三日上十时收到）

孙中山批：行。

（《革命文献》第四十八辑，第 76～77 页）

尹子柱等请委赣省党务负责人致孙中山函

（1915年12月16日）

中山先生钧鉴：

敬启者：民贼称帝时期已迫，党内进行刻不容缓。吾赣党务自夏司令被害后，继任者始焉同声推举欧阳豪君，继又有一部分人推举董福开君，两不相下，二月于兹，贻误前途，殊堪浩叹。同人等外愤民贼，内洽同仇，磋商再四，决议将二君俱作罢论，函请先生另委贤能，庶双方融洽，得以继续进行。否则无论委欧委董，必有一方反对，既丧感情，复误大事，此岂前途之福哉。区区下忱，伏乞采鉴，藉叩

钧安

尹子柱、陈伸球、朱志斌、陈群普、刘振武、潘梦卜、周坚、傅达、刘应蝉、罗瑞熙、罗月波、吴建中、李竞优、王纲、熊赫、罗斐、周克纲、刘越、刘志伟、贺公武、陈事煌、龙浚卿、尹正国仝上

十二月十六日

（五年正月三日□时收到）

孙中山批：答以函悉，江西司令长之事，文当有主张，现尚不便发表，必须事发之后方可公布。到时无论何人，总望公等协力襄助，以成大事云云。

（《革命文献》第四十八辑，第150页）

唐继尧为早除袁氏请示机宜致孙中山书

（1915年12月下旬）

中山先生道席：

中国数千年君主专制，荼毒人民，我公以旋转乾坤之手，建熙天耀日之勋，革除专制，还我民权。方谓永享共和，与欧美各先进国齐驱并驾，胥世界于文明。乃枭雄窃柄，大盗移国，会设筹安，欲行帝制，举国靡靡，谁敢抗颜？继尧自入同盟会以来，受我公革命之训导，义不苟同，秣马厉兵，待机报国。云南全省人民，亦复义愤填膺，誓不与此贼共视息。然而，云南地瘠民贫，兵单饷绌。长沙子弟，虽仗义以先来，澶水师干，等孤注之一掷。所幸四方豪杰，具有同心。兹特派唐萍赓、李伯英二人代表驻沪，秘与各方面同志周旋接洽，或冀将伯之援，或为钟鼓之应，或拔戟以共锄渠魁，或解囊而乐输义粟。窃盼我公登高一呼，俾群山之皆应，执言仗义，重九鼎以何殊。一切机宜，祈予随时指示，得有遵循。总期早除袁氏之大憝，复我民族之自由，马首是瞻，共成义举。骥尾窃附，伫听佳音。谨上芜函，诸希

谅鉴

唐继尧顿首

（《云南档案史料》第一期，第16～17页）

刘崛报告筹划广西革命致孙中山函

（1915年□月24日）

中山先生钧鉴：

前上二缄，谅蒙尊览。此次筹划进行，当极称意，事之成否不可知，惟三十日内，决有大举。请即预筹五六万金，并选择富有军事及政治知识者多人，一俟电到，即拨派回来助理一切。广西财才缺乏，当在先生洞鉴中，无庸赘渎。故不佞向以为广西不难在破坏，而难在破坏后之收拾，故届时若无财才，其何以济变，愿先生注意焉。汇来五千当不敷配置，不佞当再作区处以补不足。惟不佞行动，志在得款，除先生外，誓不再受第二人命令。先生幸勿以形

迹拘我，是为至要。此请

公安

党弟刘崛上

廿四号

孙中山批：答以现款难得，临时军费因粮为必要，地方一切货物钱财，悉发收据，定以时价，尽为收卖由我管藏之，则民间亦当向我取求，而钱银自归于我矣。我有货物如盐、米、油、茶、烟酒、布帛等，大宗养命必需之货，在掌把之中，则纸票可通行无碍矣。此物此间已印就，一得地点能交通海外，当能直送到也。

（《革命文献》第四十八辑，第166～167页）

薛汉英报告在岷筹饷情形及飞船公司款项问题致孙中山函

（1916年1月14日）

中山先生伟鉴：

来函拜悉，委与筹饷之职，责任所在，弟何敢辞。但才力两亏，恐难胜任，有负长者之期许耳。况此地自粤事败后，同志又复灰冷，而各埠分支亦不能鸠上款来，故近来无款再汇，请祈见谅为荷。前者夏声君来岷，曾向弟处取交谭君办飞行机原约，转入筹饷项内，然至今未有收条寄返，是以函询夏声君。兹据他复函，谓经函达先生，未审果然否，请于下次示知。至在岷发给捐款收条，从前原有此议，因夏声君力说无论巨细，切可由先生亲手签号发单，今又变更前说，恐对同志不住。但先生于军事倥偬之际，安有暇隙作此细微之事，势必如命办理方合，但当多费口舌对同志解释耳。此复，并候

伟安

弟薛汉英顿

元月十四日

孙中山批：答以薛君借出飞船公司之款，因谭根君欲由公司填还，故未发收条者。飞船公司不能，当由本部认归公款开销，发还收条就是。

（《革命文献》第四十八辑，第124页）

杨广达报告汇款情形并寄筹饷清单致孙中山函

（1916年1月14日）

中山先生有道：

敬维春禧集祐，新业大振，为颂无量。旬月之间，函电传来，喜悉吾党进行着着得胜，袁贼末运，民党中兴，第三次革命成功在此一举至快至快。兹有启者：弟去□因奉尊电，曾由国民捐余款，汇返日银四千二百元，当蒙察收。自是之后，由现任筹款委员长余揖君汇返一次，由现任筹款局长吴铁城先生汇过美洲总支部者一次。今承冯自由先生到檀，亦迭开大演说会，极力鼓劝，以期筹集款项汇助军需，故日间弟因忝承诸同志推举，谬任檀埠支部长。用是嘱各关于筹饷数目，按计清列，而弟经手之汇款一项，亦早清列，敢再钞出一份，付呈尊览。但内有支《自由报》告白等费，该银原不应归入汇款动支，所以如此者，以该报本属本党机关，经费非裕，故略多支，既经支出，则不得不并录呈电，以符原数耳。至此次汇款，虽由诸同志认出，然已公决归作支部公项，清单后已略注明其原委，兹不赘，专此奉达。内地消息现又如何？檀支部进行又应如何？敢求训示祗遵。敬请

大安

列位盟长均安［此］候安。

弟杨广达谨上

中华民国五年元月十四号

兹再付上戻纸一张，该日良二十九元正，祈即查收。并上日汇款共该日艮四千二百二十九元请为比对可也。

孙中山批：仲恺复。

（《革命文献》第四十八辑，第 94 页）

冯自由为国内讨袁军事自夏威夷致孙中山函

（1916 年 1 月 14 日）

中山先生大鉴：

自滇省宣布独立，各省闻风而起，谣传已独立者数省，弟以为时机全熟，急欲返国效力，故日前专电询问，需弟回助否？后得复电，遂暂延未行。然粤中军事如已发难，弟必即日就道，否则仍须渡美为财政上之补助也。南美各国，近党势异常发达，饷项汇交美支部者，源源不绝。纽丝仑来函，谓弟到澳洲可得大款，此二处皆弟欲达之目的地。但水程辽远，非费二三月之光阴及手绩，不能成行，当此军事万分紧急之秋，远水因难救近火，奈何！奈何！檀岛自弟到后，党务大有起色，外界纷纷开会欢迎，筹饷亦大有进步。昨到希炉，曾代表公往慰问黎协君遗族，黎之妻子均甚满意。近接子超来信，知重民之到加拿大，日耸［怂］该处各分部直接汇款，不受美支部统属，因是财政之活动大受阻碍，几酿绝大之风潮。重民此举可谓谬极，弟即已修函痛切告诫之。并另函域多利分部，令严守统一之范围。请公更以公函训饬重民，使勿妄动，实为至要。阅近报滇军闻已举岑云阶为总统，未悉确否？粤中惠潮之兵，似是由竞存主动，吾党似尚未大举。弟以为此次各省起事，分子太杂，吾党必占有广东，乃有军财之实力。沪事需款绝巨，非由粤助以大款，发动诚恐不易。至此时粤仍未起，或因滇军、桂军等交涉未协，且不得妥人以圆转其间之故。倘弟在东，愿任此事，今仍望公加以特别之注意，

免失此好机也。余容续告，匆匆并候

义安

弟自由上

正月十四日

孙中山批：复函着致力筹款，待有号令招乃可回。岑日内来日本，报上所传不实。仲恺办理。

（《革命文献》第四十八辑，第92~93页）

周应时报告江苏讨袁情势上孙中山书

（1916年1月30日）

中华革命军江苏司令长官呈为报告江苏最近经过情形事：窃苏省居长江之下游，当南北之要冲，北兵云集，南军寥寥，较之他省经营倍难，而尤以上海为最。自前岁奉命担任苏事以来，不敢畏难，与诸同志合力经营，各处成绩，曾经陆续呈报，其间因经济时形拮据，事遂难以随意布置，平日时引为憾事。近自袁氏帝制自为，人心大异，群思倒袁，沪上一声，全球震动，继以云南起义，人心愈不可遏。同人等为本党计，应取立足地以为基础，为云南计，亦应急谋响应，以壮声威，即使失败，亦可牵制贼兵，不敢尽向西南调遣，是则云南之根据益固，而吾党可以利用此时期设法进取，是为四年十二月下旬，决定实行江苏（除上海特别区域）发动之起点。既有发动之决心，即于大江南北决定主动及响应之地点，主动点初定苏淮，继改镇淮，苏州驻扎第二师之步骑炮工辎，合有四营，有联络惟无子弹，而驻苏禁卫军两营则有子弹，沪事发生后，更有山东调来第五师混成一旅来苏驻屯，（现到者步兵三营、机关枪一连、炮兵一连、骑兵少数）故苏前此视为掌中物，今则反是。苏州司令吴江左鉴此情形，因有既不能为我有，宁一牺牲，即不成亦足助他处成功之决心。惟苏地自动，必即时为其扑灭，故拟定以无锡之步营（第二师属）作为外攻，苏地联络之军警为响应之计划，爰赞同之，给其千元令往起事。同时清江司令臧在新，前赴阜宁起事。盖淮上本臧之势力范围，其间最佳者为阜宁之军警，清江系臧部之杜雨田所经营，桃源宿迁一带，亦系伊所联络，此次臧之决心以阜宁军队攻清，而清为内应，桃迁应之。然臧仅于沪上谋动时，为谋响应计领洋五百五十元，今次出发未领分文，以上为最初以苏淮为主动点之理由。旋因锡苏两处军队与接洽者彭君等，未于事前声明主动，且又受他人之运动而牵制之，致军官徘徊犹豫不肯首为发难，继以交涉允为响应，故遂以发难点改定于镇江，一面复委侯城为无锡卫戍司令，允给其七百元，令其协助吴江左力谋响应，此决定主动点之大略也。至于响应点，初为宁、镇、常、扬、通，继改宁、常、苏、扬、通。南京方面，目下联络有头绪者，惟百七十四团，而分驻于天堡城、雨花台一带，欲其主动，寡不敌众，故派百七十四团联络员孙涛带洋二百元潜赴南京与军队代表接洽。如南京下游革命军起事，开该团前往征讨，即令与革命军合并，倒戈相向。如开他之军队前往，即祈相机动作袭取南京之意。镇地军警（如炮台及掩护团并警察），原有连络，即新来之第十九师之一营，亦有表同情之希望，故全部情形甚佳。镇江司令陈剧先要求手枪数枝，炸弹材料若干，允之，即秘密运往该处。后率领在沪全部，带洋三百元前往谋响应，当与该处军警接洽均妥。惟象山炮手，全部每人要求伙食洋数元而已，陈司令当派人来取二百元付之。嗣因无锡以他故，不能主动，拟令镇首先发动，各处同时起事，乃派人前往告以此意。人回知炸弹已造就，可待命而行，惟命令到时，乞再给二百元，供临时之用云云，允之，遂于七日发八日起事之命令。常州有警备队两营，有华君彦云曾充徐宝山参谋长者，对于该处确有连络，据称如镇苏起事，可于二十四点钟以内响应，此人英先生素知之，当请英先生颁给常州司令委任状一纸，给其四百元，令赴该处准备。旋因人已齐集，而主动点之变更上迁延时日，为维持待动计，复补充其四百元，亦于七日发八日起事之命令，彼时，复补充其二百五十元。通州方面派司令程壮之参谋长刘公仇，带洋二百元潜往，与素有连络之军官接洽，如扬清发动，为即谋响应之计。扬州司令詹炳炎对于十二圩及扬州军队，派有专员驻扎该地，专任连络之责，平素有镇清发动，即时可以响应之约，爰给其六百元，前往布置，以践前言。江阴方面，素未十分注意，（此时之失着今知之）对于炮台上确有把握，惟方更生之军队鲜有成绩，爰给江阴司令刘俊川资五十元，潜往该处，与该处同志接洽，旋回，带有军官数人前来商酌，知军队亦可着手，惟不能主动，因无论炮台及陆军军官均有家属在，彼人人有恋家之心，而鲜冒险精神，故江阴之上下游有动作时，敢负响应之责，此时尚祈给手枪、炸弹若干，及早运入，以供临时之用云云，爰允之，并给洋二百元，令回该处准备。同时闻杨虎君对于该方面亦有连络，且可为主动，英先生首先赞同，求时同意，至杨君之对于该方面经营之内容，及英先生之给费若干，时因彼时事繁，未暇与闻，不敢漫述，然为江苏全部计，但求于事有济，合力图之，固所愿也。以上所述为各响应点布置之概况。此外更拟同时毁坏沪宁铁路及电信，为补助之手段，敝部参谋周栖云专任其事。至一月七日，据各部报告布置已定，遂有于八日镇、常、锡同时起事之决心，而于七日分别颁发命令，不料是晚八时得镇江破机关之消息，犹冀其无害于事也，不意至八日，复得清江臧司令在阜宁被捕之耗，遂知今次事件之终归失败矣。兹述其详情：镇江自与去人接洽来报，待命行事之后，即分别以炸弹、手枪运入城内，七日下午，为南京陈调元派来之宪兵，连破机关数处，当捕去主要同志十余人（最要者为罗申、段琪山），搜去手枪数枝，炸弹数十个，革命方略一本。其时适陈司令假装农民担粪（桶底藏炸弹运入城内）入城，于出城时亦为宪兵拘去，陈诡称赵炳林为县署秘书徐某之伙计，当解入县知事署，该署秘书徐某预闻今次之事者，陈认徐为东家，徐认陈为伙计，一时蒙蔽释出，夜间踰垣而遁，此七日之情形也。敝处所派之程金龙带洋二百元及命令前往，到镇后赴小市李秀峰家打门，内有宪兵出应，遂亦被捕，搜去钞票二百元，幸命令纸缝于衣内，未被搜去，闻已得间毁去云。清江臧司令于十二月二十六日潜往阜宁，臧系通缉之人，路上行动不便，于一月五日抵阜宁，与阜宁之民团陈团长接洽，陈君当往与驻阜之百四十八团营长张保华接洽，允听命令，且请臧往，臧为起事而去遂不疑，偕陈同往营本部，遂为张所捕，陈亦被捕，同解团部，旋于初十左右解至南京旅部，翌日解送军政执法处，现臧之至友数人，已前往运动，冀其不死，然一入范笼，恐凶多而吉少。此次事未果行，失此热心有用之人，思之凄然。臧君固抱决死之心而往者，其临行之日为其夫人分娩之翌日，并以平日之诗稿一厚册，交于至友，有“是册为平日所感慨而作者，今前往，生死不知，乞代藏之”语，可见其一斑矣。镇清之主动点，一因识破机关，一因被诱逮捕，均未克克期举事，加以八日晚间沪宁铁路之破坏力微弱，仅停滞其火车通行之数点钟，影响不大，常锡亦因而未起。今次事件完全失败，时实不能辞其咎，然既往不咎圣者所许，来者可追吾人自励，决不以事败而灰厥心。爰考察既往之情形，定将来进行之方法，兹分别述之：镇江虽捕去主要者数人，幸陈司令无恙，而该处之军警，尚未受十分影响，若使继续进行，力谋主动，止需令备械具，优给经济，事尚可为也。清江臧司令被捕，关系全局甚重，然杜君雨田尚在，以后拟责成杜君进行，待时而动，事亦尚可为也。苏州之以锡军攻苏作里应外合之计，固下策也，苏地之我军尚在，鲁军态度未明，拟再遣人游说苏军之上级官长，设法运动鲁军之官兵，力求连络之确实，庶可为我所用，否则较之镇淮稍逊一步也。镇、清、苏以外各地未受影响，从兹竭力继续进行，务祈连络之确切，事当有济。惟南京、江阴两处，较前应格外注意以谋之。要之，今次事件之不成，归源于平日准备之不足，因经济之时有时无，致军警之声气若断若续，从今以后拟招罗有声望及久于军界之人，从各方面设法进取，以期连络之确实。（此事刻已着手。）一面恳请大部接济整款，随时应用，实事求是，以待时机。如谋主动，须经济充裕，如谋响应，敢言负责。要之，尽力而为之。若得大部始终信任，源源接济，终局之胜利当为吾党所获也。至于此次被捕人之家属，理应抚养，应如何慰恤之处，敬祈尊裁，以慰志士之心，而昭示来兹，则不特应时感激已也。所有此次苏事经过情形，理应呈报备核，此呈

总理钧鉴

周应时（印）

中华民国五年一月三十日

（《革命文献》第四十六辑，第182～187页）

管鹏谢救助致孙中山函

（1916年2月6日）

先生大鉴：

鹏前疏于举止，陷险境者几二载，幸赖先生有以救我，得至今日。今脱囚已旬余，适国难方殷，中原鼎沸，吾党展布有期。鹏岂敢忘知遇之报，惟驽钝作何驰驱，常希先生指示之。肃此，敬颂旅祉，并以虔谢大德

管鹏再拜　二月六日

（《革命文献》第四十八辑，第336页）

邓居文述其生平并请晋见致孙中山函

（1916年2月19日）

中山先生伟鉴：

文生好良友，思之至深，以为友者志之所同，道之所合，然志不可以学而能，道可以修而致。圣保罗曰：吾志作完人，非已达到，乃力求之。今观其文书经训，宽厚宏薄，充乎宇宙之间，称其

道之大小。马丁路德生欧西，周览东普名山大川，与当时间信徒往来，故其道宏远，颇具奇志。此二子者，岂尝动静得充如是之志与道哉。其道充乎其中，而溢乎其貌，动乎其言，而见其行，且不自知也。文生念有六年矣，生之年家无恒业，且罗［罹］火灾，又不幸三岁而遭父丧，家兄稍长而弱，独立时，惟赖家贤世扶持，文赖以养。七岁入私塾，至庚子乱后，北满尽归俄人势力范围。时城立俄文学校，入之，继因学费难供，遂于十四岁离家作工，就哈尔滨之聚华林业公司。初为小厮，终日作苦工，以所学不足用也。时尝抱大志，誓不甘为人下，故工余则就本公司之华俄书启间习俄语汉文，至十六岁藉俄语学通，得独立，且仰赖天才，得伴该公司总理办理外交事务，至是益求俄文。至十七岁俄文粗通，遂受命公司全权代理，是年冬且兼充滨江道署会审译员。十九岁往俄属海参崴，办理吉黑两省转运官盐事务，在彼居一年，后年往中俄交界呢马江之交涉局。文痛前清失政，外交屡遭失败，改革之志因动起。然每欲离本省入内地，以与志士豪俊交游。只以家母年近花甲，碍难远离，加以学费无出，更所难申素志。浸假至千九百零九年秋，得友资助学费，兼己所蓄，遂于是秋入内地，游奉天，过山海，经津京，而入保定之法政学校。毕业将近，值辛亥事举，乃约同志数人回东。不幸于冬季事败于哈埠，同志死者数十人，文幸逃免，仅一时之差耳。文事后追想，败于党中复杂分子居多，若求再接再厉，底于必成，则团体之结合，不可不慎焉。元年，民国既告成立，更往内地，预备异日出洋游学。至民国三年困于经济，几将废学，后得教中二牧师荐送，入北京之汇文大学校。是文往日已得宗教之栽培，至此深入教会学校，则于信仰一途，逾［愈?］加亲密焉。去年得本省官费，送日留学，文决计往留欧美，盖来日所任者大，留东犹恐不足用也。然经费有限，西游之计犹未得速达，郁郁者匝月。复得汇文大学校长允可，荐送往美国欧省之威斯林大学，并请准以原费补助留美。十月至东京，以时局维艰，暂缓进行。然处兹社会失败于往昔者，正所以得助于今日，上天爱人，使其历诸种困苦而授大任，此文益以天道不可远也。抵东后未敢直访先生者，非志不同道不合也，诚恐先生所主团体分子之不齐耳。文居住此百余日，而交游者多民党，个人应尽之天职者，实一日未敢弃也。文往者居哈尔滨五年，并尝游中俄交界各地，且驻海参崴期年，文于社交方面早料将来时机成熟，必有得用之一日，故所交游者，除侨商外，更有悲歌慷慨者在。况文游学京、津、保三地六年久，目击清末以来社会情况，已早知袁氏之不可持也，岂独自帝政发现后而已哉。年来痛于真同志之难遇，于是除爱众之外兼亲其仁。故若获良友，必限以严格，非过傲也。实欲收救济于将来耳。客冬同乡徐乔二子，欲介绍入党，文感斯意，且尝答曰：中山先生，吾具革命思想以来，所最崇拜者也。使文志先生之志，充先生之道，尽力于人类幸福是谋，则于已入又何异焉。抑文更有进者，人之行事，惟恐世人不我知者多，而文则反是，惟恐人先知之，而事乃益不可谋也。先生为吾国之先觉者，离祖邦游异地，含辛茹苦，稍有知识者知之。曩过天津，于欢迎会间得聆雅言，惜尤［犹］未尽也，故欲以私人名义，叩而问教，庶茅塞得开，闻一言以自壮，则可以舒素怀而无憾矣。先生苟不弃而辱教之，则所深幸焉。肃具，恭请

道安

吉林留美学生邓居文再拜

孙中山批：交惠生调查后，约来见。

（《革命文献》第四十八辑，第336～338页）

高铁德、陈煊、伍横贯报告组织美洲讨袁军致孙中山函

（1916年3月5日）

中山先生伟鉴：

万急。启者：刻下弟等组织美洲讨袁军，以大战号召，相率海

外健儿归国效力，同赴疆场，以期扫除叛逆，还我共和，聊为兴亡有责之义。幸人心奋激，业已成立各分部，赞成者甚形踊跃，诸同志报名效力者，络绎纷纷。现编制队伍将见完备，用特缮函驰告，备陈意旨，先请我公指示进行，俾得率队追随，驰驱左右，不胜翘企之至。弟等鄙意，待口岸一得手（如广东、上海等处），即拔队东归，为北伐之一助。到时仰军政府协助，给以饷械，藉资效力。倘蒙我公不弃，俯允所请，望速赐电复是幸。谨布区区，倚马以待，引领东望，无任神驰。并候

伟安

发起组织者罗省高铁德、钵仑陈煊、贝市伍横贯仝上

中华民国五年三月五日

孙中山批：着军事部代复，奖其热心。并着稍候沿海得有根据之后，当函召回来效力也。

（《革命文献》第四十八辑，第95页）

柏文蔚为请示机宜致孙中山函

（1916年3月7日）

先生钧鉴：

违别左右，曷任驰思，远迹南洋，久疏书问，为愤国仇，且经病累，因循鲜暇，想勿深罪。比因时局日纷，同人相促，乃于前月十九号由岛南返国，廿九号安抵沪滨，晤诸同志，急谋运行。自顾庸愚，岂胜艰剧，冀奋螳臂，藉乡洛钟。现各方消息颇佳，敌人情势渐窘，长江图应，尚易着手，惟经济甚困，发动稍滞，为可恨耳。尚冀先生指示机宜，俾明途辙。海天翘首，心跃神飞，临书屏营，伏惟道体康胜，以慰众望，不一。

柏文蔚谨上

三月七日

（《革命文献》第四十八辑，第263页）

史明民陈述密谋吉林计划上孙中山书

（1916 年 3 月 12 日发）[①]

中山先生伟鉴：

敬肃者：明民无状，亦尝纠合同志，力图讨贼。无如棉力薄弱，更值时势危急，乃不远万里，以乞援于先生，计到东京，忽忽已二十余日矣。愚悃上达，圣颜得亲，三生有幸，爱戴弥殷，理宜静候驱策，曷庸哓哓。第念明民与东省多有交游，早归一日，当有一日进行之效益，在此一日，徒耗一日可贵之光阴，用是寸心若焚，夜不成寝。伏思先生，明并日月，智参天地，东事之得失，进取之方针，运筹所及，决胜可必，宜能早定指挥，何致迟迟不宣也。未闻明教，万状焦虑。窃维一隅问题，似可克期进行，当无碍于全局，然则复何所待也。愚见短浅，莫测高深，临书涕泣，急盼钧命，不胜屏营迫切之至。

后生史明民谨肃

附　秘谋光复吉林计划

自袁贼祸国，神州垂危，而关东三省之内忧外患，更岌岌不可终日。及今革命早告成功，或尚有救济之余地。否则积势愈深，他日虽欲救济而不可得矣。或以为关东如是之危，而民军复欲于兹举事，恐适促其亡耳，所得将不偿失。曰是何言也？假令吾党即不从关东举事，能保袁贼不再完全断送关东，以保个人地位乎？更能保外人不再肆野心，以关东完全为第二朝鲜乎？我民党唯一宗旨在于救国，然则为救国计，诚不能不于关东举事也。

① 原函未署日期，据信封邮戳知系民国五年三月十二日付邮。——编者

袁贼今日所持者，奴性之野蛮军数镇而已，然抗我云贵义师已形拮据，若关东复早为吾党所有，从而分兵窥燕，则袁贼首尾不能相顾，其败必矣。我民党欲达救国之目的，必先倒袁，然则为倒袁计，亦诚不能不于关东以举事也。就关东形势而论，吉长绾三省中枢，吉能光复，则奉黑之光复自易。就关东现状而论。奉段芝贵兵力较厚，黑朱庆澜颇得人和，似皆不如谋吉为易，请申其由：

一、吉林孟恩远，目不识丁，治兵无状，军心如散沙。

一、吉林孟恩远与王揖唐意见之左，有如水火。辛亥武昌首义后，王欲谋吉林革命，孟恩远驱之去。乙卯秋，王重来吉任巡按使，段芝贵与有力焉，盖欲以王兼将军，统一事权。孟恨之刺骨，未几筹安会起，袁政府遂不敢动孟，然王孟之意见，自此愈结而愈恶矣。

一、吉林因税捐繁重，民怨已深。现复厉行丈地，迭起风潮，祸机四伏。

一、吉林去岁，年景荒歉，为数十年来所未有。今春青黄不接之时，民心思乱，势所必然。

一、吉林大多数同胞，因苦于苛税重捐，固无不归怨于袁政府；而稍有常识者，受外患之激刺，痛政治之无状，益集矢于袁贼，于是思念共和，盖心理所从同也。

有此五者，皆天假吾党以利用之资，即所以付吾党以救济斯民之责也，吾党乌可不勉哉。

关于光复吉长问题，前已略拟计划，今再续陈数端，以供商榷。约举如左（下）：

一曰招集矿丁以作主力军也。招集办法，已详前书，毋庸再述，惟必须招集之理由，敢再申之。缘矿丁皆属年力勇壮之徒，而精熟枪法者实不乏人，此辈以劳动为生活，最易以感情结纳，主持矿事者，但能虚心笼络，则彼等未有不心诚受戴，故一经招集，即可利用，所谓轻而易举，事半功倍者，莫过于此。如枪械能筹备得手，便可以之首先起事，以军警及民团应之。否则以军警起事，以矿丁应之。譬如运动军警，所不能将所有军警一致运动成熟，然则此一部分军警举事，他一部分是否抵抗，即不抵抗，是否随和，诚多可虑；若一部分军警起事，同时即有千数百之矿丁响应；即如矿丁枪械不齐，要之当军警告变间，正风声鹤唳、草木皆兵时也，而忽有千数百众与之响应，其威势之浩大，先声之夺人，可以想见，必如是而后能操全胜。故矿丁主动，固可认为主力军，即继动亦不啻主力军也。

一曰先除孟恩远以利举事也。孟氏一粗勇之徒，固不足虑，然彼自督办吉林防务，至今将十载，军界虽不尽彼之私人，而其私人亦不少。故一般军人，虽对于袁贼无所爱戴，而一部分人对于孟氏，或不无顾念，所谓投鼠忌器，故我民军欲活动于吉林，此亦障碍之一端。欲去障碍，应即除孟，除之之法有二：（一）内部暗杀，容回吉后设法为之。（一）派人暗杀，由东京本部派人为之。二者似可并进，以达目的为止。除孟之后，袁政府必以王揖唐兼将军，王与军界，蓄有恶感。一旦操权，则一般军官佐，虑其更张，不免群相恐惶；而一部分之孟氏私人，虑被淘汰，更不免恐惶，与吾党举事上，当有种种之好机会也。

一曰利用放木工人以围击公署也。吉林公署及财政厅，均门临松花江，每年开江以后，由上流运下木排，络绎不绝，有销于吉垣者，有转运下江者。今能招集木工数十人，亦放运木排，停泊于公署左右，届起事时，以此项工人围攻公署，以炸药及火油之类为利器，务将王氏擒获或击杀之，则大事解决过半矣。

除以上三端，均为进行要着外。至军警究应如何联络运动，临机究应如何起事，详细节目，现难预定。总而言之，自来兵机万变，无不以因时因地制宜为上乘。即如淮阴之将台宣谋，不过谓项羽可败，武侯之隆中高对，不过谓荆益可取，要皆举其大势而已。又如唐之起兵太原也，诈言将征兵伐高丽，遂以利用人心。故欲举非常之事者，不外一谋字、一术字，便是要领。一得之见，仅如是云。

孙中山批：惠生代复，着他来见。

（《革命文献》第四十八辑，第175～178页）

刘崛报告广西革命艰苦情形致孙中山函

（1916年3月12日）

中山先生大鉴：

桂部商务实在情形，已于前缄具陈一二。近日苏无涯君经已赴港，行将抵东，且当面详，纤悉不赘。惟此后进行，仍俟东商开市方能着手。其实在能力，总足以为东商后援，勿介勿虑。且平、郁、浔各路店伴，现皆来港澳听候分发，毋稍畏难。惟此间生活久矣，绝粒同志嗷嗷，无处可呼将伯，不知先生可有法以处此否。崛以为吾辈不欲再举则已，否则将来召集仍不能舍此而他求，此实西省实在情形，非阿所好也。如何之处，即希迅速示下，以便遵照办理，为祷，为叩。专此，敬叩

钧安

刘崛上

旧历二月九日

（《革命文献》第四十七辑，第341～342页）

饶潜川向孙中山报告缅甸党务书

（1916年4月15日）

总理先生鉴：

敬启者：潜川海外一介商目，痛前清腥德，随诸贤后奔走革

命有年矣。辛亥光复，出云南，转赴南京，时总理不以潜川为不肖，委以缅甸特派员一职，旋即返仰光，今居社会五年余，兹谨将仰光社会中景况，略陈于左右：潜川于民国元年到仰光，邀集同志开会，宣告本党党纲，倡设报馆，为本党机关，转即周行缅属各埠，组织分部廿余区，党员已达数千余名，兼认中国实业银行股份十余万金。不一年，袁氏违法，谋杀元勋，自宋遁初先生案发生，南北之争乃起，潜川电达上海交通部，担认筹款，复行各埠募款九千余盾。斯时本党部长系张永福君，财政员陈朝初君，是款已交二君，负责汇寄上海荣公司吴世荣君转解。适遇南军失利，该款原存于荣公司，后袁氏通电各领事取消国民党消息传来，所有职员党员闻风鼠缩，开会四次，提倡解散书报社，庄银安、林文曲、雷荣南等辈是也。潜川再四思维，报社断无解散之理，爰邀集热心同志数人，极力争之，会场中互相辩论，险致用武，侥幸争胜，今日始能保存觉民书报社之名目也。不料庄、徐、雷、林等小人行为，不能达到目的不肯干休，暗中播弄，通信各埠分部以利害恫吓，间有入其彀中，因而解散者十有余所，中有明理同志函电纷纷询问，潜川见不可挽回，势似不佳，乃登报通告缅属各社（见三年一月十三号本报），此庄、徐起风潮之起点也。后接总理一函，询问二次寄荣公司之款，嘱追回（原函复呈），潜川即与张永福磋商，并将总理来函相示，张君以情面故，不为出力向追，潜川乃用书报社名义致书吴世荣君，以利害四事交涉，将该款拨出一千元充为联合会经费，余款速汇仰光。不料吴君以经手为词，是款仍汇交张永福收，仅以一函通知报社而已。接悉后，邀集同志开会，请张、陈二君到会，而张、陈不到会，仅写一函通告（存函可据）云：此款福建同志已由我经手发还原人收去，惟广东同志之款尚存耳。各同志亦无可如何，议将此款一千余盾，充入报社作常年经费，从此意见日深，风潮日烈。《觉民日报》财政势力一切，均系张、雷二人范围，谁知出版仅两个月，而本利不敷，亏去四五千之谱（有账簿可据），且缺及永福之银，张、雷因爱惜金钱，无奈再三推潜川担任经理一缺，潜川虽知之，惟念此报本党喉舌，万一落入异党之手，本党攸关，所以不惜绵力，已于民国二年十一月一号接理，至三年四月间，已将欠张永福之项，一概清完。张得款后，关系已绝，复从庄、徐等辈兴起风波，不解散本报一日不安。惟今侥幸维持三年，大小风潮不下数十次，幸有同志黄德源、蓝磊、彭炳森、周希尧、何荫三、梅振汉等数君协同维持，而有今日。无奈本党同志，不明大义者，亦有其人，庄、徐等鬼蜮伎俩，从中舞弄，其中彼生狡计者有之，如曹伯忠某某等是也。潜川含忍，不以为辱，百折不挠，鞠躬尽瘁而后已。去年潜川请命存案于本部，邀集同志组织支部，庄、徐等更加视潜川为眼中钉，攻击更烈于前，唆使本报注册经理李引随，及编辑梁冰心、杜云白朋比为奸。于是梁、杜、李乃在仰光十七条街，创设巴西烟及卷烟纸代办土产建号兴华（见觉民报广告），欲将经理一缺推倒，提公款为资本，被黄、彭、蓝、梅四君侦知，立将梁、李、杜等黜退。彼谋无所施，而（兴华开张二个月空店坐守亦旋即收闭矣）庄、徐等乘机入手破坏，邀请股东开会于觉民书报社，幸各股东洞悉其奸，不受其愚，无人到会，卒归无效。庄、徐等见势不佳，攻之不克，即刊传单，颁发三次，诬陷潜川侵吞公款（其内容甚长，不能录陈，询冯成蹊君便详），李引随控诉于英法庭，堂讯数次，英官判李无理，被罚及监禁一天后，益谤诽，呼潜川为袁氏第二，不知羞辱，斥之不退，攻之不走云云。蓄谋至今，颠倒是非，尚在不息，播弄同志，内攻外敌。潜川自去年始创支部，关于全党机关事宜，皆同志信予过深，各职员认职而已，近来党务发达，党事冗繁，况潜川兼以报务羁身，诚恐忝职。本年为第二届选举，潜川故告辞再三，虽不在职任之列，关于党务一切，亦不敢放弃。回忆客年始创之艰，其中文件往来或党中事务有不合规则之处，常出纠正，间有同志以为多事，庄、徐等居中谤诽之，谓凡章程一切，系潜川自定，借党名以骗金钱云云。间有盲从者以为然，潜川虽有所闻，亦听之而已。前本部发来章程，仅一本翻印，后因英政府时出交涉失落，希望仍发章程，及海外支部通则，筹饷局章程数本，并本支部存案照准规则，请加盖印发下，以警造谣，以释群疑者。谨自表白区区之苦衷，诚恐同志有挟意见而谮谤者故也，非敢邀功，求无罪过已耳，伏垂鉴察。

中华民国五年四月十五日

饶潜川报告书

（《革命文献》第四十五辑，第652～655页）

东北军总司令居正驻潍县时之通电

（1916年5月8日）

上海《民国日报》转孙大元帅鉴：

我军本日午前四时占领安邱潍县，不日可望开城。特闻。居正。齐。

（《革命文献》第四十六辑，第312页）

唐继尧覆孙中山电

（1916年5月11日）

孙中山先生鉴：

奉电欣悉返国，曷胜欣慰。元恶未除，群凶四伏，万方多难，端赖老成，尚望赐教，以匡不逮，翘瞻沪渎，无任神驰。唐继尧叩。真。印。

（《唐蓂赓覆孙中山电》，上海《民国日报》1916年5月18日）

居正致孙中山电

（1916 年 5 月 14 日）

南军志不在远，中原诸将相约迫袁，以固其位，草草解交，隐患无涯。吾党既失于南，力图东北，尚堪镇服群小，主张正义。今我军克复数邑，靳急谋独立相抗，此机实成败惟一关键。青军守将素钦先生，速来则外交利、济可下，迟无及矣。盼复，居正叩。（五月十四日自潍县寄由青岛转发。）

（《革命文献》第四十六辑，第 293 页）

黄兴致孙中山电

（1916 年 5 月 20 日）

《民国日报》转孙中山先生鉴：

惊闻英士兄为奸人所戕，旧同志健者又弱一个，极为惨痛。共和未固，遽失长城，我公哀念可知。仍望接厉进行，同慰先烈。兴。号。

（湖南省社会科学院编《黄兴集》，第 432 页）

居正致孙中山电

（1916 年 5 月 21 日）

皓电悉，不胜惋痛！此间靳云鹏恳派代表赴济磋商，先生早临，可望迅速解决。乞示。正。个。（五月廿一日自潍县寄由青岛转发。）

（《革命文献》第四十六辑，第 293 页）

黄兴致孙中山电

（1916年5月22日）

电悉。械事请亲电参部，并要青木再电商当局，以便此间易于交涉。兴。养。

（《辛亥革命史资料新编》（2），第11页）

黄兴致孙中山电

（1916年5月27日）

械事已电日当局否？

（《黄兴年谱长编》，第471页）

黄兴致孙中山电

（1916年5月28日）

今晚往商，如何？再复。

（《黄兴年谱长编》，第471页）

梅培为汇寄讨袁捐致孙中山函

（1916年5月28日）

中山先生鉴：

弟现在处发起筹款助内，定名为讨袁捐，本埠十数同志，即捐有美金五六百圆。并预函约芝城同时发起，闻亦有效，拟汇合上日之飞船存款贰千圆美金，一同汇回。弟定于此四、五礼拜内，即行电汇。惟未知照上日之门牌，汇交先生收转妥当否？乞速电示，并拟与先生通电之电码号数呈上。若有密事指示，请照代码，电来便荷。此候

精神

弟培上

五月廿八号

（《革命文献》第四十八辑，第95~96页）

黄兴致孙中山电

（1916年5月31日）

款二十万，武器若干，嘱汉民请青木再电归，尤可望成功。

（《黄兴年谱长编》，第471页）

东北军总司令居正通电

（1916年5月31日载）

上海《民国日报》、孙中山先生、唐少川先生，肇庆岑云阶先生，云南唐都督，贵州刘都督，广西陆都督，浙江吕都督，四川蔡总司令，百色李总司令，陕西陈总司令，惠州陈总司令，高州朱总司令及各师长、旅长、民军各司令公鉴：

戎事方始，南服粗定，挞伐未张，凶逆无恙，和议屡传，日月坐荒，辜中原父老之望，灰海内壮士之心。纵使平和解决，草率就事，豺狼虽去，狐狸犹存，共和之实不举，革命之祸无穷，内讧屡起，元气愈伤，一时姑息，万劫难复。怅望来兹，能无泣下？今我师崛起青齐，逼近京国，暂驻潍邑，屡下名城，士有死心，人无生志，奖率三军，以候明教，戮力同仇，靡有二心，区区之忱，尚希

鉴察。驻潍东北军总司令居正叩。

（《东北军总司令居正通电》，上海《民国日报》1916年5月31日；《革命文献》第四十六辑，第312~313页）

居正致孙中山电

（1916年5月31日）

许来喜极，邵来更好。周村告急，拟援。述唐赴济，未晤。五月卅一日发往上海。

（《革命文献》第四十六辑，第293页）

朱执信由香港致孙中山密电

（1916年6月2日）

款已罄，先散广属。岑允编三千，不允自选，况购械？先求编七千，允再商余。执。

（民国五年六月二日香港朱执信发）

（《革命文献》第四十七辑，第355页）

朱执信由香港致孙中山密电

（1916年6月3日）

暂缓散，人数元几何，覆，人数决后，邓或尧往，函详。执。

（民国五年六月三日香港朱执信发）

（《革命文献》第四十七辑，第355页）

朱执信由香港致孙中山密电

（1916 年 6 月 4 日）

岑只允编二三千，井户川意亦略同，我辈非七千断难妥协，请与同商，如无成议，执信虽去无益。

（民国五年六月四日香港朱执信发）

（《革命文献》第四十七辑，第 355 页）

黎元洪复孙中山电

（1916 年 6 月 11 日）

孙逸仙先生鉴：

佳电悉。台旆驻地不明，致稽电候，抱歉无似。国家多故，祸变相寻，元洪出任钜艰，实违初志，三复来电，敬拜嘉言，谨以书绅，资为治谱，仍望左提右挈，共济艰难，百废待兴，诸希教益。黎元洪。真。叩。

（《黎总统覆孙中山电》，上海《民国日报》1916 年 6 月 13 日；《黎总统覆孙中山电》，《盛京时报》1916 年 6 月 18 日）

中华革命军四川司令石青阳通电

（1916 年 6 月 11 日）

贵阳刘都督鉴：恳转肇庆岑都司令，云南唐都督，桂林陆都督，大州邑蔡总司令，永宁罗司令，江安刘司令，松坎戴司令，晃州王司令暨护国军、中华革命军各司令、将士，各省将军、巡按、师旅团长，上海杨沧白先生、《民国日报》、《申报》、《新闻报》、《神州报》、《民信报》、《中华新报》，日本东京孙中山先生，并恳转海外各华侨公鉴：

青阳等别国人久矣，癸丑出亡而后，深自策厉，思所以障卫共和。彼时袁逆罪恶虽未彰著，而在在胥为。今日帝制之谋，国人不谅，忍痛咎三年。去秋复设筹安会，倡变国体，假托民意，悍然改元，神圣庄严之民国，一旦叛变，滇黔建义，伸讨独夫。青阳自东遄归，联我同仇，招集旧部，于是搢绅耆旧，游侠健儿，闻风群起，动以前数。不綦月，已占领酉、秀、黔、彭、夔、万、酆、忠及成都附郭各属。川北邻近各地，始虽纷纭，近渐统一。乃于四月十号成立中华革命军四川司令部，暂先编成川东、南、北三支队。掬诚誓师，并告国人，自今伊始，本军当贯澈惟一之主义，一推翻专制政府，二恢复完全民国，三启发人民生业，四巩固国家主权，以期大憝元凶殄而后已。扶持国体，生死同之。临电无任激切待命之至。中华革命军四川司令官石青阳。尤。

（《中华革命军四川司令石青阳通电》，上海《民国日报》1916年6月28日）

居正致孙中山电

（1916年6月13日）

许、邵诸君到，电约周村来商。张怀芝侵我临朐、安邱，请电黎斥撤。（六月十三日发往上海）

（《革命文献》第四十六辑，第293页）

黄兴复孙中山电

（1916年6月14日）

中山先生鉴：

电敬悉。南方要求恢复约法及国会，黎若能诚意实行，以外问题自可迎刃而解。先生来电主张所以息纷争、事建设，无任佩感，尚望主持，使国人晓然于吾人之无私无偏，尤所切望。黄兴。寒。

（《黄克强复孙中山电》，上海《民国日报》1916年6月16日；《黄克强复孙中山电》，《盛京时报》1916年6月24日）

黎元洪再致孙中山电

（1916年6月17日）

孙逸仙先生：

前电计达。顷闻沪上报载，尊处分饬居、吴、朱诸人罢兵息战，静候解决等语，仰见执事以大局为前提，具救民之宏愿，义声仁闻，震铄环球，全国蒙庥，岂惟私幸？际兵气甫销之日，正焚丝待理之时，民国根本大计及善后事宜，诸盼南针，用资指导，所望酌派代表到京谘商，扫榻欢迎，望毋遐弃。黎元洪。洽。印。

（《黎总统再致孙中山电》，上海《民国日报》1916年6月20日）

附　黎元洪致孙中山电

（1916年6月17日）

孙逸仙先生：

前电计达，顷阅沪上报载，尊处分饬居、吴、朱诸人罢兵息战，静候解决等语，仰见执事以大局为前提，具救民之宏愿，义声仁闻，震铄环球，全国蒙庥，岂惟私幸。际兵气甫销之日，正棼焦待理之时，民国根本大计及善后事宜，遥盼南针，用资指导，所望酌派代表到京，商办一切，扫榻欢迎，望毋遐弃。黎元洪。洽。印。

（《黎孙最近往来电文之黎总统再致孙中山电》，《盛京时报》1916 年 6 月 25 日）

黎元洪致孙中山先生函

（1916 年 6 月 18 日）

中山先生伟鉴：

民国开基，于兹五稔。新邦甫造，事变中更。元洪猥以干材，出膺重任，万端待理，独力难胜。惟仰赖当代伟人，同心共济，庶克匡扶危局，筹画万全。执事缔造共和，精研治理，闳才雅望，中外同钦，悯念时艰，必多良策。兹派郭同君趋谒台端，敬承明教。凡关于军国大计，统希指陈一切，示我周行。嗣后如有应行商酌事宜，并乞时赐南针，藉匡不逮。临风翘企，不尽所怀，顺颂

时祺，诸祈垂察

黎元洪启　六月十八日

（《黎总统致孙中山先生函》，上海《民国日报》1916 年 6 月 29 日）

黎元洪致孙中山先生电

（1916 年 6 月 22 日）

孙中山先生鉴：

效电敬悉。约法、国会二事，刻正由院妥筹，行当解决。所称鲁、闽、粤事各节，具见维持大局，厚爱民国，已交国务院办理

矣。黎元洪，养，印。

（《黎总统致孙中山先生电》，上海《民国日报》1916年6月24日）

居正致孙中山电

（1916年6月24日）

许柳丸返沪报告，务请其偕杨、蒋、吴诸兄速来主持。（六月二十四日发往上海）

（《革命文献》第四十六辑，第293页）

张怀芝致唐绍仪、孙中山电

（1916年6月25日）

唐少川先生、孙中山先生均鉴：

洪受之等旋鲁，备述两公盛意，极荷维持，福我三齐，岂惟私幸？南淮吉曜，感谢莫名。中山先生所派萧、叶两君，务恳敦促速临，俾得早亲教益。临风企盼，无任悬迟。张怀芝。有。印。

（《张怀芝致唐少川、孙中山电》，上海《民国日报》1916年6月29日；《张怀芝致唐少川、孙中山电》，《盛京时报》1916年7月5日）

居正致孙中山电

（1916年6月27日）

借重许先生为第一师长，如蒙俞允，乞即电复。正。沁。（六

月二十七日发往上海）

（《革命文献》第四十六辑，第293页）

黎元洪复孙中山欢迎代表电

（1916年6月27日）

孙中山先生鉴：

漾电悉。承派萧、叶二君入都，欢迎无极。黎元洪。感。

（《黎总统复孙中山欢迎代表电》，上海《民国日报》1916年6月29日）

居正致孙中山电

（1916年6月30日）

萧、叶来潍，传先生意，敬悉。惟此间与张交涉尚未妥，将士欲急进，请汝兄速来。（六月三十日发往上海）

（《革命文献》第四十六辑，第294页）

黎元洪复孙中山电

（1916年7月1日）

孙中山先生鉴：

沁电悉。粤省情形，殊深悬系，所称各节，已交院知照矣。黎元洪。先。

（《黎总统复孙中山先生电》，《盛京时报》1916年7月13日；《黎总统复孙中山先生电》，上海《民国日报》1916年7月6日）

张怀芝电复孙中山、唐绍仪电

(1916年7月8日载)

对于时局前途,余亦切盼和平解决,至恳切示教之处,不胜感谢。

(《张怀芝电覆孙唐》,《盛京时报》1916年7月8日)

居正为张怀芝违令犯境致孙中山及黄兴、唐绍仪电

(1916年7月10日)

上海《民国日报》转孙中山、黄克强、唐少川三先生鉴:

我军前奉黎大总统通令,比即保境息兵。乃张怀芝袭夺我军领地临朐、安邱、临淄等处,杀掠无算。近又进逼潍城,既违政府罢战之命,亦负诸公维持之心。窃以中央之法令不行,国宪议会,难免危险;袁派之爪牙不走,调和妥协,终属空谈。欲以武力保证和平,苟有长治久安之策,敢萌阻兵安忍之念。谨率三军,鹄候明教。中华革命军东北军总司令居正叩。蒸。

(《革命文献》第四十六辑,第314页;《居正致孙中山、黄克强、唐少川电》,上海《民国日报》1916年7月13日;《居正致孙中山、黄克强、唐少川电》,《盛京时报》1916年7月20日)

居正致孙中山电

(1916年7月11日)

转许汝为兄鉴:

礼兄到，请速偕介石兄莅潍。（七月十一日发往上海）

（《革命文献》第四十六辑，第294页）

朱执信由香港致孙中山密电

（1916年7月25日）

徐昨占石龙，颂，今日赴徒处，执、湘[①]留港，有款速汇。执。（民国五年七月二十五日香港朱执信发）

（《革命文献》第四十七辑，第355页）

居正致孙中山电

（1916年7月28日）

返潍拟北上，请任蒋介石为东北军参谋长，并请命许崇智代理东北军总司令。盼复。正。勘。（七月二十八日发往上海）

（《革命文献》第四十六辑，第294页）

居正致孙中山电

（1916年7月30日）

明日启行，偕吴忠信、萧汝霖、刘廷汉、贺治寰、吴怀仁，及日人野中金子。居正。卅。（七月三十一日发往上海）

（《革命文献》第四十六辑，第294页）

① 指朱执信、古应芬二人。——原编者注

朱执信由香港致孙中山密电

（1916 年 7 月）

现在已占领深浚［圳?］，经石龙至南冈铁路昨胜，李嘉品军进攻惠州，乱急，所商乞示崖略。款收。

（《革命文献》第四十七辑，第 355 页）

黎元洪敦聘孙中山任总统府高等顾问函稿

（1916 年 8 月 7 日）

中山先生左右：

敬启者：窃元洪猥以辁材，膺兹重任，值纷丝之待理，觉朽索之堪虞，凡百措施，诸资指导。执事足历五洲，胸罗万有，本悲天悯人之意，成乾旋坤转之勋，成功弗居，旷古无匹，每瞻北斗，辄盼南针，兹特专函聘为本府高等顾问，安车束帛，敬迓高贤，前席苍生，伫闻明教。庶几询兹黄发，保我黎民，凡属内安外攘之方，胥出嘉言良谟之赐，专肃，顺颂

时祺，诸维

亮察，不具

（《北洋军阀史料·黎元洪卷》第十册，第 450～452 页）

附　黎元洪致孙中山函

（1916 年 8 月 22 日载）

中山先生左右：

敬启者：窃元洪猥以辁材，膺兹重任，值纷丝之待理，觉朽索之堪虞，凡百措施，诸资指导。执事足历五洲，胸罗万有，本悲天悯人之意，成乾旋坤转之勋，成功弗居，旷古无匹，每瞻北斗，辄

盼南针，兹特专函，聘为本府高等顾问，安车束帛，敬迓高贤，前席苍生，传闻明教。庶几询兹黄发，保我黎民，凡属内安外攘之方，胥出嘉言良谟之赐，专肃，顺颂
时祺

黎元洪启

（《大总统聘中山先生为高等顾问函》，《盛京时报》1916 年 8 月 22 日）

夏重民为华侨同志对党务意见及航空队事致孙中山函

（1916 年 8 月 8 日）

中山先生赐鉴：

民自来潍，以诸事忙迫，未获时通音候，至以为歉。此间情形，料居、许诸公，亦有详告，无俟民之赘述。觉生兄于前月底进京，与中央办交涉，将来未晓能得圆满之解决否耳。此次革命，吾党所得之结果如是，全与先生之所期相反。数年来先生之惨淡经营，及吾党多大之牺牲，竟尽归诸乌有，言之殊堪痛心。目下国会约法，虽已规复，黎氏虽已就职，然帝孽犹存，官僚尚在，吾人无一健全之军队以为后盾，前途仍未许乐观也。民在此间，颇主张一战，以为根本的改革，决不愿闻和平之梦语。惜以人微言轻，又无强大之兵权在握，否则直捣孽巢，宁为玉碎，不作瓦全也。今时局至此，一般所谓有志之士，方苟且偷安，以图目前之富贵，人心至此，尚何言哉。为今之计，吾党之士，惟有退隐诸野，各竭其所能，效力于社会，静观政潮之变幻，而徐图其进行，将来或有大行其志之一日，鄙见如此，先生其以为狂妄否乎。民昨阅沪报，知先生确有命取消中华革命党，此固先生一片之苦衷，为因时制宜之举。惟此间华侨见之，异常不悦，愤怒现诸颜色。虽经民再三解释，而日来仍

多怨言。民以为此次革命，必不可以告终，将来有所倚助于海外华侨者甚多。先生关［?］此次之宣言，不可无一详函通告海外各支分部，收拾海外之人心，否则不堪设想矣。先生高明，未知以为何如。此间航空队照旧归民主持，飞机抵此一月，以飞机库未竣工，故久未飞行。今已竣工数日，已于本月六日七日飞行两次，头次飞至一千五百呎，次日则飞至二千五百呎，均系坂本君操纵。乡民见之，惊为天仙，士气亦为之大扬，殊堪告慰也。由美携回之机，既交尾崎，是否运交本队。据谢崧生对人言，彼有权处置此机。又谓尾崎携机到潍时，彼另成一队云云。坂本氏与尾崎不合，先生所知。今彼与星野（飞行家）闻尾崎到此，心滋不悦。曾对民言，反对此事。若另成立一航空队，将来难免不别生枝节，望先生有以处之。再，先生在东时，托尾崎购之自动车一台，自动单车两台，本为学生练习飞机初步之用，今自动车在尾崎处，自动单车则谢崧生、廖国仁二氏各据一台，作为私有。此事亦望先生设法处置。最好请尾崎即日运交本队，以为各生练习之用。此间学生共十四人（其中十人归自美洲加属者），练习机仅得一台，实不足用，若尾崎之自动车、自动单车运到此间，则进步必速。祈先生速商诸尾崎君为幸。专此，谨请

暑安

晚生夏重民鞠躬

展堂、仲恺诸先生均此。

民国五年八月八日

（中华革命军华侨义勇团团本部）

（《革命文献》第四十八辑，第89~90页）

黎元洪致孙中山先生电

（1916年8月12日）

孙中山先生鉴：

真电悉。比年以来，迭遭政变，忠义之士，忘身救国，所志不遂，动辄捐生，其幸而仅存者，亦大率转徙流离，困穷无告。来电所述各省情形，万方一概，非独沪上为然。触念及此，殊深悯恻。拟即提交国务会议，统筹安置之方，一俟办法妥定，再行奉闻。黎元洪。文。印。

（《黎总统致孙中山先生电》，上海《民国日报》1916年8月15日）

李纯致孙中山电

（1916年8月15日）

孙中山先生鉴：

侵电敬悉。蔡世英、熊公福、常孝善等，已早遵令提释，惟熊光炜因在鄱阳威逼公团，勒索巨款，聚众骚扰，且伤害人命，触犯刑事罪名，未便□释。承询特覆。纯。删。

（《各督军覆孙中山先生请释政治犯电》，上海《民国日报》1916年8月22日）

黎元洪请孙中山与黄兴勿固辞总统府高等顾问函稿

（1916年8月18日）

逸仙、克强先生左右：

顷奉惠书，如聆面诲，具仰执事以天下任，得圣之清，廑一夫不获之忧，负万种何加之概，回环盥诵，钦佩奚如，唯是□□［元洪］绠短汲深，材辁任重，扶危定乱，诸资匡导之功，重道尊贤，宜有优崇之典，蒹葭遥溯，辄念伊人，葑菲毋遗，印须

我友，敢申前请，幸勿固辞。临楮依驰，伫闻明教，专复，敬颂
勋绥，诸维
亮照，不宣

□□□［黎元洪］启

（《北洋军阀史料·黎元洪卷》第十册，第457～459页）

附　黎元洪致孙中山书

（1916年8月18日）

逸仙先生左右：

顷奉惠书，如聆面诲，具仰执事以天下任，得圣之清，廑一夫不获之忧，负万钟何加之概，回环盥诵，钦佩奚如，唯是元洪绠短汲深，材轻任重，扶危定乱，诸资匡导之功，重道尊贤，宜有优崇之典，葭葭遥溯，辄念伊人，葑菲毋遗，卬须我友。敢申前请，幸勿固辞，临楮依驰，伫闻明教，专复，敬颂
勋绥，诸维
亮照不宣

黎元洪启

（《孙中山先生与总统总理往来书牍》，《盛京时报》1916年9月17日）

王占元致孙中山电

（1916年8月20日）

孙中山先生伟鉴：

巧电敬悉。省狱之容景芳等，已遵申令开释，并通饬各属，将政治犯一体查释在案。除仍饬蕲春县速复外，特闻。王占

元。号。

（《各督军覆孙中山先生请释政治犯电》，上海《民国日报》1916年8月22日）

李厚基致孙中山电

（1916年8月22日载）

孙中山先生鉴：

电悉。本月筱日奉大总统文日申令，释放政治犯罪，已通饬所属一体遵照矣。谨覆。李厚基。敬。

（《各督军覆孙中山先生请释政治犯电》，上海《民国日报》1916年8月22日）

马君武致孙中山函

（1916年8月31日）

中山先生：

离沪时适先生有杭州之行，不及谈北行之宗旨，至以为歉。廿四日至北京，即与同志着手政党之组织，已于今日开会公决，定名丙辰俱乐部。会员以旧同盟人为中坚，如居觉生、田子琴、叶夏声皆在主动之列。刘成禺一派已全体加入。本属同盟会员复被帝制嫌疑而罪名不大者，经同人审议，皆在收容之列。以后积极进行，欲办一杂志。今日开发起人（会），来集者已四十余人。将来成立，不难得二三百人（会员以议员为限）。一切详情，容后报告。

先生若予资助，当即以为杂志开创费。发挥先生政策，非有一杂志不为功，且费用较日报为省。京中一切详情，已嘱叶夏声作函报告。浙江之游，感兴如何？

此颂

日祉

孙夫人、汉民、仲恺、□小良均此问候。

马君武敬上

八月卅一日

住址：北京琉璃厂东南园广西议员俱乐部。

德国报纸乞饬人转寄来为祷。

（《马君武集（1900～1919）》，第282页）

吕公望复孙中山先生电

（1916年9月4日）

孙中山先生并转黄克强、胡汉民鉴：

江电悉。阙公玉麒为国多劳，遽遭萎谢，春申在望，悯念同深。已派本署职员何志城，于微日晨车赴沪，慰其家属，并赍送赙仪六百元，聊资丧助。特先复闻，公望。支。印。

（《吕督军复孙中山先生电》，上海《民国日报》1916年9月6日）

李烈钧致孙中山、伍廷芳等电

（1916年9月4日）

上海伍秩庸先生、孙中山先生、唐少川先生、梁任公先生、黄克强先生、温钦甫先生、王亮畴先生、吴稚晖先生鉴：

钧以病躯，频经忧患，近幸陆公莅肇，足霁大纷。钧久处兵间，病势转剧，军队结束以后，经即离营就医。日昨抵肇，岑、陆两公，邀留小住，借居郭外山寺，稍事休养，仔肩幸卸，初服可寻。近惟入粤以来，备劳廑念，预计抵沪之日，便可重领教言，瞻晤有期，先此告慰。李烈钧叩。支。借印。

（《李协和称病解兵电》，上海《民国日报》1916年9月17日）

黄芝华报告广西革命情形致孙中山函

（1916年9月13日）

中山先生钧鉴：

芝华去冬与刘崛共谋桂事，九月中旬先发萧洪元回南宁。及得款五千，陆续派廖元臣回浔州，周颂康回平乐。华领款一千回庆远，十一月十四抵古宜，召集绿林王均成、均祥、张十、黄福才、黄大颈八大小五帮，共有枪二百二十余枝，即派甘泉往庆远运动杨胜广军队为内应，实欲直据庆远。事为前统领陈朝政侄景廷所泄，密电陆荣廷，甘泉十二月初七被害于古宜，胜广调防别处，各路加紧戒严，迄未得逞。及知萧洪元南宁遇害，故华于本年正月来港。而一般异己飞短流长，加意诬谤，无所不用其极，甚有谓骗款未回内地者，刘崛亦以不即举事为责。华将经过各事向之报告，并托其代禀先生。因见倾轧之风，我桂省最炽，故暂避居薄扶林天主堂，他人诚未量，华此日偷生之苦，有甚于死者也。苟欲华挟一二百枪为盗寇之行，就广西方面无时无所不可，特恐转滋窒碍进行也。旅长沈鸿英系华姑表至亲，且素知肝胆者，广东独立时，华曾于文辉处得先生处用笺及前总统行辕图记，古香、震寰、鸿英皆有名，鸿英实欲即行独立，为古香力阻，迁延至误，引为憾事。更有南宁一路，洪元军队皆华私盟弟兄，华若轻率为无关轻重之举，穷蹙毕露，安望其表同情而来归，徒令金弹虚掷耳。华是以有此人而复出，不欲即死之苦衷也。华自南洋受知以来，愚拙如故，从前光复柳州华力居多，古香等安享其成，有谁道及。刘玉山等去年始悉底蕴，是虚誉非华所愿求也。古香欲以县长位荐华，力辞不居，甘守清贫，是金钱非所贪也。华固窭人子，始终奔走国事，家业荡然，仍负债累累，岂区区千元足以改我初志。人之善恶，固待盖棺时而后论定，华自不待盖棺而后见。南宁莫春发系萧洪元与华共盟弟兄，兹特来筹杀陆之策，沈鸿英因见帝制之说愈唱愈高，七月廿八特着其弟耀堂来寻华问行止，皆一一妥处之。华令暂不与震寰等共谋，各尽其力，他日自能暴布。先生若不以不肖弃华，请即汇一千或八百来，私俾华得以行南宁对鹿之事后，华回桂时望更助我一、二千开办费，另任状一纸，如不有效，不待先生加诛，华亦无复靦颜于人世矣。言止于此，恳先生怜而教之。肃此，敬请

公安，伏乞

慈鉴不宣

黄芝华谨禀　九月十三号

回信交香港鸭利洲爱和堂交黄亚东便妥。

（《革命文献》第四十七辑，第342～344页）

段祺瑞致孙中山书

（1916年9月17日载）

逸仙先生执事：

前复寸笺，计邀鉴察。秋风拂拂，又作新凉，引领南云，日唯起居，佳胜为颂。瑞忝尸高位，已历数月，本鲜宏毅之志，安能重远之图，亦惟掬此赤诚，与周行君子，坦怀相见，冀或望其无私訢相契合耳。惟纷乱之后，重谋统一，若何以舒积弱、挽凋敝之民生，若何以振颓纲、扶踉跄之国步，其事至颐，隐患尤多，朝夕兢兢，罔知所措。我公救世之亟，爱国之殷，昭表寰区，万流仰镜，智珠所映，必有宜时妙剂。是以屡盼大旆北来，冀聆伟谋，以裨经画，大总统亦亟思与公一道，渴衷缅想以肫抱不能置之恝然也。兹由王君铁珊趋迓台从，请即诹期命驾，已饬馆人洁除以待矣。不尽

之言，统由王君面陈。专布，敬颂
台绥，无任延企之至

段祺瑞拜启

（《孙中山先生与总统总理往来书牍》，《盛京时报》1916年9月17日）

黎元洪致孙中山书

（1916年9月17日载）

逸仙先生大鉴：

前奉德音，藉承杖履，金风乍转，溽暑将阑，远企清游，定多胜事。先生以斯民先觉，为一世导师，首奠国基。上希中古，未遑建树，便执谦冲，有天下而不与，潜高蹈之踪。若大雨之应时未副，来苏之望邈焉。高趾燕处超然，令德载瞻，景行曷已。元洪谬以薄材，膺兹重任，每懔春冰之惧，辄思秋驾之循，兹遣王君铁珊至沪，敬迓行旌，冀亲明教，伫承良觌，无任钦迟，祇颂
勋绥，诸祈
朗照

黎元洪启

（《孙中山先生与总统总理往来书牍》，《盛京时报》1916年9月17日）

马君武报告成立丙辰俱乐部致孙中山函

（1916年9月20日）

中山先生：

复示敬悉。汉民、仲凯［恺］来天津数日，武以事忙，尚未能就见。自借款条约发见后，陈、谷大受攻击，事颇难了。武居京

二十余日，开会赴席，几无读书作文之暇，苦不可言，急欲逃避。中国政治，实无可为武之托命所，终在农工界也。顷见旧同志史青号丹池，前在比国，与先生相识，现就职京汉铁路（彼之专门学为土木工科），无事可办。窃意先生方研究交通政策，得彼相助，绘图立说，以先生政策，作成书册，发表于社会，影响甚大，可否由先生将此人招至上海，助先生规划一切，乞示覆。武偕居觉生、叶竞生等立丙辰俱乐部，因北京主持党务者，一事不办，坐待灭亡。故号召一部分，先成为一坚固团体，非必欲树独立旗。因武视政党为议会政治所必要，将来彼等小政客果欲组织大党，我辈亦不妨加入也。知念并闻，即颂
道安

马君武　九月廿日
北京米市胡同丙辰俱乐部
（《革命文献》第四十八辑，第247～248页）

旅西贡总支部为成立中华革命党支部上孙中山书

（1916年9月20日）

世必有非常之人，然后有非常之事，有非常之事，然后有非常之功，我大总理等具旋乾转坤手段，抒经天纬地谟略，共和丕基，赖以肇造，苍生托命，民国柱石，海外华侨，承流蒙庥，爱慕之切，仰同泰山北斗。敝支部谬承委任，竭力鼓吹，广集同志，盼望新猷，龙鳞凤翼，攀附有从，岂不甚幸。奈炯明于民国四年，遣使抵西贡，秘密与景南等组织俱乐部以来，遂使我旧支部之职员，多有越畔喜新之见，而怀入主出奴之心，夫与乐成，难与虑始，此细民之事，不图于我辈诸职员见之也。以彼龙门不登，渝息壤之盟，甘自绝于君子，诚何足责。乃我大总理爱人之

以德，一视同仁，悯蠢尔之无知，不忍阻其自新之路。东京总部展堂先生，谨承大命，特委焕庭君下南，任鲁仲连之责，与旧支部各职员消融畛域，疏通意见，改组新党为中华革命，统一支部，无猜忌之意，普大同之公，洵至善也。殊景南等依依不舍，植党营私，竟同驽马恋栈，其冥顽不灵，未易理喻，不得已与焕庭君相商，照总部规则，迅速组成此部。今虽人数不仍从前，能任事者，秉职奉公，热心附骥，永失［矢］靡他，正不乏侣，千人诺诺，不如一士谔谔，彼碌碌者，置之不拟不伦可也。前经谨将职员报告名单呈上总部，注册盟誓约亦经连次缮写奉览。迨后按读来谕，谓敝支部委任状印章业已交来，目前尚未收到，此中或有搁误之处。又顷闻沪上本党，别行改织［组］，未审确当与否。现支部公举林焕庭君为西贡支部全体代表，进谒行旌，请示办法，仰叩剖晰详情，予以条例，俾得全体昭守信示，永维大局，不胜惶恐之至。若夫政事之设施，党务之推扩，我大总理自有先几之明，措民国于苞桑，磐石之固，无俟赘言，嚣渎清听。肃此，敬叩

钧安

大总理中山先生暨诸位部长电鉴

中华革命党侨越西贡支部长谢松楠、副黎赞臣、总务科主任正辛景祺、副黎达生、党务科主任正张白刃、副伍瑞年、财政科主任正崔国璙、副王璠笃、交际科主任正林永伦、副李东亭、调查科主任正樊镇安、副陈金钟、评议部伍华芳、黎卫臣、陈荫庭、余竹轩、颜扬波、梁锦、张化成、郭畴、何勤、伍天如、陈澄清、翁若翁、劳伟、曾昭民、郭心田、陈浩气

民国五年九月二十日

（《革命文献》第四十五辑，第670～671页）

段祺瑞复孙中山函

（1916 年 9 月 20 日载）

逸仙先生左右：

胡、廖两君到京，接展惠简，正拟裁答，适奉续音就谂，兴卫胜常，至慰饥渴。惟时局万艰，瑞以樗材，肩兹重远，实虑治丝而棼，倍深履薄之兢。从者高掌远蹠，洞澈繁变，是以亟思亲炙，愿藉繁论，佑此钝根。既辱不弃，尚祈早日贲临，遥企清晖，曷胜企盼。特此布悃，敬颂

台缓［绥］

段祺瑞启

（《二十日段总理复孙中山先生缄》，上海《民国日报》1916 年 9 月 26 日）

杨华馨为蔡济五等烈士请恤致孙中山函

（1916 年 9 月 21 日）

中山先生钧鉴：

敬启者：华与蔡君济五自民国三年奉命赴滇图谋举义，自九月至滇，后助实行运动军人及机关重要人物。至十二月间事已成熟，决日发难，后因款缺乏，未能如所定日期举义，只得分投（头）赶办，一遣警备队军士到腾，华舍筹拨六七千元；一请明超北君到日报告请款。正进行中，为奸人报告当道，于是机关失破，蔡烈士济五、王营长召伯同时殉义。代华到腾之警备队军士胡国兴，亦在路被拘枪毙，军队中亦枪毙二十余人。华拘下狱判定无期徒刑，监后调查字样，兹因共和再造，华获开释。而殉义诸君之家族困苦，华为后死，亦不能不为先生详呈，乞先生斟酌恤助，一则为革党名誉而

励进行，二则华对于死者微尽心焉而已，是否有当，敬祈核准。并颂勋安

杨华馨谨呈

九月二十一号

谨将殉义诸烈士之家属开呈：

一、蔡烈士济五

一、王烈士召伯　遗族有老父一人，寡妻一人，同胞弱妹二人，无人周恤，几为乞丐。

一、胡烈士国兴　遗族孤苦无告，有父母二人，寡妻一人，常到华处吵闹。

一、刘焕章军士　遗族有老母一人，同胞弱妹一人，弱弟一人，家境穷苦，已达极点。

（《革命文献》第四十七辑，第190～191页）

赵鸾恩请拯救周龙甲致孙中山函

（1916年9月22日）

中山先生钧鉴：

恩前驻宁联络军事，职守攸关，无敢踰越。窃维革命全赖我同志，成败纯恃乎人为，大好头颅，填溢沟壑，一场热血，濛满江河，屡失败而终底于成，死者已而，生者何堪，此恩所以有汲汲于呼吁也。查盐城有周龙甲者，前以陆军学生受讨袁委任，不旋踵而运筹成熟，其势力颇堪报国。不图时机失败，远来北直之师，遂被该营捕拘，移送军政执法，判决一等徒刑，解回原藉［籍］，收禁三年。黑暗久羁壮士之身，二九青龄，徒洗英雄之泪。今幸国运转兴，黄陂继任，政治犯首先赦免，周龙甲自应开除。讵有劣董刁绅，挟仇图报，突架孙鹤瑞、马肃甫等名，栽以抢劫抬架各案，沈知事否认为政治犯，周龙甲势将以监狱终。但以革命系前首之案

件，巨匪出事后之栽污，前指革命而议徒刑，今奉赦文而又否论。罪命重要，岂容或二或三，法律尊严，勿得今非昨是。论大局达其目的，在龙甲原可甘心，而当今注重人权，在我辈岂容缄口。是用恭书节略，进片语于先生，伏希倍述详情，致八行于督府，请其扎饬该县早释缧囚，庶使爱国男儿，免遭冤抑。赦章俱在，毋任犹疑，定献取消，勿容措捺。是在先推仗义之初心，拯俘囚于末路，始终不懈，幸福无疆，惟先生图之。肃此，敬颂

勋祺

前军事联络员赵鸾恩谨呈

九月二十二号

孙中山批：代答以待详细查明乃能设法，并向江北同志一查其人，或由信内各节根究查之。

（《革命文献》第四十八辑，第138～139页）

宗仰致孙中山函

（1916年9月23日）

中山先生伟鉴：

别来瞬经三稔，贼人肆虐，公游海外，仆隐山林，乃者，天相中华，神州再造，自由不死，幸福有归矣。前读沪报，敬审公以国务余暇，漫游西湖南海，豪性逸兴，不减曩年，羡甚羡甚！近躬何似？金山亦系京口名蓝，仆谊属故人，易勿杖策一游？不惟可助逸兴，且得旧雨重欢，藉倾积愫。想公游兴未阑，当能惠然驾莅。扫径以待，即请赐复，并颂

钧安

不慧宗仰合十

九月二十三日

（《宗仰上人集》，第94～95页）

苏无涯为桂事派刘玉山来东报告致孙中山函

（1916年9月30日）

孙先生大鉴：

前承命返港谋进行西粤事件，至今略有端倪，但款项艰涩，未能畅意进行。兹特派刘玉山君来东面报一切情形，并请先生训示进行方法，及拨款前来，俾得着手举事。肃此奉上，敬候

筹安

苏无涯上（印）

九月三十灯下

（《革命文献》第四十七辑，第342页）

岑春煊致孙中山、伍廷芳等电

（1916年10月4日）

伍秩庸、康长素、孙中山、黄克强、梁任公、蔡松坡、温钦甫、王亮畴、吴稚晖诸先生，各报馆均鉴：

曩者国难孔殷，间关遄返，以乡里旧游之督，责勉总师干。凡自兴师以至今日，中间所经，屡有宣告，艰苦曲折，谅为全国之所共闻。春煊赋性粗疏，素行抗直，师中尤悔，随处有之。惟衰躯付之国家，毁誉即听诸舆论，个人功罪，非煊所当言，其有不释于怀者，则国体粗定，隐忧未已，内外之势，失其平衡，新旧之争，渐征箕豆［斗?］，罢兵数月，集议百回，南北之使，络绎于途，朝野之彦，提携于室，而所持不外朝三暮四之术，所议都在此胶彼漆之中。号称共和，首崇法制，今则对

人之事八九，持法之事十不足一，纷纷扰扰，迄无已时，坐视大法未立而不能先，财政紊乱而不能救，冗兵满国而不能裁，教育寝废而不能举，甚至外交濒危而方针不能立，强镇恣肆而中央不能言，长此不已，何以为国？瞻顾前路，可为寒心。以煊之愚，窃思一国之大，利害情感本难一致，其中尽有余地，任人廻翔，为治者善保此余地则社会安，不善保此则秩序乱，故立国精要在于调和，无古今中外，实同一理。今吾国岌岌，乃于此理未之讲求，诚思民国以来，党派废兴之故，依例考证，决为不谬。当袁氏盛时，国人附和，帝政原非得已，而滇黔既□，徒为义师所劫持，不能骤明，故义师功未及半，元凶遽归正，天假之缘，使吾父老兄弟以清白之躬，重相提挈，而义师一方，又适联各派贤俊，通力而合作，昔年党隙，涣然以消。此诚爱国之正基，解和之良会，正宜体调剂之功用，本两利之箴言，各其为分际之所得为，各尽其职守之所应尽，各争其所当争，互让其所当让，国先诸已，私不废公，除蠹国殃民，及曾助袁为虐、始终不悟者，屏不与同外，余俱应和衷戮力，虞诈胥捐，使所谓利害情感，得以平流而进，以崇人格、以厚国基、以定群业、以隆人福。两年以来，审此义者，颇复不鲜，顾知之匪艰，行之维艰，既笃信于平时，复迷离于当局，虽亦政治之常态，实乃国家之大尤。春煊智虑短浅，举动疏阔，平日所行之不衷于律，盖百倍于诸公，然当同船共济之时，辄怀同志相勗之愚，偶有所见，不敢自私，此间师旅，料简已完，贱志获偿，均托厚爱，以历年漂泊，谒墓久疏，既近里门，松柏在望，即于今日，由肇西发，遄归桂林。遂初之志差偿，忧国之心未艾，窃本临歧之意，□兹鄙陋之怀，区区愚忱，伏维垂鉴。岑春煊叩。支。

（上海《民国日报》1916 年 10 月 9 日，“公电”）

吕宗堂、陈镜伯为秘鲁党务致孙中山函

（1916 年 10 月 13 日）

中山先生伟鉴：

敬启者：南美洲本党分部林立，党员繁庶。惟地悬隔关，僻处遐方，祖国消息传来，异常艰阻。欲谋党情联络一致进行，非公举专员于内地采择见闻，势难收效果于美满。然各分部各选派一人，一则经济浩繁，难于挹注；再则人才位置支配维难。与其各行自选之难，熟［孰］若联同合举之易。此次秘鲁加里约本党交通部，发起南美驻粤代表，以许君择香肩任，敝分部极表同情。查许君向来热心党务，久为同志所钦佩，更以世居省垣，缘事归国，一举双全，何等天然。将来声气灵通，党情络绎，庶几其有赖焉。谨布区区，希为钧照，毋任神驰。即此，并询

精神

部长吕宗堂　文事科陈镜伯

中国国民党秘鲁国踆打埠分部（印）

民国五年十月十三日

孙中山批：此内各信皆当一一答之，并寄前致各埠通函。许君尚未来见。（缘何？一问伯元便知。）

（《革命文献》第四十八辑，第 96 页）

马君武致孙中山函

（1916 年 10 月 23 日）

中山先生鉴：

史丹池事既蒙赞成，彼在京汉铁路月薪二百元，先生若允许以

此数给之，彼即来沪。因彼新结婚，需同来沪也。仲恺归沪，想已见。来京将二月，政局种种，皆令人起悲观，拟不久即南归。外交部问题未了，又起内务部问题，恐政局从此不宁矣。

即候

兴居

马君武　敬上　十月二十三日

（《马君武集（1900~1919）》，第296页）

陈侠农等致孙中山、朱执信等电

（1916年10月30日载）

《民国日报》转孙中山、朱执信、邓铿诸先生鉴：

大局奠定，本军久经解甲归田，乃琼镇黄志桓勾引土豪林熙邠等仍复纵兵四出，捕戮民党如故，乞电督军、省长，速电制止，不胜急迫待命之至。陈侠农、吴伯仝暨全体党人叩。

（上海《民国日报》1916年10月30日，“公电”）

马骥述生平志事致孙中山函

（1916年10月）

孙、黄二公钧鉴：

窃维扫专制之膻腥，建共（下缺）我公建国之元勋，可是我公乃当代之伟人，绝世之英俊，不（下缺）尊隆。而我公复忘怀轩冕，适志邱园功成（下缺）不恋禄位，尤得（下缺）之清则虽顽儒之夫，闻风亦当为（下缺）志矣。故骥企仰之深心，孺慕之切念，殊难言状，每欲得一睹英颜，饱挹雄风，方慰渴念。但尔时尚羁身校中，智识正在幼稚，想及而力不逮。兼以云山间阻，晋谒无门，故只抚怀而自恨。未几肄业离校，蒙地方自治荐充两等小学校教员，寻思（下缺）一隅，难知人情世故为何如，即虽皓首穷经，终无补于经济，将何以展生平抱怀，而报效国家于万一乎。因去而就南宁水上警察厅，充书记员，既而调充巡船巡长。然仍以此地亦难展生平所志，于是投笔从戎于敝省陆军，身列士卒，悉心研究，至去年春始在粤东龙某以陆军中尉就职供差。其时思晋谒我公之心，每一兴怀，即怦怦欲动。但思公等乃当代之伟人，勋绩赫赫，而骥以乡村布衣，营伍末级，视此最尊最严之下，安能望其必枉下垂青，思及此层，顿觉氷念。然又窃思既难亲仰慈范，亦可肃函上奉，以视钧意，再作行止，未为不可。但又以长幼尊卑之序井然，不能稍乱，况非数日相识，将何如措词称呼乎，故而投笔罢论，若是者屡次，行终不果。迄今年袁氏窃国，滇黔起义，而龙某按兵不动，置若妄［罔］闻。骥知其与民国无大感情，爰组织同袍，冀应滇黔，再造共和。不料事机不密，为所识破，于是夤夜潜逃，寻至湘垣，而各省已次第独立，共和亦由告成，于是而遂留湘。缘经此次乱役，所以一切行装一空如洗，迫得谋一寄足之地，方能自给。不意湘省自大乱削平后，官场运动都借力财神，致新闻纸有上八百中五百下三百之说，哄传一时，宦途粃政何堪设想。今虽经谭督军极力维持，锐意图治，以杜厉阶。第因循已久，用人维旧，急难悉屏恶习。故骥连寄湘旅三有阅月，非特无事之为图，几至流落无归。因目击时局是前途之可危，复思我公之勋迹，无心宦途，只思得随侍芝帏，亲炙芳范，以慰夙念已耳。惟际此落魄异地之秋，囊橐空虚，举步维艰。兼以道阻且长，万一遭逢不偶，岂非往返徒劳，筹思再四，只有肃函上禀，敷陈蚁悃，以候钧示，再作区处，方为万全。随思昔日犹豫不决，不敢措词者，固觉思想之浅，逆料之非，盖谓交接之间，专与名门巨族富贵显达为往来，则亦见利大人已矣。

我公既负伟人之名，望必具伟人之品格，尤必有特达智识，非可与此流俗同语，故骥思得理至正而义至切之名称者，其惟师弟必然。自他人观之，未尝不责骥越分，而不自量之极。自达者观之，则殆不以为然。诚骥以樗栎庸材菰芦下士，论才识则不敢望先贤肩背，言学术则又浅不堪道，而所以哓然自鸣于世者，特以具爱国之天真，丈夫之抱怀，区区丹心，不能自已。故自肄业学校后，其欲报效国家之心未尝须臾而能弃念。然究其爱国之思想，报国之热忱所自由来，则亦得我公先觉之觉鼓励之力，拜挹其芳而然耳，此正得教育之普及，尊之以师不亦直乎。夫今日政治风俗，世道人心一至于此，可畏可危。窃谓我国承前清之遗孽，经屡次之更改，元气断丧殆无余矣。今当共和甫造而乱党踵兴，旦旦而伐，我国吾民其何以堪，呜呼！噫嘻！国之兴替匹夫有责，公等既能创造于始，尤当匡辅于后，俾得实行共和为完全之民国，方不负初志耳。骥以微才末艺无补于世，徒唤奈何？诚欲得随侍我公，资益淘汰，图维厥终，庶不愧此堂堂七尺之躯，未审我公尚肯容纳否？现骥已准备旋里，筹划川资行装，以俟钧示。倘辱蒙垂青，不以疏忽见罪，而谓孺子可教，请即赐示，俾得遵循。区区微忱，出自天性，冒犯之处，尚希原谅，临书恐怖，不胜待命之至。肃此，恭请

钧安，伏乞

垂鉴，企候钧示

弟子马骥谨肃

再者，倘有钧示，请交广西南宁线行街（下缺）馨发号，转交墰洛圩，马广太转交马伯龙便妥。

孙中山批：代答：少年有志，望从事于学问，以造成有用之才庶能……（以下残缺）。

（《革命文献》第四十八辑，第339~341页）